脳の外で考える

最新科学でわかった
思考力を研ぎ澄ます技法

著 アニー・マーフィー・ポール
訳 松丸さとみ

ダイヤモンド社

THE EXTENDED MIND

by

Annie Murphy Paul

Japanese translation rights arranged with William Morris Endeavor Entertainment LLC., New York through Tuttle-Mori Agency, Inc., Tokyo

はじめに

「頭を使いなさい」

この言葉、あなたは何度聞いたことがありますか？　あなた自身が、息子や娘、生徒、従業員など、誰かに向かって言ったことがあるかもしれません。もしかしたら、とりわけ難しい問題に直面したときや冷静でいたいとき、自分に言い聞かせるように小声で「頭を使え！」と呟《つぶや》いたことかもしれません。


その意味するところは、「脳のあり余るパワーをかき集めなさい。頭蓋骨の中にある優秀な細胞の塊を活用しなさい」というものです。

この細胞の塊に、私たちはかなりの信頼を寄せています。どんな問題でも、脳が解決してくれると信じているのです。

でも、もしこの信頼が見当違いだとしたら？　あちこちで聞く「頭を使いなさい」という命令が間違っていたら？

実は、まったく逆であると示唆する研究が急速に増えています。ところが私たちは、脳をとにかく使いすぎており、理性的に考える力を損ねてしまっています。

私たちに必要なのは、「脳の外」で考えることです。

人間の脳には限界がある

「脳の外」で考えるとはつまり、頭の外にあるものをうまく使うということです。**体の感覚や動き、学んだり働いたりする物理的な空間、さらには周りにいる人たちの知性を、自分の頭の中で行う処理に使うべく取り込む**のです。

「脳の外」にあるリソースを使うことで、文字通り、脳だけでは考えられなかったであろうアイデアを生み出すべく、もっと集中したり、深く理解したり、想像力豊かに創作したりできるようになります。

私たちは、人間の脳が何でもできる万能な思考マシンだと思い込んできました。脳の驚くべき能力や、光のような敏捷《びんしょう》さ、変幻自在な柔軟性を発見したという報道も目にします。脳は計り知れない奇跡の存在であり、「宇宙でもっとも複雑な構造[1]」だとも聞かされてきました。

しかし、こうした過剰な宣伝文句を取り払ってしまうと、実は、脳の能力はかなり限定的です。あまり喜ばしくない科学的な事実がここ数十年で明らかになっており、脳の限界に気づく科学者が増えています。

注意力、記憶力、抽象的なコンセプトを考える力、困難なタスクを続ける力において、人間の脳には限界があるのです。

重要なのは、こうした限界は、あらゆる人の脳に当てはまるという点です。

個々人の知性の問題ではありません。脳という誰もが持つ臓器の特性の問題であり、脳の生物学的な本質や進化史の問題でもあります。

現代社会が認知面にもたらす難しさに対して、私たちは哲学者のアンディ・クラークが「脳に縛られた思考」と呼ぶものを強化することで、対応してきました。

しかし脳の能力だけでは、悲しいくらいに不十分です。

私たちは自分や他人に向かって、「歯を食いしばって全力を尽くせ」とか「とにかくやりなさい」「もっとよく考えろ」と追い立てます。脳は柔軟だ、などと大げさに称賛されていますが、実際は強情で頑固なため、私たちは気づくとよくイライラしているものです。

脳の限界に直面し、きっと自分（あるいは子どもや生徒、従業員）には能力が足りないとか「やる気」が足りないと結論づけてしまうかもしれません。

でも、本当に問題なのは認知面での欠点——人類という種に固有のもの——をどう扱うかということです。私たちの今のアプローチは、（詩人のウィリアム・バトラー・イェイツが言っていた）「意志の力で想像しようとしている[2]」ようなものです。

賢明なのは、脳に頼るのではなく、脳の先に手が届くよう学ぶことでしょう。

「脳の外」で考える方法は教えられてこなかった

私たちは小学校に入ると、じっと座り、静かに学び、一生懸命に考えるよう教えられます。これは、その後の高校から大学、職場に至るまで、すべての年月でも続く頭を使った活動の原型となります。

私たちが学校で身につけるスキルや教えてもらうテクニックは、「情報を記憶する」「頭の中で推論や熟考を重ねる」「自分を律したり、やる気を出させたりする」など、頭を使うものばかりです。

一方で、これに相当する「脳の外」で考える能力を伸ばす活動は存在しません。

例えば、自分のためになる選択肢や決断に導いてくれる感覚である、体の内側から来るシグナルに耳を傾ける方法は教えてもらえません。

科学や数学といった非常に抽象的な科目を理解するため、あるいは斬新で独創的なアイデアを思いつくために、体の動きやジェスチャーを活用するといいと教えてもらうこともありませんでした。

自然に触れたり屋外に出たりして集中力を回復させる方法や、知的な思考を拡張するために勉強の空間を整える方法は、学校でも教えていません。

抽象的な考えを物質的なモノにして操作・変形することで洞察を得て問題を解決する方法を、教師やマネージャーが実践してくれることもありませんでした。

まねや代理学習（他人の学習の様子を見て学ぶこと）という社会的な活動が、専門技術を身につける近道になるとも教えられていません。科学的に有効性が認められた、メンバーの集合知を引き上げる方法を学校や会社で指導されることもありませんでした。

つまり、**「脳の外」で考える能力は、ほとんどトレーニングされず、未開発のままなのです。**

「脳の外」で考える能力が見過ごされ、このような残念な結果になった原因は、脳を理想化し崇拝する「神経中心バイアス」[3]にあります。

このバイアスのせいで、頭蓋骨より外に認知を広げる方法が、すべて見えなくなってしまうのも原因です（コメディアンのエモ・フィリップスは、こんなふうに言っていました。「私はかつて、体の中で一番すばらしい臓器は脳だと思っていました。でも、そう思わせているのが脳だと気づいたんです」）。[4]

この普遍的ともいえる軽視を別の視点から見てみると、希望が持てる側面もあります。まだ発揮しきれていない潜在力があるということですから。

「脳の外」での思考は、文化的にも見過ごされていましたし、最近までは科学的にも重視されていませんでした。

しかし、もうそんなことはありません。心理学者、認知科学者、神経科学者は今や、「脳の外」の情報がいかに人の思考を形作るのか、はっきりと示せるようになりました。

さらに頼もしいことに、「脳の外」にあるリソースを活用して思考を強化する、実用的な方法も提供してくれるようになりました。

「脳の外」のリソースを活かして思考を深めよう

ここで、本書の出番です。本書は、「脳の外」で考えることについて、実用的で役立つものになるような具体的な方法を紹介します。

第1章では、内受容感覚（体内から湧き上がる感覚）へのチューニングの合わせ方や、適切な決断を下すために、このシグナルをどう使うかを学びます。

第2章では、体を動かすことで、物事への理解が促される方法を取り上げます。

第3章では、手のジェスチャーがいかに記憶力を強化するかを見ていきます。

第4章では、自然の空間で時間を過ごすことで、消耗した注意力がいかに回復するかを検証します。

第5章では、創造力を促進するために建物の空間（学校や職場などの室内）をどのようにデザインできるかに触れます。

第6章では、頭の中にある考えを「アイデアの空間」に移動することで、いかにして新たな洞察や発見につながるかを調べます。

第7章では、専門家の心を活用して思考する方法を探ります。

第8章では、クラスメイト、同僚、その他の仲間たちと一緒に思考する方法を考えます。

第9章では、集団で一緒に思考することにより、いかにして個人の総和を上回ることができるかを吟味します。

- 頭で理解するより前に体が答えを知っている
- 意識だけに頼っていたら損をする
- ボディスキャンが内受容感覚を高める
- 感情にラベルをつければ恐れや不安は抑えられる
- 認知バイアスが内受容感覚を邪魔している
- 体からの信号を感じて、認知バイアスから自由になる
- 賢い決断を下すのに役立つ、内受容感覚ジャーナル
- レジリエンスが高い人の方が、内受容感覚も鋭い
- 軍人、消防士、警察官が実践するマインドフルネス瞑想
- 過剰反応を避けるのに有効な「シャトリング」
- 脳ではなく、体が感情を生み出している
- 緊張をワクワクと捉え直すだけで成果が上がる
- 体内の感覚に気づくと感情をうまく扱える
- ボトックス注射を受つと他者の感情に鈍感になる
- 人とのつながりを強化するために体の能力を伸ばす
- 心拍数を脳に勘違いさせて、感情を自在に作る

第2章 動きを使う

第3章

ジェスチャーを使う

- ジェスチャーは不確かな未来に現実味を与える
- なぜ人々はジェスチャーを軽んじてきたのか
- 私たちは口ではなく、手で会話している
- 親の年収によって子どもの語彙力は変わる
- 親の指差しと子どもの頭脳の関係
- 言葉よりもジェスチャーを見よ
- 科学者はジェスチャーをどう活用しているか
- ジェスチャーは、本人の深い理解を促す
- 書き言葉、話し言葉よりジェスチャーが学びを深める
- オンライン上で手の動きを聞き手に見せる効果
- ジェスチャーを促すとテストの結果が良くなる
- ジェスチャーを使って表現するから理解が深まる
- 聞き手も、話者のジェスチャーをうまく活かせる
- ジェスチャーは外国語の学習にも役に立つ

第2部
環境で思考する

173

第4章
自然環境を使う

175

- 自然の中のフラクラル構造が、人間を落ち着かせる
- フラクタル模様を見ると、考える力が上がる
- 自然は大きな効果のある「薬」になる
- 職場や学校でも、屋内に植物があると集中力が高まる
- グーグルも気づいていた自然光を浴びる効用
- 学校の周辺に緑が多い方が生徒の成績は良くなる
- 短時間でも、自然を見ると集中力や注意力が高まる
- 自然を見ると人間は自制的になる
- 自然の中に入ると人間はクリエイティブになる
- 畏怖を抱くことで、人間は社会的かつ利他的になる
- 宇宙飛行士が地球を見て感じた強烈な一体感

第5章

建物の空間を使う

第6章

アイデアの空間を使う

- 空間が、偏見や排除を表現することもある
- 「自分も活躍できる」と思う部屋を作ることの重要性
- オンライン上でも帰属意識を高めた空間は作れる
- 天井が高い場所にいると、人は思考が広がる
- 無機質で何の情報もない場所では目的を見失う
- 空間を活用して記憶する力は、誰もが持っている
- 人間は場所と感情を紐づけて記憶する
- 空間と関連づければ記憶力は倍になる
- 空間を利用して心を拡張させる
- ベストセラー作家が実践する空間に脳を拡張する方法
- 思考を形にして外に出すと、より壮大な発想ができる
- ビジネスの世界でも活用される概念地図
- 『マイノリティ・リポート』があまりにリアルだった理由

- 大きなディスプレイでパフォーマンスが向上
- 小さなディスプレイを使うと知的能力が枯渇する
- 日常の詳細な日誌が、ダーウィンを進化論へ導いた
- メモを取るだけで、出来事を深く処理できる
- 何かを注意深く観察することの効用
- イラストに描き出すことで学びが深まる
- 目と手の「会話」が新たな発見を生む
- 描き出すことで、さまざまな角度から観察できる
- 手を動かさなければ生まれなかった世紀の発見
- モノをいじりながら考えることの効用
- ノーベル賞受賞の研究者だって「頭の外」で考える

- 模倣には圧倒的な創造力が必要である
- 航空業界をまねして投薬ミスを減らした医療業界
- 模倣者がイノベーターのように称賛される時代に
- ジョブズだって、最初は模倣からスタートした
- 模倣できなければ、人類は今ほど繁栄しなかった
- 模倣の「手本」がある方が、創造性は高まる
- 論文や法律文書も、模倣することでうまくなる
- 専門家は、手順を丁寧に分解して教えるといい
- 特徴を大げさに伝えた方が、初心者は理解する
- エキスパートの情報整理術を伝えて、学びを深める
- エキスパートの視線や触覚をまねて学ぶ

第8章

仲間と思考する

- 仲間と議論することで知性は深まる
- 社会的な交流をしているとき、脳は独特の処理をする
- 人は、人間を相手にする方が脳が活性化する
- 人間は社会的に思考しているときが一番深く考えている
- 人は人間関係について考えると、途端に賢くなる
- ティーンエイジャーに、効率的に学ばせるには
- 教えることは人間の本能にインプットされている
- 人は、他者に教えることでより深く学ぶ
- 人に教えるとセルフイメージが上がる
- 教えることでコミュニティに溶け込める
- なぜ人間は、自分の考えに甘いのか
- 議論をすることがアカデミー賞受賞作を生んだ
- 対立が、学びに対するモチベーションを高める
- 人間はみな、生まれながらの議論好き

- 物語があると、人はより正確に理解を深められる
- 物語を知ると、人は脳内で登場人物の追体験をする
- 看護師同士の語り合いが医療技術を高めていく
- 噂話が組織の生産性や効率性を高める
- 成果を出すには「暗黙知」に精通すること

第9章

グループで思考する

- 舵を失った船内で起こった分担作業
- 現代のさまざまな難題に、一人で向き合えるか
- 怪しげだと評価されてきた「集団心」
- 同調して動くと、人は無意識に協力的になる
- 「ミツバチスイッチ」が入ると、人は超社交的になる
- 行進の軍事訓練が与える不思議な一体感と興奮
- 行動や感情をともにすれば集団の結束力は高まる
- 集団でいる方が注意やモチベーションは高まる

- 人間は、赤ちゃんのころから他者と同じモノを見ていた
- 集団志向が強まれば、チームは大きな成果を出せる
- 一緒にトレーニングを受けると集団志向は高まる
- 「脱出ゲーム」で組織のサイロ化を防ぐ
- 感情を共有すれば集団のパフォーマンスは上がる
- 辛いものを一緒に食べると結束力が強くなる
- テクノロジーを駆使して集団志向を高めていく
- ゲームの力で同僚との絆を深める
- 人は集団で思考するほど賢くなる
- 学問の世界では、チームで書いた論文が急増している
- どうすれば集団の声を最大限聞き出せるのか
- 相手の言葉を言い換えて理解を深める
- 集団認知がうまくいく「共有アーティファクト」
- 誰がその分野に詳しいかがわかっていればいい
- トランザクティブメモリがグループを強くする
- お互いのトランザクティブメモリになる

まとめ

- 心を拡張できれば、知性や才覚を発揮できる
- 抽象的な思考を具体的に落とし込んで考えよう
- データより体のシグナルに注目してみよう
- 社会的な関係性に紐づけると理解しやすくなる
- 脳がパフォーマンスを出せる状況を作り出そう
- 動かせる図形が心を拡張してくれる
- 「脳の外」のリソースの不平等にどう向き合う？

第 1 部

体で思考する

第1章

感覚を使う

ジョン・コーツは、ゴールドマン・サックス、メリルリンチ、ドイツ銀行などで金融トレーダーとして[1]働いていた数年の間に、あることを繰り返し目撃しました。

イギリスのケンブリッジ大学で経済学の博士号を取得したコーツは、「これまで受けてきた教育と、読んできたさまざまな経済記事や統計を駆使して持てるすべての分析力を使い」、非の打ちどころのない理論や揺るぎない根拠をもとに最高のトレードをするのですが、損失を出してしまうのです。しかも、毎回。

これとはまた違う不可解な出来事もありました。「別の可能性、将来に向かう別の道が視界の端でちらりと見えたものでした。意識の中にさっと現れて、その一瞬、注意が引っ張られるのです。かなり可能性が高いぞ、という一瞬のひらめきとともに腹にズシンとくる直感のようなものでした」。

コーツは、こうした「腹にズシンとくる直感」に従うと、たいていは利益を上げられることに気づきました。そして、これまで自分が導き出したあらゆる仮定や受けてきたあらゆる教育に反して、型破りな結論に至らざるを得なくなりました。

「正しい判断を下すには、体からのフィードバックに注意深く耳を傾ける能力が必要である」

結果を出すトレーダーに共通するある要素

さらに、コーツは気づきます。「体からのフィードバックに耳を傾けるのが他人より得意な人がいるかもしれない」。

ウォール街のどの立会場にも、「IQが高いアイビーリーグ出身の花形で、説得力のある分析をするものの、まったく利益を出せないトレーダーがいます。一方で、オフィスの通路を隔てた向こうにはパッとしない無名大学の学位しか持たないトレーダーが座っています。最新の分析はわかっていないのに、常に儲けを叩き出しています。一見もっと才能に恵まれたはずの同僚が、当惑し、いら立つほどに」。コーツは思いを巡らせます。

「おかしなことかもしれませんが、稼げるトレーダーは体がシグナルを出す能力と、それを聞く能力のおかげで優れた判断を下せるのかもしれません」

コーツはこうした考察を、トレーダーとして過ごした数年間と、その後、応用生理学者に転職を遂げたキャリアについてまとめた興味深い一冊『トレーダーの生理学』（早川書房）に書いています。

金融業界で働いていたときに生まれた疑問、「ズシンと腹にくる直感が他人よりも優れた人が誰かわかるものだろうか？　体からのフィードバックは観察できるのだろうか？」はやがて、トレーダーの仕事よりも興味深くなり、コーツはこの答えを科学的に研究すべく、ウォール街での仕事を辞めました。そしてこの疑問について研究した成果は２０１６年、大学で研究している神経科学者や精神科医と行った研究の詳細とともに、学術誌『サイエンティフィック・リポーツ』に発表しています。

コーツは新たな研究仲間とともに、ロンドンの立会場で働く複数の金融トレーダー[2]に調査を行いました。自分の心臓の鼓動を感じ取り、そのタイミングを特定してもらうものです。鼓動は、その人が自分の体から発するシグナルにどれだけ敏感かを測る尺度です。

実験の結果、金融業界で働いていない同じ年齢・同じ性別の対照群と比べ、トレーダーはこのタスクをかなりうまくこなせることがわかりました。さらにトレーダーの中でも自分の鼓動のタイミングを正確に感じ取れた人ほど稼ぎが多く、トレーダーという不安定な職業にもかかわらず、在職期間が長いことがわかりました。

コーツのチームは、「体からのシグナル、つまり金融の知識に関して腹にズシンとくる直感は金融市場での成功に寄与することが今回の研究により示唆された」と結論づけています。コーツ自身が経験していたように、**金融業界で活躍する人は、必ずしも教育水準や知性が高い人ではなく、「内受容シグナルに敏感な人」なのです。**

学校で教えられないからこそ、個人差が大きい内受容感覚

内受容感覚とは、簡単に言えば、体内の状態に気づくことです。[3] 網膜（視覚）、蝸牛殻（聴覚）、味蕾（味覚）、嗅球（嗅覚）といった外の世界からの情報を受け取るセンサーがあるように、体内にもセンサーがあり、脳に絶えずデータを送っています。

こうした感覚は、内臓の中、筋肉の中、骨の中など、全身至るところで生まれています。そしてさまざまな経路を通り、脳の「島皮質」と呼ばれる構造へと到達します。体内からの報告は、ほかからやってくる情報の流れ（活発な思考や記憶、外の世界から入ってくる感覚）と統合されます。それは現在の自分の状態、今この瞬間に「自分がどう感じるか」という感覚や、体内のバランスを保つためにどんな行動を取るかの一つのイメージへとまとめられます。

こうした体からのシグナルは誰もが経験しますが、人一倍敏感に感じる人[4]もいます。内受容感覚への気づきを測定する場合、科学者はジョン・コーツが金融トレーダーに使ったものと同じ鼓動を感じ取るテスト[5]を利用しています。

テストを受ける人は、手を胸に当てたり指を手首に置いたりせずに、自分の心臓の鼓動が打つタイミングを当てるように指示されます。どれだけ言い当てられるかは、人によってかなり異なることがわかっています。心臓の鼓動が打つタイミングを常に正確に言い当てられる内受容感覚の優等生もいれば、鼓動のリズムをまったく感じられない内受容感覚の劣等生もいます。

こうした能力の存在を知らず、自分がどれだけ感じ取れるかわからない人もわずかながらいます。脳に縛られた能力に気を取られているのです。

人は大学進学適性テスト（SAT）や高校の成績平均値（GPA）は覚えていても、鼓動のタイミングを当てる能力のことなど考えたことはありません。内受容感覚を気に留めないことはよくありますが、ロンドン大学ロイヤル・ホロウェイ校で内受容感覚を研究するビビアン・エインリーは、これが顕著に表れたある出来事を思い出します。

エインリーは、ロンドン科学博物館の展示の一環として、一般の人たちに自分の鼓動を検知してもらうテストを実施しました。展示を見に来た人は、脈を検知するセンサーに指を乗せるよう指示されます。計測器の数値は、エインリーにしか見えないようになっています。

「自分の心臓が鼓動するタイミングを教えてください」とエインリーは指示します。この言葉に、かなり印象的なリアクションをした年配の夫婦がいました。

「私の心臓が何しているかなんて、[6]知るわけないじゃない」と、妻はビックリしたように声を上げます。夫は、同じくらい呆れた顔で妻の方を振り返り、彼女の顔を凝視します。

「もちろんわかるよ」と夫は大声を出します。「バカなことを言うんじゃないよ。誰だって自分の鼓動くらい知っているさ！」。

「夫の方は、[7]自分の鼓動が常に聞こえていたのに、妻は一度も聞いたことがなかったんです」。エインリーはあるインタビューで、当時を思い出してこう笑顔で語りました。「夫婦は結婚して何十年にもなるのに、この違いを2人で話し合ったこともなければ、気づいたことすらありませんでした」。

内受容感覚は鍛えられる

このような違いにはなかなか気づかないかもしれませんが、人による能力の違いは実際にあり、脳のスキャン技術を使えば科学的に可視化[8]できます。

内受容感覚を司る脳の中心部「島皮質」の大きさと活動レベルは人によって異なり、内受容感覚の気づきの度合いと相関関係があります。違いが生まれる理由は、まだわかっていません。

私たちは誰もが、内受容感覚が働いている状態[9]で人生をスタートさせます。内受容感覚への気づきは、子ども時代から青年期を通じて成長を続けます。

体内のシグナルにどれだけ敏感か[10]は遺伝的要因のほか、体からのシグナルにどう反応すべきかについて養育者からどう教えられるか[11]など、育った環境に影響される可能性もあります。

わかっていることといえば、**内受容感覚への気づきは意図的に鍛えられる**ということです。**簡単なトレーニングで内側から湧き上がるメッセージに触れることができるようになります。**

すでに持っているものの普段は意識していない知識（自分のこと、他人のこと、自分が活動する世の中についての知識）にアクセスできるようになるのです。

さまざまな情報が含まれる内なる源とのつながりをいったん作ってしまえば、この源が教えてくれることを巧みに活用できるようになります。

例えば、適切な決断を下す、難局や失敗に打たれ強くなる、強い感情を味わいつつもうまくコントロールする、もっと配慮と洞察力をもって人と付き合う、などです。理性ではなく感情が水先案内人になってくれます。

●

豊かな情報の源として内受容感覚がどう機能するかを理解するには、世の中には、意識が処理できるよりもずっと多くの情報があふれていることを知る必要があります。

ありがたいことに私たちは、目にする大量の情報を無意識のうちに集めて保存することができます。毎日を過ごすなかで経験する規則性を感知し、将来いつか使うときのためにタグづけして保存しています。こうした情報収集とパターン認識のプロセスを通じて、私たちは物事を理解するのです。

通常は集められた知識について言葉で説明できなかったり、いつ知ったのか自分でもわからなかったりします。このデータの宝庫はたいてい無意識下にあり、それは通常は、ありがたいことなのです。無意識下に沈められた状態にあるおかげで、限りある注意力とワーキングメモリ（作業記憶）をそこで使わず、ほかの物事のために取っておけるからです。

意識よりもはるかに優秀な無意識

認知科学者のパヴェル・レヴィツキが率いた研究では、このプロセスを小さな規模で[12]実験しました。

実験参加者は、コンピューターの画面を見るよう指示されます。画面には十字形が現れ、その後、消えると再び別のところに現れます。参加者には一定の間隔で、十字形が次にどこに現れると思うかを尋ねます。十字形の動きを数時間見ているうちに、参加者の予測の精度は上がっていきました。十字形の動きのパターンを読めるようになったのです。とはいえ、参加者はなぜわかるのかうまく説明できませんでした。報酬を払うと言われても説明できなかったのです。

レヴィツキによると、十字形のパターンの本質に近い説明ができた参加者はいませんでした。十字形は、意識が受け止められないほど複雑なパターンで動いていたのです。とはいえ、**意識の下に潜む領域は、それを受け入れる余裕があるほど広々としています。**

レヴィツキが「無意識的な情報取得[13]」と呼ぶこのプロセスと、取得した情報のその後の活用は、私たちの生活で常に起きています。新しい状況に接すると、私たちは頭の中に保存してある、過去に出合ったパターンのアーカイブをスクロール[14]して、今直面している状況に合うものを探します。こんな検索が行われていることに、私たちは気づいていません。

レヴィツキは、「人間の認知システムは[15]、この作業を意識的にコントロールできるレベルで処理するようにはできていない」と述べています。「人間が無意識に動かしている処理アルゴリズムが外的な支援なく即座にこなしている同じタスクも、意識的な思考でやろうとすると、メモやフローチャート、〝もしこうなら、こうする〟といったリスト、あるいはコンピューターに頼る必要がある」としています。

パターンに関するこうした処理が意識的なものでないのなら、一体どう活用できるのでしょうか？　答えはこうです。

非常に関連性が高そうなパターンを検知したとき、それをこっそり教えてくれるのが内受容感覚の機能です。震えやため息、呼吸の加速、筋肉の緊張などで教えてくれます。ほかの方法ではアクセスできない役立つ情報に、体がベルを鳴らすようにして気づかせてくれるのです。

私たちは脳が体に命令を下していると思っています。しかし体も同様に、ちょっとした合図をたくさん送って脳を導いています（ある心理学者はこの導きを「身体的方向舵[16]」と呼んでいます）。

合図を送っている体の様子は科学的に捉えられています。探していたことを本人も自覚していなかったであろうパターンが現れたことを、体がその持ち主に教えるのです。

頭で理解するより前に体が答えを知っている

南カリフォルニア大学の教授であり神経科学者のアントニオ・ダマシオのチームが行った、ギャンブルのゲーム[17]をベースにした実験で、この内受容感覚による合図が可視化されました。コンピューターを使ったゲームを始める前に、プレイヤーにはゲーム通貨の2000ドルが与えられました。コンピューターの画面上には、伏せられたカードで作られた4組の山が表示されています。カードの表には賞金か罰金が書かれており、プレイヤーはできるだけ賞金を稼ぎ、罰金を科されないよう、山を選んでカードを表にするよう指示されます。

カードをクリックしてひっくり返していくうちに、プレイヤーは、この山ではボーナス50ドル、あちらの山では100ドルという具合に賞金を引き当てる一方で、さまざまな額の罰金のカードも引き当てるようになります。プレイヤーに伝えられていなかったのは、AとBは多額の罰金カードが含まれる「悪い」山、CとDは長い目で見ると罰金よりも賞金が含まれる「良い」山となるよう、実験者側がアレンジしていたことでした。

参加者の指は電極につながれ、ゲーム中、生理的にどれだけ興奮しているか測定されました。電極は「皮膚の電気伝導率」（皮膚コンダクタンス）を記録します。私たちは、脅威となる可能性のあるものに気づいて神経系が刺激されると、知覚できないくらいうっすらと汗をかきます。このわずかな汗によって肌は一瞬、電気が通りやすくなります。そのため科学者は、皮膚コンダクタンスを使って神経系の覚醒状態を測定できるのです。

ダマシオの研究チームは興味深いことに気づきました。しばらくプレイした実験参加者は、「悪い」カードの山をクリックしようかと考えているとき、電気伝導率が急に上がっていたのです。さらに驚いたことに、実験参加者は「悪い」山を避けるようになり、「良い」山に引きつけられるようになりました。レヴィツキの実験でも見られたように、参加者はやがてタスクをうまくこなせるようになり、罰金が減り、賞金が増えていきました。

しかし実験参加者のインタビューから、皮膚コンダクタンスが上がり始めてかなり時間が経ったゲーム後半になるまで、なぜ自分が、ある山をほかの山よりも多く選ぶようになったのかは、本人にも理解していなかったことがわかりました。

10枚目のカード（ゲーム開始から約45秒後）をめくるころには、皮膚コンダクタンスの測定値が、ゲームの細工に体が気づいていたことを示していました。しかしさらに10枚ほどカードをめくっても（つまり20枚目のカード）、「参加者は何が起きているのかまったくわかっていないことが示唆された」と研究チームは記しています。

ゲーム開始から数分後となる50枚目のカードになってようやく、Aの山とBの山は危険度が高いと意識するようになり、参加者全員が指摘するようになりました。

参加者の「脳」が理解するよりずっと前に、参加者の「体」はわかっていたのです。

この後に行われた複数の研究により、さらに重大なことが明らかになりました。内受容感覚が鋭いプレイヤーほど、[18]このゲームで良い選択肢を選んでいたのです。この人たちにとって、体が発する賢明な助言は、大きくはっきり聞こえていたのでした。

意識だけに頼っていたら損をする

ダマシオの実験で行われたペースの速いゲームは、重要なことを教えてくれます。[19]

体は、意識が受け入れるよりもずっと複雑な情報にアクセスできるだけでなく、この情報を

意識よりもずっと速いペースで処理できるということです。

体が介入することの恩恵は、カードゲームに勝つよりもはるかに大きなところにあります。現実の世界は常に目まぐるしく動き、不確かな状況ばかりです。そこでは、物事の損得すべてをじっくり考える時間などありません。意識だけに頼っていたら損をしてしまいます。

●

これこそが内受容感覚を磨くべき理由です。**体の刺激に敏感な人ほど、無意識の知識を活用できる**のです。

内受容感覚への気づきを強化する方法の一つに、マインドフルネス瞑想[20]があります。この瞑想法は、体内のシグナルへの感度を高めるうえ、そのために重要となる脳の部位「島皮質」の大きさと活動を変化[21]させることがわかっています。

マインドフルネス瞑想の中でも特に効果的と思われるのが、瞑想セッションの始めに使われることの多い「ボディスキャン」です。ミャンマーやタイ、スリランカの仏教の伝統に起源をもつボディスキャンは、マインドフルネスの先駆者であり、現在マサチューセッツ大学医学部名誉教授でもあるジョン・カバットジンによって、欧米にもたらされました。

「人々は、ボディスキャンを有益だと感じています。[22] 自分の意識を体の感覚につなげてくれるからです」とカバットジンは述べています。「定期的に実践することで、これまではほとんど感じたり考えたりしたことのなかった体の部分での感覚を感じられるようになります」。

ボディスキャンが内受容感覚を高める

カバットジンの説明によると、ボディスキャンを実践するには、まず居心地の良い場所に座るか横になるかして、そっと目を閉じます。

少し時間をかけて、体全体が一つになるのを感じましょう。息を吸ったり吐いたりするたびに、お腹が膨らんだりへこんだりするのを感じてください。

次に左足の爪先から順に、筆のようなもので優しく「掃《は》く」イメージで、意識を移動させていきます。爪先に意識を向ける際に、そこへ呼吸を送るイメージをしようとカバットジンはアドバイスします。爪先に向かって息を吸い込み、爪先から吐き出しているような感じです。

爪先で何度か呼吸するよう意識を集中した後、今度は意識を足の裏、かかと、足首などへ移していき、左の臀部まで持っていきます。右足も同じように、各部分に意識を向けて2～3回ずつ呼吸していきます。

意識を移動式スポットライトのように集中させ、この後、胴体、お腹、胸、背中、肩へと移動させ、肘、手首、手といった具合に、左右の腕へそれぞれ下ろしていきます。最後に、意識を首から顔へ移動させます。エクササイズの途中で集中力が逸れたら、逸れる前まで集中していた体の部位へ意識をそっと戻しましょう。カバットジンはボディスキャンを少なくとも１日に１回以上実践するよう勧めています。

このエクササイズの狙いは、体の中から湧き上がるすべての感情に、何の判断もしないという気づきをもたらすことです。忙しい日々の生活の中で、私たちは体内のシグナルを無視したり、脇へ押しやったりしています。たとえシグナルに気づいても、性急に対応したり自己批判的に受け止めたりしてしまうかもしれません。

ボディスキャンを行うことで、関心と落ち着きをもってこうした感覚を観察できるよう訓練できます。体内の感覚にチューニングを合わせるのは最初のステップです。

次のステップは、それに名前をつけます（ラベリングする）。内受容感覚にラベリングしていくことにより、その感覚をうまくコントロールできるようになります。注意深く調整しないと、感情に圧倒されてしまったり、感情の出所を勘違いしてしまったりするかもしれません。**自分**

が感じているものに名前をつけるというシンプルな行為ですが、それだけで体のストレス反応がすぐに下がり、神経系に大きな影響を与える[23]ことが、研究によって示されています。

感情にラベルをつければ恐れや不安は抑えられる

カリフォルニア大学ロサンゼルス校（UCLA）の研究者の実験では、実験参加者に、観客の目の前で即興でスピーチをするように指示しました（確実に不安を引き起こす方法です）。[24]参加者の半数はその後、「私は〇〇を感じている」の文章を埋めるよう指示されました。研究者らはこれを「感情ラベリング」と呼んでいます。残りの半数は、まったく関係のない複数の形状から同じものを探すタスクをやるよう指示されました。

生理的に興奮したままの状態だった対照群と比べ、感情ラベリングをしたグループは、心拍数と皮膚コンダクタンスが急激に下がりました。脳のスキャンをしたところ、感情ラベリングには鎮静効果がある証拠が示されました。

感じたものにラベルをつけるだけで、恐れなど強い感情の処理に関係する脳の部分、扁桃体の活動が抑えられるのです。[25]一方、感情そのものやその感情を抱くきっかけを作った経験についてもっと具体的に考えると、逆に扁桃体の活動は活発[26]になります。

感情ラベリングの実践はボディスキャン同様、体の中から湧き上がる感覚に気づいて名前をつける習慣を身につけるための、メンタル・トレーニングのようなものです。

心理学者は、感情ラベリングを試す際には2つの点に留意するようアドバイスしています。まず、できる限りたくさんの回数をこなすこと。先ほどの実験を行ったUCLAの科学者によると、自分の感情を表現する言葉を多く挙げた[27]実験参加者は、その後、生理的な興奮が大きく下がりました。

2つ目は、できる限り「細かくする」こと[28]、つまり自分の感情を正確かつ詳しく描写する言葉を選ぶことです。内受容感覚の違いを的確に識別する能力は、適切な判断を下す[29]、衝動的に行動しない[30]、先のことをうまく計画する、などと関係があります。恐らく自分には何が必要か、何がしたいかについて、はっきりと感じられるようになるからでしょう。

体内の感覚を感じてラベルづけすることで、感覚が身体的方向舵として効果的に機能するようになり、日々の生活で下す多くの決断を機敏に舵取りできるようになります。

とはいえ、思考、つまり私たちが通常、頭の中だけで行っていると考えているプロセスに、体は本当に貢献してくれているのでしょうか？

……しているのです。最近の調査では、驚くべき可能性が示唆されています。**体は頭よりも合理的になり得る**、というものです。

認知バイアスが内受容感覚を邪魔している

ジョン・コーツが行った、内受容感覚が鋭いトレーダーの方が多く稼いだという実験を思い出してください。内受容感覚が鋭いトレーダーは、体にチューニングが合っていない投資家よりも、市場の状態から判断して合理的な売買の選択ができたという話でした。

このような実験結果はもしかしたら、体は認知バイアスの影響を受けない、という事実によるものかもしれません。認知バイアスは意識的な思考を歪めることの多い、人間の脳に生まれつき備わっている欠陥です。

例えば公正の概念を例にとってみましょう。私たちは、たとえ自分が困ることになったとしても、頑《かたくな》なまでに公正でいようとするものです。

行動経済学でよく使われる実験法に「最後通牒《さいごつうちょう》ゲーム」というものがあります。参加者はパートナーとペアになり、一人には大金が与えられ、好きな配分で相手と分けていいと指示されます。もう一人のパートナーは、提示されたお金を受け取るか拒否するか選べます。それがたとえ非常に少ない額であれ、分配されたお金を受け取る方が、拒否するよりも合理的な行動です。拒否したら手元に何も残らなくなりますから。

それにもかかわらず、実験では一貫して、少額を提示されると多くのプレイヤーが、不当な扱いを受けたと感じて拒否します。自分はもっと多くの額を受け取るべきだと感じるのです。[31]

２０１１年に発表された研究で、バージニア工科大学の研究者は、最後通牒ゲームをプレイする２つのグループの脳をスキャンしました。[32]一つのグループは定期的に瞑想を実践している人たちで、もう一つのグループは対照群として瞑想をしていない人たちです。

ゲームをプレイしている間、瞑想実践者の脳は島皮質（内受容感覚を司る脳の部位）が活発になっており、決断を下す際に、体から来るシグナルを頼りにしていることがスキャンからわかりました。対照群では異なるパターンが見られました。スキャンでは前頭前野（物事の公正・不正の意識的な判断を司る部位）の活動が示されたのです。

研究者によると、２つのグループは行動も異なっていました。内受容感覚に敏感な瞑想実践者たちは、お金をまったく受け入れない選択肢よりも、少額の提示でも受け取る合理的な選択肢を選ぶ傾向にありました。一方で頭で考える対照群の人たちは、パートナーの方が多くなるよう配分されたお金を拒否する傾向が強く見られました。

社会科学者は、「経済人（ホモ・エコノミクス）」という人格を引き合いに出します。ホモ・エコノミクスとは、完璧なまでに理論的かつ理性的な選択をする、理想化された人物像です。

現実世界では、こんな人物はなかなかいないことがわかっています。それでも、バージニア工科大学の研究者たちは次のように書いています。「本研究で私たちは、(33)まるでホモ・エコノミクスのように最後通牒ゲームをプレイする人間の個体群を発見した」。

驚いたような口調で研究者らは続けます。「経験を積んだ瞑想実践者たちは、実験で行った半分以上のセッションにおいて、これ以上ないほど不均等に分配された金額でさえも受け取る姿勢を示した。対照群のホモ・サピエンスが同じ行動を取った割合は、全セッションのわずか4分の1強だった」。

バージニア工科大学が行った実験で瞑想を実践していない人たちが見せたバイアスを含め、行動経済学者は数多くのバイアスを分類しています。

最初に出合う情報を評価基準として過剰に依存してしまう「アンカリング効果」、頭に浮かびやすいものほど何かが起きやすいと過大評価する「利用可能性ヒューリスティック」、個人的な好みによって過剰なほど楽観的になる「自己奉仕バイアス」などがあります。

こうしたバイアスは、どうすればいいのでしょうか？　多くの経済学者や心理学者は、バイアスの存在を人々に伝え、思考がバイアスの影響を受けていることを示す兆候がないか、自分の知的活動を監視するようアドバイスしてきました。心理学者のダニエル・カーネマンが広めた言葉[34]を使えば、**私たちは本来、合理的で思慮深い「システム２」の思考を使って、バイアスに満ちた速い思考「システム１」を無効にすべきなのです。**

体からの信号を感じて、認知バイアスから自由になる

イギリスにあるオープン大学の組織行動学教授マーク・フェントン・オクリーヴィはかつて、非常に脳に縛られたアプローチの信奉者でした。その後、６つの投資銀行で、一流トレーダーを対象に聞き取り調査[35]を行いました。

そのときにわかったのは、トレーダーたちは脳に縛られたやり方で物事を進めたことがほとんどないということです。代わりに、体内から湧き上がる感覚に頼っている、と彼らは話しま

した。

ある人はこのプロセスを説明する際、とりわけ体感的な言葉を使いました。「直感を信じないといけません。[36] 多くの判断は一瞬のことなので、どこが瀬戸際か、どんな手を打つか、わかっていなければいけません」。さらにこう続けます。

「この勘はまるで、動物のひげを備えているような、鹿になったような感じです。人間の耳では聞き取れない何かを耳にしたと思ったら、突然、気が張り詰めた状態になっています。どこかにある何かを感じて少し身震いがしますが、それが何なのかは自分でもよくわかりません。でも慎重にならなければいけない、近くに何かがあるということはわかるんです」

金融業界で成功している人は、こうした微かな生理的シグナルに極めて敏感であることを、フェントン・オクリーヴィは発見しました。さらに彼らは、感覚が表に浮かんでくる早いタイミングでシグナルを察知するようでした。その感覚を脇に押しやったり、抑え込んだり、後回しにしたりせず、すぐ行動に移すのです。[37]
このアプローチだと、意識的に努力することなく素早く動き出せるため、複雑でペースの速い決断[38]に対処するのに合っている、とフェントン・オクリーヴィは言います。
認知バイアスについても、さんざん苦労しながら修正するより、この方法を使って避けた方が効果的です。「バイアスをなくす取り組み(39)において、認知をシステム1〔訳注：速い思考、無意識〕からシステム2〔訳注：遅い思考、意識〕にシフトさせることに主眼を置いたやり方ではうまくいかないでしょう」とフェントン・オクリーヴィは断言します。

「自分を観察する人間の能力や努力を要するシステム2の認知には限界があり、すぐに消耗してしまいます。バイアスについて学んだり、自己を観察したりすることによってバイアスを減らそうとしても、すぐに人間の認知の限界に達してしまうのです」

フェントン・オクリーヴィは、マインドフルネスの実践と、生理学的なフィードバックを頻繁に提供することで、トレーダーの内受容感覚の気づきを高めることを目指した実験を行いました。

「スペースインベスター」〔訳注：「スペースインベーダー」をもじった名称で、「インベスター」は投資家の意味〕という特殊なコンピューター・ゲームを作り(40)、実験参加者にプレイしてもらいました。ゲームの一環として参加者は、自分の心臓がどのくらいの速さで打っているかを一定のタイミングで推測します。胸部に取りつけられたワイヤレスセンサーで測定された数値に近ければ近いほど、ゲームのポイントがもらえます。繰り返しプレイすれば、実験参加者の内受容感覚への気づきは持続的に改善されるようである、とフェントン・オクリーヴィは報告しています。

賢い決断を下すのに役立つ、内受容感覚ジャーナル

この取り組みは、賢明な意思決定を支援する斬新な方法を示唆しています。**念入りに時間をかけた検討や分析ではなく、「内受容的な学び[41]」とでも呼べるものを養うことで、賢い決断ができるようになるのです。**

この学びのプロセスはまず、「内なるシグナルをいかにして感じ、ラベルづけし、コントロールするか」を学び、次に「体内で感じる特定の感覚と、外の世界で出合う出来事のパターンとをどうつなげるか」を学びます。

ある行動を取ろうとしたら胸がドキドキしたというとき、どんな結果になることが多いでしょうか？　目の前にある選択肢について考えたら胸が高鳴るとき、そして違う選択肢にはずっしりと重い気分になるとき、こうした感覚は最終的に選ぶ選択肢について、どんな前兆になっているのでしょうか？

自分がどんな選択肢を選んだか、そのときにどんな感覚がしたのかという記録「内受容感覚

ジャーナル」をつけることで、体からのメッセージを明確にし、言語化することができます。

ジャーナルの項目は、次の3つで構成されます。

まずは、今自分が直面している決断事項の簡単な説明。

次に、さまざまな選択肢を考えたときに経験する体内の感覚についての、できるだけ詳しい具体的な描写。内受容感覚ジャーナルは、目の前にある進路を一つひとつ考え、ある進路を選んだと想像したときに、どんな感じがするかを書き記すものです。

ジャーナルの3つ目の項目には、最終的にどの選択肢にしたかをメモし、最後の決断を下した際にどのような感覚がしたかを記録します。

投資は儲かったか？ 先日採用した社員はうまくやっているか？ 郊外への旅行は楽しかったか？など、自分が下した決断について結果がわかったら、その選択肢を選んだときの記録に戻ってみます。そのうちに、パターンがあることに気づくでしょう。

振り返ってみると、ある行動を取ろうと考えたときに胸が締めつけられる感覚がして落胆する結果に終わったということがわかるかもしれません。一方で、結果的にうまくいったあるアプローチについて考えたときには、先ほどとは違って胸郭が軽くなって開くような感覚がしたことに気づくかもしれません。このような違いは微かで一瞬です。内受容感覚ジャーナルは、そうした一瞬の感覚を捉え、はっきりとわかるようにとどめておくのに役に立ちます。

体は、意思決定を下すための聡明な指南役になり得ます。すぐに打ちのめされてしまう意識よりもずっと博識で思慮深い、ジョン・コーツの言葉を借りれば「黒幕[42]」なのです。

体と、体が持つ内受容感覚は、別の役割も果たしてくれます。コーチとして、私たちがゴールに向かい、逆境に耐え、やる気を取り戻して挫折をはね返すよう励ましてくれます。一言で言えば、**内受容感覚への気づきは、私たちをもっと打たれ強くしてくれるのです。**

これは意外に感じるかもしれません。体力よりも精神力が必要な人間の能力があるとすれば、それは、「レジリエンス（打たれ強さ）」であるように思えるものです。私たちはよく、体が嫌がって抵抗していても、歯を食いしばって気力で乗り切る、意志の力で頑張る、と考えるものです。

けれども実のところ、レジリエンスとは内臓や手足から来る感覚に対する気づきに根差しています。**内なるシグナルに注意を払っているほど、人生の苦悩を前にしてレジリエンスを発揮できるようになるのです。**

理由はこうです。行動を取るには必ず貴重なエネルギー[43]を使わなければいけません。無意識の中で手元に今どのくらいのエネルギーがあるか、求められる行動を取るにはどのくらいのエネルギーが必要かを、私たちは常にチェックしています。

内受容感覚は、現状に合わせて常時アップデートされた計測器の機能を果たしています。頑張れるのはいつか、休まなければいけないのはいつか、合図で教えてくれるのです。

困難の大きさに見合った力を発揮し、進むペースを調整することで、最後までやり遂げられるように手を貸してくれます。意思決定の水先案内人として体の感覚を使うのが得意な人がいるように、その瞬間瞬間のエネルギー消費をモニターし管理するため[44]に、内受容感覚によるシグナルを活用するのに長《た》けている人もいます。

レジリエンスが高い人の方が、内受容感覚も鋭い

カリフォルニア大学サンディエゴ校の精神医学教授マーティン・パウルスは、レジリエンスの促進に内受容感覚が果たす役割を研究しています。２０１６年に行った調査[45]でパウルスは、参加者に次のような文章のリスト[46]を示し、それぞれに同意するか否かを尋ねました。

・自分の行く手に何が起きても解決できる
・苦境や病気の後も、立ち直ることができる
・何があっても最善を尽くす
・見込みがなさそうでも諦めない
・プレッシャー下でもはっきりと集中できるし考えられる
・失敗しても簡単に諦めない

回答によって参加者は、高レジリエンスと低レジリエンスという、はっきり異なる2つのグループに分かれました。参加者の話によると、逆境や難局に直面したとき、高レジリエンスのグループはうまくいくまでやり抜く傾向にあり、低レジリエンスのグループはもがいたり、燃え尽きたり、諦めたりする傾向にあることがわかりました。

パウルスは、2つのグループのさらなる違いに気づきます。自分の鼓動を検知するテストで内受容感覚を測定したところ、平均して、低レジリエンスの人たちは乏しく、高レジリエンスの人たちは鋭いことがわかりました。

興味をそそられるこの調査結果を調べるために、パウルスはある実験を考案しました。被験者に精神的に厳しい経験をさせつつ、その脳をスキャンするものです。

「呼気負荷タスク」と名づけたプログラムを、パウルスはここ10年にわたり数百人に実施してきました。パウルスのモルモットとなった被験者の中でも指折りの有名人は、一流の水泳選手(47)ダイアナ・ナイアドです。遠泳の世界記録保持者であるナイアドは1975年、女性として初めてマンハッタン島1周を完遂し、歴史を作りました。

約40年後にあたる64歳のときには、キューバからアメリカのフロリダ州まで泳ぎました。疲労、吐き気、さらには命を落とす可能性もあるクラゲの刺傷と闘いつつも、約177キロの距離を泳ぎきったナイアドは、レジリエンスのお手本です。4回トライして失敗し、2013年8月にやっと成功を収めたのでした。

ナイアドは同じ年、別の分野で先駆者となります。パウルスの研究対象となるために、研究室に姿を現したのです。MRI（磁気共鳴画像法）装置に入る前に、ナイアドの鼻には鼻呼吸を阻止するクリップがつけられ、口には管が取り付けられました。管の先には栓がついています。栓が外されると、ナイアドは管から自由に呼吸ができました。栓が戻されると、空気はわずかしか通れなくなります。

MRIの中に入ると、ナイアドは目の前に取りつけられたコンピューターの画面を見るよう指示されます。画面が青色になると呼吸管の栓が開かれ、画面が黄色になると25％の確率で栓が閉じられ、ナイアドは息ができなくなります。

それぞれの状況においてナイアドの脳がどのように活動するか観察することで、パウルスの研究チームは、ナイアドがいかにしてストレス要因を予測し、対応し、回復するかを調べることができました。実験が行われている間、認知能力をテストする質問も投げかけられました（ナイアドは自伝でこのときの経験を振り返り、「もちろん私は負けず嫌いなので、[48]ＭＲＩテストを受けた誰よりも高得点を出したいと思いました」と書いています）。


ナイアドの脳のスキャンは、この不快な経験に対し、独特の反応を示しました。島皮質は、画面が黄色に変わってストレス要因が来るより前に、強い予知的な反応を始めたのです。そしてストレスの最中と後には、相対的に休止した状態になりました。

認知能力テストについては、デジタル化されたグラフに点で示された結果をパウルスが見せてくれたときのことを、ナイアドはこう振り返ります。

「グラフの下の方に[49]集まっている点は普通の人たち。酸素が制限されたときと制限されるのを予測したときのテスト結果は散々なものでした。次は成績が良く対照群のかなり上にあるグループ。海兵隊員です。次はそこからさらに高成績を記録したグループ、ネイビーシールズです。パウルス博士はその後、コンピューター画面から外れそうなくらいの右上を指差し、これが私だ、と言いました」
ナイアドは、まさに基準値を大きく外れたアウトライヤーです。しかしパウルスは、あらゆる種類のエリート・パフォーマーにこれと同じパターン[50]を見出しました。**驚いたことに、優秀な人たちは極めて不快な内受容感覚を経験すると、むしろ認知能力が向上するのです**。彼らは、体からのシグナルを感じ取る高い能力[51]を持っています。そのため、困難な状況に取り組む際に、体内のリソースを見極めてうまく管理できるのです。まるでほんの少しのパワーもムダにせずにエネルギーをたっぷり蓄えておける整備の行き届いた効率良いエンジンのようです。

レジリエンスが低い人[52]は、まったく異なる結果になります。「呼気負荷タスク」を行うと、脳のスキャンにはダイアナ・ナイアドとは逆のパターンが示されます。ストレス要因が来る前は活動があまりなく、ストレスの最中と後に活発になります。こうした人たちの自己管理能力はいいかげんでまとまりがなく、整備不足でパワーが漏れているエンジンのようです。

困難な状況にいざ直面してからハッと我に返り、慌てて対応しようとしてエネルギーをムダに消耗してしまいます。認知能力テストの質問にも答えるのに苦労し始めます。失敗したことに落胆し、エネルギーの蓄えは枯渇し、モチベーションも失って諦めてしまうのです。

こうした違いが、勇気や忍耐力が求められる身体的な偉業にチャレンジする際に重要なのは当然ですが、頭を使った何かに取り組むときにも重要になります。ほかのどの活動とも同じように、精神的な活動にもエネルギーの動員や管理が必要です。

実際、脳は体が提供するエネルギーの20%を消費します。**頭脳を使う難題に挑戦する際、体内のリソースを効果的に割り振ることができる能力を、研究者たちは「認知レジリエンス(53)」と呼んでいます。**

軍人、消防士、警察官が実践するマインドフルネス瞑想

マーティン・パウルスの研究仲間の一人であるエリザベス・スタンリーにとって、認知レジリエンスは特に重要な意味を持ちます。

ジョージタウン大学で安全保障学を教える准教授のスタンリーは、名高い軍人の家庭で育ち、自身もアメリカ陸軍に情報士官として長年勤め、ドイツ、韓国、バルカン諸国に駐留しました。軍人として、そして民間人としての生活の中で、スタンリーは自分を徹底的に追い込んできました。自分のモットーは、「意志の力と決意をたたえた(54)深い源泉に身を挺《てい》して潜り込み、力ず

くでやり切る」ことだと表現します。何十年もの間、「こんなふうに体と感情を無視できる自分の能力は、長所だと思っていました。強さ、自己鍛錬、決断力の表れだ、と」とスタンリーは著書に記しています。

しかし、やがて「自分の中でデフォルト設定になっているこの戦略は、自分のパフォーマンスと健康を害している」ことに気づきました（数カ月にわたりパソコンに向かって毎日16時間、博士論文を執筆していたとき、キーボード上で嘔吐した経験が、気づくきっかけの一つとなりました）。

取り組み方を変えようとしたスタンリーがたどり着いたのが、マインドフルネス瞑想でした。今では毎日実践しています。さらに、非常にストレスがかかる状態にある軍人の認知レジリエンスの強化を目指した「マインドフルネス・ベースのマインド・フィットネス・トレーニング」（ＭＭＦＴ）というプログラムを開発[55]しました。

ＭＭＦＴは、体のシグナルを認識し、コントロールすることを重視しています。戦闘地への配置に備える兵士を対象に、スタンリーは心理学者や神経科学者の協力のもと、プログラムの有効性をテストしました。結果は、プログラムのトレーニングよりも極めて難しい状況下にあっても、集中力[56]やワーキングメモリ[57]を維持できることが示されました。スタンリーは全米でワークショップを行い、軍人だけでなく、消防士、警察官、ソーシャルワーカー、医療従事者、災害救助隊員など、ストレスが高い職業の人たちにもＭＭＦＴを教えています。

過剰反応を避けるのに有効な「シャトリング」

マーク・フェントン・オクリーヴィが聞き取り調査を行った一流のトレーダーのように、またマーティン・パウルスが研究したエリート・アスリートのように、認知レジリエンスがもっとも高い兵士もまた、困難な状況に直面すると、ストレスの兆候が見え始めたかなり早い段階で体の感覚に細かな注意を向けていることをスタンリーは発見しました。

ジョン・カバットジンのマインドフルネスのテクニックと似たものを使い、スタンリーは自身のワークショップ参加者にも同様に、体の感覚に注意を払うよう指示します。早い段階でシグナルに注意を払うことで、不意を突かれて過剰に反応し、生理的な興奮状態に陥って落ち着きを取り戻せなくなるのを避けられる、とスタンリーは説明します（かつて自分がそうだったように、多くの人は逆のアプローチを取っているとスタンリーは指摘しています。頑張ってやり切れると思い、体内から来る赤信号を無視するのです）。

スタンリーはまた、「シャトリング」(58)と呼ぶものを生徒に教えています。意識の焦点を、体内で起きていることと体外の出来事との間で行き来させるテクニックです。

焦点をシフトさせることで、外の出来事にとらわれすぎることも、体の内側から湧いてくる感情に圧倒されすぎることもなくなり、代わりに、外と内の世界から入る情報をどちらも取り入れてバランスを取ることができるようになります。

意識を向ける先を交互に変える練習は、リラックスしたときに繰り返すと、自然とできるようになります。何度も繰り返し自分の体に意識を向けることで、内受容感覚の情報に定期的に触れられます。

ポイントは、自分の内なる現実と常にしっかりとつながり続けること。「何かが起きているときに、起きていることにきちんと意識を向けて気づく(59)」ように自分を鍛えることだとスタンリーは言います。

スタンリーが描くレジリエンスのビジョンは、かつて彼女が実践していたような意志の強さややる気を誇示することではありません。それよりもむしろ、体の内外で常に変わりゆく状況に合わせた瞬間瞬間での柔軟な反応です。

内受容感覚のシグナルに対する気づきは、適切な意思決定を下したり、ストレスに満ちた状況から素早く回復したりするのに役立ちます。また情緒的に豊かで満たされた人生を送れるようにもなります。

研究で明らかになっています。愛情、憧れ、感謝、悲嘆、切望、後悔、いらだち、嫉妬、憤慨のような繊細な感情も、その構成要素となっているのが内受容感覚だからです。**内受容感覚が鋭い人ほど、情緒豊か**[60]**でありながら感情をうまくコントロールできる**[61]ことが、**内受容感覚が鋭い人は、内受容感覚の助けによって作られた感情と親密に触れ合うことができ、扱いも上手**なのです。

とはいえ、内受容感覚と感情の関係を理解するには、感情がどう生じるかについて多くの人が抱いている基本的な誤解を正す必要があります。

一般的に聞く話はこうです。自分に何が起きているかに基づいて脳は適切な感情（幸せ、悲しみ、恐れ）を決め、それに沿った行動（笑顔になる、泣く、叫ぶ）を取るよう体に指令を送る。ところが、実際の因果関係は逆です。体が感覚を作り出し、体が行動を始める──。そこでようやく、心はバラバラになっていた証拠を組み立て、私たちが感情と呼ぶものを作ります。

脳ではなく、体が感情を生み出している

アメリカの心理学のパイオニア、ウィリアム・ジェイムズは、100年以上前にこれを推論していました。

森の中でクマに遭遇したところを想像してほしい、とジェイムズは述べます。心臓は高鳴り、手のひらは汗ばみ、足は急に走り出します。なぜでしょう？　脳が恐怖の感情を生み出し、体に動けと指令を出したからだと思うかもしれません。しかし逆だとジェイムズは示唆しました。恐怖を感じるのは、鼓動が速まるからであり、手のひらが汗ばむからであり、足が勝手に前へと走り出すからです。ジェイムズは、こう記しています。「常識では[62]、大金を失ったから悔しくて泣くのであり、クマに遭遇したから恐ろしくて走り出すのであり、ライバルに侮辱されたから怒って殴るのだ、と考えます」。しかし、とジェイムズは続けます。「この順序は間違いです」。ジェイムズによると、「悲しいのは泣いているからであり、怒るのは殴ったからであり、怖いのは震えているから」と言った方が正確なのです。

近年、脳のスキャンなど最新の調査技術を使って、ジェイムズの理論は科学的に検証される

ようになってきました。そして、**「感情」と呼ばれるもの**（**とそれに伴う経験**）**は実のところ、もっと単純なパーツから作られている**[63]ことが確認されました。内受容感覚が生み出されたシグナルや、それをどう解釈するかに対する家族や文化の考え方などです。

このような見方には、2つの重要な意味があります。

まずは、**内受容感覚が鋭いほど感情がより豊かに強くなる可能性がある**ことです。

2つ目は、**内受容感覚への気づきが身につけば、感情が作られる最初の段階から関われるようになる**ことです。自分が経験する感情を作る作業に、参加できるようになるのです。

感情の構造を研究する心理学者はこれを「認知的再評価」と呼んでいます。これを行うには本章で説明した通り、内受容感覚を感じてラベルづけをします。その後、それを再評価します。状況に合った方法で解釈し直すということです。

例えば、「緊張」は「ワクワク」として再評価できます。この2つの感情に伴う内受容感覚を考えてみましょう。心臓がドキドキする、手のひらに汗をかく、胸がワクワクする。この感覚はどちらの感情でもほぼ同じです。不安な経験なのか、喜ぶべき興奮なのか、私たちがさまざまな意味を与えているのです。

こんなときにまったく抱かない感情は、冷静さや落ち着きです。それなのにほとんどの人は、不安に駆られているとき、落ち着かなくちゃいけない、と信じて疑いません。

緊張をワクワクと捉え直すだけで成果が上がる

ハーバード・ビジネス・スクールの准教授アリソン・ウッド・ブルックスは、緊張の対処法について、これとは異なる考え方をしています。ほとんどの人が緊張するであろう経験を実験参加者にしてもらう、３つの実験[64]を行いました。

時間的制約があるなかで難易度の高いＩＱテストを受験する、「仕事のパートナーとして自分が優れている理由」について説得力のあるスピーチを即興で行う、そして何より緊張する１９８０年代のポップス（ジャーニーの『ドント・ストップ・ビリーヴィン』）を大声で熱唱する、を各グループにしてもらうのです。

アクティビティを行う前、参加者は自分に落ち着くよう言い聞かせるか、ワクワクしていると言い聞かせるよう指示されました。

緊張をワクワクとして再評価した場合、パフォーマンスにはっきりした違いが表れました。

ＩＱテストを受験した人はかなり高いスコアを出し、スピーチを行った人は説得力があり、有能で自信に満ちているように見えました。ジャーニーの曲を歌った人でさえも、良い成績を出したのです（評価には任天堂Ｗｉｉのカラオケ・レボリューションが使われました）。全員、ワクワクした楽しい感情を本気で抱いたと報告しました。本来ならこうした活動から生まれるであろう不快感からは、驚くほどの変わりようです。

同じように、私たちも気が滅入るような「ストレス」[65]を、生産的な「コーピングの機会」だと意図的に再評価することができます。

２０１０年にボストン地域の大学生を対象に行われた研究では、ストレスに直面している人が、「ストレスは実のところ注意力とモチベーションを高め、思考に良い影響がある」[66]と教えられた場合、どうなるかを調べました。

大学院入学共通試験であるＧＲＥを受験する前、最初のグループにはこんなメッセージが渡されます。「共通試験を受けるときに不安になると実力を発揮できなくなると人は思うものです。しかし最近の研究では、神経の高まりは試験のパフォーマンスにとって悪影響にはならず、むしろ助けになることが示唆されています。試験中に不安になる人の方が実は、良い成績を取る可能性もあります。つまり、今日のＧＲＥ受験中に不安を感じても、気にしなくていいということです。不安を感じたら、その神経の高まりは実力を発揮する手助けになると思い出しましょう」。次のグループは、こうしたメッセージをもらいませんでした。

3カ月後にGREの成績が発表されると、ストレス感情を再評価するよう教えられた学生は、平均で65ポイントも高い成績を収めたことがわかりました。

体内の感覚に気づくと感情をうまく扱える

このテクニックがなぜ効果を発揮するのか、そのメカニズムを解明するために再評価に関する研究が始まっています。

先のGRE受験での研究では、実験参加者全員の唾液サンプルが集められ、神経系の高まりに関係するホルモンの存在を確認すべく分析されました。すると再評価に取り組んだ学生は、このホルモンの量が増加していました。学生たちの体は難局に直面していることを認識し、効果的な対応を用意し、警戒を高め、注意力を鋭くしたわけです。

別の研究では、数学で不安を抱える生徒を対象に、再評価のテクニックが神経系に[67]どのような効果をもたらすかを調べました。

生徒たちは、磁気共鳴機能画像法（fMRI）装置の中に入って数学の問題を解くよう指示されます。脳のスキャンは2回実施しますが、1回目は普段通りに解くよう指示されます。2回目を始める前、生徒たちは再評価を教えられます。感情を再評価した後の数学の問題では正解率が上がりました。

　その理由はスキャンにもきちんと表れていました。再評価をしたときの方が、計算を司る脳の領域が活発に動いていたのです。それまでは不安によって消耗されていた知的リソースが、再評価のおかげで数学の問題を解くことに向け直されたのです。


再評価という戦略を取り入れる人に向けて、心理学者はさらに興味深い2点を指摘します。まずは、**内受容感覚が鋭い人の方が再評価の効果が出やすい**[68]という点です。結局のところ、体内の感覚の受け取り方を変える前に、それを認識できなければいけません。

　2つ目は、実際に感じている感覚は[69]、作ろうとしている感情と一致している必要があります。「緊張」を「ワクワク」として再評価できるのは、この2つの感情に結びついた生理的なシグナルが非常に似ているためです。今感じているのが極度の無関心や疲労感であれば、「すごくワクワクする！」と叫んだところで、効果はありません。

　体内の感覚に気づくようになると、自分の感情をうまく扱えるようになります。意外かもしれませんが、体に備わった内受容感覚の機能はほかの人の感情との距離感を縮めてもくれます。

理由は、脳だけでは他人の心の中に直接アクセスできず、相手が何を感じているかを知る手段が一切ないためです。相手が口にした言葉や顔の表情だけでは、内側で激しく揺れる感情について冷静で抽象的な解釈しかできません。

体は、脳が持ち合わせていない内受容的な情報を、脳に提供するための重要なパイプの役目を果たします。それは次のように行われます。

ほかの人とやり取りするとき、私たちは無意識のうちに、相手の顔の表情、ジェスチャー、姿勢、声の高低をほんのわずかにまねして[70]います。そして**自分の体が発する内受容感覚を通じて、相手が何を感じているのかを自分の体で感じ、相手の感情を知覚します。私たちは体を橋渡し役にして、ほかの人の感覚を取り入れている**のです。

パートナーの食事を一口もらったり、音楽を聴いている友達にイヤホンを片方借りて聴かせてもらったりするように、私たちは相手の感情を少し味わっているのです。

ボトックス注射を受つと他者の感情に鈍感になる

このような「まね」ができないとき[71]、ほかの人の感情を理解するのが難しくなります。顕著な例として、しわを目立たなくするボトックス注射をした人のケースがあります。

ボトックス注射は表情を作るために使われる筋肉を軽く麻痺させることで、しわを改善させるものです。この注射を受けた人は、受けていない人と比べて他者の感情を正確に理解できません。恐らく、相手の感情を自分の中に取り込んでまねできないのが理由だと思われます。

逆に、自分の内受容感覚にチューニングができている人は、それができていない人よりも相手の表情をまねして[72]、相手の感情をより正確に解釈できる可能性が高くなります[73]。また、他者への感情移入も強くなる傾向[74]にあります。

内受容感覚の度合いにかかわらず、私たちは誰もがまねを通じて、他者の痛みを感じます。ほかの人に危害が及んでいる様子を見ると、自分の痛みを感じる脳の領域も活性化することが、研究で実証されています。**痛みを感じている人を見たとき、その痛みを一番強く感じるのはやはり内受容感覚が鋭い人たちです。**

内受容感覚が鋭い優等生は、臨床心理士だと思われます。彼らは、患者が自分の感情を言葉で表現できないようなときでも、その患者が何を感じているかを知るヒントとして、自分の体が発するシグナル[75]を読み取るよう、職業的な訓練を受けています。

2004年に行われた、セラピストが患者を理解するために自分の体をどう使うのかを調べた調査で、ある臨床心理士はこう述べています。「私は体をレーダーとして使っているようなものです。衛星信号を集めてまとめるパラボラアンテナをイメージしてください。私は体をそんなふうに考えています」[76]。

女性とボディイメージに関する革新的な本を書いた臨床心理士のスージー・オーバックは、自分の体が患者の感じていることを察知する敏感な道具だと気づきました。セラピー中に体から湧き上がる感覚に焦点を当てたおかげで、「体の能力を伸ばすことが、心の能力を伸ばすのと同じくらい重要であると気づくことができました」[77]とオーバックは話しています。

人とのつながりを強化するために体の能力を伸ばす

私たちも臨床心理士のように、人とのつながりを強化するために、体の能力を伸ばすことができます。この能力は、「社会的内受容感覚」[78]と呼ばれています。

会話中に相手の目をまっすぐ見たり[79]**、手や腕に一瞬触れたりする**[80]**ことで、自分の内受容感覚にもっと耳を傾けられるようになる**ことが、研究で示されています。また社会的に拒絶されたり除外されたりして対人関係が難局に直面すると、意識は体内の感覚から逸れ、外側の出来事に向けられがちになることが、研究からわかっています。[81] 恐らく、状況を急いで修復しようとしてのことでしょう。

しかしこのような意識のシフトは、たとえそれが前向きな意図であったにせよ、相手への洞察が一番必要なときに、その源から自分を切り離してしまいかねません。

それよりも、相手が発する社会的シグナル〔訳注：言語や非言語で表されるシグナル〕と、自分の内受容感覚の間で意識を柔軟に行き来させる方がいいでしょう[82]（エリザベス・スタンリーの「シャトリング」のようなプロセスです）。どちらのデータも活用することで、自分の感覚を鮮やかに保ちつつ、相手の感情の世界へと手探りしながら入っていけるようになります。

●

本章の冒頭で紹介した、トレーダーから科学者に転身したジョン・コーツは、体を「膨大な予測情報を検知する感度の高いパラボラアンテナ」[83]にたとえました。コーツによると、人間の体のアンテナは常に、重要なメッセージを送受信しています。しかし、「こうしたメッセージはイライラするほどに聞こえにくいことで悪名高いのです。遠くの放送局の音を拾うラジオのように、聞こえたり聞こえなくなったりします」。

この問題に対して、コーツはテクノロジーが役に立つと考えています。直感の代わりにデータ駆動型のアルゴリズムを活用するという意味ではなく、体が蓄積した洞察を増幅させるのです。コーツは今、3つ目のキャリアに乗り出したところで、今回は起業家です。コーツの立ち上げた会社デューライン・リサーチは、ウェアラブルセンサーを使って金融トレーダーの生理的なシグナルを集め、市場の変動とトレーダーの身体的なリアクションとの関係を観測しています。

一方、内受容感覚を研究するほかの研究者グループも、似たようなデバイスを開発しています。[84] レジリエンスを伸ばす際に体の役割を強化すべく開発されたもので、イギリスのブライトン・アンド・サセックス・メディカル・スクールの科学者たちの手による「ハートトレイター」というテクノロジーです。

アスリートはこれを使うことで、体内の状態を詳しく観察できるようになり、エネルギーを効率的に使用したり、疲労から迅速に回復したりすることが可能になります。

このような「拡張されたテクノロジー」（つまり、体によって拡張されたデジタルツール）の使い方としてもっとも興味深いのは、ロンドン大学ロイヤル・ホロウェイ校の心理学教授であり、内受容感覚を研究しているマノス・ツァキリスが、エンパシック・テクノロジーズという企業のチームとともに開発した「ドッペル」という名のデバイスです。

ドッペルは、ユーザーの体の反応を増幅させるのではなく、意図的に歪ませたうえ[85]でフィードバックしています。ドッペルを使うと、ユーザーは自分の心臓が実際よりも速く、あるいは遅く鼓動しているかのように勘違いするのです。

心拍数を脳に勘違いさせて、感情を自在に作る

ウィリアム・ジェイムズの説得力ある説明を思い出してください。私たちの脳は、体が作り出した感覚をきっかけに感情を経験する、というものでした。

ツァキリスのデバイス、ドッペルは、体が実際に作り出しているものとは異なるメッセージを脳に提供することで、感情が作られるループに介入します。腕時計や活動量計の「フィットビット」のように手首に装着して本物の鼓動のような感覚を作り出すのですが、ゆっくりとリラックスした鼓動や、速くて活気ある鼓動に設定できます。

ゆっくりとしたモードに設定すると、人前でスピーチをするため緊張している人に対して、落ち着いた感覚を誘発[86]できます。速いモードだと、デバイスを装着している人は緊張感を持つ

ようになるため、持続的な集中力が必要な難しい場面でのパフォーマンスが上がります。[87]

このテクノロジーのおかげで、「鼓動のようなリズムに対する自然な反応を取り入れて[88]」パフォーマンスを向上させることができる、とツァキリスは話します。

このトリックはさらに、心と体のつながりの強さを強調するために使うこともできます。

心と体のつながりには双方向の情報が流れており、私たちが日常的に下す決断や、日々の努力、もっとも親密な人間関係などを形作る際に、大きな役割を果たします。

このつながりはまた、根本的な土台の自我を形作る可能性もあります。**心と体のつながりが持つ全機能の中でも、体内の感覚の安定した流れは自己の連続性という感覚を与えてくれます。**

思想家は昔から、自分が持続的で固有な存在と思えるのはなぜかと思いを巡らせてきました。「人生を通じて私を同一の人物たらしめ[89]、あなたとは別の人物たらしめているのは何か？」と哲学者の故デレク・パーフィットは疑問を抱きました。

こうした考えに対する答えはたいてい、自分の思考や記憶といった脳に関係したものでした。フランスの哲学者ルネ・デカルトは、「我思う、ゆえに我あり」と断言しています。

神経解剖学者であり内受容感覚の専門家でもあるA・D・クレイグに言わせると、「我感じる、ゆえに我あり[90]」と言った方が正確です。

内受容感覚の気づきは、自分自身についてもっとも根本的な知識の源である「物質的な自分」の土台である、とクレイグは主張しています。

心臓が打つから、肺が広がるから、筋肉が伸びるから、内臓がゴロゴロ鳴るから——そして私たちに固有のこうした感覚すべては、この世に生を受けたその日から途切れることなく続いてきたから——一つの継続的な自我でいるとはどういうことか、ほかの誰でもなく自分自身であるとはどういうことなのかがわかるのです。

内受容感覚は、「生きている感覚」にほかならない、とクレイグは説明します。

第2章

動きを使う

ジェフ・フィドラー博士は、ミネソタ州ロチェスターにあるメイヨー・クリニックの放射線科医です。業務の一環として、1日に1万5000件以上の画像を定期的にチェックしますが、以前はこれを座って行っていました。

しかし、今は違います。最近は、ウォーキングしながら画像を見ている[1]のです。大きなディスプレイの前にトレッドミルを設置し、自分が担当する放射線画像をディスプレイに表示させています。この「ウォーキング・ワークスペース」を作って1年も経たないうちに、フィドラーは11キロ強の減量に成功しました。そのうえ、放射線画像に隠れた異常を見つける精度が、以前よりも高くなったと確信しています。

フィドラーは同僚と一緒に、自分の直感をテストする実験を考案しました。席についた状態か、トレッドミルで時速1・6キロのスピードでウォーキングしながら、複数の放射線科医に画像を調べてもらった[2]のです。

放射線科医たちは、画像の中に合計で1582件の気になる部分を見つけました。うち459件は、患者に深刻な健康リスクが潜んでいる可能性があると評価されました。

座った状態とウォーキング状態の「検出率」を比較すると、結果は明らかでした。座った放射線科医が画像に写る異常を見つけられた割合は平均85%でした。一方でウォーキングをした放射線科医は、平均99%とほぼすべてを特定できたのでした。

ほかにも、フィドラーの発見を裏づけるエビデンスがあります。例えば、メリーランド大学メディカル・センターで行われた実験では、放射線科医が患者の肺の画像[3]をチェックする際、座っていたときよりウォーキングしていたときの方が、悪性の可能性がある結節を見つけることができました。バージニア州ポーツマスにある海軍医療センターの医師が行った実験では、トレッドミルで作ったウォーキング・ワークスペース[4]を使った放射線科医の方が、速く正確に作業できることがわかりました。

放射線科医らの実験がなぜこのような結果になったかの説明には、別の研究が役立ちます。人が身体的な活動を行うとき、周辺視野を中心[5]に視覚が鋭くなります[6]。人間以外の動物にも見られるこの変化は、進化論的に道理にかなっています。自分がいる環境を積極的に探索しているとき、視覚系は敏感になります。体が休んでいるとき――つまり椅子に座っているときには、こうした鋭さは抑えられているのです。

活動によって視覚情報の処理法が変わることは、体を動かすことで思考が変わる事例の一つにすぎません。科学者は長きにわたり、全体的に体が健康であることが[7]、認知機能を支えると理解していました。体が健康な人ほど、概して頭脳も明晰なものです。

近年、研究者らはワクワクするような、さらなる可能性を模索し始めました。**たった1回の**

身体的活動が、短期的に認知能力を強化できるというものです。特定の方法で体を動かせば、すぐにもっと知的に考えられるようになるのです。

科学者たちはこの現象を、異なる2つの方向から調べています。動きの強度と動きの種類です。低強度、中強度、高強度の身体的活動はそれぞれ、人の認知にはっきりと異なる影響をもたらすことを、後ほど詳しく取り上げます。

本章の後の方では、特定の動き（一致した動き、斬新な動き、自己言及的な動き、隠喩《いんゆ》的な動き）をすることで、動かないままでいるよりもずっと思考を拡張してくれること見ていきます。

人類は、動くことで進化してきた

考えることと動くことの間にある強いつながりは、人類の進化の歴史がもたらした遺産です。人間の脳は、体の体積からすると、本来あるべきサイズの3倍ほど[8]になっています。

化石が示す証拠から判断すると、人間の脳は、約２００万年前に目を見張るほど拡大しました。なぜ大きくなったかについて、科学者はさまざまな理由を挙げています。人類の祖先の社会的交流が複雑になったからとか、生態学的な環境変化に適応するため、などです。

最近では新たな説明が提示されました。南カリフォルニア大学の生物科学教授であるデイビッド・ライクレンは「人類の系統の脳が[9]大きくなり始めたのと同じタイミングで、有酸素活動のレベルが劇的に変わったようだ」と指摘しています。「人類の祖先は[10]、比較的座っていることの多い類人猿のような存在から、身体的な活動がもっと必要となる、狩猟と採集のライフスタイルへと移行した」というのです。

ライクレンは、世界に現存する狩猟採集民のいくつかを対象に、大がかりな調査を行ってきました。そして、このような生活は、身体的にも認知的にも負担が大きいと指摘します。食料を探すには、精力的な身体的活動を長く続ける[11]必要があります。集中力、記憶力、空間を進む能力、運動制御能力に加え、計画性や意思決定力といった実行機能も要求されます。狩猟もまた[12]、精神的にも肉体的にも困難を伴います。狩りをする人は、動物の居場所を突き止め、その動物より速く走るためのエネルギーを奮い立たせつつ、予測不能な動物の動きを追跡していかなければいけません。

これが、人間の脳が比類ないものに進化した環境です。身体的な厳しさと認知的な複雑さという二重の必要性が、ホモ・サピエンスとしての私たち人類の特殊な地位を形作りました。**今の時代になっても、身体的な活動と知的な鋭敏さは、密接に絡み合っている**のです。

現代社会に暮らす私たちの状況は変わりました。人間はもはや動き回る種ではありません。ライクレンが調査した狩猟採集民の一つである東アフリカのハヅァ族は、1日で平均135分間[13]、中程度から高強度の身体活動をして過ごします。健康管理の専門家は、最低でも週150分は体を動かすよう推奨していますが、先進国で暮らすほとんどの人は、これを満たしていません。現代の狩猟採集民は、中程度から高強度の身体活動を、典型的なアメリカ人の14倍以上もしていることになります。

私たちの社会で体を動かす習慣が欠けているのは主に、学術的な学習や知的労働が大部分を占めることと、それに伴い育まれた習慣や信念が原因です。私たちは「考えているときは静かに座っているべきだ」と思い込んでいるのです。

この思い込みに異議を唱えると、冷笑されてしまう可能性さえあります。ジェフ・フィドラーが米国放射線科学会の機関誌に研究結果を発表した際、同僚の中にはあざけるような反応をした人もいました。

コネチカット州ハートフォードの放射線科医であるロバート・フェルドは編集責任者宛ての手紙に、「ジョークが読みたいときには[14]貴誌を聞けばいいわけですね」と書きました。フェルドは、フィドラーの研究が「失敗した臨床研究のパロディ」だと断言したのです。フェルドの考えでは、作業中の医師を歩かせるなど、「労力とリソースの壮大なムダ遣い」なのです。

　このような考え方は、生徒や労働者がどう時間を過ごすかにも広く反映されています。学校で授業がある日、[15]子どもたちは平均で50％の時間を座って過ごします。この割合は、青年期へ年齢が上がっていくにつれて高くなります。

　職場の大人たちはさらに動かず、平均的な就業日の3分の2以上の時間[16]を椅子に座って過ごします。私たちは、哲学者アンディ・クラークがいうところの「ひづめに乗った心」[17]〔訳注：on the hoof（ひづめに乗った）は何かをしながら別の行動を取ることの慣用句でもある。ここでは「動きながら考える」を指している〕を受け継いできました。しかしそのひづめの激しい動きは、現代の教室やオフィスの中で、不気味なほどに止まってしまいました。

●

　カリフォルニア州サンラファエルにあるバレチート小学校で4年生を指導している教師モーリーン・ジンクの教室では、こんなことはまったくありません。

　ジンクの生徒たちは、まったく座っていません。[18]バレチート小学校は2013年、学校全体で従来の机と椅子をやめ、スタンディングデスクにしました。さらに学校が掲げる「動きを寛容に受け止める」精神のおかげで、生徒たちは直立したり、スツールにちょこんと腰かけたり、床に座ったり、好きなように動き回ったりしています。

この変更に後ろ向きな人もいましたが、ジンクや同じ学校で働くほかの教師は、変更は間違いなく正解だったと言います。生徒たちは以前よりもキビキビしているうえ、話をよく聞くようになり、熱心になりました。「席に座った子どもたち相手[19]に30年以上教えましたが、あの状態には二度と戻れません」とジンクは話します。バレチート小学校がスタンディングデスクに変更したときに校長だったトレイシー・スミスも、**動くことが許された子どもたちは、「集中力が高まり、自信を持ち、生産的になる」**と同意します。

この学校のコミュニティが、当初は変更に対して不安を抱いたのは明らかです。私たちは、動きのなさを安定、真剣、勤勉と結びつけて考えます。動きたい衝動をコントロールすることに美徳があると考えているのです。

やらなければならない仕事がある時間や場所において、身体的な動きは嫌がられ、信用できないとさえ思われます（貧乏ゆすりには悪いイメージがつきまとっていることを考えてみてください）。

この考え方が見落としているのは自分の注意や行動をコントロールする能力は限られたリソース[20]で、動きたいという自然な衝動を抑えることにリソースを使い果たしてしまう点です。

この点は、ドイツのユストゥス・リービッヒ大学のクリスティーン・ラングハンスとヘルマン・ミュラーが行った研究でも強調されています。

２０１８年に発表した研究で２人は、実験参加者に「動かない状態」「大きくは動かず、リラックスした状態」「少しリズミカルに動いた状態」で、数学の問題を暗算で[21]解いてもらいました。この間、機能的近赤外分光法（ｆＮＩＲＳ）という脳スキャン技術を使って、参加者の認知的な負荷（脳がどれだけ頑張って作業しているか）を測定します。

結果は明白でした。ラングハンスとミュラーによると、「動かないよう指示されたとき、参加者の認知的な負荷は大幅に上がった」のです。動くなという指示で、暗算をするのと同じ脳の領域が著しく活発になりました。計算などの知的作業を行ったり、衝動を抑制したりといった行為を司る前頭前野です。

実験参加者に暗算してもらった３つの状態のうち、動かない条件の成績が一番悪い結果となりました。ｆＮＩＲＳで確認された認知的な負荷が大きければ大きいほど、実験参加者の暗算の正解率は下がりました。**「静かに座っていることが、学校での学びに最善とは必ずしも言えない」**と２人は結論づけています。

スタンディングデスクで生産性が上がる

席に座っているのではなく立っているときにする、体重を左右の足に交互にかける、腕を自由に動かす、といった継続的な小さな動きは「低強度運動」にあたります。小さな動きに思えますが、生理機能には大きな影響があります。

メイヨー・クリニックの研究者らが行った実験では、座る代わりに立っているだけで[22]、実験参加者は13％多くのエネルギーを消費しました。認知機能への影響もまた著しいものでした。研究では、**スタンディングデスクの使用が、生徒の実行機能**[23]**（計画や意思決定において極めて重要な能力）の強化や、作業に取り組む集中力**[24]**の高まりにつながる**ことが明らかになりました。成人の場合、スタンディングデスクでの作業によって生産性が上がること[25]が示されています。

動きを寛容に受け止める環境のおかげで、動きがちな人間の性質に目を光らせてコントロールする必要がなくなるから、というだけではありません。生理的な興奮状態のレベルを細かく調整できるようにもしてくれるのです。

こうした可変的な刺激[26]は、注意力欠陥の障害がある青少年にとって特に重要かもしれません。注意欠陥・多動性障害（ＡＤＨＤ）の子どもの脳は、慢性的に興奮が不足した[27]状態です。難しい課題に取り組むのに必要な知的リソースをかき集めるために、ＡＤＨＤの子どもは、指でトントンと音をたてたり、脚をゆらゆら揺らしたり、椅子に座ったまま体を弾ませたりします。興奮を高めるための手段として動いているのです。大人がシャキッとしようとコーヒーを飲むのと、あまり変わりません。

カリフォルニア大学デービス校の精神医学教授ジュリー・シュワイツァーは、ＡＤＨＤと診断された10〜17歳の子どもを[28]対象にした２０１６年の研究を主導しました。実験に参加した子どもたちが難しい知的作業に取り組む中、その動きを足首に着けたアクトメーターと呼ばれる活動測定器のセンサーで観察しました。

実験では、**身体的な動きの激しい子どもほど、知的作業の認知パフォーマンスが高くなる**ことがわかりました[29]。言い換えれば、子どもは動けば動くほど、効果的に考えられるようになったのです。親や教師はよく、子どもたちが集中して作業に取りかかるには動きをやめさせなければいけないと考えているものです。しかし、より建設的なアプローチは、子どもたちが集中できるよう動き回らせてあげることでしょう。

ADHDと診断されていない人でも、適度な集中力を維持するためにどれだけの刺激が必要かは人によって異なります。同じ人でも1日のうちに変わるかもしれません。

私たちには、必要な調整をするために、自由に使える柔軟かつ繊細な仕組みがあります。貧乏ゆすりのように体を揺らしたり、手持ちぶさたで何かをいじったりする行為です。

不安な気持ちを落ち着かせて集中しようとするとき、小さくリズミカルに体を動かすことが、時折あるのではないでしょうか。眠気を払いのけようとして指先で何かをトントンと叩いたり、足をコツコツと鳴らしたりするかもしれません。難しいコンセプトについてじっくりと考えながら、ペンやクリップのような小物をいじることもあるでしょう。

ペンやクリップなどのこうした「手遊びアイテム」について、研究者のキャサリン・イスビスターがソーシャルメディアで、お気に入りのアイテムとその使い方を教えてほしいと投稿したところ、前述したものを含む、さまざまなアクティビティが集まりました[29]。

カリフォルニア大学サンタクルーズ校教授のイスビスターは、体をゆすったり手持ちぶさたでモノをいじる行為が世間から「良くない」とされているのは、見当違いだと考えています。**精神活動は頭の中だけでこなせるものだと思われていますが、体を動かした方がもっと効果的なことが多い**ものです。このような体の動きを「自己規制の体現化[30]」と呼んでいます。

脳が体に指令を出す通常の指揮系統を反転させ、**「体の行動を変えれば**[31]**、感情、知覚、思考を変えることができる」**と考えているのです。体を揺らしたりモノをいじったりすることで、興奮の度合いが調節されるだけにとどまらず、いくつかの方法で心を拡張できることが、イスビスターを含む複数の研究で示唆されています。

こうした動きが持つ楽しげな性質のおかげで、穏やかで前向きな気分[32]が誘発されるかもしれません。そうした気分は、より柔軟でクリエイティブな思考[33]を促す可能性があるとされています。頭を使わない繰り返しの動作は、手元の作業から気が逸れない程度の、ちょうどいい脳の余力を使うのかもしれません。

ある研究では、退屈な情報を聞き取る課題に取り組む間に落書きするよう指示[34]された人は、落書きしなかった人と比べて29％も多くの情報を覚えていました。この差の理由は、落書きをしなかったグループは、注意力が完全に逸れてしまったからだと思われます。

デジタルの世界に抜け落ちた手触り感

もっとも興味深いのは、イスビスターが唱える「体を揺らしたりモノをいじったりする行為が、さまざまな感覚を経験させてくれる」という理論は、無味乾燥なパソコンの画面やキーボードから完全に抜け落ちているという点です。「昨今のデジタルデバイスは、[35] スムーズで硬くてツヤツヤしている」とイスビスターは論文に書いています。

一方で、イスビスターがソーシャルメディアの投稿を通じて人から教えてもらった「手遊びアイテム」は、「石のようにスベスベしたものから、くるみの殻のようにデコボコしたもの、セロハンテープのようにベタベタしたものまで、さまざまな手触り」があります。

自分のお気に入りのアイテムを教えてくれた人たちは、鮮やかな言葉を使って描写しました。アイテムは「シワシワ」「グニャグニャ」「カタカタ」しており、「丸める」「握りつぶす」「回す」「転がす」「こする」などの行為ができるものです。

体を動かしたりモノをいじったりすることで、自分は脳だけの存在ではない、感じたり動かしたりする豊かな能力で満たされた体もあるのだ、と自分に思い出させているかのようです。**動きながらの思考は、人間が持つすべての能力を発揮させてくれるのです。**

学校や職場では、動きを寛容に受け止める環境は現在も例外的ですが、これを当たり前のものとすべきでしょう。**低強度の身体活動は明らかに、思考をする場所で行われるべき活動です。**「動きを寛容に受け止める」などという、動くことが悪いことであるかのような言い方もやめるべきかもしれません。

一方で、中強度から高強度の活動もそれぞれ、認知に対して独特の効果があります。心理学者のダニエル・カーネマンも、自分の身をもってこれに気づきました。

カーネマンが見つけた散歩の効用

カーネマンは、毎年数カ月間をカリフォルニア州バークレーで過ごします。その間はほぼ毎日、サンフランシスコ湾を見下ろす丘の上の小道で、4マイル（約6キロ半）の散歩をします。科学者であるカーネマンは、この経験を詳しく分析してみようと思い立ちました。

「私は普段[36]、自分が歩く時間を測っており、そこから努力について多くを学んだ」とカーネマンは著書に書いています。「いつも1マイル17分程度で歩いており、そぞろ歩きといったペースだ。このスピードだと間違いなく体を使うし、リクライニングチェアに座っているときよりもカロリーを消費する。しかしまったく無理はしていないし、歯を食いしばることもなければ、自分を追い込むこともない。このペースなら歩きながら考えたり仕事したりもできる。**ウォーキングによる穏やかな身体的興奮は、注意力にも影響が及ぶ**のではないかと思う」。

カーネマンはこう続けます。「そぞろ歩きからスピードを上げると、ウォーキングという経験がまったく別のものになる。というのも、速い歩きに変えると、理路整然と考える力が急に損なわれてしまうのだ。スピードを上げると、ウォーキングそのものや、速いペースを維持しなければという考えに意識が向いてしまいがちになる。これに伴い、これまで考えていたことの結論を出そうとする能力が低下してしまう。丘の上で私が維持できる最速スピードである1マイル約14分では、ほかのことを考えようとすることすらしなくなる」。

カーネマンの慎重な自己観察は、実証研究によって裏づけられています。**中強度の運動を中程度の時間で行うと、運動中および運動直後の考える能力が向上します。**

科学者が立証したポジティブな変化[37]の中には、意識を集中する力と気が散りそうなときに抵抗する力の向上、発話の流暢《りゅうちょう》さと認知の柔軟性の高まり、問題解決能力と意思決定力の強化、ワーキングメモリの増加、学んだことを忘れにくい長期記憶になることなどが含まれます。

こうした変化が起きるメカニズムとして示唆されているものには、（カーネマンが考えたような）注意力の高まりや脳への血流量の増加、脳内で情報を伝達する効率を高めたり、ニューロンや脳細胞の成長を促したりするさまざまな神経化学物質の分泌などがあります。**中強度の活動が精神にもたらす有益な効果は、運動後2時間もの間、継続する**ことが示されています。

終業後や休日ではなく、仕事のスキマ時間に運動する

この研究からいえるのは、学習したり、創作したり、あるいはその他の複雑な認知能力を要する作業をしたりするのに理想的な状態に、自分自身を持っていく力が私たちの中に備わっているという、勇気づけられる話です。

認知能力が必要な作業をする前に、活発に体を動かせばいいのです。

しかし実情は、これを意図的に活用しようとはなかなか考えません。文化によって、私たちは、心と体は別々のものだと考えるよう教え込まれてきました。そのため、思考の時間と運動の時間を分けてしまっています。

例えば、仕事の後や週末にしかジムに行かない人がどれだけ多いか、考えてみてください。そうではなく、どうすれば就業日や登校日に運動を取り入れられるかを考えてみるべきなのです。休憩時間の捉え方を考え直すということです。**ランチ休憩、コーヒーブレイク、作業や会議の間のスキマ時間などはすべて、脳が最適に働く状態を作るための運動の場になります。**

子どもにとっては、休み時間が果たす役割がまさにこれに当たります。実験からは、**校庭で動いて戻ってきた子どもは、より集中でき**[38]**、実行機能**[39]**をうまく使える**ことが示されました。

しかし全米の学校では、学術的な学びのための「座る時間」を多く取るために、休み時間は削られたり[40]、時には廃止されたりしています。

集中して頭を使う作業をしているとき以外は実質的にはムダな時間である、という考え方は、休み時間について持たれている間違った概念の一つです。頭を使う作業をこなすための集中力は、時間の経過とともに徐々に低下していきますが、ひとしきり体を動かすことで、リフレッシュされます。親や教師、さらには生徒の良い成績を望む学校経営者たちは、体を動かす休み時間を増やすよう提唱すべきなのです。

休憩に関する別の誤った考え方に、「次の知的作業に向けて元気を養うため、休憩では体を休ませるべきだ」というものがあります。

しかし、これまで取り上げてきたように、体を使うことでこそ、昨今多くの人が従事している知的労働に向けて脳を準備できます。アイデアと格闘する、可能性を走り読みする、といった(隠喩的な)行動にとって最適な準備は、(実際に)汗をかくことなのです。難しいプロジェクトに取りかかる前、カフェラテをすすってダラダラと過ごす代わりに、近所を元気よくウォーキングしてくるべきなのです。

もう一つ、休憩時間の間違った思い込みとして指摘すべきものがあります。休憩時間に、ツイッターを見たり、ニュースをチェックしたり、フェイスブックを読んだりと、仕事とは違うことをしながら過ごすと、消耗した脳のリソースを補充できるのではないかと思ってしまうものです。しかし実際には、そのような活動も認知能力を中心とした仕事をこなすときと同じ脳の領域を使っており、同じメンタル資本〔訳注：認知や感情のリソース〕を使っています。

そのため、休憩前と同じ、あるいはもしかしたらそれ以上にクタクタな状態で仕事を再開することになってしまいます。**コーヒーブレイクを、一部の公衆衛生の専門家がいうところの「体を動かすブレイクタイム[41]」にすることで、休憩前よりもほんの少しだけ頭の回転が良くなって仕事に戻ることができる**でしょう。

村上春樹が実践する空白のランニング

カリフォルニアの海沿いの丘を散歩しながらダニエル・カーネマンは、かなり速く動くと「理路整然と考える力が急に損なわれてしまう」ことに気づきました。この観察もまた、研究によって裏づけられています。

「逆U字曲線[42]」を用いて運動強度と認知機能の関係が説明されており、思考にとって一番恩恵があるのは、中強度の運動となる、曲線がもっとも盛り上がった中央部でした。曲線のうち、高強度の運動を示す右下がりの傾斜部分では、認知のコントロールが確かに緩み始めるのですが、これは必ずしも悪いものでもありません。**かなり激しい運動を比較的長い時間行うと、クリエイティブな思考の助け[43]となるある種の変性意識状態を誘発する可能性もある**のです。

例えば、日本の著名な小説家、村上春樹の経験があります。村上は熱心なランナーで、週間走行距離[44]は約70キロに及び、これまでに出たマラソン大会は20回以上[45]になります。ランニングについて『走ることについて語るときに僕の語ること』（文藝春秋）という本を執筆しています。「走っているときにどんなことを考えるのか[46]、しばしば質問される」と村上は書いています。「そういう質問をするのは、だいたいにおいて長い時間走った経験を持たない人々だ。そしてそのような質問をされるたびに、僕は深く考え込んでしまう。さて、いったい僕は走りながら何を考えているのだろう、と」。

そして村上は、あまり考えていない、と結論づけます。まさにそこがポイントです。「実際にはまともなことはほとんど何も考えていない。僕は走りながら、ただ走っている。僕は原則的にはただ空白の中を走っている。逆の言い方をすれば、空白を獲得するために走っている、ということかもしれない」。

村上が「空白」と呼ぶものを、科学者は「一過性前頭葉機能低下」[47]と呼んでいます。前頭葉とは脳の前方の領域で、計画、分析、批評を行い、通常は思考や行動をしっかりとコントロールしています。しかし激しい運動の要求をやりくりするためにすべてのリソースがそちらに充てられると、前頭前野からの影響は一時的に低下します。

前頭部の機能が緩く低下した状態だと、アイデアや考えが自由に交じり合うように[48]なり、いつもとは違う意外な考えが浮かんできます。睡眠時の夢や薬物によるトリップ状態など、あらゆるタイプの変性意識[49]の下には、一過性前頭葉機能低下の現象が潜んでいるのではないかと科学者は推測しています。

この状態を誘発するもっとも確実な方法は、激しい運動かもしれません。低強度から中強度の運動では、このような脱抑制の効果は生まれません[50]（中強度の運動ではむしろ実行機能が強化されます）。一過性前頭葉機能低下を実現するには一般的に、換気性閾値《いきち》（呼吸が苦しくなるポイントで、運動している当人の最大心拍数の80％程度に相当します）で40分以上、運動する必要があります。[51]

この運動量は、山にたとえると怖気づいてしまうような高さかもしれません。でも、同じく作家でありランナーでもあるキャサリン・シュルツに言わせると、山頂に到達してしまえば、デカルトの心身二元論が崩壊する感覚[52]を味わえる、と述べています。心と体が溶け合う状態で、シュルツはこれを「美しき結託」と呼んでいます。

●

動きが思考に与える影響において、身体活動による解放、強化、脱抑制の効果は、全体像の半分にすぎません。同じく重要なのが、独自の意味や情報を持つ体の動きをすることで、思考プロセスにさまざまな影響を与えるということです。

身体的認知の分野ではここ数十年にわたり、思考は（たとえ抽象的・象徴的なものであっても、あるいは抽象的・象徴的だからこそ）、体の動かし方によって作られている、とする説得力のある証拠[53]が出てきています。

認知に関する従来的かつ脳に縛られた理解では、私たちはまず思考を抱き、それに従って動くよう体に指令を出します。ところが最近の研究では、この因果関係の流れがまったく逆になっています。**体を動かし、次に思考が影響される**のです。

この発見から読み取れるのは、**身体的な活動をすることで知的な機能を意図的に強化できる、**

というワクワクするような話です。例えば、脳を一生懸命働かせる代わりに、何かしらの意味を持つ手足の動きを取り入れることで、記憶力をアップできるのです。

新しい何かを学んだり覚えたりするのに懸命になっているとき、何度も読み返したり音読したりと、視覚や聴覚に頼りがちです。しかし、このアプローチには限界があります。とりわけ耳で聞いたものを記憶する力は、際立って弱い[54]ことが研究で明らかになっています。しかし、自分がしたこと――体を使った行動――の記憶は、ずっと覚えやすい[55]のです。

そのため、覚えたい何かを動きに結びつけることで、より豊かで、その結果より消えにくい「記憶の跡」を脳に作ることができるのです。さらに動きは「手続き記憶」（自転車の乗り方など何かを行う方法の記憶）と呼ばれるプロセスに関係して[56]おり、これは「宣言的記憶」（スピーチの文章など、情報を含む内容の記憶）とはまったく異なります。動きを情報と結びつけることで両方のタイプの記憶が活性化され、結果として記憶の想起はもっと正確なものになります。「実演効果[57]」と呼ばれる現象です。

俳優も動きがなければ、せりふを忘れてしまう

体で実演することが記憶を強化してくれることは、プロの俳優がヒントを与えてくれます[58]。イリノイ州にあるエルムハースト大学の心理学名誉教授ヘルガ・ノイスと、エルムハースト大学の演劇学教授であり、シカゴ地域で俳優としても活動している夫のトニー・ノイスは、俳優がなぜ何ページにもわたるせりふを覚えられるのか、何年も研究してきました。

ノイス夫妻によると、公演中の俳優たちは台本に書かれたせりふを平均で98％の精度[59]で言えました。公演が終わった数カ月後でも、台本の約90％を一言一句正確に言えたのでした。

どうしてそんなことができるのでしょうか？　俳優の記憶力は、彼らの体の動きと密接につながっているとノイス夫妻は結論づけました。研究の過程で多くの俳優が、こんなことを言いました。演技が確定されるまで（つまり、舞台上での動きがすべて決定されるまで）は、せりふを覚える努力は絶対にしない、と。

ノイス夫妻が行った聞き取り調査で、ある俳優はこう述べました。「2つの軌道[60]が同時に進むようにしないと。〝ここで言う言葉はこれ。そのときの動きは、このタイミングとこの場所

でこう〟と。片方がもう片方のきっかけになるんだ」。

夫妻は2000年、レパートリー劇団〔訳注：演目のレパートリーが決まっており、定期的にそれを上演する劇団〕から6人の俳優を集め、[61] 実験を行いました。6人は実験の前、アメリカ人脚本家A・R・ガーニー・Jr.の芝居『ザ・ダイニング・ルーム』に一緒に出演していました。作中には[62]、大人になった兄と妹が、売りに出している両親の家にあるモノをどうするか、話し合うシーンがあります。

アーサー：母さんがフロリダでは使わないって本当？

サリー：モノを置く場所がないから。2人で分けてほしいんだって。けんかせずに。

アーサー：じゃあクジで決めるしかないな。

サリー：お互いに欲しいモノが被らないならクジはいらないけど。

アーサー：今日のうちに終わらせなきゃ。

サリー：家のモノを全部分ける時間があると思う？

アーサー：今日中に帰らなきゃいけないから（サイドボードの中を覗く）。クジを引いて、部屋を一つひとつ交代でやっていこう（銀の小さなスプーンを取り出す）。ほら。この塩用のスプーンを使おう（両手を背中に回し、スプーンを左右の手のどちらかに握ってから、拳にした両手を目の前に差し出す)。好きな方を選んで。スプーンが入っている方を当てたら、ダイニングルームをあげる。

サリー　:今ここで始めるの?

アーサー　:どこかで始めないと。

『ザ・ダイニング・ルーム』の公演は5カ月前に終わっており、俳優の多くはその後、新しい役のせりふを覚え始めています。それでも、この芝居で(アーサーがスプーンを握りしめてサリーに差し出したような)舞台上で動いたりジェスチャーしたりしながら口にしたせりふは、覚えていました。一方で、動かずに立った状態や座った状態で口にしたせりふは、覚えていない傾向にあることがわかりました。

ほかの研究でノイス夫妻は、例えば大学生や介護施設で暮らす高齢者など、俳優でない人たちも、言葉と動きを結びつけることで、記憶力が向上することを確認しました。

加齢に伴う物忘れを未然に防ぐものとして売り込まれているツール(例えばクロスワード・パズルや数独パズル、「ルモシティ」のような商業的な脳トレ・プログラム)は、思考がどう作用するかについて、現代社会が抱く脳に縛られたモデルと同じ考え方で開発されています。つまりユーザーは静かに座り、頭を使っています。しかしヘルガとトニーのノイス夫妻は、**体を動かすことが、記憶やその他の知的能力の強化に大きく貢献する**ことを発見しました。

覚えたい内容と動きを結びつけると記憶に刻まれる

ノイス夫妻は、65～85歳の人たちを対象に一連の実験[63]を行いました。実験参加者にプロの演技指導を受けてもらい、その後、リハーサルと芝居のシーンへ進む4週間のプログラムです。参加者はプログラムの前後で、文字の記憶、発話の流暢さ、問題解決、日常的な作業を行う能力（栄養成分表の比較、小切手で支払いをする、電話番号を調べるなど）といった一般的な認知能力のテストを受けました。

同じ年齢層で、どのプログラムにも参加していない人や、動きを伴わないアクティビティ（例えば美術鑑賞クラス）に参加した人と比較したところ、演劇プログラムに参加した人は、頭の回転が速くなりました。参加者は、動きと覚えたい内容を結びつけるなど、演技のクラスで学んだ手法を日常生活の活動に応用できたようでした。

若い人の間でも、似た結果が出ています。ここでも、動きが記憶の鍵になっていました。

例えば、ノイス夫妻が大学生を対象にした[64]２００１年発表の研究では、「プロの俳優が長期間にわたり、実際にリハーサルを行ったり、パフォーマンスを繰り返したりしたことで見られた」身体的な動きによる効果は、「演技経験が皆無、あるいはほとんどない、俳優ではない人に数分間指導するだけで生じさせることができる」と報告しています。
最小限の指導によって、参加者の情報を思い出す能力に出た違いは「著しい」と夫妻は指摘します。学習戦略に動きを取り入れた学生は、実験に使用した教材の76％を思い出した一方で、「意志による暗記」に取り組んだ学生は、わずか37％しか思い出せませんでした。

ノイス夫妻の研究が意味するところははっきりしています。

第一に、**情報を覚えるときには動いた方が記憶しやすくなる**ということ。その動きがたとえ覚えようとしている情報の意味を文字通りに表現したものではなく[65]、単なる体の動き（情報の意味と関連があり、情報を覚えるときに同時に行うもの）であってもいいのです。

第二に、**動きに関連づけられた情報は、記憶を想起する際に同じ動きを再現**[66]**できると思い出しやすくなる**、ということ。これが可能な状況はいくつかあります。例えば、ジェスチャーをつけてスピーチを練習し、実際にスピーチをするときにその動きをする、などです。

情報を思い出す場でこうした動きを再現できなくても（例えば試験中など）、覚えるときに体を動かすのには効果があります。

ある情報に関連して「動く」という意図を持つ[67]だけで、その情報に「重要だ」という目印を心の中でタグづけするようです。人間が自然に持つ自己中心性バイアスのせいで、私たちは自分に何かしら関係のある情報に対して優先的に関心を向けたり、覚えたりするものです。私の意図、私の体、私の動き、といった具合です。

ノイス夫妻はある学術論文の中で、次のように結論づけています。**「デカルトの言葉をこんなふうに言い換えることができるかもしれない。〝我動く、ゆえに我覚える〟」**(68)。

体を動かすと、理解度も深まる

学習中に体を動かすと、情報を正確に覚えやすくなります。また、同じ情報でも理解の仕方が変わることもあります。より深く、「内側から」理解できるようになるのです。

心理学者のシアン・バイロックは、オハイオ州オックスフォードにあるマイアミ大学で准教授だったころ、研究室で作業をしていた学生が何気なく口にした言葉がきっかけで、「理解」における体の役割について考えるようになりました。

その学生は、マイアミ大学のアイスホッケーチームに所属していました。テレビでアイスホッケーの試合を見ていると、実際に氷の上に出たことがない友達よりも、自分の方が試合中の動きを理解できているような気がする、と話したのです。

　バイロックは同僚とともに、この学生が抱いた印象を検証する実験を行うことにしました。[69] 実験参加者を2つのグループ（経験豊かなホッケー選手と、ホッケーを一度もプレイしたことのない人）に分け、それぞれのグループに対し、ホッケーの試合の動き（「ホッケー選手がパックを打つ」）と、日常生活の動き（「子どもが空に浮かぶ風船を見る」）を描写した文章を読み上げます。次に、参加者は今聞いた動きに一致する写真か、一致しない写真を見せられます。例えば、空に浮かぶ風船を見ている子どもの写真か、地面のしぼんだ風船を見ている子どもの写真です。

　どの文章と写真の組み合わせについても、参加者全員が一致するか否かを正しく答えられました。ただしホッケーの動きは、未経験者よりホッケー選手の方がずっと速く回答できました。

　両グループの脳スキャンからは、ホッケーに関する言葉を聞いているとき、未経験者の脳と比べてホッケー選手の脳は、特定の神経領域が強く活動していることがわかりました。何度もホッケー選手たちは、バイロックが「促進された理解力」と呼ぶ能力を示したのです。

　この領域は一般的に、言語処理と関連があるわけではないのですが、選手たちは実際にホッケーをした経験があるおかげで、耳にした言葉を自分の体での経験に結びつけることができたのです。バイロックの研究は、**人は体の動きによって、異なる考え方をするようになる**という驚くべき意味を持っています。この知見は、スポーツ以外にも応用できるでしょう。

動きをうまく活用すれば思考力も高まる

思考の強化に動きを使う研究では、「一致した動き」「斬新な動き」「自己言及的な動き」「隠喩的な動き」という４つの動きがあるとしています。

最初の「一致した動き」は、思考の内容を体で表現します。体の動作を使って、事実や概念の意味を表現するのです。**「一致した動き」は理解や記憶のプロセスに体の要素を取り入れることで、まだ確立していなかったり芽生えたばかりだったりする知識を効果的に補強します。**

馴染みのある例に、直線上に置かれた数字（数直線）に沿って体を動かす方法があります。算数を学んでいる子どもは、数を数えたり足し算・引き算をしたりする際に、床に大きな数直線を置き、実際にそこを動くと理解が深まります。数直線に沿って上へ下へと体を移動させる動きは、頭の中で数を足したり引いたりしている動きと一致しています。一歩一歩小さく踏み出す動作は、頭の中で数字を一つずつ数える動きと一致しており、思い切って大きく踏み出す動作は、頭の中で大きな数字を一度に足すか引くかする動きと一致しています。このように数字と動きを結びつける練習をした子どもは、算数の高い知識とスキルが身につきます。[70]

思考と動きを一致させることが有益な理由は、具体性から抽象性への移行がしやすくなるためです。

文字の読み方を初めて学ぶ子どもは、この難題に直面します。現実の世界の形を持ったモノとそれを表す抽象的な記号との結びつきを構築する必要があるのです。アリゾナ州立大学の心理学教授アーサー・グレンバーグは、一般的に子どもが「ボール」や「コップ」という言葉に出合うときには、日常生活の中で実際にボールやコップの現物が身の回りにあると指摘します。しかし本を読むときは、現物がないなかで言葉を理解しなくてはいけません。

グレンバーグは、このギャップの橋渡しに「一致した動き」を活用しています。「ムーブド・バイ・リーディング」という教育介入プログラム[71]を通じ、読んでいる文章（抽象的な記号）を（具体的な体の動作で）まねる方法を、子どもたちに教えているのです。まねることで、かなり学習できます。グレンバーグによると**書かれた文字を子どもが体を使って表現すると、読解力が倍増する**可能性[72]もあります。

あるケーススタディでグレンバーグは、農場での生活に関するストーリー[73]を、小学校1年生と2年生の子どもたちに読んでもらいました。同時に、ミニチュアの家畜小屋やトラクター、牛といった農場に関連したおもちゃも与えました。

子どもたちを半分に分け、片方には2度目も普通に読んでもらい、もう片方は読んでいる内容をおもちゃで表現するよう指示しました。例えば「農場主は家畜小屋までトラクターを運転して行きました」という文章を読んだ後、おもちゃのトラクターをおもちゃの家畜小屋まで動かす、といった具合です。おもちゃを動かして文章を表現した子どもたちは、ただ読み上げた子どもたちよりもストーリーをうまく推論でき、内容を詳しく思い出すことができました。

ほかの研究でも、このタイプの「一致した動き」が算数に役立つ[74]ことが示されています。グレンバーグが行った別の実験では、小学生に動物園の飼育係が餌を与える様子を体で表現してもらいつつ、同時にカバとワニにはそれぞれ何尾の魚が与えられたのかを計算してもらいました。すると文章題と一致した動きをした子どもの方が、頭の中だけで問題を解いた子どもよりも正確に計算して正解を出せました。どうやら、算数の問題の中で語られた「ストーリー」を体で表現することで、問題を解決するための重要な情報を特定しやすくなるようです。

体で表現することで、問題の中に含まれていた関係のない数字や不要な細かい情報に気を取られる可能性が、35%低下[75]しました。

テクノロジーは多くの場合、人を椅子に座り続けさせ、パソコン画面を凝視させるようにデザインされているようです。それでも、**テクノロジーの操作に「一致した動き」を取り入れることでもっと活用できる**ようになります。

タッチパネルのデバイスを使ったデジタル教育プログラムで実験が行われました。そこでは、タッチパネルを操作するときの動きが、授業で教えられる内容と一致しているとき、うまく学べることが示されました。[76] 例えば、数直線の見積もり[77]（数の大きさは、分離したものではなく連続したものであるという理解が必要なタスク）を教えるプログラムでは、タッチパネルを操作する動きが、分離した動き（画面を1回だけタップする）ではなく連続的な動き（画面を横切るように指をドラッグさせる）の方が、受講者の成績が良くなりました。

斬新な体の動きで深い学びを得る

思考を促進できるもう一つの体の動きは「斬新な動き」、つまりこれまで経験したことのない体の動きを通じて、抽象的なコンセプトが理解しやすくなるというものです。

自宅のお風呂場で、どうやってお湯を出しますか？　この簡単な質問に答えるために、慣れ親しんだ、何度もしてきた動きを頭の中でやってみたのではないでしょうか。もしかしたら、思い浮かべた蛇口を頭の中で実際にひねってみたかもしれません。

しかし物理的に経験したことのない動きは、どうすれば考えられるのでしょうか？　物理学専攻の学生は、窮地に立たされます。彼らは「角速度」や「向心力」といった現象を、それがどんなものか実感として知らないのに、理論的に思考することが期待されています。

物理学教育に関する[78]何十年にも及ぶ研究によって、残念な結果が明らかになっています。ほとんどの学生は物理学をきちんと理解していないのです。研究の中には、大学の物理学入門コースを修了した後、学生の物理の理解度がむしろ落ちた[79]ことを示すものもあります。

物理の教え方で、従来的で効果の薄いアプローチは、脳に縛られた認知モデルに基づいています。つまり、コンピューターのように抽象的なルールを適用することで問題を解くものです。しかし実際のところコンピューターにはほど遠く、**人間がもっとも効果的に問題を解くことができるのは、与えられたシナリオのなかに自分をイメージ[80]できるとき**です。もしその人物が、以前に物理的な経験をしていれば、頭の中でイメージするベースができて、課題はこなしやすくなります。学生たちにそのような物理的な経験を提供する目的で、シアン・バイロックはある実験を考案しました。先ほどのアイスホッケー選手の実験にヒントを得たものです。

バイロックは、シカゴにあるデポール大学の物理学准教授スーザン・フィッシャーと協力し、ある実践的なアクティビティ(81)を考案しました。学生が物理学の授業で学んでいる力学について、抽象的なコンセプトではなく、実際の経験として触れさせることを目指したものです。

例えば、あるアクティビティでは小道具を使いました。1本の車軸に自転車用の車輪2輪を取り付け、車輪が体の前で水平になるようにして持ち、車輪を回します。車軸を水平から垂直に傾けるとき、車輪を持っている人は、物体を回転させる抵抗力、物理学でトルクと呼ばれる現象を直に感じることができます。

バイロックとフィッシャーは、最初のグループには、この装置を手に持ち、車軸を傾けるとどんな感じがするかを経験してもらいました。2つ目のグループには、ほかの人が車軸を傾けている様子を観察してもらいました。その後、トルクの概念をどれだけ理解したか、両グループの学生をテストしました。

その結果、自分の体でトルクを経験した学生の方がテストで高得点を獲得しました。特に一番難しい理論問題で、このグループの学生の理解力の高さが顕著に表れていました。脳のスキャンでは、トルクについて考えるよう指示された際、トルクを直接的に体で経験した学生だけ、動きを制御する脳の領域が活発になりました。これらの学生は、fMRI装置の中でじっと横たわっている間も(またはテスト中に静かに座っている間も)、トルクの動きを体で感じたときの自分の経験にアクセスでき、トルクのコンセプトをより深くより正確に理解できたのです。

この実験からわかるのは、科学の授業に実演を取り入れるなら、生徒に観察役をさせるべきではない、ということです。**体を使って参加する学生だけが、体を動かしたことによる体の内側からの深い理解を得られる**のです。教育学教授のドール・アブラハムソンはこう表現しています。**「学ぶとは、新しい方法で動くことだ」**[82]。

●

もう一つ、思考を向上させる動きとして「自己言及的な動き」があります。自分自身（具体的には自分の体）を知的な活動に取り入れる動きです。

動きの中心に自分自身を置くという考えは一見、非科学的に思えます。しかし**科学者本人も、調べるためのツールとして自分の体を使い、自分を調査対象の物質だと想像する**ことはよくあります。研究所で作業している理論物理学者を研究してきた人類学者のエリノア・オックスによると、そうすることで「理解しようと苦労している存在への共感」[83]を育んでいるのです。

世界でもっとも有名な物理学者アルベルト・アインシュタインは、相対性理論を研究中に、一筋の光に乗っている自分[84]を想像していたといわれています。アインシュタインはかつて、「方程式でものを考える科学者[85]はいない」と主張しました。むしろ自分の思考の質は「視覚的」

で、「たくましく」さえある[86]と述べています。

ほかにも、体で表現した様子を想像したことが発見に役立ったと説明した科学者はいます。トウモロコシの染色体に関する研究でノーベル賞を受賞した遺伝学者のバーバラ・マクリントックは、顕微鏡で染色体を調べていたときの感覚をこう振り返っています。「染色体相手にかなり没頭[87]していたとき、私は外側にいたわけではありませんでした。染色体のところにいたんです。組織の一部になっていました。私は染色体のところにいて、すべてが大きくなりました。染色体の中の部分まで見えました。すべてがそこにあったのです。とても驚きました。まるで本当に自分がそこにいて、染色体が友達みたいに感じたのです」。

ウイルス学者でポリオワクチンを開発したジョナス・ソークもまた、自身の研究に体を用いた科学者です。どんな取り組み方をしているか、こう説明したことがありました。「例えば、自分をウイルスやがん細胞だと想像して、[88]どんな感覚がするか感じてみるのです。また自分を免疫系だと想像して、もしウイルスやがん細胞と戦っている免疫系なら自分は何をしただろうかと再現してみます。特定の問題について、このような一連のシナリオを演じて新たな洞察を得たら、それに沿った実験の計画を立てます」。

科学においては、「一歩距離を置いた客観的な視点を持つように」と指導されることが多いものです。しかし科学者のように、学生も「自分の体で表現した様子を想像[89]」することから恩恵を受けられることが研究で示されています。

体を使った学習や思考は、根本的に自己中心的な人間の心のあり方を活用しています。私たち人間は、出来事やアイデアについて、中立的で公平な視点からではなく、「私とどう関係があるか」という観点から理解するよう進化してきました。

研究によると、**新しい知識を自分のアイデンティティまたは経験と結びつける「自己言及的」な行為は、「接着剤[90]」のような働きをする**ことがわかりました。同じ情報でも、自分とは切り離された無関係なものとして出合うときには存在しない「結びつける力」を、その情報に与えるのです。一人称の視点を取り入れるからといって、それによって制約を受けるわけではありません。特定の現象を詳しく調べるために自分の体を動かせば、内側と外側の視点を行ったり来たりする[91]（さらなる理解を生み出す「揺れ」といえます）能力が促進されるようです。

ロールプレイをするだけで学習理解が深まる

ワシントン大学の物理学准教授レイチェル・シェアーは、教育用ロールプレイ・プログラム「エネルギー劇場[92]」を考案しました。シェアーによると、学生が理解に苦しむエネルギーの特徴に、「常に保存される」という性質があります。エネルギーは消耗されずに別の形に変換されるという性質で、例えば、コイルばねでできたピンボール・プランジャーのエネルギーは、ピンボールの動きへと変換されます。

学生たちは、エネルギーの保存について教科書の説明を読むとき、意味をきちんと把握していないかもしれません。しかしエネルギー劇場の一環として、自分でエネルギーを体現すると、体感的に理解し始めます。「動きを使って[93]エネルギーに〝なる〟学生は、自分の体で表現した永続性や継続性の感覚を、理解のよりどころにできるようになります。自分自身は〝消耗〟されないため、エネルギーも消耗されないことを、深く理解できるようになるのです」とシェアーは話します。彼女が行った調査では、エネルギー劇場に参加した学生は、エネルギーの動力学について確かな理解ができるようになります。

自己言及的な動きを学びの場で活用する方法はほかにもあります。複数のステップを踏む、複雑でインタラクティブなプロセスを理解するときで、例えば生物学の授業で悩みの種となる有糸分裂や減数分裂があります。

細胞がどう分裂・複製するかを学ぶ際に、多くの用語やプロセスが登場するため、学生たちの頭はすぐにいっぱいになってしまいます。そのため、せいぜい表面的な理解にとどまり、最悪の場合はただただ混乱するだけとなります。

バージニア・コモンウェルス大学の生物学准教授であるジョセフ・チニチは、多くの学生が生物学の中心となる重要なコンセプトの理解に苦しんでいる様子を目にし、あるアイデアを思いつきました。学生たちに、人間染色体になってもらったらどうだろうか？[94]　自分の体で細胞の分裂と複製を表現することで、このプロセスを内側から理解してもらうのです。

チニチはこのアプローチ法を数年かけて磨き上げ、生物学の教師向けの専門誌『ジ・アメリカン・バイオロジー・ティーチャー』に詳しい内容を発表しました。

まず遺伝子を表すアルファベット1文字がついた野球帽とTシャツを配ります。大文字は顕性遺伝子、小文字は潜性遺伝子を表しています。これを身につけた学生は、慎重に振りつけされた「ワルツ」とも呼べる動きへ導かれます。

分裂の前期では、「人間染色体」となった学生の一部は腕を組んでペアを作ります。中期では、ペアにならなかった染色体は、「紡錘体」と名づけられたエリアへと移動します。後期では、ペアになった学生たちは分裂して、紡錘体とは反対の極へと向かいます。最後に学生たちは、紡錘体が分解され、染色体がほどける終期を自分の動きで表現します。ぎこちなく笑ったり、眉間に一瞬しわを寄せたりしながら、学生たちはこの奇妙なダンスを通じて、動き続ける多くのパーツが互いにどう作用するかを、自分の目で見て、肌で感じるのです。

チニチの調査では、有糸分裂や減数分裂のロールプレイに参加した学生は、このコンセプトをより正確に理解できたことがわかりました。

ほかの類似の研究でも、同じ結果が出ています。順行と逆行をする太陽系の惑星[95]や、クレブス回路で酵素に反応する炭素分子[96]、さらには重合してタンパク質を合成するアミノ酸[97]を、学生たちに体現してもらった効果を調べた実験がこれまでにありました。

各シナリオにおいて、**自分の体で物質を表現する機会を持てた学生の方が、ただ話を聞いたり読んだりした学生より、学びが多く高成績を収めました。**

「それになる」[98]（概念対象を体現する）ことで得られる経験は、「それを見る」つまり概念対象を、自分とは距離のある分離された存在として考えることとはかなり異なる――と指摘するのは、数学の概念を、体を使って体現することの効果を研究しているバーモント大学のカルメン・パトリック・スミスです。

例えば、複数人が腕を伸ばして三角形を作り[99]、近づいたり離れたりします。こうすることで角度を変えることなく、三角形の大きさを変えられると学生は理解できるようになります。「体を使ったアクティビティ[100]」によって、学生は数学的概念の理解を深め、概念を覚えやすくなることがわかった、とスミスは述べています。

数学の教師はかなり前から、計算をするときに棒や立方体を使うなど、何かを操作する動きを指導の中に取り込んできました。スミスやほかの研究者が行ってきた研究では、「操作する」のが自分の体である場合、学びはさらに深まることが示唆されています。

●

思考を強化する動きについては、明示的か暗示的かによらず、体を使って比喩を表現する方法もあります。

私たちが日頃使っている言葉は、体を持った生き物としての経験をもとにした隠喩《メタファー》にあふれています。「隠喩的な動き」とは、このプロセスをリバース・エンジニアリングし、体を動かすことで、あるメタファーが表現しているその状態に心が入っていくよう促す方法です。

シアン・バイロックは、**「体を動かすことで、**[101]**自力で意識して考えるより先に、無意識のうちにアイデアが頭の中に入ってきて、心のあり方を変えてくれる可能性がある」**と述べ、**「動くことで、動きと共通点のある思考を経験しやすくなる」**としています。

例を一つ挙げてみましょう。「動的な動作」と「動的な思考」をつなげている、ほぼ無意識のレベルに深く染み込んだメタファーは、体を動かすことで活性化されます。

斬新なアイデアがなかなか出てこないとき、「行き詰まった」とか「型にはまった」という言葉を使うことを思い出してください。また、インスピレーションが湧いてくるようなとき、「波に乗っている」とか、アイデアが「流れる」と言ったりします。

創造性に関連した比喩表現を実際に体を使って表現すると、クリエイティブなマインドになれることが、研究で明らかになっています。

例えば、「枠組みにとらわれずに考える」[102]〔訳注：英語ではthinking outside the boxで、直訳すると「箱の外で考える」〕があります。

ウィスコンシン大学マディソン校の心理学者イヴァン・ポールマンは、ある実験を考案しました。実験参加者に、クリエイティブなアイデアをできるだけたくさん考えてもらうというタスクです。参加者の1グループには、ボール紙でできた縦×横各1・5メートルほどの箱の中で、座って取り組んでもらいました。別のグループは、箱の外に座って作業をします。文字通り「箱の外」で考えた参加者は、箱の中で作業をした人たちと比べ、平均で20％多くのアイデアを思いつきました。

ポールマンの研究チームは、別のメタファーを体を使って表現することで、どれだけ生産性が高まるかもテストしました。複数の可能性を考慮していることを意味する、「一方では[103]……他方では……」というフレーズです〔訳注：英語ではon one hand～on the other handで、直訳すると「片方の手では……他方の手では……」〕。

今回は、大学の敷地内にできた新しい複合ビルの斬新な使用法を考えてほしいと実験参加者に指示しました。参加者の半数には、ブレインストーミングの際に片腕だけを差し出すように伸ばしてもらい、もう半数の人たちには、片方の腕の後にもう片方の腕、というように伸ばす腕を交互に変えてもらいました。

結果は、メタファーの「一方では……他方では……」というフレーズを知らず知らずのうちに体を使って表現していた実験参加者は、複合ビルの使い道を50％ほど多く提案できました。さらに中立の立場の判定者がチェックしたところ、メタファーを体で表現した人たちのアイデアの方が、バラエティに富んでいるうえクリエイティブだと判断されました。

このような実験が示唆するのは、**特定の認知プロセスは、関連のある比喩表現を体で表すことで活性化できる**、ということです。

体を空間の中で移動させる行為そのものも、新しい角度、意外な風景、流動的な思考、ダイナミックな変化などを表す、ある意味で創造性を表す緩いメタファー[104]になっています。静かに座っているときよりもウォーキング中やウォーキング後の方がクリエイティブになるのは、このメタファーの働きが理由かもしれません。

ウォーキングがアイデアを生む

スタンフォード大学院の教育学部長であるダニエル・シュワルツは、博士課程の学生が論文のアイデアをブレインストーミングする際、研究室にこもって考えるのではなく、自分と一緒にウォーキングするよう働きかけます。

2014年、シュワルツの研究室にいた大学院生の一人、メリリー・オペッゾ（現在はスタンフォード予防研究センターの医学講師）は、ウォーキングが創造性に[105]どのような効果をもたらすか実験で調べてみることにしました。

一連の実験の中で、シュワルツとオペッゾはスタンフォードの学部生と職員、さらには近くのコミュニティカレッジの学生に対し、独創的な思考に関するテストをいくつか行いました。実験参加者の一部は、キャンパス内を散歩しながら、あるいはトレッドミルでウォーキングしながらテストを受けました。それ以外の人たちは、教室で座った状態でテストを受けました。

実験の最初のテストでは、レンガやペーパークリップなど、日常的なモノの意外な使用法を考えてもらいました。するとウォーキングをした人たちは、座っていた人たちと比べて平均で4～6個、多くのアイデアを思いつきました。

もう一つのテストでは、「切れた電球」のような、何かを連想させる画像を実験参加者に見せ、これと似た画像（例えば「メルトダウンする原子炉」など）を考え出すよう指示しました。ウォーキングした参加者の95％はこの課題をこなせましたが、座っていた人ではわずか50％にとどまりました。**「ウォーキングは、アイデアの自由な流れを生み出す」**とオペッゾらは結論づけています。

ほかの研究者による実験ではさらに、**固定された直線よりも、曲がりくねった自由なルート**[106]

を歩いた方が、クリエイティブな思考プロセスがさらに強化されると示唆しています。

現代の文化では、考えごとをしているときは静かに座るものだとしていますが、文学史や哲学史をひもとくと、これとは反対のメッセージがたくさん見つかります。

フリードリヒ・ニーチェは、「価値があるのは[107]歩いて生まれた思考だけ」と主張しました。デンマークの思想家セーレン・キェルケゴールも同様に、「自分にとって最高の思考には[108]、歩いて到達した」と述べました。歩くことは「心の体操だ[109]」と言ったのは、アメリカの作家ラルフ・ウォルド・エマソンです。スイス生まれの哲学者ジャン＝ジャック・ルソーは、「歩いていないと、熟考できない[110]。止まったとたんに思考も停止し、再び動くとすぐに私の頭も働き始める」と断言しました。フランスの思想家であり随筆家でもあったミシェル・ド・モンテーニュは、「メモを取れるものを[111]何も持っていない」ような、動いているときに限って考えが浮かぶ、と嘆きました。「とりわけ私が一番深く黙想する場である馬に乗っているとき」に限ってこうしたことが起きたとしています。

偉大な思想家たちは明らかに、何かに気づいていました。現代作家のレベッカ・ソルニットは、ウォーキングによって誘発される心の状態を、「時速3マイルの心[112]」と表現しています。私たちは、この時速3マイル（5キロ弱）で動く知性を活用したり、日常の生活の中に動きを取り入れたりする方法を見つけ出すべきなのです。

もしかしたら、パソコンに文字を入力しながらトレッドミルでウォーキングすることかもしれないし、電話しながら散歩をしたり、歩きながら仕事の打ち合わせをしたりすることかもしれません。あるいは、授業を受けながらウォーキングするということもあるでしょう。教育の場では、歩きながらの考えごとは違和感がないかもしれません。

歩きながら授業をすることの驚くような効用

北テキサス大学の哲学教授ダグラス・アンダーソンは数年前、ふと思いました。授業では、体の動きを絶賛するテキストを多く取り上げて学んでいるのに、自分たちはなぜ教室の中にとどまっているのか、と。

そこでアンダーソンは、自分が教える講座の一つ「自己修養の哲学」を、動きながら教えることにしました。教授と学生は、一緒にキャンパス内を歩き回りながら、その週の課題図書について話し合うのです。集合場所の教室から外へ出ると学生の様子が変わると、アンダーソンは述べています。声や表現がいきいきとし、発言量が増え、頭の回転も速くなるのです。

アンダーソンの講義内容にはヘンリー・デイヴィッド・ソローが１８５１年にコンコード・ライシーアム〈訳注：ライシーアムは、アメリカで19世紀に起きた文化向上を目指す運動であり、その機関。コンコード・ライシーアムは、ソローの出身地であるコンコードにあったライシーアム〉で初めて発表した随筆『歩く』が含まれていました。「少なくとも1日4時間[113]（たいていはそれ以上）、森の中や丘の上、野原をのんびりと歩かない限り、自分の心身の健康を保てるように思えない」とソローは力説していました。

同じ年、ソローは日記にこのテーマについてさらに詳しく記しました。「生きるために[114]立ち上がってもいないのに物を書くために座るとは、なんと思い上がったことか！」。さらに、こう書いています。「私の足が動くその瞬間《とき》、私の思考も流れ始めるように思われる」。

第3章

ジェスチャーを使う

ベンチャー企業を支援するプログラム「スタートアップブートキャンプ」は、スタートアップ企業が自社製品やサービス、事業案をプレゼンするイベント「デモデイ」を主催しています。

２０１８年のイベントでガブリエル・エルキュールは、弾けるようにステージに[1]登場しました。スリムなグレーのスーツに身を包み、白いシャツと赤いネクタイを身につけ、滑らかに大股で歩く姿や流れるようなジェスチャーで、言葉を発する前から自信が伝わってきました。

「2年前、ワゴン車に轢《ひ》かれました。運転手が前をちゃんと見ていなかったのです」とエルキュールは話し始めます。まるで「信じられる？」とでも言わんばかりに目を見開き、腕を広げて手のひらを上に向けました。「運よく、かすり傷程度ですみました。でもこの一件で、自動車の安全性はこのままじゃいけないと本気で考えるようになりました。商用車の分野は特にそうです。運転手には大きな時間的プレッシャーがかかっていますから」。「大きな」という言葉を強調するために、エルキュールは腕を大きく広げました。

「重要な学びの一つは……」と言いながら、右手の指で何かをつまむようなジェスチャーをします。「商用車の分野において、車両管理者はすべての配送が……」と言うときは、「すべての」と「配送が」のところで宙に向かって2度拳を振りました。「的確な場所に的確なタイミングでなされるよう責任を負っているということ。言うのは簡単ですが、やるのは大変です」。

エルキュールは続けます。「車両管理者は緊張している」。自社の運転手が迷子にならないか、交通事故を起こさないか、荷物の配送は間に合うのか――。「だからこそ車両管理者は、自分も運転手と一緒に車の中にいられたら、と願うのです」と言い、「中に」を強調しながら、下向きに押し込むような動きをします。「そうすれば、もっとうまいさばき方を教えられるからです。そして今や、それができるようになりました」と言って、ドラマティックな演出としてひと呼吸の間を置きます。

「みなさんにアトラス・ワンをご紹介します。ホログラムを投影することで、走行情報を直接、運転手に送信する初のヘッドアップディスプレイです。運転を強化する主な3つの機能は、すべて運転手が前方を見たまま使えます」。プレゼンの核心部分でも、エルキュールの手は常に動いていました。手をカメラのファインダーのようにして自分の視界を囲んだ後、今度は視界の中を情報が自分に向かって流れているかのように動かします。その後、自分の目に向けていた指を、前方に向けて、そこに延びているであろう想像上の道路を指しました。

このとき実際にエルキュールの目の前にあったのは、道路ではなく、顧客やパートナー、投資家となるかもしれない数百人の観客でした。彼らは、エルキュールが発する一言ひとことに真剣に耳を傾けていました。しかし、自分がエルキュールのスピーチと同じくらい、そのジェスチャーの影響を受けていたとは、気づいていなかったでしょう。

身体的認知の研究者は、人が言葉だけでなく、手や体[2]の動きを使って考えをまとめ、伝えているという事実に注目するようになってきました。ジェスチャーは、話し言葉を表現したり増幅させたりするだけではありません。言葉では触れられずに表現しきれないことを伝える役割や認知的な機能を担っているのです。

言葉は一つの単語に別の単語が続くという感じにぶつ切れで直線的ですが、ジェスチャーなら印象的かつ包括的[3]に、物事がどう見えてどんな感じでどう動くか、すぐに伝えられるのです。

ジェスチャーは不確かな未来に現実味を与える

ジェスチャーが持つ特別な強みは、誰かを説得したり[4]協力を求めたりするときに、特に効果を発揮します。ジェスチャーをすることで、視覚的にその人が動きの中心[5]になります。

この人物が話すとき、その言葉は何かを描写したり、称えたり、説明したりするかもしれません。一方でそのジェスチャーは、現実の世界に向けて働きかけます（象徴的にではありますが）。同時に抽象的な概念はジェスチャーによって、人間に適した大きさで実体を持つ形[6]になります。

ジェスチャーとは、動きを見ている人が頭の中でジェスチャーをしている本人の視点をシミュレーション[7]しやすくなるよう翻訳する作業です。そして恐らく一番重要なのは、ジェスチャーは、まだ具現化されていない事業であっても、今この瞬間、すでに知覚できる現実なのだ[8]という感覚を生じさせることができるのです。

ある研究グループは、「起業家はすでに現実に存在するモノ[9]と、まだ世の中に生まれていないモノの境界線で活動している」ため、スタートアップの世界ではジェスチャーの活用がかなり有利となると指摘しています。このことは、説明したい内容が四半期の業績予測にせよ、プロジェクトのプレゼンにせよ、変化を起こす理由にせよ、多くの人に当てはまります。

ジェスチャーは、不確かな未来を観測可能な「今」にし、触れられそうなほどの現実味を与えるのです。

フランスのＥＭリヨン経営大学院で起業や組織について教えている教授ジーン・クラークは、ガブリエル・エルキュールのような起業家が、ヨーロッパのあちこちで開催されるデモデイやインキュベーターイベント、投資フォーラムなどでプレゼンする姿を何年も見てきました。

クラークが同僚とともに２０１９年に発表した研究では、**投資家向けにプレゼンする際、「ジェスチャーを巧みに[10]活用」した創業者は、新規事業への資金を獲得する確率が12%高いこ**

とが明らかになりました。

この巧みな動きには、「象徴的ジェスチャー」（スピーカーが伝えたい内容を全体的に捉えた動き）や「ビート・ジェスチャー」（特定の部分を強調するときの手の動き）などがあります。

エルキュールが繰り返した、指を自分の目に向けてから前方を指す動作は「象徴的ジェスチャー」（「道路を見る」）です。指をつまむ形にしたり、拳を宙に向かって振る「ビート・ジェスチャー」で論点を強調してもいました。

ジェスチャーを巧みに活用する人は、発言の重要な要素であるジェスチャーを思いつきで使ったりはしないと、クラークは指摘します。彼らはスピーチをリハーサルするように、どんな動きをするかも練習するのです。

なぜ人々はジェスチャーを軽んじてきたのか

プレゼンに説得力をつけることは、思考を形にする際のジェスチャーの役割の一つにすぎません。これはジェスチャーをする本人にとっても、ジェスチャーを見る人にとっても同じです。

ジェスチャーは話し言葉を視覚や動きの合図で補強するため、記憶を強化する可能性があることが研究でわかっています。情報を脳から手に「降ろす」ことで、頭の中のリソースを解放してくれるのです。

さらに抽象的な概念を理解し、表現する手助けもしてくれます。言葉だけでは十分に伝えきれない空間的な広がりや関係性を表すコンセプトなどは特にそうです。手の動きは、頭がもっと知的に思考するよう手助けしてくれます。にもかかわらず、ジェスチャーは多くの場合、「大げさなしぐさをして、ごまかしている」とあざけられたり、仰々しいとか目障りだと軽んじられたりしているのです。

コロンビア大学ビジネススクールの経済学者フレデリック・ミシュキンは、そんな態度を痛いほど知っています。大教室で講義しているときでも、気軽な会話をしているときでも、ミシュキンの手は常に動き、発言を強力にサポートしています。

「話すときには手を使います」(11)とミシュキンは言います。「これまで、ずっとそうでした」。とはいえキャリアの初めのころ、メンターの一人がミシュキンのひっきりなしの身振り手振りにイライラするようになりました。悪習慣をやめさせようとしたメンターはミシュキンに、オフィスに来たときのルールを言い渡しました。「話すときは自分の手の上に座るようにと指示されたんです」と、ミシュキンは悲しそうに当時を振り返ります。

私たちの文化は、ジェスチャーをこんなふうに侮って、人間の自然なコミュニケーションに制約を課しています。実際に言語学者は、ジェスチャーは人類初の言語[12]であり、言葉が生まれるずっと前から花開いていたとの学説を立てています。今でも、あらゆる点で話し言葉と変わらないほど大切なコミュニケーション・チャネルになっています。

ジェスチャーは、他者とのやり取りの理解や記憶に大きなインパクト[13]を与えますが、その影響はほとんどが無意識のうちに作用しています。私たちは、自分の言葉を慎重に選び、相手の話にしっかりと耳を傾けているかもしれませんが、実際にそこで起きているコミュニケーションのかなりの部分には気づくことができません。**「言語以外」[14]の手段を使って、おびただしい数のコミュニケーションが絶えずなされている**のです。

ジェスチャーは、言葉に添って発言の意味を明確にしたり強調したりすることで、話者の意図をよりしっかりと伝えるとき[15]もあります。話者の言葉のどこにも見当たらない意味[16]を、ジェスチャーが伝えることもあります。あるいは話者が言葉で表現したものとはまったく矛盾したり違ったりする意味[17]を、主張することもあります。

ジェスチャーは、話者が口にしない物事を伝えてくれるのです。後述するように、**まだ言葉が存在しないために口にできない物事でさえ、ジェスチャーは伝えてくれます。**

私たちは口ではなく、手で会話している

私たちは誰もが実質的にはバイリンガルです。一つ以上の言語を話し、さらにジェスチャーという言語も流暢《りゅうちょう》に話すわけですから。

人類の進化史の中で、ジェスチャーが話し言葉より優先されたり、取って代わったりしたことはありません。むしろ常に話し言葉とともにいるパートナーでした。ジェスチャーは、話し言葉よりも一歩か二歩先を行っているパートナーです。

イギリスのキングス・カレッジ・ロンドンで労働と組織について教えている教授クリスチャン・ヒースは、ビデオ録画した会話を細かく分析し、体の動きと言語表現における活発な相互作用について調べています。ヒースが録画した医師と患者の対話(18)には、人はまずジェスチャーをしてから言葉を発することがいかに多いのかが、詳細に表現されています。

ヒースの動画の中で、医師は自分が処方する薬について、「これは言ってみれば、ええと、炎症を抑えるのに役立ちます」と言っています。しかし「ええと」と言うまでにはすでに、手

で何かを抑えるような動きを3回しています。
患者は、自分が金銭的な問題でストレスを抱えており、稼いだお金は請求書の支払いで消えていくので「堂々巡り」だと言います。しかしこの言葉を口にする前に、患者の手はすでに、クルクルと回り始めていました。

やり取りのなかでは、言葉でこれから伝えられようとしているコンセプトは、先にジェスチャーで示されています。そしてどちらのケースも聞き手は、相手が言葉で表現する前に、ジェスチャーを見て頷いたり小声で呟いたりして、「その気持ちはわかる」と相手に伝えています。ヒースの動画を見ていると、**私たちの会話はほとんどが手によってなされ、口にする言葉は単なる補足だ**、という結論に達します。

これから言おうとすることを手が先に伝える「ジェスチャーによる伏線[19]」を、私たち誰もが実践していることも、研究でわかっています。

例えば、何か言い間違いをした[20]と気づき、修正しようと話を止めて話題を戻すとき、私たちは実際に話を止めるより数百ミリ秒先にジェスチャーを止めています。この順序が示唆するのは、**意識よりも先に手の方が、自分が何を言おうとしているのかを「知って」いる**という驚くべき考えです。ジェスチャーは、正しい語句が口から出てくるように頭の中で言葉を準備[21]することができるのです。人はジェスチャーができなくなると流暢に話せなくなってしまいます。[22] 手が、次の言葉やその次の言葉を提供してくれないと、たどたどしい話しぶりになるのです。

ジェスチャーができないと表れる有害な影響は、ほかにもあります。**ジェスチャーが知的プロセスを助けてくれなくなると、大切な情報を覚えにくく、[23] 問題を解決しにくく、[24] さらには自分の思考を説明しにくくなります。[25]** ジェスチャーは、「話し言葉にぎこちなく付いてくる相棒」などではまったくありません。思考の最先端を行く存在なのです。

●

ジェスチャーは人類初の言語でした。人間の赤ちゃんはどの子も、この進化史をたどり、初歩的な話し言葉を覚えるよりも先に、ジェスチャーを流暢に操れるようになります。

赤ちゃんは話せるようになるよりもずっと前に、バイバイしたり、おいでおいでをしたり、両腕を上げて言葉を使わずに「抱っこして」と合図したりできるのです。[26]

何かを指で指し示す動きは子どもが最初に覚えるジェスチャーの一つで、[27] 通常は生後9カ月くらいから始めます。生後10カ月〜1歳2カ月には、指の微細な運動制御能力が向上するため、より細かなジェスチャーの能力が発達し始めます。この時期、幼児の話し言葉の能力は手を使った表現と比べてずっと遅れています。例えば子どもは一般的に「鼻」という言葉を発話できるようになるより6カ月早く、「鼻を指差して」という言葉[28]を理解し、それに応じた行動ができるようになります。

研究によると、子どもは世の中のことを学んでいくなかで、養育者に言ってもらいたい言葉[29]をジェスチャーを使って引き出しています。例えば子どもが見慣れないモノを指差すと、大人は喜んでその物体の名前を教えてあげています。こうして親が子どものジェスチャーを言葉に「翻訳」してあげると、その言葉は数カ月以内に、子どもの話し言葉の語彙《ごい》になる可能性が非常に高くなります。ある研究者によると「幼い子は、自分の手を使って母親に言ってほしいことを伝えている」のです。

こうした**幼少期におけるジェスチャーの経験は、話し言葉の基盤を築きます**[30]。あるモノ（体の動き、言葉の音）で別のモノ（物理的なモノ、社会的な行動）を表すという技を、ジェスチャーによって初めて試みるのです。

自分の希望——例えば、子ども用のハイチェアから降りたい——を「降りる」という話し言葉につなげる行為は、非常に高度な知能の働きです。その中間として、手を下向きに動かすジェスチャーが重要なステップの役割を果たすのです。

研究者らは、生後1歳2カ月でのジェスチャーの割合と、同じ子が4歳半になったときの語彙力の関係性を調べました。[31] 子どもは自分の身の回りでジェスチャーをしている人たち（つまり大人）から、こうした動きを学びます。親がたくさんジェスチャーをする子どもは、自分でも頻繁にジェスチャーするようになり、最終的には話し言葉でも広範な語彙力を身につけることが明らかになっています。

親の年収によって子どもの語彙力は変わる

児童発達の専門家は長い間、子どもに向かって話すことの重要性を強調してきました。よく引き合いに出されるのが、心理学者のベティ・ハートとトッド・リズリーが1995年に発表した研究です。富裕層と貧困層の子どもの間には、就学時までに耳にする言葉の数に、およそ3000万語の「言葉の格差」[32] があるというものです。

ハートとリズリーの研究が発表されて以来、ほかの研究によっても確認[33] されていることがあります。高収入の親は低収入の親と比べて多く話す傾向[34] にあり、言葉の種類も多様[35] で、複雑かつ変化に富んだセンテンス[36] を作るということ。さらにはこの違いによって、子どもがどれだけの語彙力を身につけるかを予測できるというのです[37]。

研究者らは現在、話し言葉だけでなく親のジェスチャーも子どもに影響を与えるのか、エビデンスを集めています。親が子どもに話しかける際のジェスチャーの頻度における社会経済的な違いが「ジェスチャーの格差」と呼べるものを生み出している可能性を調べています。

研究では、高収入の親は[38]、低収入の親よりも多くジェスチャーすることがわかっています。ジェスチャーの「量」だけでなく「質」も異なります。裕福な親はジェスチャーの種類が豊富で、物理的なモノ、抽象的な概念、社会的シグナルなど、より多くのカテゴリーの意味を表現します。一方で経済的に貧しい親子は、お互いにやり取りする際、狭い範囲のジェスチャーを使う傾向にあります。

親の影響から、高収入の家庭の子は低収入の家庭の子と比べて多くのジェスチャーをするようになります。ある研究では、1歳2カ月の子どもを90分間観察したところ、高収入かつ高学歴の家庭の子たちは、平均で24の意味をジェスチャーを使って伝えました。一方で低収入の家庭の子たちは、わずか13の意味を伝えたにとどまりました。就学年齢となる4年後に語彙力測定を行ったところ、裕福な家庭の子どもたちは平均117点、貧しい家庭の子どもたちは平均93点でした。

親のジェスチャーの違いは、教育成果の不均衡を生み出す見過ごされた要因である可能性があります。**ジェスチャーに触れる機会が少ないと語彙が少なくなる**のです。語彙力の小さな違いは、時間をかけて大きくなるかもしれません。中には幼稚園に通い出すまでに、頭の中にある言葉の蓄え[39]が、経済的に恵まれていない子の数倍になる子もいるかもしれないのです。そして幼稚園に通い出すころの語彙力は、その先の学校生活すべてにおいて、どれだけ良い成績を収めるかの、かなり正確な予測材料[40]となります。

親の指差しと子どもの頭脳の関係

うれしいことに、**簡単な指示で親がもっと頻繁にジェスチャーするようになる**ことが研究からわかっています。その結果、**子どももジェスチャーをもっとするようになります。**

教育介入プログラムが提案する戦略は、どの親も取り入れることができます。幼い子どもとやり取りする際には頻繁に指を差す[41]ようにし、子どもにも指を差すよう働きかけましょう。絵本を読むときにも[42]ジェスチャーを取り入れます。特定の言葉やイラストを指差したり、子どもに自分が見ているものを指差すよう促したりしましょう。現実の生活にあるモノをジェスチャーで表現[43]してみましょう。猫は爪を立てる、いも虫は人差し指をくねくねさせるなどです。ジェスチャーをするときは必ず、単語も声に出します。ハーバード大学の教育学教授メレディス・ロウによると、覚えておくべき一番大事なポイントは恐らく、子どもの言語の発達は従順さによるという点と、それを伸ばすために親が重要な役割を果たすという点です。

２０１９年に発表した研究でロウは、社会経済的に多様な親や養育者に向けてこのメッセージを発信[44]し、もっとジェスチャーするように訴えました。ロウはこの研究で、ジェスチャー・トレーニングを受けた大人は、受けなかった人より指差しの頻度が平均で13倍多くなったとしています。プログラム参加者の子どもたちも、同様にかなり多く指を差すようになりました。

子どもたちが成長しても、ジェスチャーは先発隊の役割を担い続け、言葉よりもずっと先を進んで頭脳の領域を探索しています。**ある概念を理解したり問題を解いたりするための「最新かつもっとも進歩的なアイデア[45]」を子どもが思いつくとき、意外なことにたいていは、そのアイデアはまずジェスチャーとして表れる**ということが、研究で明らかになっています。

心理学の定番である「保存課題」を目の前にした6歳の女の子を例にとります（保存課題[46]は、心理学のパイオニアであるジャン・ピアジェが児童発達を調べるために用いたのが始まりです）。女の子に[47]、背が高くて細いグラスいっぱいに入った水を見せます。その後、グラスの水は背が低くて太いグラスに移し替えられます。水の量は同じかと聞かれた女の子は、ノーと答えます。しかし同時に、手をお椀のような形にして動かします。つまり、2つ目のグラスは太い形であるため、同じ量の水でも一つ目のグラスより水面が低くなることを、女の子は理解し始めていることを意味しています。

この女の子の実験は、シカゴ大学の心理学教授スーザン・ゴールディン・メドウが集めた膨大な動画アーカイブに含まれています。人が問題をどう解いたか説明するときに使う言葉やジェスチャーを記録したもので、ゴールディン・メドウはこうした短い動画を何千と集めてきました。そして非常に興味深いパターンがあることに気づきました。

話し言葉とジェスチャーがどちらも正しく一致したものであるとき、話者は与えられた問題をうまくこなします。話し言葉とジェスチャーが一致しつつ、どちらも間違っているとき、話者が問題をまったく理解できていない状態であることは想像に難くありません。しかし、**話し言葉とジェスチャーが合っていないとき、つまり言っていることと実際に手でやっていることが一致していないとき、その人は「移行状態」にいる**、といえます。つまり言葉で表現している間違った概念から、ジェスチャーで表現している正しい概念へと動いているところなのです。

「保存課題」に取り組む子どもたちを記録したゴールディン・メドウの動画では、全体の40％

ほどの割合で、[48]新たな理解はまずジェスチャーに表れました。こうしたミスマッチは、発育時期全体を通してよくあることのようです。

ある研究では、10歳の子が算数の問題を解くとき、[49]30％の割合で、ジェスチャーは話し言葉とは異なるものを意味していました。別の研究では、15歳の子が問題解決の課題に取り組んでいるとき、[50]話し言葉とジェスチャーのミスマッチ率は32％でした。

言葉よりもジェスチャーを見よ

ゴールディン・メドウはさらに、話し言葉とジェスチャーがミスマッチになってしまう学習者は、指示を非常に受け入れやすい状態[51]にあることを発見しました。

親や教師が正しい知識を提供してくれれば、それを吸収して適用できる状態にあるのです。大人でも、言っている言葉と手の動きのミスマッチは、学ぶ準備ができた合図になります。

例えばゴールディン・メドウが主執筆者となったある研究の実験では、複数の大学生[52]に対して1組の立体異性体（原子の数は同じものの、空間的な配置が互いに異なる化合物）について学ぶよう指示しました。学んでいる間にどれだけジェスチャーと話し言葉のミスマッチを起こしたかで、

「受けた指示をその学生がどれだけ理解できるか予測できる」とゴールディン・メドウは報告しています。「具体的には、話し言葉で表現しなかった概念的な情報をジェスチャーで正しく表現できた学生ほど、その後に多くを学ぶことができた」のです。**口にする言葉と体の動きが異なるとき、見るべきはジェスチャー**なのです。

●

「一番初めの考え」が、話し言葉よりも先にジェスチャーとして表れるのはなぜでしょうか？心の中で形ができつつある生まれたばかりの概念を形作るのに、ジェスチャーが助けるからではないかと研究者は考えています。

なかなか理解できないコンセプトを言葉では表現できなくても、生まれつつある理解の断片を捉えるべく[53]手を動かすことはできます。ジェスチャーをして自分がそれを見るという経験が、適切な言葉を見つけ出すために役に立っているのかもしれません。新しいアイデアを話し言葉でしっかりと表現するよりも、ジェスチャーならもっと気軽に試せると感じるのかもしれません。ゴールディン・メドウは、「ジェスチャーは実験を促す[54]」と表現しています。

まだ生まれたばかりの考えをまとめる際にジェスチャーがどのような役割を果たすかは、理解し始めると、手の動きが変わることからわかります。

人は初めのうち、よく知らない概念を理解しようとして、たくさんのジェスチャーを見境なくします。**自分がすでに理解しているコンセプトを説明するときよりも、あるコンセプトを一生懸命理解しよう**[55]**、推論しようとしているときの方がより多くジェスチャーする**ものです。

ジェスチャーはまた、難度に応じて増えて[56]いきます。**難しい問題であるほど、そしてそれを解く選択肢が多いほど、人は多くのジェスチャーをする**のです。

一方で人は、ある研究者が「ごちゃごちゃトーク[57]」と呼ぶ話し方をします。つまり、概念が中途半端に言葉になった雑然とした話し方です。この時点では、話し言葉とジェスチャーはまだ連携も一致もしていません。新しいアイデアを吸収するというタスクは認知的に非常に負荷がかかるため、頭と手で仕事を分担し[58]、とりあえずそれぞれが役割をこなしている状態です。

厄介なプロセスかもしれません。それでも、こうでもしなければまったくお手上げだったような複雑な知識[59]も、少しずつ理解できるようになるのです。**手をあちこち動かしているうちに、自覚していなかった知見をジェスチャーが呼び起こす**ことに気づくかもしれません。

心理学者のバーバラ・トベルスキーは、ジェスチャーを、空気に描く「仮想ダイアグラム[60]」だとたとえます。このダイアグラムは、固まりつつある理解を安定させ、深めるために使うことができます。理解が深まるにつれ、言葉はもっと正確になり[61]、動きはもっと明確になります。ジェスチャーの頻度は減り[62]、発する言葉の意味とタイミングに合ってきます[63]。手の動きは、自分の思考の足場[64]を作ることよりも、他者とのやり取りに向けられるようになります。

最初のジェスチャーの手助けがなければ、このような満足いく状態には決して到達できなかったでしょう。ある研究では、**複雑な話題について[65]話したりジェスチャーしたりするのではなく、文字だけで表現するよう指示された場合、鋭い根拠を示せず、展開する推論も少ない**という結果が出ています。

科学者はジェスチャーをどう活用しているか

この一連の流れは、何かを初めて学ぶ人だけでなく、専門家が未踏の領域へ踏み出す[66]ときも同じです。ジェスチャーはとりわけ、新たな発見に向けて一緒に作業しているチームのみんなが、一時的に到達した理解を支えるのに役立ちます。

カリフォルニア大学サンディエゴ校（UCSD）の研究者、アヤマ・ベクバーらが行った実験で、この点がはっきりと示されました。UCSDの生化学研究グループでの研究室会議[67]を記録した数時間に及ぶ動画を、ベクバーは2人の同僚とともに分析しました。

研究室では、トロンビンという酵素に焦点を当てて血液凝固の過程を研究していました。トロンビンの「活性部位」がどのタンパク質と結合するかによって、血液凝固が形成されるか分解されるかします。トロンビンがそれぞれのタンパク質とどのように、なぜ結合するのかを特定できれば、血液凝固の異常で起きる心臓発作や脳卒中を治療する医薬品を開発できることになります。この研究室の科学者たちは、トロンビンの「結合パートナー」であるトロンボモジュリンが、重要な鍵となるのではないかと直感的に考えました。

研究室で毎週行っている会議で、大学院生の一人が、研究顧問である教授と大学院生2人に、トロンボモジュリンに関する新しい研究の成果を説明しました。新たにわかったことを聞いた教授は、トロンビンの分子を表現するのに左手を使い、広げた指を曲げて爪を立てるような形を作りました。「これが活性部位で」と教授は説明します。「新しい理論では、トロンボモジュリンはこんな感じのことをするわけですね」と言い、爪を立てた指をさらに曲げます。「あるいは」と教授は言い、「こんな感じ」の効果があるのかもと指をくっつけて拳を作りました。

ベクバーによると、その会議では残りの時間、教授と大学院生たちはしきりに「トロンビンの手」のジェスチャーを作り、それを指差したり、話しかけたり、さまざまな配置の可能性を表現するために指の位置を変えたりしていました。**科学者が新しい知識を作り上げる際には、象徴的な手の動きが積極的に活用される、**とベクバーは結論づけています。そしてこの事実は、論文のタイトル「Hands As Molecules」(「分子としての手」)で表現しました。

ジェスチャーは、言葉では完全には表現しきれないコンセプトを理解しようとするときに、特に役立ちます。イメージ豊かな視覚的コンセプトや、物体や概念の関係性に関するコンセプト、あるいは直接的に知覚できないモノに関するコンセプト(原子のように小さなものや太陽系のように大きなもの)などです。

ジェスチャーは、本人の深い理解を促す

ジェスチャーはまた、空間的なコンセプトを伝えるのにとりわけ適しています。例えば地質学者は、地層が空間でいかにして曲がり、折り重なり、変化していくのかを考え、それを伝えるために特殊なジェスチャー(68)を使っています。

「沈み込み」(地殻のプレートが別のプレートの下にもぐり込む、斜め下向きの動き)を表現するときは

片方の手をもう片方の手の下に滑り込ませます。傾斜不整合（傾斜になった岩層の上に岩層が水平に乗っている状態）を表すときは、斜めにした片手の上にもう片方の手をまっすぐかざします。当然ながら、専門家はこうした意味を表現する言葉も知っていますが、それでも伝える際には多くを手に頼るのです。

地質学を初めて勉強する学生たちもまた、ジェスチャーを使うことで学びが深まります。[69]カリフォルニア大学リバーサイド校の教育学准教授キンナリ・アティートは、2つの大学生グループに対し、地質の特性を示す立体模型を粘土で作る方法[70]を説明するよう指示しました。最初のグループは手を使ってジェスチャーすることを許可されましたが、2つ目のグループは、言葉だけで説明しなくてはいけません。

この課題の前後、両グループは「浸透思考」と呼ばれる能力の有無についてのテストを受けました。目に見える表面的なものから立体物の内側を視覚化し推論する能力です。地質学において非常に重要でありながら、多くの学生が苦労するスキルでもあります。ジェスチャーをした実験参加者は、課題後の「浸透思考」テストで点数がかなりアップしました。一方で、口頭だけで説明した参加者には、課題の前後で変化は見られませんでした。

これらの結果から、**ジェスチャーは単に空間的な概念をほかの人に伝えるのに役立つだけでなく、ジェスチャーする本人にとっても、コンセプトの深い理解に役立つ**ことがうかがえます。ジェスチャーの助けがなければ、学生は空間的概念をまったく理解できない可能性もあります。

基本的な地質学のコンセプトに「走向傾斜」があります。地層の北方向からのずれ（走向）と、水平からのずれ（傾斜）を描写するものです。ペンシルベニア州立大学の研究チームによると、このコンセプトについてジェスチャーのない教科書的な説明を読んだ後、「多くの学生は、キャンパスの地図に走向と傾斜の露出を記録する際にかなり大きな間違いをした」そうです。[71] 研究チームは、このタスクをうまくこなすことと[72]ジェスチャーを活用することには、関連があるとしています。

書き言葉、話し言葉よりジェスチャーが学びを深める

空間的概念を理解しようと努力している学習者にとって、「言葉はむしろ邪魔になり得る」[73]と話すのは、マサチューセッツ大学アマースト校の地球科学教授ミシェル・クックです。聴覚障害のあるクックは、断層系を学ぶろう学生を対象とした福祉プログラムを長い期間指導して

きましたが、こうした学生が地質学のコンセプトや理論をすぐに学び取るのに気づきました。アメリカ手話（ＡＳＬ）を使う学生たちは、観察力と空間認識能力が発達しているためだ、とクックは考えています。

クックがそうであるように、手話が得意な人は、視覚的・空間的情報を処理する能力に長《た》けていることがわかっています。[74] こうした優れた能力は、ろうの人と同様に、手話を知っている健聴者にも見られます。[75] つまり、**システムとして構築された「意味を持つジェスチャー」を繰り返し使うことが、空間的思考の向上に役立つ**ことを示唆しています。

クックは、変更を加えた手話を、マサチューセッツ大学で（健聴者である）学生と一緒によく使っています。自分が説明している現象が持つ立体的な特徴について、手を使うと的確に捉えられると感じるのです。

強調したい特徴に、学生の意識を効率良く向けることができます。さらに自分が説明している川のように大量の情報を、話し言葉と視覚的情報という2つの小さな流れに分けることもできます。初学者が新しい概念と語彙を同時に学ぶとき、認知面でかなりの負荷がかかりますが、分けることでこれを軽減できるのです。

クックは、受講している大学生が新しい地質学のコンセプトを学ぶとき、自分が使っている

ＡＳＬをベースにしたジェスチャーをまねするよう指示します。さらに、グループ・ディスカッションで学生同士が話をするときは、手を積極的に動かすよう働きかけています。大学での講義や学びはたいてい、頑《かたくな》なまでに書き言葉と話し言葉に偏っているものです。しかしクックの講義ではそれを脇へ押しやり、直感によるジェスチャーを取り入れています。

●

私たちも、クックと同じことができます。話し言葉の補佐役にすぎないと片づけられたり軽んじられたりしているジェスチャーの立場を、もっと高めるのです。

まずは自分でもっとジェスチャーをするようにしましょう。研究からは、**手を動かすことで、抽象的または複雑なコンセプトの理解が促され、認知にかかる負荷が軽減され、記憶力が改善する**ことが明らかになっています。ジェスチャーは説得力をもってほかの人に自分の意図を伝える手助けにもなります。

研究では、**スピーチを聞く際に言葉だけでなくジェスチャーを同時に見ると、スピーチだけ、あるいはジェスチャーだけのときよりも、聞き手の脳がより強く反応する**[76]ことが示されています。**ジェスチャーはスピーチのインパクトを増幅させる効果がある**のです。

話者がジェスチャーをしている光景は、効果的に聞き手の注意を捉え[77]、発せられた言葉の方へと差し向けます。ジェスチャーではない動き――例えば、コーヒーをスプーンでかき混ぜるなどの実用的な動作――をしている人を見るときには、注意力を捉える効果はありません。

ジェスチャーを見ることで注意力が喚起される[78]脳の領域の一つに、口頭言語の処理を司る部位、聴覚皮質があります。ニューヨークのコルゲート大学で心理学と神経科学を教える教授スペンサー・ケリーは、**「手のジェスチャーは[79]、意義あるコミュニケーションがなされている、と聴覚皮質に注意を促すようだ」**と述べています。

コンセプトを説明するため、あるいは何かの話をするためにジェスチャーをすると、言わんとしていることが相手に伝わりやすく[80]なります。手の動きは、聞き手の理解を助けるように、話の内容を明確かつ具体的に、そして詳しく説明してくれるのです。

言葉と一緒にジェスチャーをすると、聞き手が話の内容を覚える可能性が高くなります。ある研究では、ジェスチャーつきのスピーチ動画の方が、実験参加者が話のポイントを思い出せる確率が33％高くなる[81]結果になりました。この効果は、動画を見た直後から表れていましたが、時間の経過とともにさらに大きくなりました。スピーチの動画を見た30分後、実験参加者がスピーチのポイントを思い出す確率は、ジェスチャーつきの方が50％以上高くなりました。

ジェスチャーを観察することから得られる恩恵はさらに、次のステップへと私たちを誘《いざな》います。自分やほかの人が使う教材を探す際、インストラクターが自分の体をうまく使って表現しているものを探すべきです。

何かのやり方を説明するハウツー動画は、ジェスチャーが含まれるものの方が、見る人の学習効果が大きくなること[82]が多くの研究から明らかになっています。視聴者は視線をより効率良く運び[83]、重要な情報に注意を向け[84]、学んだことを新しい状況に活用[85]できるようになります。ジェスチャーを取り入れた動画は、そこで扱われているコンセプトの知識が比較的ないところからスタートする人にとりわけ役立つ[86]ようです。**すべての学習者にとって、ジェスチャーの効果は、ライブで実際に顔を合わせた指導よりも動画の方が大きい**[87]ようです。

オンライン上で手の動きを聞き手に見せる効果

オンラインで今もっとも人気があり多く視聴されているハウツー動画のほとんどは、ジェスチャーの力を活用できていない、と指摘するのは、UCLAとカリフォルニア州立大学ロサンゼルス校の心理学者のチームです。

チームは、統計学において重要なテーマである「標準偏差」のコンセプトを説明しているユーチューブ動画の上位100本を詳しく調べました[88]。動画の68％はインストラクターの手が画面に映ってさえもいなかった、とチームは報告しています。それ以外の動画では、インストラクターは主に指で何かを差すジェスチャーか、強調するための「ビート・ジェスチャー」をしていました。抽象的なコンセプトを伝えるのに特に役立つ「象徴的ジェスチャー」を使っていたのは、調査対象の動画のうち10％もありませんでした。

ここで覚えておくべき重要な点は、**自分自身が使うため、あるいは子どもや生徒に使わせるためにハウツー動画を選ぶときは、インストラクターの手が画面に映り、活発に動いている動画を探すべきだ、**ということです。

そしてもしオンラインで教えるよう求められた場合、あるいは単にズームなどのビデオ会議プラットフォームでのやり取りが必要になった場合でも、自分の手の動きが、ほかの人から必ず見えるようにした方がいいでしょう。

手の動きを作ることで、自分自身のパフォーマンスも上がることが調査によって示唆されています。**動画で教える際にジェスチャーをする人**[89]**は、流暢かつはっきりと話し、間違いも少なく、情報をより理論的にわかりやすく提示できる**ことがわかったのです。

ジェスチャーには別の間接的な恩恵もあります。ジェスチャーをしている本人を見ている人（子ども、学生、同僚、従業員など）もまた手を多く動かしがちになるのです。[90]とはいえ、相手がまねしてくれるのを待つ必要はありません。ジェスチャーをするように、はっきりと働きかけることができます。「説明するときに手を動かして」とお願いするだけ[91]でいいのです。

例えば小学生なら、算数の問題を解く際にジェスチャーを使うように促せば[92]、「まずは手の動きで表現する」という新たな問題解決の方法に気づくことができるうえ、学んでいる算数の概念も覚えやすくなります。

ジェスチャーを促すとテストの結果が良くなる

大学生を対象に行われた別の実験では、空間に関する問題[93]（ある物体を頭の中で回転させたり、折り紙の折り方を頭の中でイメージするなど）を解く際に**ジェスチャーをするよう促された学生は、ジェスチャーを禁止されたり、手を動かすことは許されたものの積極的に働きかけられなかった学生と比べて、多くの問題を正しく解くことができました。**

ジェスチャーによって高まった学生の空間思考能力は、その後再び行われた空間に関する問題を解くテスト（今回ジェスチャーは許されませんでした）にまで維持されていました。研究者らはこの結果から、学生が最初に自分の思考をジェスチャーで表して空間認識能力を助け、それが「内在化」され、そうして内在化されたジェスチャーの効果が、2回目のテストにももたらされたのではないかと考えています。

大人でさえ、もっとジェスチャーをするようお願いされると、ジェスチャーの割合を増やしてこれに応えます（その結果、これまでより流暢に話すようになります）。[94] 教師が、ジェスチャーをするよう促されると、生徒の学びにおけるジェスチャーの重要性を聞かされ、指導中にもっとジェスチャーをするよう促されると、[95] 結果として教え子たちの学習成果も大きくなります。

ジェスチャーをするようほかの人に働きかける行為には、驚くほど強力な効果がある可能性があります。

例えば、学力の差を縮める手助けとなるかもしれません。認知面での男女差で一番大きいの[96]は、空間思考能力であることがわかっています。シカゴ大学の心理学者が中心となって行った研究では、複数の形をくっつけて一つの形を作るという作業を頭の中で行う、空間的思考が求められる問題を解く力において、5歳の時点ですでに男の子の方が[97]女の子よりも優れていることがわかりました。ところが詳しく分析したところ、これは性差というよりも、ジェスチャーをしがちか否かの違いであることが明らかになりました。

タスクを行う際、ジェスチャーをする子ほど成績が良かったのですが、男の子は女の子と比べ、かなりジェスチャーをする傾向にあったのです。例えば、全8問すべてでジェスチャーをした男の子の割合は27％だった一方、女の子はわずか3％でした。まったくジェスチャーをしなかった子は、男の子の6％に対し、女の子は23％に達しました。

この差は、男の子と女の子の経験の違いから来ている可能性がある、と研究の執筆者らは指摘しています。男の子は、空間が関わるおもちゃやテレビゲームで遊ぶ傾向が強いため、空間的なジェスチャーをすることに慣れているのではないか、と研究者らは記しています。

4歳児を対象にした別の研究では、**ジェスチャーを促された子どもは、**[98] **空間的思考のスキルが求められる「頭の中で形を回転させるタスク」を上手にこなせるようになった**と報告しています。女の子は特に、ジェスチャーをするよう促された方がうまくできるようになりました。

ジェスチャーを使って表現するから理解が深まる

ジェスチャーを促すさりげないアプローチとして、ジェスチャーを使う機会をつくってあげることがあります。手を動かしがちになる状況を作るというわけです。

思いつきで何かをするよう指示されたときにこうした状況になります。例えば観客を前にして即興で何かを説明したり物語を作ったりするときです。即興は認知能力にかなり負荷がかかるため、人はジェスチャーが多くなる傾向にあります。[99]

ヴォルフ・マイケル・ロスは、カナダのビクトリア大学で研究している認知科学者です。科学的リテラシー（科学の知識や用語の理解）の発達におけるジェスチャーの役割について研究を行ったおかげで、自分自身の教授としての講義への取り組み方も変わりました。

ほとんどの時間を自分が一方的に話す講義をするのではなく、その日の授業で取り上げるトピックについて、できるだけ学生に説明してもらうようにしているのです。学生たちは、トピックをまだ完全に理解しておらず、適切な専門用語も知らないため、取り入れたばかりの知識をなんとか伝えようとジェスチャーを多用します。

まさにこれがロスの狙いです。**「理解が深まるから表現できるようになるのではなく、表現しようとするから理解が深まっていくのです」**[100]とロスは説明します。

ロスはまた、別のタイプの場も創出しています。人は、ジェスチャーをする目標物があると、より多くのジェスチャーをすることに気づきました。これは調査でも裏づけられています。[101] **図**

表、ダイアグラム、地図、模型、写真（ロスはこれを「視覚的アイテム[102]」と呼んでいます）を提供すると、話者はもっとジェスチャーをするようになり、理解が促されるのです。

ビクトリア大学物理学科の教授たちとともに、ロスは視覚的アイテムと具体的な模型を開発しました。物理学科の教授は現在、授業でジェスチャーを促すためにこれを活用しています。学生はこうしたアイテムの横に立ち、きちんと表現したり説明したりできない部分については、ただ指で指し示せばいいのです。こうすることで、学習の初期段階で通常できるであろうよりも、ずっと「成熟した物理学の話[103]」ができるようになります。**学生が自分の知識をもっとしっかりしたものに固定していく際にジェスチャーを使うことで、まだ不安定な理解を支える一時的な足場ができます。**

聞き手も、話者のジェスチャーをうまく活かせる

ジェスチャーのパワーを活用するもう一つの方法として、ほかの人の手の動きを注意深く観察することがあります。これまで見てきた通り、**人が抱く一番新しくて進歩的な考えは、たいていまず手に表れます。**さらに人は、ジェスチャーが発話の内容から離れることで、学ぶ準備

ができたという合図を出します。

とはいえ、私たちは話し言葉にばかり集中してしまうため、言葉以外の手段で伝えられることのヒントを見逃してしまう可能性があります。[104]ある調査では、経験豊かな教師でさえ、生徒の手の動きに含まれる情報のうち、理解できたのは3分の1以下[105]だったそうです。しかしトレーニングをすれば、体が発するジェスチャーにもっと注意を向けられるようになることも、複数の研究によってわかっています。

シカゴ大学のスーザン・ゴールディン・メドウは同僚とともに行った実験で、成人を集めてある動画を見てもらいました。[106]先ほど出てきた、形の違う2つのグラスに水を注ぐタスクのような保存課題に取り組む子どもたちの動画です。

実験参加者はその後、ジェスチャーの基本的な情報について簡単な説明を受けました。ジェスチャーは、話し言葉には含まれていない重要な情報を伝える場合が多いこと。言葉で話される内容だけでなく、手が「話す」内容にも注目するといい、ということです。注意を向ける先は特にハンドジェスチャーの「形」「動き」「場所」だとも提案されました。

この後、実験参加者はもう一度動画を視聴します。動画の中の子どもが理解し始めたときに見せたジェスチャーのうち、実験参加者が特定できた例は、ジェスチャーの説明を聞く前はわずか30～40％でしたが、説明後では一気に70％に増加しました。

ちょっとした努力で、ジェスチャーが持つ情報を集めることが可能です。そして一度集めてしまえば、そこからは新たな選択肢が生まれてきます。**ジェスチャーをしている本人が探し求めている洞察を、本人以外が提供してあげることもできます。**

調査によると、ジェスチャーをしている本人の頭の中では、この洞察を得るための準備はすでにできています。本人のジェスチャーを見ている人が、言葉に「翻訳」してあげることもできます（「あなたが提案しているのはつまりこんなことですか？」）。あるいは相手と同じジェスチャーを自分でもすることで、ジェスチャーに「賛成」[107]することもできます。相手が手を使って指し示している有力な戦略を、改めて肯定してあげるのです。

●

「自然発生的な」ジェスチャーは明らかに、知的な思考をサポートしてくれます。一方で「設計された」ジェスチャー[108]とでも呼べそうなものもあります。特定の概念を伝えるために、事前に注意深く練られた動きです。手話からヒントを得た、地質学者のミシェル・クックが使っているジェスチャーは、このカテゴリーに当てはまります。言葉では伝えるのが難しい空間の概念を学生に理解してもらうために、クックはかなり意図的に手の動きを活用しています。

設計されたジェスチャーには、別の利点もあります。記憶の強化にとりわけ効果的なのです。**話しながらジェスチャーすることで、覚えておくべきものに心理的な「釣り針」を複数**[109]**、引っ掛けておけるからです。**

この釣り針は、後でその情報が必要になったとき、釣り糸を巻くようにしてたぐり寄せることができます。釣り針には、言葉を声に出したときに耳に入る聴覚的な釣り針もあります。適切なジェスチャーをしている自分を見ることによる、視覚的な釣り針もあります。「固有感覚」の釣り針もあります。これは、自分の手がジェスチャーをしていることを「感じる」ところから来ます（固有感覚とは、手足など自分の体の部位がどこに位置しているかを感じる感覚です）。驚くことに、固有感覚からの合図はこの3つの中で、もっともパワフルである可能性があります。**ジェスチャーしている手がたとえ自分の視界に入っていなくても**[110]**、ジェスチャーをすることで思考が強化される**ことが研究で示されています。

オーストラリアのビクトリア大学で解剖学と細胞生理学を教えている准教授ケリー・アン・ディクソンは、授業で教える際にこれら3つの釣り針をすべて活用しています。

体の部位や組織の無味乾燥な名前を記憶する代わりに、ディクソンの教え子たちは、泣くまねをする[11]（涙腺／涙液の分泌に関するジェスチャー）、耳の後ろに手を当てる（内耳の中にある蝸牛殻／聴力）、体をグラグラさせる（前庭器官／平衡感覚）などのしぐさを練習します。噛《か》む（下あごの筋肉／咀嚼《そしゃく》）や唾を吐く（唾液腺／唾液分泌）といった行為のふりもします。コンタクトレンズを入れるような動き、鼻をほじっているような動き、「ディープキス」をしているかのような動き（それぞれ、目、鼻、口の粘膜を表現する動き）もします。ディクソンによると、解剖学のテストでの学生の点数は、名称だけを教えられたときよりも、ジェスチャーと一緒に学んだときの方が42％高くなりました。

ジェスチャーは外国語の学習にも役に立つ

語彙の習得は外国語学習にも重要です。**作り込まれたジェスチャーは記憶の補助[112]となり得る**、と話すのは、認知心理学者であり言語学者でもあるマヌエラ・マセドニアです。マセドニアは現在、オーストリアのヨハネス・ケプラー大学で、第二言語の修得を上席科学者として研究しています。その前には、ドイツ語が母語の大学生にイタリア語を教える語学インストラクターをしていた時期がありました。

しかし当時、マセドニアは着席したままリスニングやライティングばかりする従来的な外国語コースの構成に、いつもイライラしていることに気づいたのです。

「母語をこんなふうに覚える人はいない」[113]とマセドニアは指摘します。幼い子は、感覚運動的に豊かな状況で新しい単語に出合います。子どもが「りんご」という言葉を耳にするとき、つやつやの真っ赤な果物を目にしています。もしかしたら実際に口に持っていって、甘い果肉を味わい、さわやかな香りを嗅いでいるかもしれません。第二言語を教える教室には、記憶のためのこうした豊富な釣り針は一切存在していないのです。

マセドニアは、少なくとも一つを取り戻すことにしました。その一つとは、体の動きです。それぞれの語彙を、対応するジェスチャーと組み合わせます。マセドニアは学生の前でジェスチャーをやって見せた後、学生たちにも同じように、単語を声に出しつつ動いてみるよう指示します。学生はこのやり方の方が単語を覚えやすく、時間が経っても忘れにくいようでした。やがてマセドニアは、自身も学生に戻ることにしました。外国語学習時の言語記憶を強化するためのジェスチャー活用法[114]について、博士論文を書くためです。**言葉を学ぶ際にジェスチャーを使えば、単語を記憶に固定するのに役立つ**ことを示す証拠は、ますます増えており

(恐らく脳のより広範なネットワーク[115]を刺激するためだと思われます)、マセドニアも研究を始めて以来、こうしたエビデンスを提供し続けています。

例えば2020年に発表した研究があります。マセドニアは6人の共著者とともに、新しい外国語の学び方について、ジェスチャーと組み合わせたケースと、写真を組み合わせたケースを比較しました。その結果、参加者がジェスチャーをしたグループでは、学んだ語彙に再び出合ったときに運動皮質[116](体の動きを司る脳の領域)が活性化されたと確認されました。写真を見たグループは運動皮質に変化はありませんでした。**ジェスチャーによって「感覚運動の強化」がもたらされ、関連した単語が覚えやすくなった**のだろう、とマセドニアらは考えています。

仮想空間でもジェスチャーは有効に機能する

マセドニアはさらに最近、拡張されたテクノロジーを使い、彼女の前の職業から考えても自然な流れと思える実験を行いました。そのテクノロジーとは、「アバター」と呼ばれるバーチャル・スタッフがいるオンライン語学学習プラットフォームです。

アバターは語彙の指導をしてくれる存在で、語学インストラクターのころ、マセドニアがしていたような動作を画面上で行います。アバターがジェスチャーをして見せ、ユーザーはそれを見ながら単語を繰り返し、ジェスチャーもまねるのです。

この学習プラットフォームに対する評価では、アバターのジェスチャーをまねするユーザーは、単語をただ聞くだけのユーザーと比べ、学習成果が長続きすることが示されています。[117]ジェスチャーを目で見つつ自分では実際にしないユーザーと比べても、ジェスチャーをするユーザーは多くを学びます。[118]

ほかの研究者が行った研究[119]では、数学でも同様でした。ジェスチャーをするアバターに教わった場合、しないアバターから教わったときよりも、問題を解くスピードが速くなり、新たに学んだ知識を効果的に広く適用できました。デュオリンゴやロゼッタストーンなど商業的な語学学習プラットフォームを含む**オンラインの教材は、ユーザーにジェスチャーを促す、いきいきとしたキャラクターを加えることで、より大きな効果を発揮する**かもしれません。

作り込まれたジェスチャーは、記憶の強化に加えて、認知面にかかる負荷を軽減することもできます。

紙にリストを書き出したり、図表を描いたりするのと同じように、ジェスチャーをすることで、認知面の負荷を減らすことができるのです。[120]それもペンや紙と違い、手は常に私たちの手元にあり、いつでも負担を引き受けられます（実際に、難しい問題を解く際にペンや紙の使用を禁止された場合、埋め合わせをしようと人はジェスチャーを多くすることが研究からわかっています）。[121]

負荷を減らすという点で馴染み深いものに、幼い子どもが算数の問題を解く際に、指で数える例があります。指に「小計」をとどめておくことで、最終的な答えを出すために行わなければならない演算（足し算、引き算）に心（頭脳）を解放するのです。年齢がもっと上の子や大人の場合、より複雑あるいは概念的なジェスチャーが、これに似た目的を果たします。**頭からあふれてしまった容量を手が引き受けてくれることで、全体としてより多くの情報量を扱え、その情報をさらに操作したり変換したりできます。**

ジェスチャーは脳の負荷を軽減する

この付加的な容量を活用するために、教師の中には、情報を手にシフトさせる方法を生徒に教える人もいます。

ワシントン州シアトルの南にある小さな都市オーバーンの学区で算数を教えている教師ブレンダン・ジェフリーズは、ジェスチャーを使って、子どもたちが抱える認知面での負荷を軽減できるようにしました。

教え子の多くは低所得世帯の子か、英語が第二言語の子か、その両方です。「学術的な言葉、つまり〝適合〟や〝相当〟、〝指数〟といった語彙は概して、子どもたちが家庭で耳にするような言葉ではありません」とジェフリーズは説明します。「教え子が、数字を把握しようとか演算しようと頑張っているのに、こうした言葉につまずいてしまっていることに気づきました」[122]

そこでジェフリーズは、子どもたちの暗算能力に負担をかけている難しい言葉と一緒に使う、あるいは代わりに使う、シンプルなハンドジェスチャーを考案しました。

鋭角を表現するには、「腕でパックマンを作って」とジェフリーズは子どもたちに教えました。鈍角であることを示すには、「誰かをハグするときみたいに腕を広げて」。そして直角は、「筋肉を見せつけるみたいに腕を曲げて」とします。足し算を表すには両手を合わせ、割り算は空手チョップをします。図形の面積は、「食パンにバターを塗るときのバターナイフのように手を動かす」ようにして表します。

教え子たちはこうしたジェスチャーを熱心に取り入れ、今や授業で話すときや宿題をしているとき、さらにはテスト中でさえも使っている、とジェフリーズは言います。子どもたちは、算数の計算がうまくできるようになると、当初はまごついていた学術的な言葉も、改めて取り入れられるようになります。**ジェスチャーで負担が軽減された効果によって、頭の中にスペー**

スが生まれたおかげです。

このアプローチ法は、算数の学習支援として非常に有効であることが示されたため、ジェフリーズは自分の学区にある全22校にも広めるよう依頼されました。現在は、読み書きを支援するジェスチャーとして、「登場人物」「背景」「概要」「主要ポイント」などの言葉を表す動きを考案しているところです。

ブレンダン・ジェフリーズの子どもたちが気づいたように、私たち人間の手は驚くほど柔軟なツールです。そして非常に多くを表現してくれます。

起業家にとっての自社製品へのビジョン。幼児にとっての発話までのステップ。教師にとっての教え子が学ぶ準備ができたことを示すヒント……。

手は、きっかけにも、窓にも、途中駅にもなり得ます。何にでもなれるのですが、「じっと動かない状態」にだけはさせてはいけません。

第2部

環境で思考する

第2部 — 環境で思考する

第4章

自然環境を使う

1945年の夏が終わるころ、画家のジャクソン・ポロック[1]は限界に近づいていました。ニューヨーク市のダウンタウンにあるアパートメントで暮らしていたポロックは、混沌として気がおかしくなりそうな思いが日々、高まっていたのです。悩みの種だった飲酒とうつも、悪化しているようでした。妻で画家のリー・クラスナーはポロックの精神状態を心配しました。

同年8月、ポロックとクラスナーはロングアイランド島のイーストエンドに友人を訪ねました。当時のイーストエンドは、農家や漁師、そして数えるほどの芸術家や作家が暮らす静かな場所でした。ポロックはそこで落ち着きと刺激の両方を感じました。日差しと緑にあふれ、ロングアイランド湾からはさわやかな風が吹いてきます。

旅行から戻ると、ポロックは8番街にある自宅のソファで3日間座り込んで考えました。やっと立ち上がったとき、頭にはある考えがありました。リーと一緒にイーストエンドに引っ越そうと。

ポロックとクラスナーはすぐに、ロングアイランド島の穏やかな集落のスプリングスにある、ボロボロの農家に引っ越しました。ポロックはこの家の裏口にあるポーチで、木を見上げたり、湿地帯に注ぐ小川を眺めたりして何時間も過ごしました。

スプリングスへの引っ越しは、気性の激しい画家ポロックにとって、比較的平穏な数年間の始まりとなりました。ロングアイランド島でポロック夫妻と親交のあった芸術家オードリー・フラックは「ここは癒やしの場所でした[2]」と言います。「2人とも癒やしが必要だったのです」。

自然がポロックの思考を変え、荒れ狂うような激しさは少しずつ穏やかになっていきました。そして自然は、彼の作品も変えました。ニューヨークでは、ポロックはイーゼルを使い、複雑に入り組んだデザインで絵を描いていました。

スプリングスでは、自然の景色が見える明るい納屋をスタジオに改装し、キャンバスを床に広げて、絵具を上からこぼしたり投げつけたりするようになりました。「きらめく物質」（1946年）や「秋のリズム」（1950年）のような「ドリップ・ペインティング」の傑作を制作したこの時期のポロックは、画家として絶頂期だったと美術評論家にいわれています。

運を好転させたのは、ポロックがニューヨークのアパートメントで物思いにふけっていた時間でした。屋内にいる限り自分は常にホームレスだと気づいた[3]、とポロックは話しています。屋外に自分の居場所を見つけたのです。

●

精神的な活動が周囲の環境によって形作られるのは、ジャクソン・ポロックのような芸術家に限りません。**私たちは誰もが、どこにいるかで思考が変わる**のです。

認知科学の分野ではよく、人間の脳をコンピューターにたとえますが、場所の影響を受けるという点で、この比喩には大きな誤解があります。ノートパソコンは、会社で使おうが公園で使おうが同じように動きます。しかし**脳は、作業する環境の影響を大きく受ける**のです。

自然はとりわけ、思考にとって豊かで実り多い環境を提供してくれます。なぜなら、**私たち人間の脳や体は、屋外でいきいきと活動するよう進化してきた**ためです。古代に生きた人間の祖先は、今の私たちからすれば「一生続くキャンプ旅行」[4]（ある2人の生態学者がこう表現しました）のようなライフスタイルでした。


何十万年も外で暮らしてきた人間の体は、植物が生い茂った環境に合うように調整されてきました。そのため**人間の感覚や認知は今でも、自然環境にある特定の刺激を無理なく効果的に処理できます**。人間の心は、有機的な世界が持つ周波数に合っているのです。

今の私たちがほとんどの時間を過ごしている最近になってできた世界、鋭い線とやさしさのない素材、絶え間ない動きでできた人工的な環境には、進化的に調整されていません。高層ビルや幹線道路といった、現代の環境の真ん中にキャンプを設営してみたものの、人間の心はこの生息環境では一向に休めません。

人間が処理すべく進化してきた刺激と、常に突きつけられる景色や音のミスマッチによって、人間の限られた知的リソースは消耗しています。生物学的に合っていない環境で何時間も過ごすだけで、クタクタにすり減って疲れ果て、注意力が散漫になってしまうのです。

時間配分の調査によって、人間が建物や車両の中でどれだけ過ごしているのかが明らかになりました。屋外での時間は、わずか7％[5]にすぎません。自然の中で暮らしていた祖先と比べるとかなり短い[6]時間です。20年前のアメリカ人と比べてもなお、現代人は屋外で過ごす時間が短くなっています。

屋外で過ごす時間が週5時間以下[7]と答えたアメリカの成人は、60％以上に達しました。子どもも前の世代と比べると、野外で活動する頻度が減っており、子どもが毎日外で遊ぶと答えた親は、わずか26％[8]にとどまりました。この傾向は今後も続くでしょう。

世界人口の半数以上が今や都市部で暮らしており[9]、この数字は２０５０年までに70％近くまでに達すると予測されています。

ニューヨークのセントラルパークを訪れてホッとする理由

こうした時代の変化にかかわらず、人間は生物学的には祖先とまったく変わりません。今でも、自然に対する人間の脳や体の反応には、野外での進化の痕跡が深く刻まれています。

実際、今の私たちが好む景色は、人類が進化してきた環境とまっすぐな線でつながっています。この直線を引き始める最適な場所に、ニューヨークのマンハッタン島の真ん中に広がる幅0・8キロの土地、多くの人が群がるセントラルパークがあります。年間4200万人が訪れる[10]この場所で、人々は芝生が広がるシープ・メドウをぶらぶらと歩いたり、香り高い庭園を見て回ったり、きらめく貯水池の周りを歩いたりして過ごします。

広さ約3・4平方キロの公園に、なぜこれだけの人が引きつけられるのでしょうか？ セントラルパークを設計した造園家フレデリック・ロー・オルムステッドは、こう書いています。

「自然の景観は、[11]心を疲弊させることなく、むしろ活気づける。そして心による体への影響を通じて、リフレッシュした休息と再活性化の効果が体全体に与えられる」。

セントラルパークの緩やかな丘陵や小さな森、点在する池は、地元住民や観光客から愛されています。自然な造りに見えますが、ほぼすべて人の手によって作られました。

１８５８年に作業を開始したときにオルムステッドが直面した[12]のは、不動産開発業者がさじを投げるほどに望みのない、公園にしか使い道のないような、湿地の広がる岩だらけの土地でした。オルムステッドが描くビジョンを実現するため、その後15年かけて延べ３０００人以上の作業員が荷台１０００万杯分もの岩と土を取り除き、約５００万本の喬木や灌木を植えました。彼のビジョンは、イングランドで訪れた[13]バーケンヘッド・パークやトレンタム・ガーデンズといった伝説的な庭園をもとに描かれたもので、これらもまた、18世紀末から19世紀初頭にかけて造園家によって設計されたものでした。

オルムステッドがセントラルパークに取り込んだものには、さらに古いものもありました。古いどころか古代にまで遡る、初期の人類が生きたアフリカのサバンナです。

人類は特定の環境で進化してきたため、私たちは偏った好みを持つようになり、それは今も続いています。人間は、自然なら何でも魅力的に感じるというわけではありません。自然界にあるほとんどのものが、肉食動物、嵐、砂漠、湿地など、不快で脅威的です。

生き延びるために、特定の自然空間に対し、[14]人間は共通の強い好みを持つようになりました。

それは安全で資源豊かに見える空間です。**草で覆われた広大な場所で、枝が広く伸び、木々がぽつりぽつりとあり、近くに水源があるような場所が、私たち人類は好き**なのです。安全に保護された場所から、さまざまな方向を遠くまで見渡せる状態を好みます。

地理学者ジェイ・アップルトンはこれを「眺望」と「隠れ場」[15]という印象的な言葉で表現しています。人間はさらに、ちょっとした謎[16]も好きです。角を曲がったらもっと何か見えてくるのではないか、と手招きされるような感覚です。

世界の偉大な造園家たちは、こうした人間の好みを直感的に知って[17]おり、それを作品に取り入れていました。

「ケイパビリティ」というニックネームで知られていたランスロット・ブラウンは18世紀半ばから、理想的な田園地方のビジョンを実現させるために、250以上のイギリスの大邸宅を一変させ、丘を移動させ、木を植えました。

ブラウンの後に、イギリス人造園家ハンフリー・レプトンが続きました。レプトンはクライアント候補に対し、「ビフォー」「アフター」のスケッチを描きました。「アフター」の絵は木々の集まりが影を作り、広々とした草原や静かに輝く池が見える庭を約束するものでした。

人間が美しいと感じる環境の正体

ブラウンやレプトンの設計は、フレデリック・ロー・オルムステッドなど多くの造園家にインスピレーションを与えましたが、それは単なる一時的な流行ではありませんでした。２人が表現したものは、時間や文化、国籍を超越します。オーストラリアからアルゼンチン、ナイジェリア、韓国に至るまで、世界中のありとあらゆる人が共通して持つ好みなのです。

それは、このアーキタイプ〔訳注：人の精神に普遍的に存在する、祖先から受け継がれてきた無意識の概念〕を取り入れるには、かなり労力を使わないといけない人たちも同様です。カラカラに乾燥したアメリカ南西部に土地を持つオーナーは、青々と草が茂るサバンナのような景色を作るために、土地を灌漑《かんがい》しています。

これは人間の脳が持つ非常に特殊な進化史を反映しています。生物学者のゴードン・オリアンズはこれを「過ぎ去った環境の亡霊(18)」と表現します。**人間が美しいと感じるものは実のところ、食料を探したり、休憩したりできそうな場所であるとして、**数千年にわたって磨かれてきた本能なのです。

現代の私たちは、ストレスを感じたり、燃え尽きたりしたときに自然に向かいます。森の中を散歩したり、波打つ海を眺めたりしているとき、人はある研究者がいうところの「環境による自己調整[19]」をしています。脳が自力では行えない、心理的に再生するためのプロセスです。

これは、人間が単にこうした環境を「好む」ということにとどまりません。このような環境は実際に、ストレスを軽減したり、精神のバランスを取り戻したりすることで[20]、よりしっかりと思考するように手助けしてくれるのです。

例えば、並木道を運転しているドライバー[21]は、巨大な広告やビル、駐車場などがあふれる道路を運転しているドライバーと比べて、ストレスからの回復が早く、ストレスを感じても落ち着いて対処できます。難しい数学のテストを与えられたり、複数の審査員から鋭い質問を投げかけられたりする人を対象に調べた実験では[22]、その後に自然に触れることで神経系が落ち着き、過酷な経験の直後でも心理的にバランスの取れた状態に戻れたことが報告されています。

ストレスを感じているほど、自然に触れることから受ける恩恵は大きくなります[23]。

うつ病に効果がある自然の中のウォーキング

自然の景色と音は、ストレスからの回復に手を貸してくれます。くよくよと考え続けてしまう状態から抜け出すのにも役立ちます。ネガティブな考えを何度も繰り返してしまうことを、心理学用語で「反芻《はんすう》思考」といいます。この思考は自力ではなかなか抜けられないものですが、自然に触れることで、生産的な思考パターンを取り入れる能力を伸ばすことができます。

ワシントン大学の准教授グレゴリー・ブラットマンは、実験参加者に脳のスキャンと反芻思考の測定テストを受けてもらいました。その後、屋外で90分間のウォーキング[24]をしてもらいます。参加者の半数は静かで緑豊かな自然の中を歩き、もう半数は交通量の多い道路に沿って歩きました。研究室に戻り、再度、反芻思考の測定テストと脳のスキャンを受けます。

90分間を自然の中で過ごした人たちは、人生のネガティブな側面についてそこまで気をとられなくなっていました。さらには、反芻思考と関係がある脳梁膝下野という脳の領域は、ウォーキングの前よりも活動が減っていました。交通量の多い道路沿いを歩いた人たちには、このような軽減は見られませんでした。

反芻思考は、特にうつの人によく見られます。**うつ病と診断された人は、自然の中でウォーキングすると気分が軽くなる**[25]ことが、ほかの研究によって示されています。さらに記憶力も改善します。うつの多くの人は、ネガティブな思考を繰り返して止まらなくなる状態を経験しますが、これは精神的リソースを消耗し、重要な情報を思い出す能力にも悪影響を及ぼします。

しかし、ここで消耗した分は、自然の中で過ごすことで補えるのです。

自然の中を歩くだけで、集中力や思考力が高まる

自然はまた、目の前のタスクに集中し続ける[26]**能力を強化することで、思考を助けてくれます。**

例えば、屋外の緑の中[27]で時間を過ごしたばかりの人は、都市部でウォーキングしてきた人と比べて、プルーフリーディング（文章の間違いチェック）の課題では、多くの間違いを見つけることができ、速いスピードで進む認知力テストでは多くの正解を素早く答えることができました。ワーキングメモリ（解いている問題に関係する情報を心にとどめておける能力）もまた、自然環境の中で過ごすことで恩恵を得られます。[28]シカゴ大学の心理学者マーク・バーマンが率いた研究では、森林公園を1時間弱歩いた実験参加者は、同じ時間を交通量の激しい街を歩いた人と比べ、

ワーキングメモリのテストで20%高い得点を取りました。

自然の中で過ごせば、注意欠陥・多動性障害（ADHD）の症状も改善される可能性があります。イリノイ大学の研究者2人——アンドレア・フェイバー・テイラーとミン・クオは、ADHDの子どもを持つ親から、自然に触れた後は子どもたちの行動がしっかりするようだ、との報告を受けて好奇心をそそられました。

この仮定を実験で調べるため、2人は7~12歳の子どもたちに引率者を付けて、公園、住宅街、シカゴの賑やかな繁華街のいずれかへ散歩に連れて行きました。散歩の後、公園に行った子どもたちは、ほかの2つのグループの子たちと比べてうまく集中できました。[29] 集中力のテストで、ADHDではない子たちと同程度の成績を出したのです。公園での20分間の散歩は実に、治療薬と同じくらい、子どもの集中力を改善し衝動的な行動を抑えることができた、とテイラーとクオは指摘しています。「ADHDの症状を抑えるツールとして、自然の投与[30]が安全かつ安価で手に入りやすい新たな手段となるかもしれない」と2人は結論づけています。

自然が人間の精神機能に与えてくれるこうした有益な効果は、「回復」のプロセスと解釈できます。ビルに囲まれた環境が容赦なく人間から奪ってしまったものを、屋外で過ごす時間が返してくれるのです。

心理学者のウィリアム・ジェイムズは100年以上も前に、今の私たちが自然の回復力に対して持つ理解に近い考えを展開しました。1890年の著書『心理学原理』でジェイムズは、注意力には「自発的」と「受動的」[31]の2種類ある、と書いています。

自発的注意力は努力を要します。刺激が次々と襲ってくるときや、タスクに集中しなければいけないとき、焦点を向けては逸れ、再び向け直すということをずっと続ける必要があります。都市の（硬い地面、急な動き、つんざくような大きな騒音に囲まれた）環境を進むには、自発的な注意力が必要になります。

これに対して受動的注意力は努力を要しません。散らばって焦点もなく、モノからモノ、話題から話題へと流れていきます。ささやくような音と流動的な動きを持つ自然によって喚起される注意力は、このタイプです。ジェイムズの流れを受け継ぐ心理学者はこの状態の心を「ソフトな魅惑[32]」と呼んでいます。

認知面に強烈な負荷がかかっているとき、自然に触れて休息を取ることで、心のリソースを取り戻したり回復したりできます。これまで見てきた通り、こうしたリソースは有限で、都会の喧騒のほか、厳しい勉強や仕事によってもすぐに消耗してしまいます。

私たちの脳は、高速で走り抜ける車やけたたましいサイレン音に冷静沈着に反応するように進化してはいません。また何かを読んだり、難しい数式を計算したり、ほかにも日々の生活で強いられる非常に抽象的で複雑なタスクをこなすようにも進化していません。

現実にはこうした妙技をなんとかこなしていますが、注意を払い集中すること、モチベーションを持ったり一生懸命取り組んだりすることに、ほぼすべての人が普遍的に苦労しています。これは注意を払うことで成立している今の経済活動（アテンション・エコノミー）において、供給側（サプライサイド）に対してもっと注意を向けるべきであることを示唆しています。単に心のリソースを引き出すだけでなく、必ず定期的に補充もしなくてはいけないということです。

最短距離ではなく、自然の多い道を案内する地図アプリ

外へ行くだけでもいいのです。最高の天気になるのを待つ必要もなければ、手つかずの自然を探しに行く必要もありません。どのような状態の、どのような自然でもいいのです。もちろん、倣うべき最適な姿勢はあります。研究者らが「オープン・モニタリング」[33]と呼ぶもので、出合うものすべてに対して好奇心を持ち、心を開き、何も判断を下さない心構えです。

カリフォルニア大学バークレー校の教育学教授ドール・アブラハムソンは、中国の伝統的な動く瞑想である太極拳の「柔らかな視線[34]」を向けるよう提案します。

教育の場にマインドフルネスを取り入れようとアブラハムソンが企画したワークショップで、柔らかな視線を教えたところ、ある参加者は、自分の普段のモードから変わることにすぐに気づいたそうです。その参加者は、「凝視という見方がある一方、また別のイメージを緩やかに受け止めるという見方がある」と指摘しました。自然の中にいるときは、このような形式張らないマインドフルネスを取り入れるのが理想的です（自然の中で瞑想すると、習慣として維持しやすくなることも研究でわかっています[35]）。

精神的に回復すべく屋外へ行くときは、デバイスは置いていった方が賢明です。屋外にいるときのスマートフォン使用は、自然の中にいるときに得られる「注意力強化の効果を著しく損なう[36]」との研究結果が出ています。例外が一つあるとすれば、「ReTUNE」のようなアプリ[37]を使う場合です。

シカゴ大学の心理学者マーク・バーマンと博士課程の学生キャサリン・シェルツが開発した拡張されたテクノロジーの事例でもあります。「ReTUNE」という名称は、「Restoring Through Urban Nature Experience」（都市型自然の経験を通じた回復）の頭文字から採られています。「ReTUNE」は従来型のGPSシステムのようなものですが、異なる価値に基づきプログラムされています。ユーザーに最速ルートを提供するのではなく、木の数がもっとも多く、花の割合がもっとも高く、鳥のさえずりがもっとも聞こえるルートを教えてくれるのです。

都市でも自然の多いルートを選ぶことはできる

例えばシカゴを訪れている人が、ハイドパーク地区にあるシカゴ大学のキャンパスから、プロモントリー・ポイントというミシガン湖に突き出た半島まで歩くとします。[38] グーグル傘下のある人気地図アプリで検索した場合、推奨ルートはきびきびと歩いて28分かかります。サウス・ブラックストーン・アベニューを3ブロック北上し、イースト56thストリートを右へ曲がり、サウスショア・ドライブに出たら左へ曲がります。最短距離ですが、そこで出合うのは、ガラス窓とビル、コンクリートの歩道とアスファルトの道路、クラクションを鳴らす車と先を急ぐ通勤・通学者です。

同じ出発点と目的地を「ReTUNE」に入力すると、まったく異なるルートが提案されます。緑豊かな都会のオアシス、ミッドウェイ・プレイザンスという公園からスタートし、青々とした庭園や輝く池のあるジャクソン・パークを歩き、最後にミシガン湖畔に沿って走る通りに出て、道なりに曲がって進むとプロモントリー・ポイントです。所要時間は先ほどよりも非効率な34分ですが、頭がすっきりとリラックスした状態で目的地に到着するでしょう。

テクノロジーには価値が埋め込まれており、スクロールしたりタップしたりしながら、私たちはそうした価値によって決められた優先順位を、無意識のうちに自分のものとして取り込んでいます。**思考を強化してくれる自然の特性を使ってテクノロジーを拡張することで、「ReTUNE」は心の健康も含めた、どんな価値よりも効率を最優先させることに疑問を抱くよう促してくれます。**「ReTUNE」が何を重視しているかは明らかです。大切なのは移動のスピードではなく、道の途中で何を見るかです。

●

「ReTUNE」アプリは、どれだけ聴覚的・視覚的な「自然らしさ」があるかで、それぞれのルート候補に「回復スコア」[39]をつけています。アプリの共同開発者であるマーク・バーマンは、「自然は何をもって自然なのか?」という疑問への答えを出そうとしている多くの研究者の一人です。この研究は、頭が混乱してしまうほど堂々巡りなものに思えます。

しかし、もし科学が具体的に自然のどの特徴が人間の体や脳に影響するのかを詳細に解明できれば、そうした情報を使って、ユーザーの気分、認知、健康を積極的に強化するような建物や景観を設計できるようになるかもしれません。自然や人工の景色の詳細な分析を通じて、バーマンらは、自然らしさの分類学ともいえるデータを集め始めています。

そこでわかったのは、自然の景観は都市環境と比べ、色相のバリエーションが少ないこと（自然の色は緑から黄色になり茶色になり、また緑になります）、自然の色は彩度が高く、純粋で混じり気のない色だということでした。自然環境は都市に比べ、視界に入ってくる直線が減り、曲線的な形状が増えます。そして人工のデザインではへりが離れてデザインされる傾向にありますが（オフィスビルの表面に並ぶ窓を想像してください）、自然の景色ではこれが集まりがちです（木の葉がたくさん重なっている様子を思い出してください）。

バーマンはチームとともに、こうした特徴をフィルターとして適用し、与えられた画像について、実際の人間がそれを「非常に自然らしい」と評価するか否かを、81％の精度で予測できるコンピューター・モデルを開発しました。[40]

ほかの研究者も、自然の景色か人工的な景色かを区別する別の特徴を見つけています。自然の環境では、光は動きがあって拡散した状態にあります。動きはやさしく、たいていリズミカルです。音は、海の波や鳥のさえずりのように、穏やかな音量で変化しながら繰り返します。

とはいえ、自然は人工的な環境よりシンプルだとか単純だ、というわけではありません。実際のところ、**自然の景色には人工物より多くの視覚的情報が含まれています**[41]。**この視覚的刺激の豊富なところが、人間が求めてやまない環境**なのです。

大脳皮質のニューロンのうち約3分の1[42]が、視覚処理に使われています。人間の目が持つ旺盛な欲求を満たすには、視覚的にかなりの目新しさが必要です。

「探索したい」という欲求は、「理解したい」という欲求とバランスが保たれています。私たちは秩序もバラエティも、同じように求めているのです。自然はこの両方のニーズを満たしますが、人工的な環境はたいていどちらかに偏りすぎています。人工的な環境は、単調で刺激が足りないかもしれません。モダンなビルの外観はほとんどが、変化のないガラスや金属であることを思い出してください。多くの企業では、ベージュ色のパーティションで区切られたデスクスペースが一様に並んでいます。あるいは光と音と動きの集中砲火で、圧倒されそうなほど刺激が強すぎる場合もあるでしょう。ニューヨークのタイムズスクエアや渋谷のスクランブル交差点を思い浮かべてください。

自然は複雑である、という点は間違いありません。しかしその複雑さは、脳が楽に処理できる類のものです。自然に囲まれているとき、人はかなりの「知覚的流暢《りゅうちょう》性[43]」〔訳注：ある刺激に繰り返し接すると、その刺激を処理しやすくなること〕を経験する、と指摘するのは、リトアニアにあるＩＳＭ経営経済大学の上席研究員ヤニック・ジョイです。

こうした処理のしやすさに身を浸していると、脳が休めて気分も良くなると[44]ジョイは説明します。周辺環境の情報を少ない労力で吸収できるとき、人間はポジティブな感情になるのです。

自然の中のフラクタル構造が、人間を落ち着かせる

自然に関して私たちが経験する知覚的流暢性は、自然の景観にあるさまざまな要素が互いにどう関わり合うかによって表れます。**自然の風景には「まとまり」があり、人工的な環境にありがちな不快な分裂がありません**（ロココ調の建物の隣にごてごてした屋外広告があり、その横には渋いモダン彫刻がある、など）。

自然の風景にはまた、あり余るほどの情報[45]があります。葉や丘陵の形や色はいくつも重なって繰り返し、予測するという脳の習性を促す要素があります。自然の中にいると、次に何を目

にしそうかは、自分が見たものからかなり正確に予測できます。都市の環境にいるときは次に何と鉢合わせするかまったくわからず、こうはいきません。

「自然の環境は[46]、かなりの知覚的予測可能性と余剰性に特徴づけられます。一方で都市の環境は、知覚的にまとまりのないモノで構成されている傾向があります」とジョイは指摘します。「このまとまりのなさは競うように、私たちの視覚的な注意を奪い、そのため都市の景色は、把握したり処理したりがかなりしにくいものになります」。

「フラクタル」は、科学者が特に関心を寄せている余剰性（余分な繰り返し）の一つです。フラクタル模様は、同じ模様が異なる大きさで繰り返されています。

例えば、シダの葉を思い出してください。根元の一番大きな葉から先端の一番小さな葉に至るまで、基本的にそれぞれ同じ形をしています。このように「自己相似」〔訳注：部分と全体が似ている〕の組織は、植物だけでなく雲や炎、砂丘、山脈、海の波、岩の構造、海岸線、樹冠の隙間などに見られます。こうした現象にはすべて、その形状の中には小さな形状があり、それはさらに小さな形状によってできており、無秩序に見える自然には秩序が存在しています。

フラクタル模様は、人工的な環境よりも自然の中によく見られます。さらに自然のフラクタルは特徴的です。数学者は、フラクタル模様をその複雑さから0〜3でランクづけしており、自然の中にあるフラクタルは、1・3〜1・5といった中間域の点数がつく傾向にあります。研究によると、コンピューターが生成したフラクタル模様を見せられた場合、人は複雑また は簡素な模様よりも、中間域(47)の点数がついたフラクタル模様を好むという結果が出ています。またフラクタル模様を見る行為には、人間の神経系を落ち着かせる作用(48)があることが、複数の実験によって示されています。

中間域の点数がついたフラクタル模様を見せられた被験者の皮膚コンダクタンスを調べたところ、生理的な興奮が急激に下がったのです。同様に、**自然界にあるフラクタル模様を見たときの被験者の脳の活動(49)を脳波計で記録したところ、注意力を保ちつつ同時にくつろいでいるという「目覚めた状態でのリラックス」と研究者が呼ぶ状態に入っていました。**

フラクタル模様を見ると、考える力が上がる

はっきりと考えたり問題を解決したりする能力は、自然に似たフラクタル模様を見ることで強化されるというエビデンスもあります。ある実験では、情報検索、地図の判読、場所の判断といったタスクに、コンピューターで作られた「フラクタル地形(50)」の中で取り組んでもらった

ところ、フラクタルの複雑さが中間域の点数のときに、実験参加者はもっとも効率良く効果的に作業をこなしました。

ヤニック・ジョイが率いた別の実験では、非常に難しいパズル[51]を実験参加者に完成してもらいましたが、パズルを解く前と解いている間に、さまざまな複雑さのフラクタル模様に触れてもらいました。その結果、自然界に存在するものに似たフラクタル模様を見たときが、もっとも速く、楽に、正確にパズルを解くことができました。

人間の脳は、自然界にあるフラクタル的な特徴を処理するのに最適化されているようです。何十万年にも及ぶ進化によって、**人間の知覚能力は、視覚的情報が自然環境で作られた形に合うように「調整」されたの**[52]です。フラクタル模様に意識を向けることはあまりないかもしれませんが、意識よりももっと深いところで、こうした模様はこだましているのです。

オレゴン大学で物理学、心理学、芸術を教える教授リチャード・テイラーは、フラクタル模様が人間の精神にどのような影響を及ぼすかに関する研究の草分け的存在です。

肩書きからわかる通り、テイラーの関心事は目まいがするほど広範囲に及びます。何年も前、電流の中のフラクタル模様を研究していたときに見た形状から、あるものを思い出しました。ジャクソン・ポロックの絵画です。

この意外なつながりについて調べてみようと、ポロック晩年の作品をいくつか分析したところ、そこにも1・3から1・5の中間域でフラクタル模様が存在することを突き止めました。[53]ポロックの「ドリップ・ペインティング」(ニューヨーク市からロングアイランド島のスプリングスに引っ越してから編み出した技法)には、自然界の視覚的な特徴があることがわかりました。

東アフリカのサバンナに見られる特徴を無意識のうちに再現していた造園家のランスロット・ブラウンやハンフリー・レプトンのように、ポロックもどうやら、人類が古代から抱き続ける自然界への親近感に触れ、それを作品に反映させていたようでした。

例えば、ポロックが1948年に完成させた「ナンバー14」というドリップ・ペインティングを例にとってみましょう。はっきりした黒、白、灰で描かれた絵画には一見したところ、ポロックがスプリングスでリー・クラスナーと一緒に暮らしていた家の周囲に広がる、青々とした草木との類似性はありません。

しかし絵をじっくり見ていると、そこに描かれた激しい筆遣いや渦巻、濃淡のある線が入り組んだ集まりが、見る者を深く引き込んでいきます。テイラーは感嘆してこう言います。「〝キャンバスの上に自然を持ってきてほしい〟と誰かが言ったら、[54]史上最高の例は、1948年の『ナンバー14』だ」。

自然の中で過ごすとストレスが軽減され、精神のバランスが回復でき、集中力を高めて維持できるようになります。とはいえ、私たちはほとんどの時間を屋内で過ごしています。それなら、屋内をもっと屋外のようにできないでしょうか？　環境心理学者のロジャー・ウルリッヒは、この疑問を投げかけました。そして病院や医療機関といった特定の人工的な環境については、「できる」と答えています。

現在はスウェーデンのチャルマース工科大学で建築学の教授をしているウルリッヒによると、人間が古代から引き継いできた生物学的な特徴のおかげで、私たちは「自然を薬物のように利用できる」[55]のです。しかもほぼ文字通りだといいます。ウルリッヒは数十年前、**手術後の患者が自然に触れることで痛みが緩和され、癒やしが促される**[56]ことを立証しました。

フィラデルフィア郊外の病院で行われたウルリッヒの研究では、木が見える病室に入院していた患者は、窓かられんがの壁しか見えなかった患者と比べて痛み止めが少なく、合併症も少なく、入院期間も短くなりました。

看護師が記録した患者の精神状態についても、緑の景色が見える患者の場合、「気が動転して泣いている」とか「かなり元気づける必要がある」などのネガティブな内容ははるかに少ない状態でした（この研究のヒントは、自分の昔の経験だったとウルリッヒは話しています。「十代のとき[57]、自宅のベッドで過ごさなければならないほどの大病を経験しました。部屋の窓は、安定を示す羅針盤でした。毎日、風になびく木を眺めていたんです。なぜかいつも心が落ち着きました」）。

自然は大きな効果のある「薬」になる

ウルリッヒがほかの研究者らと実施した研究でも、**自然の要素に触れることが患者の痛みの緩和や早期の回復に役立つ**ことが確認されています[58]。この研究は医療機関の設計に革命をもたらし、医療機関の中には、患者やスタッフが自然光に触れられ、緑樹の景色を見られるような構造にすべくビルを改築したところもあります。

屋外にいるときに人間の体にはどのような影響があるのか、詳しく調べる研究も多くなされるようになりました。これにより、**自然は実際に信頼性と効果の高い「薬」である**ことが立証されました。進化によって何千年もかけて生物工学的に作られた薬です。どの人間に対しても、影響は同じようです。

自然に触れてから20~60秒以内に、心拍数と血圧は下がり[59]、呼吸は整い、脳の活動はゆったりしたものになります[60]。目の動きも変わります[61]。自然の景色を見ているとき、人工の建造物を見ているときと比べて人は視線の動きが減り、眺める時間が長くなります。まばたきの回数も、都市環境よりも自然を見ているときの方が少なくなります。これは自然が、認知面への負荷が少ないことを示唆しています。

私たちは自然の景色を細かいところまで[62]正確に覚えられます。脳のスキャンでは、**自然を見たときの方が視覚野の広い部分が活発になり、脳の快楽受容体[63]が増える**ことが示されました。

職場や学校でも、屋内に植物があると集中力が高まる

この「薬」の恩恵を受けられるのは入院患者だけに限りません。家庭や学校、職場などにも「バイオフィリックデザイン」の要素を取り入れられれば、認知的に快適な空間にできます。

ハーバード大学の生物学者E・O・ウィルソンは、1984年に刊行した書籍の中で、「バイオフィリア仮説[64]」と呼ぶ概念を提唱しました。**人間には「生命体あるいは生命に似たプロセスに注目する生得的な傾向」があり、「ほかの生命とつながりたいという衝動」がある**とする

概念です。

この衝動は強力で、抑制されると人間の思考（や心身の健康）は悪影響を受ける、とウィルソンは論じました。ほとんどの時間を無生物的なモノや素材に囲まれて過ごしている私たちは、こうした状態になっているはずです。

ウィルソンによると私たち人間には、別の道も用意されています。自然そのものが、人間の心と体がもっとも能力を発揮できる環境の包括的な指針となってくれるのです。

前述の通り、人の脳は植物の中に埋め込まれた「まとまり」のある構造や「余剰」のある情報の中でいきいきとします。ならば、緑を屋内に持ってきてはいかがでしょうか？　ヨーロッパでコワーキングスペース・ネットワークを展開する企業、セカンドホームの経営者が行ったのが、まさにこれでした。

ロンドンにあるセカンドホーム本社には、1000本以上の植物が繁っています。コワーキングスペースを2014年にオープンさせた際、同社はE・O・ウィルソンを招き、スタッフに向けて演説してもらいました。

セカンドホームの共同創業者の一人、ロハン・シルヴァは、「セカンドホームの行動はすべて、自然とバイオフィリアに触発されています」と話します。シルヴァによると、ポルトガル[65]

のリスボンにある同社オフィスは温室を手本に作られており、ロンドンよりもさらに多い2000本以上の、ティランジアやフィロデンドロン、ホウライショウなど100種類の植物が植えられています。実際に、**室内観葉植物は働く人の注意力や記憶力を向上させ、生産性を上げる**ことが研究で示されています[66]。学生の場合もまた、**生長する植物で作った「緑の壁」が教室内にあると、集中力が高まる**ことがわかっています[67]。

緑は自然の豊かさのほんの一部にすぎません。バイオフィリックデザインを実践する人たちは、学校やオフィスビル、工場、さらには超高層ビルなどの新たな建築物に、緑以外の有機的な要素を取り入れるようになっています。

2009年に完成した55階建てのバンク・オブ・アメリカ・タワー[68]は、ニューヨーク市マンハッタンのミッドタウンにあるブライアント・パークの交差点に建っています。訪問者がエントランスに到着してドアの取っ手に手を伸ばすとき、そこで感じるのは、スチールやプラスチックではなく木の温もりです。

「来訪者が最初に触れるものに、自然のきめや面影を持たせたかったんです」と話すのは、この空間の設計に手を貸した環境ストラテジストのビル・ブラウニングです[69]。ロビーでも、自然のテーマは続きます。天井は竹で覆われ、壁は小さな貝殻や海の生き物の化石がはっきりと見える石で作られています。タワーの形さえも、自然からインスピレーションを得ています。水晶のフラクタル図形を模しているのです。

グーグルも気づいていた自然光を浴びる効用

バイオフィリックデザインは新たに生まれたばかりの分野です。しかしこれまで行われたいくつかの研究では、**自然からインスピレーションを得た建物の中で働いたり学んだりすると、実際に屋外にいるときと同じ恩恵がある程度、認知にもたらされる**ことが示唆されています。

例えば2018年に発表された研究では、ハーバード大学T・H・チャン公衆衛生大学院の研究者グループは実験参加者に対し、バイオフィリックな要素（鉢植え、竹でできた床、緑と川が見える窓）を取り入れた屋内環境[70]と、このような要素がない屋内環境（窓がなく、カーペット敷きで蛍光灯がついた空間）で過ごすように指示しました。

実験参加者には、血圧と皮膚コンダクタンスをモニターするウェアラブル・センサーを取りつけます。この空間で過ごした後、気分と認知機能の状態を調べるテストが行われました。バイオフィリックではない環境で過ごした後に記録された水準と比べて、バイオフィリックの環境でわずか5分過ごしただけで、参加者のポジティブな感情は大きくなり、血圧と皮膚コンダクタンスは低下し、短期記憶は14％改善しました。

この実験に参加した人たちが、窓のある空間にいたときに良い気分になったのは、驚くことではないでしょう。太陽や空よりも蛍光灯の弱々しい灯りの方が好きな人はいないはずです。それにもかかわらず、設計者や建築業者は何十年にもわたり、変化なく一様に照らす電灯の下にいることが思考に一番良いと信じてきたのです。窓があれば確実に入ってくる注意散漫になる好ましくないものや目を酷使するまぶしい光は、遮断した方がいいと考えられていました。

こうした信念によって、私たちが学んだり働いたりする空間も作られています。学校や職場の空間は多くの場合、屋外で経験する太陽光の変化を意図的に取り除くよう設計されています。

しかし今では、**光の微妙な変化が注意力の維持に役立ち、体内時計を調整する手助けになる**ことが明らかになっています。[71]実際、**日中に自然光を浴びる人はよく眠れるうえに活動的で、身体的にもアクティブである**ことが研究によって示されています。

ある調査では、職場の窓を通じて日光に触れる従業員は、窓のない部屋で働いている人と比べて、ひと晩の睡眠時間が平均46分間長い[72]という結果が出ています。

大手IT企業のグーグル[73]は、自然光から遠く離れたところに位置する従業員よりも、窓の近くにデスクがある従業員の方が、よりクリエイティブで生産的だと感じるとの報告を確認しました。同社は「グーグラー」（グーグル社員）が職場でどれほどの日光を浴びるべきかの指針を発表しており、従業員の一部は、その人の職場が基準に達しているかを確認するため、首周りに光センサーをつけてもらっています。

学校の周辺に緑が多い方が生徒の成績は良くなる

思考するのに理想的な条件に関する「脳に縛られた」概念に加えて、現在多くの人が使っている建物の形は、１９７０年代のオイルショック[74]時に形成されたものです。当時は省エネを理由に、多くの窓が塞がれたり撤去されたりしました。現在では、教育界やビジネス界の経営者の一部は、生徒や従業員から自然光を奪うことの愚かさを認識しつつあります。

例えば、フロリダ州タンパにあるＨ・Ｂ・プラント・ハイスクールは最近、１９７０年代に塞がれた大きな窓を元に戻し、約40年ぶりに日光が差し込むようにしました。新しい学校やオフィスビルが建設される際、建築家の中には、建物を使う人たちが自然光に触れる必要性と、コストやエネルギーを抑える義務とのバランスを取るよう考える人もいます。

ニューヨーク市のスタテン島にあるキャスリーン・グリム・スクール・オブ・リーダーシップ・アンド・サステナビリティという名でも知られる学校PS62では、ソーラーパネル、風力タービン、さらには地下地熱井《ちねつせい》を活用した暖房・冷房システムを設置しました。おかげで校舎は、消費量と同じくらいのエネルギーを生み出します。

2015年に完成したこの建物は、90%の「昼光自律性」を実現しています。同校の教室や廊下はほぼ太陽光のみで照らされているのです。校長のリサ・サルニコラは、経費節約や環境保護に加え、思いやりあふれる校舎のデザインは教育を活気づけると話します。「建物の雰囲気がガラリと変わります。[75]子どもたちもハッピーになりますよ」。

自然の景観が、学業成績を向上させることを示す証拠もあります。

ハーバード大学T・H・チャン公衆衛生大学院の教授であるジョン・スペングラーは、高度650キロ弱のNASAの人工衛星から撮られた画像を使い、校庭の「緑の度合い」[76]を測るという独創的な方法を使って、緑と学業の関係性を調べました。スペングラーは同僚らとともに、マサチューセッツ州内にある公立学校の衛星画像を分析し、地上の植物の量を調べました。その測定値を、同州の統一学力テストMCASでの3~10年生〔訳注:日本の小学校3年生~高校1年生〕の成績と照らし合わせます。

人種、性別、家族の収入や、英語が第二言語であることなどを考慮した結果、「どの学年においても、周囲に緑が多い方が英語と数学の成績が良かった」との報告がまとめられました。

短時間でも、自然を見ると集中力や注意力が高まる

自然環境による効果について、これよりももっと直接的な別のテストを行ったのは、イリノイ大学で景観設計を教える教授ウィリアム・サリバンと同僚のドンイン・リーです。

緑の木々が見える部屋か、建物あるいは駐車場が見える部屋、窓のない部屋のどれか[77]に、高校生を無作為に振り分けました。サリバンたちはそこで、プルーフリーディングをする、スピーチをする、暗算をするなど難しいアクティビティをいくつか課し、生徒たちの知的リソースに負荷をかけました。その後、集中力を測定するテストを各自に受けてもらい、10分の休憩を挟んでから、再び先ほどと同じテストを受けてもらいました。すべて、最初に振り分けられた部屋で行います。

すると休憩時間に窓の外の緑を眺められた生徒たちは、2度目の集中力テストで13%高い点を取りました。窓から人工的な建物の景色を眺めるか、窓のない壁を見ているだけだった生徒

たちは、テストの点数に改善はまったく見られませんでした。

自然が見える部屋がもたらす恩恵は、生徒だけでなくオフィスで働く人にとっても同じです。

カリフォルニア州エネルギー委員会が委託した調査では、サクラメント電力公社の従業員を2グループに分け、窓が業績にどれだけ影響するか[78]調べました。

電力公社のコールセンターで働く人たちは、可能な中でもっとも良い眺望があるとき（つまり、緑の景色が見える窓のそばにいるとき）、眺望がないときと比べて6〜12％速く電話を処理できました。また電力公社の本社オフィスで働いている人たちは、可能な中でもっとも良い眺望があるとき、ないときと比べて知的機能と記憶力に関するテストで10〜25％高い得点を出しました。

ほんの短時間、窓の外を見るだけでも、知的能力に違いが生まれます。

オーストラリアにあるメルボルン大学の研究者らが行った実験では、牧草地に咲く花が敷き詰められた屋上を眺めながら40秒間の「超短時間の休憩」[79]を取った実験参加者は、同じ時間をコンクリートが広がる景色を眺めた人たちと比べ、認知テストで良い成績を収めました。

花が敷き詰められた屋上を眺めた人たちは注意力が高く、ミスが少なく、集中力をうまくコントロールできていました。**私たちも、窓の外を眺めるたびに知的リソースを回復するこうした「超短時間の回復機会」[80]を、1日のうちに何度も取るようにするといい**でしょう。

超短時間で回復する機会なら、仕事や学校のスケジュールが忙しくてもそれなりに作れます。しかし可能なときに自然の中でもっと長い時間を過ごせば、それをどう経験するか、未来をどう考えるかが変わり、もっと深くて細かな部分の考え方が変化するかもしれません。

ナチュラリストであり作家でもあったジョン・ミューアは、アメリカ西部のシエラ・ネバダ山脈をハイキングしたときを振り返り、「あぁ、あの広大で静かな、計り知れぬ山の日々よ」[81]と感嘆しました。ミューアは1903年5月、当時のアメリカ大統領セオドア・ルーズベルトをカリフォルニアのヨセミテ渓谷に案内し、3日間のキャンプをしました。ルーズベルトは後に、「最初の夜は、ジャイアント・セコイアの林の中でキャンプした」[82]と当時を振り返っています。「晴れた夜で、我々は屋外に寝転んだ。周りにはシナモン色の巨大な幹がそびえ、人間の建築家がこれまで建てたどれよりも大きく美しい大聖堂の柱のようだった」。

2人がヨセミテの壮大な景色を移動するなか、ミューアは大統領に対し、正式な法令で保護しなければ、アメリカの豊かな自然美は失われる危険性があると警告しました。ミューアの切迫したメッセージは受け止められました。その後数年かけて、ルーズベルトは保護対象の自然林の面積を3倍以上に増やし、国立公園の数を倍増させ、さらにはグランドキャニオンなど17カ所を国定記念物に指定しました。

ミューアと別れた直後、サクラメントで講演を行ったルーズベルトは、自分が寝転んで見上げたセコイアの木が伐採されないよう保護すべき理由を次のように説明しました。「巨木の林の保護[83]を私が望む理由はただ、消滅させてしまうのは私たちの文明の恥だと思うからです。巨木は、それ自体が記念物ですから」。こうした木やほかの天然資源は、「損なわない状態で後世の人々に引き継ぐ」べきであり、「私たちは、この国をたった1日保つように築いているわけではありません。何年も続くように築いているのです」と続けました。

自然を見ると人間は自制的になる

長い目で見たときの利益——前述の演説でルーズベルトが「後世の人々」と表現したもの——のために、すぐに得られる快楽を先送り[84]できる能力は、自然の中で時間を過ごせば強化できることが、研究で明らかになっています。

フロリダ大学の心理学者メレディス・ベリーは、自然（山や森林）と都市環境（ビル、道路）

の画像を実験参加者に見せました。参加者にはその後、その人が持つ「将来の割引」に対する傾向（大きな額の報酬を後で受け取るより、小さな額を今すぐ受け取る方を好む）を測定する質問をしました。**自然の画像を見せられた人は、都市の画像を見た人と比べて衝動的に反応せずに自制でき、満足を先送りできる傾向にありました。**

オランダのライデン大学の心理学者アリアンヌ・ファンデル・ウォルは、実験を行った際に参加者に対し、アムステルダムの緑豊かなエリアか、建物が密集した人通りの多い都市部かを歩くように指示しました。その後、手近な欲求を満たしたいという衝動を抑えられる[85]可能性は、緑豊かな場所を歩いた人たちの方が10〜16％高かったとウォルは報告しています。子どもでも、同じような結果が出ています。8〜11歳の子どもは、都市のビデオを見た後に比べ自然のビデオを見た後の方が、満足を先送りすることができました[86]。

都市環境を見たり経験したりすると、私たちは競争心が強くなり、手に入るものはすぐに手に入れておかなければ……と思うようになります。その一方で自然は、豊かさの感覚を呼び起こし、永続性という安心感を与えてくれます。

将来への姿勢に自然が与える影響は、時間の感覚が自然によって変わることにも関係する可能性があります。ベリーが行った別の実験では、参加者はどのくらいの秒数[87]または分数が経ったかを推測するよう指示されました。自然の景色を見た人は、時間の経過を実際よりも遅く感じました。[88]

別の研究でも同様に、自然環境を散歩した人たちは、散歩中にどれだけの時間が経過したかについて実際よりも長く感じました。一方で都会の環境を散歩した人たちは、経過した時間を正確に推測しました。私たちの時間の感覚は柔軟で、その状況が与える合図による影響を受けやすいのです。**自然に触れることにより、興奮が抑えられて注意力が上がり、時間の感覚が拡張され、将来に向けて大きく構えられるようになります。**

自然の中に入ると人間はクリエイティブになる

自然のおかげで私たちは、よりクリエイティブに思考できるようになる可能性もあります。子どもの遊びは、[89]屋内にいるときより屋外での方が想像力豊かであることが、調査によって示されています。

自然の遊び場の方が作り込まれておらず多様性に富み、子どもたちが出合うであろう小道具（葉っぱ、石ころ、松ぼっくり）は、教師や親によってあらかじめ決められた用途があるわけではありません。大人もやはり、自然の中で過ごした方が斬新な思考が促されます。

科学者は、自然によって生まれる「ソフトな魅惑」は、脳の「デフォルト・モード・ネットワーク」として知られるものに働きかけるとの理論を立てています。このネットワークが活性化したとき、私たちはゆったりとした連想をしやすい状態になります。特定のタスクに集中しておらず、意外なつながりや洞察を受け入れやすい状態です。

自然の中では、意思を決定したり何かを選択したりするよう求められることは、それほどないため、心は、思考が連れて行ってくれるところへと自由に向かうことができます。

同時に、自然は人の精神力をすべて奪うことなく気分を高め、快適な気晴らしにもなってくれます。こうしたポジティブな感情のおかげで、もっと広い視野と心で[90]考えられるようになります。

今、活発に動いている思考は、そのようにしてできた空間の中で、これまで脳に存在しつつも深いところに蓄えられていた記憶や感情、アイデアと交じり合って衝突し、インスピレーションを生み出すのです。

ランチタイムに公園を散歩するだけでも、思考をクリエイティブにすることはできます。しかしもっと深く自然の中へ入っていけば、より豊かな結果につながる場合もあります。

ユタ大学の心理学者であるデイヴィッド・ストレイヤーはこれを、「3日効果[91]」と呼んでいます。ストレイヤーは、ユタ州の厳しい**自然の中へ泊まりがけで旅に出ると、独創的なアイデアが浮かぶ**ことに長い間気づいていました。

2012年に発表した研究でストレイヤーは、アラスカ州、コロラド州、メイン州、ワシントン州のハイカーに対し、クリエイティブな思考を測定[92]するテストを行いました。ハイキングに出かける前に終わらせた人もいましたが、自然の中で3日間過ごしてからテストを受ける人もいました。結果は、ストレイヤー自身の経験を裏づけるものでした。**自然に長時間触れた後のハイカーたちの方が、独創性が50%高かった**のです。

ストレイヤーは、デジタル・メディアの影響で気が散ってしまう現象についても研究していますが、ハイカーが電話やコンピューターから強制的に離れる環境にあったこともまた、独創的に思考する能力に与えた影響は少なくなかったと考えています。

電子機器は意図的に、私たちの注意を引きつけて離さないように作られています。創造性を生み出す、広がりのある知的プロセスに反する作用をするのです。そして自然の中への逃避は、電子機器を手離す数少ない方法といえます。

畏怖を抱くことで、人間は社会的かつ利他的になる

自然の中に入り、デジタルから離れることで、創造性を強化できる方法はほかにもあります。小さな画面を凝視していると、自意識は拡大し強化されますが、思考は狭くなってしまいます。

自然の広大さ――想像もできないほど大きな海、山、夜の空――には、その反対の効果があります。**自然は限りない可能性を感じさせてくれますが、同時にいかに自分が小さいかを実感させるものでもあります。それが自然の中で人がもっとも抱きがちな感情「畏怖」**です。[93]

カリフォルニア大学バークレー校の心理学教授ダッチャー・ケルトナーは、近年行われた畏怖に関する調査のほとんどを率いてきました。そして畏怖を、「喜びという感情の範囲のもっとも上[94]、恐れとの境界にある」感情であるとしています。

畏怖――喜びでありながら恐れ多い感情がもたらす、過激なほどに新しい視点があります。日常生活の中には、グランドキャニオンの目を見張るほどの大きさやナイアガラの滝の厳しい雄大さを受け入れるよう心を準備してくれるものは一切ありません。こうしたものを目にして

も、すぐには何も反応できないのです。通常持っている感覚の枠には収まらないため、そこから流れ込む新しい情報を受け入れるには努力する必要があります[95]。

畏怖に伴う体の反応[96]を考えてみてください。立ち止まり、動きを止め、目を見開き、ぽかんとした顔つきで見つめます。驚かされた景色をもっと取り入れようとしているかのようです。

ケルトナーら研究者によると、畏怖の経験によって、予測可能な一連の心理的変化が起きます。先入観や既成概念にそれほど固執しなくなります。もっと好奇心旺盛でオープンな心持ちに[97]なります。そしてすでに持っている精神的な「スキーマ」（自分自身や世の中を理解するために使うテンプレート）の見直しやアップデートに積極的[98]になります。**畏怖の経験は、人間の脳の「リセットボタン[99]」**と呼ばれています。

とはいえ私たちは、畏怖の感情とそれに伴うプロセスを、人工的に作り出すことができません。このような内なる変化を経験するには、世界へと思い切って出て行き、人間よりも大きな何かを見つけてくる必要があります。

畏怖について研究している科学者たちはまた、人に対する評価が畏怖によって変わることも発見しました。

畏怖を経験している人の脳のスキャンからは、空間における自分の場所や方向性を知る感覚を司る脳の領域の活動が、抑えられることがわかりました。畏怖の念に打たれたときに抱く、自分と他者の境界線が曖昧になり、「自分はもっと大きい、つながり合った全体の一部だ」という感覚の根底には、この脳の活動があるようです。

行動面では、**畏怖を経験すると、人はより社会的**[100]**かつ利他的**[101]**な行動を取るようになります。**畏怖を抱くほど雄大な自然の景色を収めたビデオを見た後にゲームをした場合、人はより多く分かち合い、協力し合うようになります。

別のある実験では、見知らぬ人（実験を行った研究者から頼まれた人）がペンを地面に落とした場合、その前に原生林を眺めていた人は、わざわざしゃがんでペンを拾ってあげる可能性が高いという結果になりました。

生物学者や心理学者は、「なぜ」畏怖という感情を抱くのかの説明を試みています。畏怖の「機能面」[102]での説明としては、畏怖の感情を抱くと、人間は個人の利害を脇へ置いて[103]、集団としての取り組みに向かおうとするからではないかとされています。畏怖の念を抱きやすい種に属するものは、生きるために必要なタスクを団結して完遂できた、とする説もあります。

雄大な自然への畏怖で思考を拡張することで、人類は自らの生存を確実なものにした可能性があります。これは、電子デバイスの小さな画面から目を逸らし、人類や地球の存在を脅かす危機に、きちんと目を向ける必要があることを思い出させてくれる言説かもしれません。

●

人類の祖先が畏怖の感情を経験した場所は、今の私たちと変わっていません。山、海、森、空です。しかし自然界のあらゆるものを包括しつつ、これまで、まだわずかひと握りの現代人しか経験したことのないものが一つだけあります。宇宙飛行士が目にするような、宇宙から見た地球です。感情的にかなり圧倒される光景であり、それを目にした数少ない人たちは、みんな一様に同じ心理状態になります。科学者はこれを「概観《がいかん》効果[104]」と名づけました。

１９７１年に月面に降り立ったアラン・シェパードは、「もし出発前に誰かに[105]、〝月から地球を眺めたら我を忘れてしまうと思う?〟と聞かれていたら、〝とんでもない〟と答えていたでしょう」と振り返りました。「それなのに、月面に立って初めて地球を見たとき、私は涙しました」。

宇宙飛行士が地球を見て感じた強烈な一体感

地球の光景——その美しさやはかなさ——に対する感情の動きは、ジョンズ・ホプキンス大学の特別研究員デイヴィッド・イーデンが、何度も繰り返し耳にしたテーマでした。イーデンは、宇宙飛行士が語る宇宙飛行の経験談を研究しています。

2番目によく聞くテーマは、地上の私たちを分離している境界線や障壁が消えてなくなることです。宇宙飛行士のラスティ・シュウェイカートは、宇宙空間にいたときのことをこう振返りました。「ヒューストンと一体になり[106]、その後ロサンゼルスと一体になり、そしてフェニックス、ニューオーリンズ」「そしてこのプロセス自体が、地球の周りを回っていると変化し始めます」「ずっと自分が生きてきた惑星を見下ろし、その表面を見る。すると、そこにいる人たちすべてを自分は知っていて、自分のようだと、自分なんだと思うのです」「自分はこの生命全体の一部なのだと気づくんです」。

宇宙飛行士のエドガー・ミッチェルは、宇宙から地球を見たときに「気づきの爆発[107]」が起きたと振り返り、この経験で「すべては一つであり、つながっているという圧倒的な感覚[108]」を抱いたと話しています。

逆説的ですが、宇宙飛行士たちが感じた強烈な一体感は多くの場合、同様に強烈なズレと疎外感によって貫かれます。地平線に浮かぶ地球に驚嘆していないときの宇宙飛行士は、多くの人が「げんなりする環境」と表現する場所で闘わなければなりません。最先端技術の機器があふれた狭い空間に閉じ込められ、そこには人間の心を休ませたり喜ばせたりする機能は何一つありません。退屈で憂うつで不安で、ほかのクルーに対して攻撃的になるかもしれません。

長期に及ぶ宇宙旅行の可能性が近づくなか、宇宙飛行士の心の健康をいかに保つか[109]は切実な問題です。すでに明るい兆しを見せている、有望な答えが一つあります。緑を育てるのです。


アメリカ航空宇宙局（ＮＡＳＡ）の宇宙飛行士マイケル・フォールが１９９７年、アメリカとロシアの共同宇宙ステーション「ミール」に到着したとき、与えられた任務の一つは、ステーションの温室の管理でした。

フォールは、植物が宇宙空間でどう成長するかを調査するさまざまな実験を行いました。もし宇宙飛行士が何カ月、あるいは何年も船内で過ごすことになるのであれば、新鮮な食料の供給が必要となります。そして実際にフォールは、宇宙飛行士が「スペース・ブロッコリー[110]」と呼ぶ植物や水菜などを育て、試食に成功したのでした。

ブロッコリーの芽生えを正しい方向に導くには、光をどう使えばいいかを見極める必要がありました。重力がないなか、ブロッコリーはどちらの方向に成長すればいいのかわからなかったのです。水菜を受粉させるハチもいないため、フォールは自分でこの作業をする必要がありました。つまようじを使い、花粉を一つの植物から別の植物へとやさしく移します。

フォールはこのように植物の面倒をよく見ていたため、NASAの地上にいるチームから「農家のフォール」[111]とニックネームをつけられたほどでした。

この宇宙庭園には、実用面以上の価値がありました。「温室実験はとても楽しかった」[112]と、ミールから帰還した際の記者会見でフォールは述べています。火星飛行のように長期間にわたる宇宙飛行で温室を維持するのは「絶対に必要だろう」とフォールは話し、「惑星間移動の長い時間ですることはあまりないだろうから、植物の世話をすれば間違いなく心が癒やされると思う」と加えました。自分が面倒を見た植物についてフォールは、こう話しました。「毎朝10〜15分間くらい眺めて楽しみました。静かなひとときだった」。

宇宙飛行士（研究対象の多くは、地球の周りを回る宇宙ステーションで一度に何カ月間も過ごした経験があります）の精神面を研究している心理学者たちは、多くの飛行士が味わう不快感を表現するのにぴったりの言葉を使います。彼らは「ホームシック[113]」なのだと。

　窓から眺めることしかできない地球を切ないほどに恋しく思う宇宙飛行士と私たちは、不安になるほど似ているかもしれません。私たちは自宅や車、会社というカプセルの中に閉じ込められ、人間の本来の住処《すみか》である、青々とした草木、新鮮な空気、絶え間なく変わる太陽の光から切り離されているのです。

　建築家のハリー・フランシス・マルグレイヴは、人が屋外にいるとき、「私たちは〝自宅にいるように寛げる[114]〟。なぜなら私たちはある意味、祖先の子どもであり続けるからだ」と書いています。**扉を開けて外へ出るとき、私たちの思考の仕方に過去がいきいきと蘇る**のです。

第5章

建物の空間を使う

若き医学研究者ジョナス・ソークは行き詰まっていました。ポリオワクチンを開発しようと、ピッツバーグにある小さな地下研究施設で何年にもわたり、1日16時間、週7日間、研究を続けていたのです。

1954年の春、疲れ果ててアイデアも尽きたソークは、リフレッシュするには研究から離れなければいけない[1]と気づきました。独りになれる場所と静けさを求めていたソークは、イタリア中央に位置する13世紀の修道院、アッシジの聖フランチェスコ聖堂にたどり着きました。ソークは修道院で、白いしっくいが塗られた柱列やアーチ、静かな中庭、高い窓から太陽が降り注ぐ礼拝堂の中を歩き、本を読み、考えながら何週間も過ごしました。そして認知面で何かふっきれたような感覚を経験します。聖フランチェスコ聖堂の建物のおかげでした。

「その建造物の崇高さ[2]はあまりにも感動的で、これまでとは比べものにならないほど直感的な思考ができた」と、ソークは後に書いています。「あの歴史的な場所で受けた感動に浸っているとき、ポリオワクチンは実を結ぶだろうと感じたある調査を、直感的に設計した。ピッツバーグの研究室に戻り、このコンセプトを検証すると、やはり正しかった」。

話はここで終わりません。アッシジを訪れてから10年も経たないうちに、ソークは研究施設[3]をゼロから造る機会を得ました。自分のような科学者が思考を巡らせるための場所です。建築家のルイス・カーンとともに、ソークは内省と発見に理想的な場所の設計に着手します。

新しい研究所は修道院をモデルにしました。カーンとの話し合いの際にソークは、アッシジの聖堂を具体例として挙げました。カーンはこの聖堂を熟知していました。数年前に訪れ、スケッチしていたのです。そこで設計には、大小さまざまなレベルでアッシジの聖堂の要素をふんだんに取り入れました。

結果として完成したのが、1965年にカリフォルニア州ラホヤに竣工した複合建造物、現代建築の傑作とされるソーク研究所です。建物は堂々としており、厳粛です。同時に内部で作業する人たちのニーズも満たすよう慎重に設計されました。

地下の中庭のおかげで、地階も含む至るところに自然光があふれています。研究所には、遮るものが何もない広い空間があります。巧妙な建築技術をもって、カーンはどのフロアにも内柱がまったくないデザインを実現しました。ダクトやパイプなどの機械的要素は、作業中の科学者を邪魔することなく修理やメンテナンスができるよう、別のフロアに収められています。科学者が事務作業をする部屋は研究室と別のところにあり、どの部屋からも太平洋が望めます。

数多くのノーベル賞受賞者を含むソーク研究所で働く研究者は、ここは思考に最適な場所だ[4]と表現しています。ソーク自身も、結果に満足していると言明していました。「建物は[5]、実現できうる限りほぼ完璧に近いと思う」。

建物や内装が脳にどんな影響を与えるのか

建築家は何世紀にもわたり、いかにして特定の思考状態を想起できる空間が作れるかを考えてきました。また民俗建築というさらに長い伝統[6]もあります。市井の人々が受け継いできた構造に手を加えたり調整したりしながら作り上げてきた建築様式です。

新たに出現した**ニューロアーキテクチャー[7]という分野は今、脳が建物や内装にどう反応するかを実験的に調べています**。こうした反応は、人間の進化史や体の生物学的な側面によってどのように形作られてきたかも、理論で説明しようと試みています。

効果的に思考をサポートしない空間で多くの人が学び、働き、暮らしている現状は不思議でもあり、残念でもあります。私たちの社会はこれまで人工的な環境を特に大切なものとは捉えてきませんでした。多くの人や組織は、どんな環境であれ生産的で知的な作業はこなせるはずだと考えているようです。よく考えられた設計には時間とお金がかかるものの、時間とコストをかけずに建築すべきだというプレッシャーも常に存在していました。建築家や設計士の大胆なアイデアという〝暴挙〟は、多くの人にとって心地の良いものでもなかったようです。

本章で説明する通り、建築家や設計士による実験的で前衛的な冒険が、その建物で毎日を過ごさなければならない人たちにとって困難な状況を作り出してしまうことが多々あります。

ルイス・カーンでさえ、この罠にはまってしまいました。ソーク研究所を設計する数年前、カーンはペンシルベニア大学のリチャーズ医学研究所の建築を委託されました。カーンの設計は建築の批評家から大絶賛され、ニューヨーク近代美術館で展覧会が開かれたほどでした。しかし研究所内で働いていた人の視点からすれば、大惨事もいいところでした[8]。窮屈で暗く、わかりにくい造りでとても発見のひらめきを促すような場所ではなかったのです。

カーンは、次のプロジェクトのソーク研究所で方向性を修正し、建物を使う人のニーズを設計の中心に据えました。

建築家としてのカーンの人生が多忙を極めたこの時期、遠く離れたカンザス州オスカルーサでは、ある知的なプロジェクトが進んでいました。心理学者のロジャー・バーカー[9]が、人の行動の動機を理解するために、日常生活における人々の行動を詳細に記録することにしたのです。同僚のハーバート・ライトとともに、オスカルーサ（人口750人）に「ミッドウェスト・サイコロジカル・フィールド・ステーション」（中西部心理学現地調査所）を設置し、子どもたちの行動を、朝の目覚めから夜寝るまで追跡し始めました。

人の思考や行動に大きな影響を与える空間

徹底的な観察から独特のパターンが浮かび上がりました。ある学者は、次のように記しています。「バーカーと同僚は、[10]子どもたちの行動にかなりの秩序、一貫性、予測可能性があることを発見した」。しかしこの秩序は、子どもの性格によるものでも、知性によるものでも、その他のいかなる内的な性質によるものでもありませんでした。**子どもの行動を決定していた圧倒的な要素は、子どもたちがいた「場所」だった**のです。

バーカー本人も、次のように報告しています。「子どもの行動の特徴は[11]多くの場合、ある場所から別の場所に移動したとき（例：教室から講堂や遊び場、ドラッグストアから道路、野球の試合からシャワールーム）、劇的に変わった」。

バーカーの「中西部での研究」は最終的に25年間続き、**人の思考や行動は、過ごす空間に**

よって強力に形作られるとする大量のエビデンスを集めました。**人は、どんな環境でも最適にパフォーマンスできる能力があるわけではまったくない**のです。この事実は、社会全体としては受け入れられてはきませんでしたが、建築家は昔から認識していました。

名著『パタン・ランゲージ―環境設計の手引』（鹿島出版会）の著者であり、人々が積み重ね、民俗建築に埋め込んできた知恵に重きを置く建築家クリストファー・アレグザンダーは、「人は周囲環境にそれほど依存してはいない自立した存在であるとする考えの傲慢さ[12]」を嘆き悲しんでいます。実際にはむしろ逆で、**「人はそれまでの周囲環境に作られた存在であり、その人がどれだけ調和の取れた人物であるかは、周囲とどれだけ調和が保てているかにかかっているほどだ」**と書いています。さらに「その人物が活動的になれる物理的・社会的な環境もあれば、活動が非常に困難になる環境もある」といいます。

現代の私たちは、本来の人間性とは調和が取れていない場所で学び、働くことが多々あります。そうした場所では知的で効果的な思考が「非常に困難になる」ものです。

人工的な環境は、それをどう使えばいいか知っていれば、逆の効果を生み出してくれます。集中力を高め、モチベーションを維持し、創造性を強化し、日常生活を豊かにしてくれるのです。心理学や神経科学の最近の研究や、人間が長きにわたり作り出してきた空間を見て回れば、どうすれば拡張した心の一部として空間を活用できるかがわかるでしょう。

●

雨露をしのぐ屋根を提供する以外に、建造物の内側が果たすもっとも重要な機能は、静かに考える場所を与えてくれることです。そのような守られた空間が必要な理由は、思考（少なくとも、現代社会が私たちに期待する類の思考）が、人間という動物にとって自然ではないためです。長い人類史の中で、人間は屋外で、たいていは走りながら、本能や記憶に頼って思考していました。深い内省や慎重な分析はそれほどしていませんでした。考えるために引きこもる必要があったのは、抽象的な概念に集中したいときだけでした。言葉や数字、そのほかの抽象的な何かに何時間も関心を向け続けるのは、脳にとっては無理難題です。

集中を維持するのはかなり不自然な活動であり、うまくこなすには心は脳の外にある建物の助けが必要になります。

人類はなぜ壁や個室を求めたのか

社会における抽象的な思考の必要性の高まりと、人口密度の高まりが相まって、それに見合った構造へのニーズが生まれました。つまり、壁です。よく知らない人たちとぎゅうぎゅう詰めになった心理的なストレスから解放される方法として、壁が必要になったのです。

これまで、人類はその歴史のほとんどを、一つの部屋しかない住居で家族とともに暮らしてきました。知人はみんな自分の正面玄関からそう遠くない場所に住んでおり、人の出入りを把握するためにも、一つの部屋しかない家は便利でした。中世の王様や女王様でさえも、厳選したお付きや相談役たちに囲まれて、一つの大広間で暮らしていました。

しかし都市が生まれ、見知らぬ人が増えると、都会に住む人たちは一人で読み、考え、書くことのできる空間を探し求めるようになったのです。

カナダにあるウォータールー大学の環境心理学者であり神経科学者でもあるコリン・エラードは、「壁は[13]、見知らぬ人の活動を把握し続けることの認知的な負荷から身を守るために作られた」と述べています。「小さな農業開拓地から大きな村、やがては都市へと私たちの生活が移行していくなか、誰が誰と何をしているのかを把握し続けるのがあまりに難しい都会において、壁は重要性を増してきた」。

ニューヨーク市立大学リーマン校の言語学教授ジョン・ロックは、**壁によってもたらされたプライバシーは心を拡張する画期的なツールだった、**と述べています。「人間の遠い昔の祖先[14]は、常に互いが見えていたおかげで安全を確保できたが、同時にかなりの認知コストにもなっていた」とロックは記し、こう続けます。**「住宅に壁ができたとき、他人が何をしているか確認するために数秒ごとにあたりを見回す必要がなくなった」**。その結果、「類人猿と人類の共通の祖先が始めた〝人の見張り〟をするための時間はかなり短縮され、邪魔されずに過ごせる時間が1日あたり何時間も生まれた」のです。

こうした壁の初期の事例は、現代マンハッタンの喧騒から一歩離れた、メトロポリタン美術館の静けさの中で見ることができます。

古代ギリシャのつぼや植民地時代の銀製品に囲まれて、まるで小さな宝物のような部屋があります。ウルビーノ公国の君主フェデリコ・ダ・モンテフェルトロのストゥディオーロ（書斎）[15]が、15世紀ペルージャ当時のままで再現されているのです。

王族、政治家、戦士とさまざまな肩書きを持ったフェデリコは、現在のイタリア中央部にあったグッビオという町に暮らしていました。文学、建築、数学を愛したフェデリコは、書斎の壁のおかげで、自分が治めていた町の人々から離れて引きこもり、静かな学びと物思いにふけることができました。

ルネサンス期のイタリアで作られたフェデリコの書斎は、単なる壁ではありません。埋め込んだ木材で模様を作るインタルジアと呼ばれるテクニックを使い、シエナ、フィレンツェ、ナポリの職人が、精巧なトロンプルイユ（騙し絵）を全面に描いた壁画だったのです。

大切なモノがたくさん詰まったキャビネットの様子が、シタン、オーク、ブナの細い木片を使ってかなり詳細に（当時開発されたばかりの線遠近法という手法で）正確に表現されています。描かれているのは、フェデリコがもっとも大切にし、もっとも切望したモノの象徴です。

リュートとハープはフェデリコが文化人であったことを、1本の職杖と2本の拍車（乗馬靴につける馬具）はフェデリコの戦闘スキルを表現しています。詩人ウェルギリウスの本『アエネーイス』は、フェデリコの博識の証しです。フェデリコの人格、家族、地域をもとにしたアイデンティティを表す座右の銘やテーマが、書斎のあらゆるところに取り入れられていました。

現代の職場には一人で考える個室がない

フェデリコの書斎は極端な例ですが、その後数世紀にわたり、人々は地方から都会へと集まり続け、高まるニーズを満たしたのが「思考の部屋[16]」でした。財力のある人たちが自宅に取り入れることで、書斎ブームは北へと向かいヨーロッパ全域へ広がります。

フェデリコの書斎のように、こうした空間には書籍のコレクション、科学的な機器、楽器、宗教的なアイテムなど、意義深い品々や神聖なモノが飾られるのが一般的でした。そして邪魔されない静かな空間を作り出し、より深く斬新な思考が可能となりました。

16世紀屈指の独創的な思想家だったミシェル・ド・モンテーニュにとって書斎は、自身が重んじた自由な思考を表すメタファーの中心となりました（ちなみにモンテーニュは、文学者だっただけでなくボルドーの市長でもありました）。

『孤独について』の中でモンテーニュは、こう書いています。人づき合いや仕事の慌ただしさのなかで、「私たちは、完全に自由に使える自分だけの秘密の部屋を用意しておかなければならない[17]。本当の意味で自由となり、我々の基本である孤独となり、引きこもるために」。

モンテーニュがこの部屋の描写に使った言葉は、文字通り「店舗の奥の部屋」を意味する「arrière-boutique」でした。つまり、**忙しく働くことと静かに引きこもることには密接な関係がある**ことを物語っています。この部屋の中では、「ほとんどの場合、自分で自分を楽しませなければならない」とモンテーニュは加えています。

多くの人にとって、この空間はほとんど失われてしまいました。数百年前に作られた壁は、20世紀中頃から再び取り払われるようになったのです。自宅、学校、会社などあらゆるタイプの建物で、かつてはプライバシーあるいは専用スペースを守るものとして歓迎された壁は今や好ましい「オープンさ」を遮るものとして、邪魔者扱いされています。

閉鎖された空間がもたらす区切りよりも、はっきりとした構造に区切られていない空間がもたらすオープンさの方が好ましいと感じられるようになったのです。この変化は、とりわけ職場で顕著です。21世紀の初頭までには、アメリカのオフィス勤務者の70〜80％[18]が、オープンプランのオフィスで働くようになりました。

壁のない作業空間はなぜ、プライバシーが保たれるオフィスよりも好まれるようになったのでしょうか？　まず、安上がりだからです。オープンなオフィス空間は、従来的なオフィスと比べて、従業員一人あたりのコストが50％も割安になります。必要となる専有面積が小さくてすむため、内装コストも抑えられます。

またオープンなオフィスが熱心に支持される背景には、大胆なアイデアとも呼べる理論的な根拠もあります。**壁を取り払い、みんなを大きな一つの部屋に集めれば、コミュニケーションが促され、コラボレーションが増え、創造力が生まれるだろう**、というものです。

人との交流がインスピレーションを生む

共通の空間でのぶつかり合いを促すという概念には、歴史的にも知的にも魅力的な根拠があります。作家のスティーブン・ジョンソンは、「アイデアはどこからやってくるか」について影響力のある著作をいくつか記しています。そのなかで、現代社会が生まれた舞台は、コーヒーハウスだったとしています。ジョンソンによると、多くの人が集まり話題性に富んでいたコーヒーハウスは、「電気学から保険業、民主主義そのものに至る啓蒙時代に生まれた数えきれないほどのあらゆるイノベーションの肥やしとなった[19]」のです。

新しいアイデアは、「異なる分野の専門知識が、共通の物理的または知的な空間に集まるときに起きる衝突」から生まれる、とジョンソンは主張しています。

例を一つ挙げましょう。ベンジャミン・フランクリンは、ロンドンで暮らしていた1764～1775年、セント・ポール大聖堂にほど近いコーヒーハウスで何時間も過ごしていました。[20]著書『The Invention of Air』（空気の発明）の中でジョンソンは、フランクリンがいかにしてそこにいた「自由な思想家」（科学者、数学者、哲学者）たちに交じって話し合っていたかを詳しく書いています。彼らは、幅広い話題で互いを刺激し合い、インスピレーションを与え合っていました。ジョンソンは「このコーヒーハウスには記念の銘板をつけるべきだ[21]」と述べ、「驚くほどに生産的な空間だった」としています。

現代のリーダーやマネージャーも同じ概念を踏襲しています。人を互いに「衝突」させることで、思考が動き出し、魔法が生まれると考えているのです。衝突を促すためには、それを防いでしまうであろう物理的な障壁を取り払うこと以上に、良い方法なんてあるでしょうか？

実際、近くで働いている人との方が、コミュニケーションしたりコラボレーションしたりする可能性は高まります。この説は、マサチューセッツ工科大学（ＭＩＴ）の教授トーマス・アレンによって40年以上も前に提唱され、今では「アレン曲線[22]」として知られています。**物理的な距離とコミュニケーションの頻度には、一貫した関係がある**ことを示す曲線です。

その関係とは、**人の交流頻度は、働いている空間の距離に応じて減少する**というものです。

例えば、1・8メートル離れた席に座っている人とは、18メートル離れて座っている人と比べて、定期的に会話をする可能性が4倍も高くなります。

アレンは、定期的な情報交換の分岐点は50メートルであることを発見しました。これ以上離れると、習慣的なコミュニケーションは実質的になくなったのです。近くにいる人は顔を合わせる可能性も高くなります。そしてこの出会いが、情報交換や、分野の垣根を越えたアイデア、実り多いコラボレーションを花開かせます。

アレンはさらに、**ある組織のメンバー全員が少なくとも一度は通りすぎるような共有のスペースが、出会いを促進する有益な場である**ことに気づきました。

例えばMITの「無限廊下」は、複数の建物を横断しつつ、実質的にキャンパスの片側からもう片側へと延びる250メートル強もの長さがあります（これはアメリカンフットボールのフィールド2つ分よりも長い距離になります。MITの学生たちは、毎年、太陽がちょうどこの長い廊下をまっすぐに照らす位置に来る瞬間をお祝いします。学生たちはこれをストーンヘンジになぞらえて「MITヘンジ[23]」と呼んでいます）。

近年の研究によって、アレンの発見が事実だと確認されました。テキストメッセージ、電子メール、スラックの時代において、アレン曲線は今でも有効[24]なのです。**オンラインでのコミュニケーションは顔を合わせて気軽にその場でやり取りする会話の代わりにはならない**ようです。

とはいえ、実りの多い距離感と、囲いがなく保護されていない空間で常に気が散ってしまうこととは別の話です。

コーヒーハウスは現代の感覚としては魅力的かもしれませんが、認知面に負荷がかかる複雑な作業を行う場所のモデルとしては、まったく適さない場所でした。オープンプランの職場が作り出す環境は、人間の体の変えられないしくみと完全に矛盾するからです。脳は、自分の周辺環境を常に観察するように進化してきました。

つまり近くの音や動きが、避けるべき危機や捉えるべきチャンスを知らせているかもしれないため、すぐに注意をそちらに向けられる状態にいるということです。そして組織の環境には、注意がそちらに向いてしまうような刺激にあふれています。

オープンな職場の「音」が思考を妨害する

第一に、人間はこれまでとは違う新しいものの存在に敏感に気づくようにできています。新しさが気を引くというのは、効率良く進化した戦略です。身の回りにある毎日変わらないものに気を取られていては、時間とエネルギーのムダになってしまうからです。しかし新しいものに選択的に引かれる人間の性質は、活動や変化が常に起きる環境の中心にいるときには問題になってしまいます。

気が散る音の影響について研究している心理学者のファブリス・パルマンティエは論文の中で、思いがけない音が「注意力のフィルターを打ち破ることは避けられず[25]」、その音を聞いた人は「音が持つ情報の価値の高さにかかわらず」、結局気が散ってしまう、と書いています。パルマンティエによると、**どんなに急で驚くような騒音であっても、人間は自分の意思に関係なく影響を受けてしまう**[26]のです。

第二に、**人間は特に「話し声」に敏感にできています。** 理解できるほど言葉がはっきりとわかるなら、なおさらです。周囲にある騒音なら何であれ気が向いてしまうものですが、内容が理解できる話し声は特に気が散ります[27]。というのも、私たちが聞きたいか聞きたくないかによらず、脳が勝手に意味論的意味[28]（言葉そのものが持つ意味）を処理してしまうからです。

どうしても耳に入ってくる話し声は、データ分析や報告書の作成といったオフィスでの知的労働をこなすときに使う脳の領域と同じ場所で処理されます。自分の意思に反して話に耳をそばだてながら、言葉などのシンボルが関わるタスクをやり遂げようとするのはつまり、同じように限りあるリソースを使っているということです。[29] その結果、それぞれに充てられる脳は少しずつしかないということになります。

スウェーデンのイエブレ大学の研究者らが２０１４年に行った実験で、５種類の音響環境の中で参加者に小論文を書いてもらいました。[30] ５種類の環境で使われた背景雑音は、音声伝達指標（ＳＴＩ）と呼ばれる測定法で0・08〜0・71でした。つまり、まったく理解できない話し声から、ある程度は理解できる話し声、そしてはっきり理解できる話し声が含まれる幅です。参加者が小論文を書くスピードは、ＳＴＩが0・23以上になると「劇的に」遅くなった、と研究者らは報告しています。研究者らによるとこのレベルは、オープンプランのオフィスでは「まったく珍しいものではない」そうです。

第三に、私たちは特に「社会的相互作用」に敏感です。人が互いに何を言うか、そして相手が何を言うだろうかと自分が思うことに敏感だということです。

私たちは、対人関係をうまくこなすために、自分の周りでなされている社会的なやり取りがどう展開するかを常に予測しています。この「先を予測する」という習慣のせいで、一方的な会話を無視する[31]のはとりわけ難しくなります。ちょうど、近くで誰かが電話しているのを無視するのが難しいのと同じです。

プリンストン大学の心理学准教授ローレン・エンバーソンが行った研究で、**人は2人の会話が両方耳に入ってくるときよりも、エンバーソンが「ハーファログ」**[32]〔訳注：halfalogue と書き、半分の half と対話の dialogue からの造語。会話のうち片側だけの話〕**と呼ぶものが耳に入ってくるときの方が気が散り、認知能力も損なわれる**ことがわかりました。会話の片方しか聞こえないとき、話し手がいつ話を止めるか、再び話し出すか、さらにはこちらには聞こえない会話相手に対して何を言うか、予測するのがずっと難しくなります。

エンバーソンが2010年に発表した研究では、言語タスクと運動タスクを行うよう指示された参加者は、ハーファログを耳にし始めたとたん、ミスをするようになりました。

では、ヘッドフォンをしたらどうでしょうか？　問題がそのまま耳の中に入ってくるだけです。**話し声が耳に入ってくるのと同様に、歌詞のある音楽は、読み書きのように言語が関係するアクティビティと、知的リソースを奪い合ってしまいます。**[33]音楽は、難しかったり複雑だったりするタスク[34]や、創造性が求められるタスク[35]において、パフォーマンスを損なうことがわかっています。言葉だけが原因ではありません。繰り返すビートとキャッチーなサビで、音楽は人の意識をつかんで離さないように作られているのです。

複数の研究で、強烈な強さでテンポが速く[36]、頻繁に変調[37]する音楽は、地味で控え目な音楽よりも気が散りやすいことが示されています（ある研究者は、学生がヒップホップのように強度の高い音楽を聴きながら勉強しようとすると、注意力が失われることがわかったとしています。研究者はこの現象に「注意力排出効果[38]」という印象的な名前をつけました）。

音楽は、成人同様に若い人の認知も邪魔[39]します。恐らくもっとも残念なのが、**自分が好きな音楽を聴いているときよりも音楽を聴いているときの知的パフォーマンスの方が、嫌いな音楽を聴いているときよりも「ずっと乏しくなる」**[40]という点です。

他者の視線を感じると仕事に集中できなくなる

聴覚にいえることは、視覚にも当てはまります。私たちにとって、視野に入ってくるものを見ないという選択肢はありません。新しかったり動いていたりする視覚的な刺激を、つい目で追うのを防ぐのは、ほぼ不可能です。

耳が人の話し声を拾い上げてしまうのと同じように、目もまた、人の顔つきに引きつけられます。本のページやスマートフォンの画面に一生懸命集中しようとしているときでも、脳は目の処理を自動的に優先[41]してしまうのです。

特に意識はほかの人からの「視線[42]」に強力に引きつけられます。人は「見られている」という感覚に、不思議なほど敏感です。ほかの人の視線が自分に向いていると気づくと、脳はほかに何をしていようが、そのアイコンタクトの処理[43]を優先させます。

見られていることに気づくと、生理的な興奮が高まる[44]ことも明らかになりました。皮膚コンダクタンスを調べたところ、数値が急増していたのです（本書の第一部に出てきた、神経系が興奮状態になると、ほとんど知覚できないくらいに発汗する、という話を思い出してください。わずかな汗のおかげで、肌が一瞬、電気を通しやすくなるのです）。相手の顔を見て、目を閉じていたりほかの方向を見ていたりする場合、皮膚コンダクタンスには変化がありません。しかし相手の目が自分の方を見ているとき、皮膚コンダクタンスは急激に上昇し始めます。

こうした**視覚的なモニタリングや処理はすべて、ものすごい量の知的リソースを使い果たし、仕事に使える脳のパワーはかなり少なくなってしまいます**。

これは、目を閉じるといかにしっかりと考えられるか[45]、という経験から誰もが知っているはずです。**目を閉じることで、「人は環境の刺激から解放され[46]、認知処理の効率が高まる」**と、ある研究チームは報告しています。

環境の刺激から一時的に解放されると、人は認知的な負荷の軽減を感じ、[47] 視覚化に取り組みやすくなります。「喉まで出かかっているのに」という、あのイライラする状況に遭遇したときも、思い出しにくい情報[48]をすぐに取り戻せるようになります。視覚的にも聴覚的にも、[49] より細かいところまで思い出せるようになるのです。

ある実験によると、実験参加者がたった今見たばかりの動画について質問されたとき、目を閉じて答えると正解率が23％高くなる[50]ことが示されました。

当然ながら、目を閉じたまま仕事や勉強はできません。気の散りやすさから自分の身を守るために、物理的な要素に頼る必要があります。それが最適な注意力、記憶力、認知能力を支援すべく「感覚を削減[51]」するということです。詩人のロバート・フロストはかつて、「良いフェンスは良い隣人を作る[52]」と書きました。同様に、良い壁は良い仕事仲間を作るのです。

壁と、それから作られる空間は、気が散るものから私たちを保護してくれます。しかし、それだけではありません。プライバシーを提供してくれるのです。そしてプライバシーは、創造性と驚くほど深い関係があります。

現在人気のオープンなコーヒーハウス・モデルは、パフォーマンス指向になっており、ほとんど自己顕示欲的といっていいほどです。ベンジャミン・フランクリンが、セント・ポール大聖堂近くのコーヒーハウスで仲間と長々と議論している姿を想像してみてください。

自己顕示[53]は知的リソースを消費し、仕事そのものに使える脳のパワーを減らします（特定のグループにとっては、自己顕示そのものがとりわけ消耗させられるもの[54]となります。イギリスの政府機関が先頃、壁で区切られたオフィスからオープンなオフィスに引っ越した際に調査を行ったところ、オープンなオフィスは外見に気を配るべきだと考える女性の間で、良く見せなければならないというプレッシャーがより強く感じられることがわかりました）。

プライバシーが守られたときに創造性を発揮する

環境による認知面にかかる負荷から解放[55]されたとき、人はすぐに創造性を発揮することを、神経科学者のモシェ・バーは発見しました。

イスラエルのバル＝イラン大学にあるゴンダ総合脳研究センターでディレクターを務めるバーは実験で、参加者にクリエイティブな思考のテストを受けてもらいました。テスト中、知的リソースに負荷をかけられた参加者は、「統計的に一般的[56]」な（つまり、従来的でありふれた）アイデアを思いつきがちでした。

この研究でバーは「認知面での負荷が高いと、被験者の反応の独創性や創造性が一貫して低下する」ことを発見しました。バーの説明によると、**人は心がほかのことに占められていると、便利なステレオタイプや、普段通りの決めつけ、いつもと同じ考えといった「知的ショートカット」に頼る**のだといいます。

知的ショートカットとは、知的エネルギーをもっとも使わずに真っ先に浮かぶ考えです。このように陳腐で反射的な反応を阻止し、その先にあるもっと新鮮で独創的なアイデアに手を伸ばすには、豊富な認知的リソースが必要になります。

プライバシーはまた別の方法で、創造性を支援します。誰にも見られていないところで実験する自由を私たちに与えてくれるのです。

人は、他者に見せるためのパフォーマンスとして仕事をするとき、失敗したり、格好悪く見えたりする可能性のある新しいアプローチは取らない傾向[57]にあります。ハーバード・ビジネス・スクールの准教授イーサン・バーンスタインは、中国の携帯電話工場[58]にて、プライバシーとイノベーションの関係を調査しました。

2012年に発表された研究では、動きが見えないようにカーテンをつけて従業員のプライバシーを高めたところ、革新的なアイデアが出てくるようになり、生産性も高まることがわかりました。実験のプロセスが視界から遮断されているとき、従業員は迅速かつ効率良く仕事をこなす方法を見つけ出したのでした。

従業員の監視法がデジタルとなる可能性が高いホワイトカラー系の仕事でも似た傾向にある、とバーンスタインは述べています。

ホワイトカラー系の人たちは、キーボード入力の一つひとつまですべて電子的に監視されていると自覚しているとき、新しいアイデアやアプローチを試してみることはあまりありません。上司からサボっているとかルールを破っていると思われるのを恐れているから、だけではありません。常に監視の対象になっているのは、無力感を抱かせるような経験なのです。

自分は無力だという感覚は、探索したり創造性を発揮したりという気を削いでしまいます。逆に、**プライバシーが守られているという感覚は自信になり、それがさらなる創造性につながる**ことが、多くの研究で示されています[59]。

プライバシーのない職場では会話が減る

最後に、プライバシーの恩恵は、同僚とのコミュニケーションにも及びます。効果的なコラボレーションには、情報をもらさない口の固さが求められます。つまり、人の詮索から距離を取る必要がありますが、オープンオフィスではそのような場所はあまりありません。

ある研究では、**壁のない職場では、従業員同士の仕事関連の会話は減り、うわべだけの内容が増える**[60]ことが明らかになりました。理由は、慎重に扱うべき事柄や機密情報をオープンスペースで話し合うのに用心深くなっている人が多いためです。

従業員の活動をウェアラブル・センサーで追跡するサービスを提供する企業、ヒューマナイズのベン・ウェイバーによると、壁で区切られたオフィスをオープンプランに変更した企業では、従業員同士のやり取りは1日のほとんどの時間帯で減少します。[61]「これは、従業員がヘッドフォンを着けていたり、話が聞こえる範囲内に大勢がいるところで会話をするのが難しかったりするのが理由かもしれません」とウェイバーは述べています。

ほかでも複数の研究で、**職場がよりオープンになるにつれ、従業員間の信頼や協調性[62]は低下**

することがわかっています。オープンな職場は、本来促すはずだったまさにその行動を、[63] むしろ阻害してしまうようです。

「自分の場所」だと思えるとパフォーマンスが上がる

最近ますます増えている、従業員に作業空間をまったく割り当てないタイプのオフィスで、こうしたネガティブな影響は特に目立ちます。「ホットデスキング」や「ホテリング[64]」と呼ばれるこのタイプのオフィスの難点は、空間を使って心を拡張できるもう一つの方法を指し示してくれます（拡張されていないケースがほとんどですが）。

自分の場所だと感じられる空間で作業するとき、心理面のみならず生理的にもさまざまな変化が起こります。

これが最初に観察されたのは、「ホームアドバンテージ[65]」と呼ばれる現象に関する研究でした。アスリートは自分のグラウンドやコート、スタジアムで競技しているときほど勝ちやすく、得点も多くなる傾向にあることが繰り返し示されています。自分たちの本拠地では、チームはより積極的にプレイ[66]します。そして社会的支配と結びつけられるホルモンであるテストステロンの値[67]が、男女どちらの選手でも高くなります。

このホームアドバンテージはスポーツに限りません。もっと一般的な効果も科学的に観察されています。**人は、自分のものだと思うスペースを使用するとき、自信に満ちて能力も高く[68]なります。効率や生産性が上がります[69]。集中力も高まり、気が散りにく[70]なります。さらには、自分の利益[71]をより力強く効果的に推し進めるようになります。**

例えば心理学者のグレアム・ブラウンとマーカス・ベアが行った研究では、自分の空間で交渉している人の方が、「訪問者」として交渉している人と比べて、60～160％高い価値[72]を手に入れることができました。

オハイオ州にあるケニオン大学の心理学准教授ベンジャミン・ミーガーは、なぜこのような結果になるかの説明となりそうな興味深い理論を提唱しています。人は、自分にとって馴染み深い場所にいると、行動や思考の方法、さらには周りの世界をどう認識するかも変わります。馴染み深い場所とは、自分が選択を重ねて形作ってきた場所であり、過去にそこで学んだり働いたりした記憶が染みついた場所でもあります。

ミーガーによると、自分のホームグラウンドにいるときは知的プロセスと知覚プロセスが効率良く働く[73]ため、そこまで意識的にコントロールしなくてもよくなります。頭脳は、周りの物理的な構造がサポートしてくれ、すべてを自力でこなさなくてもよくなるため、より冴えて働きが良くなるのです。役立つ情報を集め、効果的な習慣やルーティンをサポートし、非生産的な衝動を抑えてくれます。**自分の場所だと感じる馴染み深い空間にいると、「自分の認知は環境全体に広がる」**[74]**ため、場所が私たちの思考を手助けしてくれる**とミーガーは考えています。

自分の場所であるという感覚や、そうした場所の機能も含めてコントロールできるという感覚が支配的になると、人はもっと生産的になります。これは、心理学者のクレイグ・ナイトとアレクサンダー・ハスラムが行った印象的な実験で実証されました。

実験参加者は、複数のタスクを与えられ[75]、次の4つの環境のいずれかで作業しました。ムダのないオフィス（簡素ですっきり）、豊かなオフィス（ポスターや植木鉢などで装飾）、自信のつくオフィス（参加者は自由にアレンジが可能）、無力化オフィス（参加者の協力や同意なしに、目の前で勝手にアレンジ）です。

ムダのないオフィスで作業をした参加者は、あまり労力を注ぎませんでした。だるそうで活気のない様子でした。無力化オフィスの参加者も生産性は同じように平凡で、さらにはかなり不満な様子でした。ある参加者は事後の聞き取り調査で、自分のオフィスが勝手にアレンジされたときにどう感じたかと聞かれ、「あんたを殴りたかった[76]」と打ち明けたほどでした。

豊かなオフィスでは、参加者は一生懸命タスクに取り組み、生産的でした。自信のつくオフィスでタスクに取り組んだ人たちは、もっとも高いパフォーマンスを発揮しました。ムダのないオフィスよりも30％、豊かなオフィスよりも15％も多くのタスクをこなしたのです。

この効果の大きさは、どの雇用主も注目に値するはずです。**自信のつくオフィスの3人がこなした作業量は、ムダのないオフィスでの4人の作業量とほぼ同じくらい**だったのですから。

コミュニケーションから遠ざかることも大切

自分の場所に対して持てるコントロールで一番重要なのは恐らく、誰が出入りするかの権限です。「職場は賑わいのあるコーヒーハウスと同じような環境にすべきだ」と考える人たちが見落としているポイントです。

距離の近さで促されるカジュアルなやり取りは、多くのメリットを生み出します。しかしそのような交流は、したくないときに一切せずにいられる場合にのみ価値があるのです。

この観点から再び、セント・ポール大聖堂のコーヒーハウスの常連客を考えてみてください。彼らは間違いなく、引きこもるためのプライベートな書斎を自宅に持っていました。そして

ＭＩＴの無限廊下を行く教授たちも、その先には本が並んだ静かな自分の研究室があるのです。

現代の仕事は、ほかの人と頻繁に相談したり協力したりする必要があるのは間違いありません。しかし良い仕事をするには、やり取りを控える期間も必要だということに、私たちは気づいていません。組織心理学者はこれを「断続的なコラボレーション」[77]と呼んでいます。断続的なコラボレーションに関する研究は、「複雑な問題解決は２つの段階で進む」という理解に基づいて行われています。

第一の段階は、問題の本質を明確化したり解決法を構築したりするのに必要な事実を集める段階です。このときは、コミュニケーションや協力は絶対に欠かせません。しかし、同じくらい大切な第二の段階もあります。解決法を生み出し、発展させ、そこから最適な解決法を見つけ出す過程です。この段階では、過度な協力はかえって弊害をもたらすことが、研究でわかっています。

人間は、集団で生活する種の生き物です。そのため私たちは、社会的なプレッシャーに敏感で、いとも簡単に世論に引き込まれたり、みんなと足並みを揃えようとしてしまいます。**常にほかの人と触れ合っていると、全員が同じ「そこそこ良いけど最高ではない」という答えに引**

きつけられることになるのです。

ある研究によると、常にコミュニケーションができる状態にしている人は一貫して、可もなく不可もない解決法、つまりひどいわけではないけれどすばらしいわけでもない解決法を生み出すことがわかりました。一方で、**解決法を生み出す期間に他者と距離を置く人は、たくさんの「外れ」とともに、かなり優れた解決法もわずかに考え出せる**傾向にあります。

もっと良いのは、社交的なやり取りと静かな集中の時間を周期的に過ごす人です。**私たち人間は、気が散りやすい自分の傾向から保護してくれる壁が必要であるのと同じように、社会的なプレッシャーを敏感に感じ取る感受性の鋭さから守ってくれる壁が、やはり必要なのです。**

●

空間をどのように配置すれば、こうした思考法や働き方を支援してくれるのでしょうか。驚くほど適切なモデルがジョナス・ソークとルイス・カーンの作品の中にあります。修道院です。

修道士についてよくあるイメージは、孤独な世捨て人というものでしょう。しかし歴史的には、学びや瞑想をしながら一人で過ごす時間と、社会的な交流の中で他者と交わる時間とのバランスが取れたコミュニティに、修道士は暮らしていました。イギリスにあるケンブリッジ大学の人類学者リチャード・アーバインは、民族学的な研究でこのバランスについて詳しく調べることにしました。調査を行ったのは、イングランド南西部サマセットにあるベネディクト会のダウンサイド修道院です。ここでの生活様式は、何世紀もほとんど変わっていません。

修道院の建築についてアーバインは、そこで暮らす人たちの集中的なやり取りと、静かな隠とんとの日常的なサイクルを反映していると述べています。図書室や食堂、作業場、中庭といった共有スペースがある一方で、修道士が一人で過ごすための小部屋もあります。ダウンサイド修道院にも「無限廊下」があります。ここの無限廊下は回廊の形になっており、「修道院の建造物内で人とつながるための重要な要素[78]となる」長い通路です。

アーバインは、論文にこう記しています。「回廊は、共有エリアである修道院内の教会（1日6回の共同礼拝に出席する）や食堂（1日3回、一緒に黙食をする）へ行く際に修道士が定期的に通る場所であり、人が頻繁に顔を合わせる機会を促す動きの空間だ」。

修道院こそ、もっとも理想的な建築物である

組織心理学者が「断続的なコラボレーション」の価値を見出したのはつい最近ですが、ダウンサイド修道院の修道士たちはこれまで400年以上にわたり、これを実践してきました。

アーバインは、「修道院は人が頻繁に顔を合わせる場所だが、一人で過ごす重要性もまた、修道士の時間割の中に組み込まれている。1日2回行う単独での祈りや、1日の終わりに行う〝summum silentium〟(「完全なる沈黙」。「偉大なる沈黙」と呼ばれることも)などだ」と説明しています。この沈黙は、「交流を制限し、修道士が一人になる機会」となります(アーバインによると、修道士は別の方法でも断続的なコラボレーションに取り組めます。修道服のフードを頭に被り、「耳を覆って周辺視野の一部を遮断することで、ほかの人に気を取られることがあまりなくなる」状態が作れるのです)。

修道院に見られる、古くから続いてきた空間の使い方には、現代の「アクティビティベース型ワークプレイス」との類似点がいくつかあります。アクティビティベース型ワークプレイスとは、「カフェスタイルのミーティング・スペース」や「扉のついた防音の読書席」といった

空間を提供することにより、「社会的なやり取り」と「邪魔されない一人の時間」への人間のニーズを、どちらも満たそうとするものです。

多くの場合、こうしたオフィスは利用者が一番効果的に認知面を拡張できるものにはなっていません。持続的で親しみを感じられる、使う人が自分の場所だとか自分でコントロールできるなどと感じられるプライベートな空間を提供できていないからです。

そのような空間は、本書でこれまで取り上げたどの空間よりも多くの恩恵を生み出すことができます。人間が持つ2つの強いニーズを満たしてくれる可能性が高いからです。自分のアイデンティティを主張するニーズと、大きなグループに属するニーズです。**物理的な空間を使って心を拡張する方法として、ストゥディオーロ（書斎）以上に最適なモデルはありません。**

ウルビーノ公国の君主フェデリコ・ダ・モンテフェルトロが所有していた書斎の、美しく装飾された壁を思い出してください。書斎の利用者であるフェデリコは壁に囲まれながら、自分が美を愛する者であり、戦士であり、学者であることを視覚的に再確認していました。リュートとハープ、職杖と拍車、製本された詩人ウェルギリウスの本がありました。

そこにはフェデリコが属していた大切なグループを表すシンボルも表現されていました。くちばしに矢をくわえたダチョウがあしらわれたモンテフェルトロ家の紋章が、複雑にはめ込まれた木材で描かれていたのです。ダチョウの下には、フェデリコの祖父が最初に宣言したモットー[79]「Ich kann ein großes Eisen essen」（私は大きな鉄を食べられる）が、ドイツ語で堂々と記されています。壁にはイングランドのエドワード4世がフェデリコに授与した、イングランドの騎士団勲章の最高位であるガーター勲章のエンブレムも施されています。

自分自身を語るイメージやメッセージは、たとえそれが華麗な装飾が施された君主の書斎にはめられた寄木細工であれ、オフィスで働く人のパーティションに画鋲で留められたものであれ、単なる装飾ではありません。

人は、自分のアイデンティティや所属団体を表す何かしらのものがある場所では、パフォーマンスが上がる[80]ことが研究からわかっています。モチベーションが高まり、生産性も上がります。アイデンティティや所属団体を表すものは複数ありますが、まず挙げられるのは、自己像――例えば自分は猫好き、ロッククライミング好き、コミック好きな人物だ、などを表現するために使う、具体的なシンボルや信号です。

私たちは、自分の空間を使って、趣味を宣伝したり、賞や表彰されたものを自慢したり、意外な芸術の才能や奇抜なユーモアを表現したりするものです。このような行為は時に、自分が何者であるか（あるいは何者になりたいか）をほかの人たちにアピールするためでもありますが、多くの場合は、もっと親しい相手――つまり自分自身――に向けられています。

経営学の学術誌『アカデミー・オブ・マネジメント・ジャーナル』に発表されたある研究では、エンジニアからイベント・プランナー、クリエイティブ・ディレクター、不動産業者に至るまで、さまざまな職業の人の仕事スペースを詳しく調べています。彼らが自分の仕事スペースに飾っていたアイテムのうち約3分の1(81)は、本人にしか見えない場所に置かれていました。なかでも、持ち主が「自分の目標や価値観を忘れないため」に飾っていたアイテムでは70%が、ほかの人の目には触れないところにありました。

自分を保つために、書斎には自分らしいモノを飾ろう

なぜ、こうしたアイテムが必要なのでしょうか？　自意識は安定してしっかりしたもののように思えるかもしれませんが、実は非常に流動的(82)で、外的な構造によって(83)形が変化します。

外国を旅行するときに、これを実感できます。周囲のものはすべてが奇妙で珍しいため、目まいがするほど混乱してしまうでしょう。方向感覚を失ったようなこの状態は疲れますが、遠い土地での休暇旅行中であれば、楽しく感じるかもしれません。

ただ日常生活で活動するには、揺るぎないアイデンティティを育てる必要があります。**自分の周りに配置するアイテムは、この揺るぎない自己像を維持するのに役立つ**のです。心理学者のミハイ・チクセントミハイは、人が特定のアイテムを視界に置く理由について、「私たちは自分を保つために自分に関する話を聞く必要があり、アイテムがそうした話をしてくれる[84]」からだと説明しています。

私たちは自分のアイデンティティのうち、特定の面を際立たせるアイテムを手元に置く必要があります。誰にとってもアイデンティティは一つだけでなく、職業人、学生、配偶者、親、友人など、数多くあります。環境によっても、呼び起こされるアイデンティティは異なります。

南カリフォルニア大学の心理学者ダフナ・オイザーマンは、環境からのシグナルが、多くのペルソナ（アイデンティティ）のうち一つを前面に押し出す機能を果たし、思考や行動にも実際的な影響をもたらす、と指摘します。「その瞬間にどのアイデンティティが突出しているかは[85]、その人が何に注意を払うかと、何をするかの両方に影響する」としています。

人目を引く研究事例があります。アジア系アメリカ人の女子生徒たち[86]に数学のテストを受けてもらったとき、自分の民族性を思い出させるモノがあるときはスコアが上がり、性別を思い出させるモノがあるときはスコアが下がりました。私たちにいえることは、**毎日視線がとまる**

アイテムは、自分がその場所、その役割で何をしているかの認識を強化するということです。

学校や職場などで味わう浮き沈みのなかで、自分にとって意味のあるアイテムが与えてくれる心強い安定感はまた、気分や感情をコントロールする手助けにもなります。私たちはこうした**「環境を使った自己制御**[87]**」を行うとき、自分の内側にある「心の安定」（目標の追求を促進してくれます）を維持するために、自分の外にある「自分が何者かを思い出させてくれるもの」に頼ります。**

ミシガン大学フリント校の経営学教授グレゴリー・ローレンスは、中堅レベルのオフィスワーカーを対象に、ある実験を行いました。個人的に意味のあるアイテムを自分の仕事スペースに取り入れたところ、仕事のストレスによる「情緒面の疲労[88]」の解消に役立つことがわかりました。特にあまりプライバシーのないオフィス環境で働いている従業員の場合、**写真やポスター、コミックのイラスト、マグカップなどの私物を仕事スペースに飾ることができると、「自分にとって意味のある物を使い、自分自身のスペース、つまり聖域ともいえる空間を職場に作る」ことができる、**とローレンスと共同執筆者は論文に書いています。

ムダのないオフィスでは、むしろ生産性が下がる

人が自分のパーソナルな空間をどう感じるかについて、宗教的ともいえる傾向があるのを感じ取った研究者は、ローレンスだけではありません。日立製作所のアメリカ本社で、リョウコ・イマイとマサヒデ・バンは、研究開発の専門職を対象に民族学的な研究[89]を行いました。

2人は、研究対象となった従業員が「集中的に読んだり書いたりする作業、考える作業は、一人になれる快適な空間である自分のパーティションの中で行っていた」と指摘しています。「個人的に癒やしとなるアイテムや慣れ親しんだ言葉、お気に入りのツールであふれた自分専用のプライベートな空間は多くの場合、リフレッシュして自分を取り戻すための聖なる空間の役目を果たした」と2人は書いています。

こうした現代の仕事空間やパーティションには、修道院やフェデリコの書斎の片鱗を見ることができるかもしれません。自分の空間を、自分にとって大きな意味を持つもので満たしたいという人間が常に抱くニーズを証明しているといえるでしょう。

それなのに、従業員が作業スペースに個人的なアイテムを飾ることを積極的に認めなかったり、禁止したりする組織は少なくありません。[90]そのような「ごちゃごちゃ」は、手元の仕事とは無関係で気が散るだけだとか、アップルの創業者、故スティーブ・ジョブズのような憧れの指導者が持つ、清潔で簡素な美しさのイメージを実現する邪魔になるとして嫌がられます。

心理学者のクレイグ・ナイトとアレクサンダー・ハスラムが連想するのは、また別の人物です。[91]20世紀初頭に活躍したエンジニアで、アメリカの企業に「科学的管理法」をもたらしたフレデリック・ウィンズロー・テイラーです。テイラーは、最大限のスピードと最小限のムダを目指して工場を再設計し、従業員には所持品の持ち込みをはっきりと禁止しました。その主張は、個性を取り去ることで、従業員は産業機械の中にある最高に効率の良い歯車として機能するというものでした。

ナイトとハスラムは、前述の「ムダのないオフィス」と「豊かなオフィス」、「自信のつくオフィス」と「無力化オフィス」を比較する実験を行った研究者です。

2人は、ネオ・テイラー主義〔訳注：テイラー主義を現代に合わせたもの〕を受け入れるのは間違いだと考えています。とりわけ、従業員は単なる歯車ではなく、批判的あるいはクリエイティブに考えることが期待される時代であればなおさらです。

2人の研究が証明したように、**ムダや特徴のないオフィスでは人の生産性は下がります。**

「パフォーマンスを損なわせるのにかなり強力な方法は、場違いなところにいるとか、自分の居場所ではないと感じさせることだ[92]」とハスラムは述べます。

マネージャーや経営者は、個人的なアイテムがあると、組織的な結束力や忠誠心が弱まるのではないかと心配するかもしれません。しかし研究が示す証拠によると、まったく逆なのです。**従業員は、会社の中に自分の姿を見ることができるとき[93]、会社への献身度が高まります。自分の場所だという感覚は組織そのものへと拡大し、物理的な空間にも広がるのです。**

●

空間をどうアレンジするかによって、自分の個性を表現することができ、モチベーションやパフォーマンスにもポジティブな影響が生まれます。またその組織への帰属意識を確認したり、否定したりすることもできます。

歴史的に除外されてきたり、社会の隅に追いやられてきたり、否定的なステレオタイプに当てはめられてきたりしたグループに属する人たちは特に、自分が足を踏み入れた環境で目にする、自分がそこに属するか属さないかというシグナルに敏感[94]です。こうしたシグナルは至るところに存在し、強力でもありますが、バイアスに関する話し合いの中心として取り上げられることはほとんどありません。

「偏見について考えるとき、[95] ほとんどの人は人の問題だと考えます」と話すのは、インディアナ大学ブルーミントン校の心理学および脳科学の教授メアリー・マーフィです。しかし**不公平な経験や結果は、「組織的な環境」という特徴が生み出すものでもある、**とマーフィは指摘します。その環境のほとんどは人工的な環境が占めています。

マーフィは研究仲間とともに、「偏見に満ちた場所[96]」という理論を立てました。マーフィらはこれを、「あるグループに対し、ほかのグループよりも感情、生理、認知機能、パフォーマンス面で負担を強いる」場所だと定義しています。

空間が、偏見や排除を表現することもある

偏見が人（つまり個々人の頭の中にいる存在）だけに備わった性質だと考えると、組織の中でバイアスがどう作用するかの全体像を理解できなくなり、抵抗するチャンスを逃してしまいます。マーフィが「ところどころに偏見があるモデル」と呼ぶものによると、組織的な不公平は、人種差別的または性差別的な信念を持つ一握りの有害な人を特定して排除すれば根絶できる、と

いうわけではありません。

実際には、**ある組織にいる人が公平でいようと努力しても、場所が原因で偏見が続いてしまう**こともあります。物理的な空間は、そこで働いたり学んだりする人たちの行動に、かなり深遠な影響を与えるからなのです。

こうした空間の局面を変えることが、バイアスを減らすもっとも効果的な方法かもしれません。しかし直接的に人の信念を変えようとすると、抵抗や恨みを招いてしまうかもしれません。多様性に関する従来的なワークショップやトレーニングが、実はたいした結果が出ないこと[97]は、研究によって繰り返し示されてきました。

サプナ・チェリアンが2001年の夏に遭遇した環境[98]は、「偏見に満ちた場所」の表現がぴったりでした。大学を卒業したばかりのチェリアンは、カリフォルニア州のベイエリアにあるテック企業でインターンシップをするため、いくつか面接を受けていました。

訪問した企業のうち1社の職場環境は、まるでコンピューター・マニアがたむろする地下室のようで、チェリアンは自分の気が削がれるのを感じました。「アクションフィギュア[99]、おもちゃの銃、炭酸飲料の缶を積み重ねて作ったゴールデンゲート・ブリッジ」と、チェリアンはこのときを振り返って描写します。

その会社がかなり偏った美的感覚にこだわっている様子は、理想的な従業員像をアピールする様子からも感じ取れました。若い有色人種の女性であるチェリアンにとっては、自分が歓迎してもらえず、よそ者だと感じさせるものでした。

一方でソフトウェア会社のアドビで面接を受けたときは、まったく異なる環境に出合いました。明るくて心が躍るような職場だったのです。チェリアンはアドビのオファーを受け入れ、5年間そこで働きました。その後、物理的な環境から発せられるシグナルが、人の思考にどう影響するかを研究するため、スタンフォード大学の心理学博士課程に進みました。

「自分も活躍できる」と思う部屋を作ることの重要性

チェリアンが大学院生だったころ、ある実験を行いました。スタンフォード大学のゲイツ・コンピューター・サイエンス・ビルディングの一角を使い[100]、「ステレオタイプな教室」と「ステレオタイプではない教室」を作りました。「ステレオタイプな教室」には、炭酸飲料の缶、サイエンスフィクションやファンタジーの本、さらには「スタートレック」と「スターウォーズ」のポスターなどを所狭しと飾ります。「ステレオタイプではない教室」には、自然の風景のポスターや純文学小説、ミネラルウォーターのボトルなどを飾りました。

大学院生たちにそれぞれの教室で過ごしてもらった後、コンピューターサイエンスにどれほど興味があるか、自分はその分野でどのくらい活躍できると思うか、質問しました。「ステレオタイプな教室」で数分過ごした後、男子学生はコンピューターサイエンスの道に進むことにかなりの関心を示しました。女子学生は、男子学生と比べてそれほどの関心は示しませんでした。しかし「ステレオタイプではない教室」で過ごした後、女子学生のコンピューターサイエンスへの関心は際立って上がりました。男子学生の関心の高さを上回ったほどです。

チェリアンがその後に実施した調査では、「ステレオタイプではない教室」で過ごした女子学生は、自分がコンピューターサイエンスのコースで良い成績を収めるだろうと予測する傾向が強くなりました[101]。一方で男子学生は、どちらの部屋で過ごした場合でも、良い成績を収めると予想する傾向にありました。これは重要だとチェリアンは言います。「過去に行われた心理学の研究から[102]、**特定の環境で自分がどれだけ活躍できると思うかは、実際にどれだけ活躍するかを決定する可能性がある**ことがわかっているからです」。

チェリアンは論文の中でこの現象を「環境帰属」と呼んでいます。物理的な環境にしっくりくるという感覚であり、また「その環境を使用するであろうと思われる人たちに対しても、しっくりくるという感覚」だと定義されています。チェリアンによると、環境帰属は「いくつかのアイテムをちらっと見ただけでもすぐに確認できる」ものです。

その後に実施した研究でチェリアンは、環境帰属をいかに拡大できるかについて詳しく調べました。つまりどうすれば、より多くの人が自分がいる環境で、非常に重要な感覚である「しっくりくる」という思いを抱けるようになるか、ということです。

大切なのは、ステレオタイプをなくすことではなく、多様化させることだ、とチェリアンは言います。[103]その環境ではさまざまなバックグラウンドの人が活躍できる、というメッセージを発することです。

チェリアンが現在、教授をしているワシントン大学でも、この取り組みが行われています。同大学では、コンピューターサイエンスの研究所を改装しました。ペンキを塗り直し、新しい絵画を飾り、交流を促すような席の配置にしたのです。5年後、ワシントン大学で女子学生がコンピューターサイエンスの学士号を取得した割合は、アメリカの主要公立大学でどこよりも高い32％に達しました。[104]

オンライン上でも帰属意識を高めた空間は作れる

チェリアンやほかの研究者は現在、環境帰属の感覚をいかにしてオンラインの「空間」に構築できるかを模索しています。オフラインの世界の物理的な空間において事実だとわかっていることを適用して、テクノロジーを拡張しようという事例です。

オフラインの「現実世界」のケースと同様、歴史的に偏見の対象となってきたグループに属する人たちは、オンライン講座など、デジタル上のプラットフォームで見られる「排除」のシグナルに対して、とりわけ敏感[105]であることが、調査によってわかりました。オフラインの世界がそうであるように、例えばコンピューターサイエンスのような科目について、「ここに属していない」というシグナル[106]は、関心の度合いや自分がうまくやっていけるだろうという期待、こうしたトピックにどれだけ積極的に関わるか[107]にネガティブな影響を及ぼす可能性があります。

コーネル大学の情報科学准教授ルネー・キジルチッチは、オンラインでのコンピューターサイエンス講座のフェイスブック広告に、「ジェンダーインクルーシブ[108]」な画像や言葉を加えた場合の効果を調査しました。画像には、さまざまな年齢と民族の女性8人が写っており、次のような言葉が添えられていました。「コンピュータープログラムの歴史は女性の歴史。この壮大な旅路にあなたも加わりませんか」。

詳細を知りたいとクリックした女性の割合は、このようなシグナルを含まなかった類似の広告と比べ26％も高くなりました。この講座の申し込みページに似たようなシグナルを組み込んだ場合、女性が申し込む確率は18％上昇しました。

キジルチッチが率いた別の研究では、科学・技術・工学・数学（ＳＴＥＭ）の分野でのオンライン講座のウェブページで多様性の言葉を含んだ場合、社会経済的地位の低い[109]生徒からの申し込みが増加しました。このグループもまた、ＳＴＥＭの分野にはあまりいない人たちです。

ウェブページには、「本コースは、あなたにサポートとインクルーシブな学びの空間を提供する、機会均等な講座です」と書かれていました。「年齢、性別、国籍のいかんを問わず、この講座では誰もが成功できます。あなたのような人が世界中から参加しており、当校はこの多様性を大切にしています」。

キジルチッチが「心理的にインクルーシブなデザイン」と呼ぶこれらは、「コンテンツとデザインが発するシグナルを環境の中に戦略的に置くこと」[110]で、参加へのハードルを下げることを狙っています。物理的な世界同様、オンラインの世界でも重要な取り組みです。

人工的に作られた環境における経験に関する実証研究は、比較的新しい動きです。何世紀にもわたり、建築家や建設業者は伝統と直感をもとに作業をしてきました。例えば建築家のルイス・カーンは、過去の形状やスタイルを意識的に取り入れました。物質界での触感や、その場所や構造が求めるものを頼りにもしていました。

カーンは、格言のような特徴的な発言の中で、自分が建てている建物の建材と、空想の中で会話をすると描写したことがあります。「れんがに向かってこう言うんです。[111] 〝れんがよ、どうしてほしい?〟」とカーンは話しました。「すると、れんががこう言います。〝アーチが好きだな〟。れんがに〝アーチは高価なんだ。しかも開口部にはコンクリート製のまぐさが使える。れんがよ、どう思う?〟するとれんがはこう言うんです。〝アーチが好きなんだ〟」。

天井が高い場所にいると、人は思考が広がる

ジョナス・ソークは、自分の建築物を担当していた建築家のカーンが、「芸術家のビジョン[112]

を持ち、哲学者の理解を持つ」うえに、「形而上学者の知識を持つ」と感じました。将来、建築家は武器としてさらに「神経科学者の専門知識」を加える必要があるかもしれません。

急成長している分野であるニューロアーキテクチャーは、人工的に建築された環境に人間が出合うとき、脳がどう反応するか[113]を詳しく調べ始めています。

例えば、**天井が高い場所[114]にいると人は思考が広がり、抽象的になる**ことがわかりました。パリにあるフランス国立図書館の閲覧室の天井が、風船のブーケのような曲線のドーム型であることや、マンハッタンにあるニューヨーク公共図書館のローズ中央閲覧室の、雲がたくさん描かれた霊妙な天井を考えたら、信じがたい話ではありません。

一方で、**対称《シンメトリー》になった形状は[115]、力強さや頑強さといった印象を与えます。**17世紀にムガル帝国の皇帝だったシャー・ジャハーンがインドの都市アグラに建てた、白大理石のタージマハルを思い出してください。両脇に配置されたミナレットと呼ばれる塔から、床にはめられたタイルに至るまで、すべてが完璧なシンメトリーになっています（ソーク研究所もまたシンメトリーで、実際にタージマハルにたとえられることもあります）。

極度に社交的な生き物として、私たち人間は顔のように見える建築デザイン[116]にポジティブな反応をします。例えば、ルネサンス期の建築家アンドレーア・パッラーディオが設計した、現在も愛されているイタリアの邸宅ヴィラ・ロトンダがあります。

曲線は、[117]人間に安心感と心地よい感覚を抱かせることもわかっています。生後わずか1週間の赤ちゃん[118]でも、直線のモノより曲線のモノを見ていたがるのです。曲線の魅力は非常に強く、異なる世代、異なる文化、さらには異なる種でさえも[119]同じ傾向が見られます。

1971〜1972年にイギリスの芸術家ヘンリー・ムーアが制作した作品に、うねるような形の彫刻「羊の形」があります。アカゲザルの脳[120]をスキャンした研究では、サルが「羊の形」を見ているとき、報酬や快楽の経験に関連する脳の領域が明るく写ることがわかりました。

人間も同様に、柔らかな曲線を目にするとうれしくなります。例えば、フランク・ゲイリーが設計したスペインにあるビルバオ・グッゲンハイム美術館の建物があります。著名な建築家フィリップ・ジョンソンは[121]初めて同美術館を目にしたとき、あまりの感動に涙したほどでした。

無機質で何の情報もない場所では目的を見失う

ニューロアーキテクチャーから得られる知見は示唆に富んでいますが、成熟した分野とはまだいえません。今のところ、建築や設計は、すでにある従来的な形式に頼らざるを得ません。

しかし環境がいかに私たちの思考や行動に影響するかを知ったうえで、従来的なものの中から慎重に選ぶ必要があります。例えば、職場の配置法に関する概念において、コーヒーハウス・モデルがいかに支配的になったかをこれまで見てきました。仕切られたスペースや閉じられた社会集団を却下し、透明性や開放性を受け入れた点において、極めて現代的です。

しかし、この姿勢には利点と欠点のどちらも存在します。今の社会には非常に合っているこうした場所の魅力は、ほかのモデルが持つ長所を見えなくする可能性があります。つまり、コーヒーハウスの登場よりもずっと前から愛されてきた、修道院やストゥディオーロのような前近代的な形状が持つ長所です。

とはいえ、私たちの思考に問題のある影響を与える空間よりももっと懸念されるのは、影響をまったく与えない空間です。スコットランドにあるエディンバラ大学で建築コンピューティングを教える教授リチャード・コインは、「非場所の認知的な欠陥」[122]を嘆きました。**非場所（ノンプレイス）とは、現代の社会で非常に一般的になったシグナルや関連性をまったく持たない場所**です。

前述のロジャー・バーカーの「中西部での研究」でわかったことを思い出してください。物理的な場所は、性格やそのほかの要素よりもずっと大きな影響を思考や行動に及ぼす、というものでした。なぜなら「習慣、歴史、意味が[123]重なり合った豊かな層」とコインが表現するように、場所は人の心にあまりにも多くを提供するからです。コインは続けます。「大聖堂や寺院の入口にある、〝ここで待機〟という掲示は過剰であろう。というのも、適切なふるまいあるいは行動はすでに、その場所の構造やそこで行われる儀式に刻み込まれているからだ。このような場所では、〝神について考えよ〟や、〝己の有限性について考えよ〟といった文字も不要だ。神聖な場所にいるおかげで、すでにそのような考えになっているといえるだろう」。

対して「非場所」には、こうした豊かな意味が存在しません。特徴のないチェーン店やノーブランドのホテルのロビー、殺風景な都会の摩天楼に囲まれた広場には、どんな意味やメッセージが刻まれているのでしょうか？　ベージュのパーティションで区切られた仕事スペースや、窓のないトレーラーハウス内に作った教室は、どのような思考にインスピレーションを与え、どのような感情を呼び起こすのでしょうか？

私たちはこのような空間の中、孤立して目的もなくさまようのです。これは単なる美的感覚の問題ではありません。私たちが何を考え、どう行動し、何者であるかという問題なのです。

ルイス・カーンは、**場所には人の精神を変える力がある**、と理解していた一人です。建築史に精通していたカーンは、古代ローマの公衆浴場に施された、そびえ立つようなデザインから感じるインパクトについて、思いを巡らせたことがありました。

「カラカラ浴場を例に取ると」[124]とカーンは述べました。「高さ150フィート（約45メートル）の天井の下で入浴できるように、8フィート（約2メートル半）の天井の下でも入浴できることは、誰もが知っている」。

「しかし」と続けます。「150フィートの天井には人を違った類の人にさせる何かがある」。

第2部 — 環境で思考する

第6章

アイデアの空間を使う

イギリスのリディッチという町に暮らすベン・プリッドモアは、驚くべき記憶力で知られています。記憶力世界選手権で過去3回優勝し、１００近い歴史的な日付を5分間で覚えた後、間違えずに暗唱したり、ランダムに並べたトランプ１４００枚以上の順番を正しく覚えたり、円周率の小数点以下を数万ケタも記憶したりといった神業を成功させてきました。

ジャーナリストのジョシュア・フォアが、記憶の奇才たちの偉業について書いたベストセラー本、２０１１年刊行の『ごく平凡な記憶力の私が1年で全米記憶力チャンピオンになれた理由《わけ》』（エクスナレッジ）の中で、プリッドモアは大きく取り上げられています。(1)

驚くような記憶力を誇るにもかかわらず、記憶力の大会でお守りになっていた黒い中折れ帽「ラッキーハット」(2)は、電車に置き忘れてしまいました。本業は会計士ですが、仕事先にブリーフケースや重要書類を持って行くのを忘れることもあります。友達の誕生日もまったく覚えられず、「人の名前や顔を覚えられないので有名です」(3)とも認めています。

そんなプリッドモアは、「座の方法」として知られる手法を使ったからこそ、有名な記憶力チャンピオンになれたのです。**「座の方法」(4)とは、すべての人間が持っている場所との強力なつながりを利用する頭脳的な戦略**です。

「座の方法」は、古代ギリシャ人によって考え出された古くからあるテクニック(5)で、教育者や演説家が何世紀にもわたって活用しています。覚えるアイテムをそれぞれ、自分がよく知っている場所――例えば子どものころの自宅や今住んでいる町など――にある特定のスポットと結びつけて一緒に覚えていきます。

ベン・プリッドモアにとってこの場所は、イギリスのホーンカッスルにある、子どものころに通っていた学校クイーン・エリザベス・グラマースクールです。

例えば、シャッフルされた1組のトランプの順番を思い出す準備をするとします。プリッドモアは、母校を歩くときに通り過ぎる物理的な場所の順序通りに、1枚1枚のトランプを置いていく様子を想像します。正面玄関を入り、廊下を進み、シックスフォーム〔訳注：日本の高校2年生、3年生〕の休憩室を通り過ぎ、数学の教室へ入ります。

プリッドモアが「ジャーニー法」と呼ぶこの「座の方法」は、「記憶の宮殿」としても知られており、非常に効果的です。トランプに描かれた数字や絵柄といったデータそのものだけでは、すぐに忘れてしまいます。しかし**自分がよく知っている物理的な場所に結びつければ、同じ情報でも記憶にしっかりと統合させる**ことができます。

空間を活用して記憶する力は、誰もが持っている

「座の方法」を活用している記憶力チャンピオンは、プリッドモアだけではありません。ほかの記憶力コンテスト優勝者を対象に行われた調査では、物理的な場所に関する既存の記憶を新しい情報と結びつける戦略は、多くの「メモリーアスリート」が見せる並外れたパフォーマンスの鍵になると結論づけられました。

ユニバーシティ・カレッジ・ロンドンの認知神経科学教授エレノア・マグワイアも、こうした調査を行っています。マグワイアと共著者は論文の中で、「神経心理学的な評価基準[6]と、構造的・機能的な脳画像を使って調べたところ、優れた記憶力は、例外的に高い知能や脳の構造の違いによってなされるものではないことがわかった」と述べています。**「優れた記憶力を持つ人たちはむしろ、空間学習の戦略を用い、記憶、とりわけ空間記憶に重要である海馬のような脳の領域を使っていることがわかった」**としています。

「優れた記憶力を持つ人」と普通の人との違いは、思い出す際に活性化する脳の部分の違いにある、とマグワイアは突き止めました。記憶力チャンピオンの脳では、空間記憶やナビゲー

ションに関連した脳の領域がかなり使われていました。一方で普通の人のこの領域は、それほど活発な動きはなかったのです。

ということは、**記憶力のチャンピオンがほかの人と違うのは、誰もが生まれながらに持っている能力を、意識的に伸ばしている**ということです。自分がどこにいるかを知り、これまで自分がどこにいたかを覚えておく能力です。

研究では、私たちはみな脳にあらかじめ備わっているナビゲーション・システム(7)を使って、頭の中に地図を作っていることがわかっています。ここで作る地図には、物理的な場所だけでなく、概念やデータといった抽象的な地形――つまり「アイデアの空間」も含まれます。

物理的な空間で使うための感覚を、「頭の中にしかない構造」を進む際にも活用するという行為は、私たちが日々使っている言葉にも表れて(8)います。

未来は「前」にあるものだと表現し、過去は「後ろ」にあるとして表現します。私たちは努力を「積み重ね」ようとしますし、「深みにはまらない」よう気をつけます。高い目標に「手が届く」よう努力したり、悪いことをして「落ちぶれ」たりします。

これらは単なる比喩表現ではなく、いかに人が自分の周りにある世界を常に理解し、その世界とやり取りしているかを赤裸々に示す証拠なのです。

ニューヨークにあるコロンビア大学のティーチャーズ・カレッジで心理学と教育学を教えている教授バーバラ・トベルスキーはこう指摘します。「私たちは、抽象的な思考よりも空間的な思考を多く経験しており、そちらを扱う方が得意です[9]。抽象的な思考そのものは難解ですが、幸運なことに、多くの場合はなんとか空間的な思考に落とし込むことができます。こうすることで、**空間的な思考は、抽象的な思考の代わりとなったり、足場となったりできる**のです」。

科学者は長い間、物理的な空間を進む能力に、主に海馬が関わっていることを理解していました。最近では思考や記憶をまとめる際にも海馬が関わっていることが研究で示されています。海馬は、具体的な空間の地図を作ると同様に、抽象的な空間の地図[10]も作ります。

オランダにあるドンデルス脳認知行動研究所の神経科学者ブランカ・ミリヴォイェヴィッチは、2016年に発表した研究の中である実験を行っています。複数の実験参加者に1998年公開のロマンティック・コメディ映画『スライディング・ドア』を見てもらい、そのときの脳をスキャンするという[11]ものです。主人公のヘレン（グウィネス・パルトロー）は2つの異なる運命に直面します。一つ目のストーリーでは、ヘレンはぎりぎりで電車に乗り込み、帰宅したところで彼氏が別の女性とベッドにいるのを見つけてしまいます。並行して展開するもう一つのストーリーでは、電車に乗り遅れ、彼氏の浮気に気づかないままです。

映画を見ている実験参加者の海馬は、物理的な空間を頭の中でたどっている人の海馬と同じ活動をしていることが観察されました。ミリヴォイエヴィッチの研究チームは、『スライディング・ドア』を見ていた実験参加者は実質的に、映画で起きる出来事の中を進んでいたのだろうと述べています。枝分かれしたストーリーに沿って先へ続く道を見つけ、話が進むのに合わせて映画の世界の地図を作っていたのです。**私たちは、自分が実際にした経験も同じように処理している、**とミリヴォイエヴィッチは考えています。

人間は場所と感情を紐づけて記憶する

研究者の一部は、人間の空間感覚が頭の中を整理する際に手助けしているという理論を使い、「幼児期健忘[12]」という不可解な現象を説明できると考えています。

「幼児期健忘」とは、幼児期のことをあまり思い出せない事実のことです。幼児は、自力では空間を移動することができません。そのため、記憶をつかまらせておける頭の中の足場がまだできていないのではないか、とその理論では説明しています。

子どもが経験した記憶は、その子が自分の意志で動き回れるようになって初めて、覚えられるしっかりとした構造になるのかもしれません。大人の場合、私たちの記憶はあることを最初に経験したときの物理的な空間の感覚と一緒にタグづけされ[13]、それがずっと続きます。

例えば、ポッドキャストやオーディオブックを聞き直しているとき、初めて聞いたときの場所を無意識のうちに思い出している自分に気づくかもしれません。脳のこうした自動的な場所の記録づけ[14]は、生き延びるうえで価値があるため、進化の中で維持されてきました。

人類の祖先にとって、安全に身を隠せる場所や食料をどこで見つけたか、襲ってくる動物やその他の危険がどこにあったかを記憶するのは、生死に関わる重要なことでした。こうしたものがどこにあったかは、非常に重要です。

そのため、**場所の記憶が頭の中でタグづけされるときは多くの場合、ポジティブまたはネガティブな感情が一緒につけられ、その場所の情報がさらに記憶に残りやすくなります。**

この強力な記憶システムは、人間であれば誰もが持っています。中には、ベン・プリッドモアやほかの記憶力チャンピオンのように、それをうまく活用する人たちもいます。記憶力のチャンピオンでない私たちも、同じことができるように学ぶことができます。

オランダにあるラドバウド大学の神経科学者マルティン・ドレスラーは、これを研究で立証しました。ドレスラーの研究チーム（輝かしい実績を多く持つメモリーアスリートであるボリス・ニコライ・コンラッドもメンバーに含まれています）は、世界屈指のメモリーアスリート[15] 20人以上を対象にテストしました。言葉の記憶力タスクでのパフォーマンスを、普通の人と比較したのです。

結果は記憶力チャンピオンの方が優勢で、与えられた72単語のリストから平均で71単語を正しく思い出し、多くの人が満点を出しました。普通の人は、平均で21単語を思い出すにとどまりました。とはいえ「座の方法」を使って6週間トレーニングしたところ、前回は平凡な出来だった実験参加者のパフォーマンスが目覚ましく向上し、平均点は倍以上となりました。

空間と関連づければ記憶力は倍になる

覚えなくてはいけない情報を物理的な空間と結びつける方法は、現実の世界でも役立つことがあります。例えば、動詞の活用を覚えようとしている高校生や、うんざりするほどたくさんの病気と症状を勉強している研修医、結婚式のスピーチを練習している新郎の付添人などです。

ノースジョージア大学で、政治学教授のチャールズ・ウィルソンから人権問題の講義[16]を受けている学生たちは、多数の事実や概念を覚えなくてはいけません。覚える手助けとしてウィルソンは、学生たちがよく知っている空間の具体的な場所である学食と、覚えるべき情報とをつなげる方法を学生たちに教えています。

例えば「権利章典」の条項を覚えるのに苦労している学生には、学食のスープ・コーナーに歩いていくイメージをするように促します。スープは、食事のコースで一番に出てきます。つまり米国憲法修正第1条に関連づけられるのです。次に、食パンのコーナーに進みます。ここでは、クマの腕が切断されて山積みになっている様子を想像するようにウィルソンはアドバイスします。この状況は、修正第2条つまり「武装する」権利を彷彿とさせるでしょう〔訳注：「武装する」を意味する「bear arms」は「クマの腕」と同音同形異義語〕。

少し気持ちの悪いイメージですが、ウィルソンと学生たちは、派手だったり奇抜だったりするイメージの方が、情報を思い出しやすくなることに気づきました。

この原則に従い、学生たちは「マクドナルド対シカゴ市」の歴史的な判例については、ファストフードの看板ピエロ、ドナルド・マクドナルドがプロバスケットボールのチーム「シカゴ・ブルズ」のユニフォームを着て、サラダバーにいるイメージに結びつけることにしました。このようにして、「権利章典」の残り8条の修正条項も、学食で出される料理を取っているイメージと組み合わせます。

ウィルソンの教え子たちはこのトレーニングを楽しんでおり、講座の教材を覚えるのにかなり役立っていると話しています。多くの学生が、「座の方法」をほかの授業にも使うようになったとウィルソンに話したそうです。

空間を利用して心を拡張させる

人間の脳は、抽象的な大量の情報を記憶するのには適していませんが、脳が認識できる場所に関連づけられた、細かなことを思い出すのは得意です。

物理的な空間については、熟練しているという人間の本質を活用することで、（マルティン・ドレスラーが実証したように）私たちは実質的な記憶容量を倍以上に増やすことができます。また、物理的な空間を使って心を拡張させると、記憶力が改善する以上のことができます。

私たちが持つ空間認識の能力は、効果的に考えて判断したり、知見を得て問題解決したり、クリエイティブなアイデアを思いついたりするのに役立ちます。そのような能力は、「座の方法」のように想像上の空間ではなく、現物のモノ（自分の心や体がナビゲーションするのに慣れている、目に見える3次元の空間）で活用できるときに、とりわけ効果を発揮するのです。

私たちの文化は、頭の中で何かをすることに価値があるとする傾向にあります。複雑な暗算ができる数学者や、チェスの手の長い流れを心の目で思い描けるグランドマスター、メモなど頭の外にあるヒントを何も見ずに多くを覚えることができる記憶力チャンピオンなどに、畏敬の念を抱くものです。

しかし、**本当の意味での人間の才能は、事実やコンセプトを頭の外に取り出し、物理的な空間を使ってその素材を広げ、組み立て、新たに目を向けることができるところにあります。**

アイデアのために作り出す空間は、ずらっと並んだパソコンの画面、現地調査を記録したノートのページ、作業台の表面などさまざまです。あるいは著名な作家ロバート・カロの場合、オフィスの壁一面を使います。

●

「見事」「名人芸」「不朽」は、歴史家でもあるロバート・カロの作品[17]を評価する際によく使われる言葉です。カロは、都市計画家のロバート・モーゼスについて詳述した伝記『The Power Broker』(「陰の実力者」)でピュリッツァー賞を受賞しました。多くの大学講座で課題図書として指定された本書は40万部以上売れており、1974年の刊行以来、版を重ね続けています。

カロは過去40年にわたり、20世紀半ばに活躍した政界の大物リンドン・B・ジョンソンについて書いてきました。やはりピュリッツァー賞受賞作品である『Master of the Senate』(「上院の主」)や『Means of Ascent』(「上昇の手段」)など4巻が出ていますが、今後も発表される予定です。カロは輝かしいそのキャリアの中で、事実がぎっしり詰まった400ページ以上の文章を執筆してきました。

ベストセラー作家が実践する空間に脳を拡張する方法

カロは当初、自分の執筆の対象である人物を理解することに苦労していました。『The Power Broker』について取材していたとき、集めた情報の多さに圧倒されました。「あまりにも多く、膨大だった」と後に述べています。[18]「この資料をどうすればいいのか、見当もつかなかった」。カロの本は、たとえそれがカロ本人でも、すべてを頭の中で考えるにはあまりにも内容が壮大でした。タイプライターで文字を打ったページ(カロはパソコンを使いません)の余白にも、自分がこれから書こうとしているストーリーの全容はまったく収まりません。

この巨大なプロジェクトを完成させるために、カロは自分の思考を、物理的な空間に拡張させる必要がありました。マンハッタンのアッパー・ウエスト・サイドにあるカロのオフィスの壁一面は、高さ約1・2メートル、幅約3メートルのコルクボードで覆われています。ボードは、カロが執筆中の作品の詳細なあらましで埋め尽くされ、話の始まりから終わりまでの軌道が描かれています（カロはあまりにも緻密なため、本の最後の一文を決めない限り、書き始めることはありません）。

執筆を進める際、この壁は思考するためのもう一つの場所となります。「すべて考え抜いて、全体像が頭の中で見えてからでないと、本を書き始めることはできません」と、カロは自分のオフィスを訪れた客人に話しました。「書き始める前に、作品を1〜3個の段落に要約します。作品が見えてくるのはこのとき。このプロセスには何週間もかかるかもしれませんが、この段落を使って本全体のあらましを作ります。それがこの壁であなたが目にしているものです」[19]。

別のインタビューでは、あらましが書かれたこの壁が、いかに集中力の維持に役立っているかを説明しています。「執筆中は手を止めたくない[20]ので、すべてがどこにあるか、わかっている必要があります」と話しました。「ファイルがどこにあるのか常に探さなければならなかったら、自分が書いている章の気分を維持することはできません」。

カロは必要に迫られて、思考と仕事のモードにたどり着くための自分なりの方法を見つけたのです。膨大な量の資料を頭の中だけで保っていたら、恐らく無理だったでしょう。

心理学者のバーバラ・トベルスキーは、**「思考で心がいっぱい[21]になったとき、心は実世界を使う」**と述べています。この可能性に一度気づけば、心の拡張を促すべく、私たちが学び働いている物質的な世界を意図的に形作ることができます。カリフォルニア大学サンディエゴ校の教授デヴィッド・カーシュの言葉によれば「空間の認知的適合性[22]」を高めるということです。

思考を形にして外に出すと、より壮大な発想ができる

理解を深めるために、カロの壁が心にどのような作用をしているか、詳しく見てみましょう。

もっとも基本的なレベルでいうと、カロは**事実やアイデアを、物理的な空間へと降ろしてい[23]ます。そうすれば情報やその情報が埋め込まれた複雑な構造を、頭の中で維持しておく必要がありません。**壁に書かれたあらましが、情報や構造をすぐに使える状態で維持してくれるおかげで、カロの知的リソースには、この資料について考えるための空きがもっとできます。

思考を頭の中に維持しつつ、同時にその思考を使っていろいろなことをするのは、認知面にかなりの負荷がかかります。**情報を文字やシンボルなどにして物理的な空間に任せれば、認知**

面にかかった負荷の一部を減らすことができます。例えば、電話番号をぶつぶつと繰り返しつぶやくことで数字を頭の中に保とうとする代わりに、手早くメモを取る、ということです。

カロの壁は、頭の中に描かれていた本の「地図」を、外に存在する安定性のあるモノに変えました。オフィスのコルクボードがカロの思考能力を拡張した方法なのです。

カロはボードを見渡せば、自分のアイデアが互いにどう関係しているのか、枝分かれしたあらすじが、いかにして紆余曲折し、離れたりくっついたりしながら進むのか、頭の中にとどめておくよりもずっとはっきりと具体的に見ることができます。

カロは自分の独特な働き方に合うようこの方法を長年かけて培ってきましたが、この戦略は、心理学の世界では実験で効果がかなり裏づけられている「概念地図」(コンセプトマップ)と呼ばれるアプローチによく似ています。概念地図とは、事実とアイデア、そしてその関係性を視覚的に表現したものです。カロのように詳細なあらましを描く形にもできますが、たいていはもっと図解された形になっています。

概念地図を作る行為は、それ自体に認知面でさまざまな恩恵があることが、研究でわかっています。概念地図を作る際、自分が何を理解しているかをよく考え、それを一貫した構造にまとめる必要があります。作成するプロセスの中で、自覚していなかった理解の穴が見えてくるかもしれません。また、概念地図を作るプロセスを通して意味を深く考えるので、地図の内容を覚えやすくなります。

地図がいったん完成してしまえば、いつもは頭の中にある知識が、目に見えるようになります。地図を精査することで全体像がはっきりと見えるようになり、一つひとつの細かいところに気を取られなくなります。また複雑な全体像のさまざまな部分が互いにどう関係しているのかに、もっと気づきやすくなります。

ビジネスの世界でも活用される概念地図

コーネル大学で生物学と科学教育を教え、現在は名誉教授であるジョセフ・ノヴァクは、1970年代に概念地図の手法を考案したとき、子どもたちがどう科学を学ぶか[24]について調べていました。このテクニックは教育から生まれたものですが、ビジネス界で応用されることが多くなってきた、とノヴァクは指摘しています。

そこでは、「問題を理解し解決するのに必要な知識構造[25]は多くの場合、学術界で求められるよりもケタ違いに複雑」だとノヴァクは述べています。概念地図の規模や複雑さはさまざまで、シンプルな図式から、いくつもの要素の相関関係を示す手の込んだものまであります。

例えばロバート・カロの地図は巨大です。その前に立ち、沿って歩き、寄りかかり、一歩下がって見ることができるくらいに巨大なものです。そこに書き出したあらましの大きさのおかげで、カロは論理的思考と分析という純粋な認知能力だけでなく、ナビゲーションや道筋を知るという体感的な直感力を、プロジェクトに向けられるようになります。

研究者らは現在、この体感的な直感力という古代から進化してきた能力が、抽象的な概念をより知的に思考するのに役立つというエビデンスを集めています。この見識が最初に見られたのは、意外にも未来的なアクション映画でした。

●

2002年の映画『マイノリティ・リポート』が有名な理由は当然、ただかっこいいからです。トム・クルーズ演じる犯罪予防局のチーフ、ジョン・アンダートンは、複数の巨大コンピューターの画面の前に立っています。まだ発生していない犯罪の証拠を調べていますが、落ち着いてできるような知的作業ではありません。

目の前に広げられた情報に対し、アンダートンは直接触れているかのように働きかけています。まるで物理的なモノのように手を伸ばして画像をつかみ、動かします。周辺視野で展開されているシーンを見ようと頭の向きを変え、画像をじっくり見ようと一歩前に踏み出します。アンダートン役のクルーズは、3次元の場所でやるように調査ファイルを調べています。

『マイノリティ・リポート』があまりにリアルだった理由

フィリップ・K・ディックの短編小説が原作のこの映画は、2054年が舞台になっています。現実にはまだ存在していないテクノロジーが登場しますが、ジョン・アンダートンが使うインターフェースには説得力があり、(アンダートンにとっては)当たり前のようにも見えます。

カリフォルニア州立工科大学の科学技術社会論教授デヴィッド・カービーは、映画ファンがふと疑念を抱かなくなる鍵がここにあると主張します。「映画に出てくる説得力のあるテクノロジー[26]は、登場人物のおかげで当たり前のもののように見える」とカービーは論文に書いています。「そのため、特別なものではなく日常的なテクノロジーだと観客に思わせる」。

『マイノリティ・リポート』の監督スティーヴン・スピルバーグがこのシーンを演出した際、有利な要素が一つありました。アンダートンが使ったテクノロジーは、これ以上ないほど「日常的」で「当たり前」の人間の能力によって操作されるものだったのです。つまり、空間を移動する能力です。

より真実味を加えるためにスピルバーグは、マサチューセッツ工科大学（MIT）からコンピューター科学者を呼び寄せて製作に協力してもらいました。MITから参加した研究者のジョン・アンダーコフラーは、この設計作業には研究開発作業のように取り組んでほしいとスピルバーグに促された、と話しています[27]。そしてある意味、実際に研究開発だったのです。

映画の公開後、アンダーコフラーは「数え切れないほど」の投資家やCEOからアプローチを受け、「あれって本当にあるのですか？ ないなら、お金を払うので作ってくれませんか？」と聞かれたそうです[28]。

トム・クルーズの演技が説得力をもったテクノロジーですが、その後、非常に近いものを科学者たちは構築しています（アンダーコフラーは彼が「空間操作環境」と呼ぶ、『マイノリティ・リポート』のようなユーザーインターフェースを開発する企業、オブロンインダストリーのCEOになっています）。

研究者らはこのテクノロジーの認知効果について研究を始めており、サイエンスフィクションで示された可能性が現実であることを発見しています。つまり、人の知的な思考を手助けしてくれるということです。

大きなディスプレイでパフォーマンスが向上

特に実証的な研究の対象となったツールは、「高解像度の巨大ディスプレイ」です。ユーザーが現実の状況で使うようなナビゲーション能力を、ある程度使えるくらいに大きなコンピューターの画面です。横1メートル、縦2・7メートルのディスプレイに、3150万画素にもなる映像を表示しているところを想像してください（平均的なパソコン・モニターの画素数は、80万画素以下です）。

ユタ州にあるウィーバー州立大学のコンピューターサイエンス准教授ロバート・ボールは、人がこのようなディスプレイを使うときのパフォーマンスと、従来的な大きさの画面を使うときのパフォーマンスを比較する研究を数多く行っています。

巨大サイズのディスプレイによってどれだけ改善するかは、目を見張るほどです。ボールらによると、基本的な視覚化タスクを完成させる速度は、高解像度の大型ディスプレイだと平均の10倍以上の速さになります。[29]「パターン発見」のようにさらに難しいタスクでは、大きなディスプレイを使った実験参加者は、パフォーマンスが200〜300%向上しました。

小さな画面で作業をした場合、提示された問題を解決するために実験参加者が使った戦略は効率が悪くシンプルで、提示した解決法も数少なく限定的な内容でした。大きなディスプレイを使ったときは、[30]高度な思考を用いて多くの発見をし、広範で統合的な洞察に至りました。

こうした結果は、個人差や好みの問題ではないとボールは主張します。**大きなディスプレイを使う人は誰もが、[31]自分の思考が改善した**と感じるのです。

なぜでしょうか？ ボールによると、高解像度の大きなディスプレイを使うことで、ユーザーは「身体的に体現されたリソース」[32]を活用できるようになるためです。「小さな画面では体に備わっている機能のほとんどがムダになってしまう」とボールは説明します。

こうした身体的なリソースは豊富です。これには「周辺視野」（視線の焦点が直接的に向いている領域の外にある物体や動きを見ることができる能力）も含まれます。

ボールが共著者らと行った実験では、人は周辺視野から情報にアクセスする能力によって、より多くの知識[33]や知見を一度に得ることができ、背景についてさらに深く知ることができることが示されています。また「視界の隅」でモノを見ることができる力のおかげで、必要な情報を効率良く見つけられ、[34]さらに目の前の問題を考えているときにも、より多くの情報を頭の中にとどめておけるようになります。

一方で小さなディスプレイでは、視野が狭くなり[35]、限定的な思考となります。**画面の画素数が多いほど、問題を理解したり解決したりするために、自分自身の「脳の画素」をより多く使えるようになる、**とボールは説明しています。

小さなディスプレイを使うと知的能力が枯渇する

人間に備わっている「体現化されたリソース」には「空間記憶[36]」も含まれます。これは「座の方法」が活用している、何がどこにあるかを覚えておくための人間が持つ確かな能力です。

しかしボールが主張するように、従来的なコンピューター技術により、この能力はムダになっていることが多々あります。小さなディスプレイでは、画面の中に含まれる情報は必然的に重ねられたり、画面上であちこちに動かされたりして、その情報がある場所を理解する私たちの能力の邪魔をします。

対照的に、**大きなディスプレイや複数のディスプレイなら、長い間同じ配置を続けたまま、すべてのデータを置けるだけの十分なスペースがあるため、その情報を扱う際にも、自分の空**

間記憶を活用できるようになります。

バージニア大学とカーネギー・メロン大学の研究者が行った実験によると、ある情報を複数のモニターで提示した場合、1台のモニターと比べて、実験参加者は56％多くの情報[37]を思い出すことができました。複数のモニターを使った環境では、実験参加者は体をねじったり、顔を動かしたりして、求める情報の方に自分の体を向けました。これにより、その情報が空間的にどの場所にあるか、記憶を強化するためのタグ付けが頭の中で行われたのでした。

重要なのは、こうしたタグづけが「積極的な努力」なしに行われたという点です。場所の情報を自動的に覚えるというのは、人間が自然にする行為であり、貴重な知的リソースを枯渇させることなく記憶を補強します。

大きなディスプレイによって実現されるその他の「体現化されたリソース[38]」には、体がどこでどう動いているかを感じる「固有感覚」や、現実の環境を動く際に目が受け取る情報の継続的な流れである「オプティカルフロー」が含まれます。

この2つのリソースは常に動きがありますが、小さな画面の前で静かに座っていると、どちらも静かになってしまいます。そのため記憶を強化したり、洞察を深めたりしてくれるであろう豊かな多面的データが入ってこなくなってしまうのです。

実際のところ、**小型ディスプレイを使用すると、知的能力がどんどん枯渇していきます。**画面が小さいということは、概念的な地図を作る際に、画面上にしっかりと広げられず、自分の頭の中にとどめておかなければならなくなるということです。

有限で認知的な能力の一部を、頭の中に地図をとどめるために使わなければならないのです。そのうえ、頭の中にある地図は[39]、時間とともに不確かになったり歪んだりして、データに忠実ではなくなってくるかもしれません。

また小さな画面の場合、情報を処理する際、人の体が無理なくこなせる直感的な「身体的なナビゲーション[40]」ではなく、スクロール、ズーム、クリックといった「バーチャルなナビゲーション」で行わなければなりません。ロバート・ボールによると、ディスプレイのサイズが上がるにつれて[41]、バーチャルなナビゲーションの回数が減り、タスクを行うのに必要な所要時間も減りました。**大型ディスプレイは小型ディスプレイと比べて、「画面上でやりくりする作業」が90%も減る**[42]ことが明らかになったのです。

当然ながら、自宅や職場に3平方メートルもの画面を取りつけようと思う人はあまりいないでしょう（大型のインタラクティブ・ディスプレイは、工業、学問、企業の世界で一般的に目にするようになってはきましたが)。しかしボールは、職場や学校をそこまで劇的に変えなくても、アイデアの空間を身体的にナビゲーションすることから恩恵を受けることは可能だ、と指摘します。

鍵となるのは、より速くてパワフルなテクノロジーを選ぶのではなく、従来的なテクノロジーでは活用できていない人間の能力を、もっとうまく使いこなすツールに目を向けることです。**光のように速いプロセッサーに投資するよりも、もっと大きなモニターか、並べて同時に使える複数のモニターにお金を投じた方がいい**、とボールは提案しています。

さらに、このような選択をするパソコンユーザーは、「コンピューターシステムの中でも人間的な要素にお金をかけているため、より生産的に作業をこなせる可能性が高い。一度に多くの情報が画面上に表示されるため、人間らしい側面を作業に活用できる」とも述べています[43]。

●

アイデアの空間を探索できる「テクノロジー」は、デジタルである必要はありません。鉛筆、ノート、観察力のある目など、一番生産的なツールはときに一番シンプルです。若き日のチャールズ・ダーウィンにとってこうした地味な道具は、後に世界を変えることになる理論を練り上げる際の鍵となりました。

1831年、ケンブリッジ大学神学部を卒業したばかりの22歳のダーウィンは、医師や聖職者として月並みな職業に進むか、膨らみ始めていた博物学への関心に従うか、決めかねていました。同年8月、ケンブリッジ大学でかつて指導してくれていた教授から、一通の手紙が届きます。イギリス海軍ビーグル号に博物学者として乗船し、2年に及ぶ遠征(44)に同行する気はないかという打診でした。ダーウィンはこれを受け入れ、12月からロバート・フィッツロイ艦長のもと、海上で働くことになりました。

日常の詳細な日誌が、ダーウィンを進化論へ導いた

若きダーウィンは、経験豊かな艦長の行動を観察し、見習いました。例えば、ビーグル号に乗り込むまで日誌をつけたことはありませんでしたが、書くようになりました。船上での出来事や外洋の状況を事細かに記録するよう海軍で訓練を受けていたフィッツロイの影響でした。ダーウィンとフィッツロイは毎日、一緒に昼食を取りました。フィッツロイは昼食後、腰を据えて公式の航海日誌と個人的な日記の両方を書き始めます。これに倣い、ダーウィンも「現地調査ノート」「科学日誌」「日記」を最新の状態に保つことにしました。

「現地調査ノート」は観察したことをイラストやスケッチなどを使い、その場で書きとめておくもので、「科学日誌」は現地調査ノートに記した観察に、統合的で理論的な考察を書き加えたものでした。南アメリカで一時的に下船して陸上移動した際にも、何かが起きたり印象的な光景に出合ったりするたびに事細かに書きとめる、船上の習慣を維持するよう努めました。

科学史家でありハーバード大学の教授でもあるジャネット・ブラウンは、ダーウィンのこの活動の重要性について、次のように述べています。「大量の記録をつけることで、[45]ダーウィンは自然や自分自身について何でも書くことを学びました。フィッツロイのように、自分の身の回りをよく見ること、メモしたり測定したりすること、何を記録すべきか頭の中にあるチェックリストをざっと確認することを独学で覚え、記憶だけに頼らず、何かが起きたら常にすぐ記録に残していました」。ブラウンはさらに、こう記します。「海軍では普通のことでも、ダーウィンにとっては思考をはっきりとまとめる基礎訓練となり、その後何年も大いに役立つことになる、理論的で科学的な主張を組み立てられるようになるための準備として最適でした」。

ダーウィンの詳細なメモは、「思考をはっきりとまとめ」たり「理論的で科学的な主張を組み立て」たりするのに役立つだけではありませんでした。**頭の中の作業を日誌という物理的な空間に投影したことで、進化論へと導いてくれる概念地図を作り出した**のでした。

画期的な書籍『種の起源』の出版の25年も前から、ビーグル号での調査旅行でずっとつけていた日誌は、ダーウィンの思考を慎重に一歩一歩前進させたのでした。

例えば1833年10月10日、ダーウィンはアルゼンチン北東部にあるパラナ川の土手で、化石の馬の歯を見つけました。樹上性の巨大ナマケモノ「メガテリウム」の骨の化石も一緒に発見しました。見たところ同じ時代のものでしたが、馬は今も多く生息している一方で、メガテリウムはかなり前に絶滅したのはなぜなのだろうかと、ダーウィンは日誌に記しました。

それから1年半後の1835年4月1日、アンデス山脈の高所に「化石の森」を見つけます。ケンブリッジ大学の教授に向けた手紙の中で、ダーウィンはこの森を「石灰化した木の小さな森」と描写しています。この発見が何を意味するのか、思案して再び日誌に記します。この森ができた可能性の一つとして、大昔の「沈下」――土地が海の中へ沈み、海底の堆積物で木が石灰化したからではないか、とメモしました。

ダーウィンは、こうした劇的な地形の変化（一度沈んだ後に、この化石の森が見つかった山の高さにまで隆起したこと）が、当時の考えで支持されるものでないことを理解していました。当時は、地球の誕生以来、地質は安定しているものだと考えられていたのです。ダーウィンは日誌に胸の内を明かしています。「しかしながら私自身[46]、沈下の考えを追い払えないことを打ち明けなければならない。疑いなく、そこでは相当な動きが必要となるが」。

このように、詳細でありつつ心をオープンに保った観察のおかげで、今では当然でも当時そうは思われていなかった結論へと、ダーウィンは進んでいきました。ビーグル号での旅の後、『種の起源』の出版前である1849年、40歳のダーウィンは自分の後に続く人たちに、「大量のメモを取る習慣をつけること。[47] 発表するためだけでなく、自分を導くものとして」と助言しました。「ほぼ無限の時間の中で茫洋《ぼうよう》とした広さを相手にするとき、想像力は暴走しがちになる」ため、博物学者は「正確であるよう気をつけなくてはならない」と書いています。

メモを取るだけで、出来事を深く処理できる

思考で心がいっぱいになってしまったとき、心は実世界を使います。こうした（物理的・空間的な）実世界の活用がなぜ思考に良いのか、研究者は興味深い発見を報告しています。

概念地図の作成と同様に、**現場でメモを取るというプロセス（その現場が売り場であれ、会議室であれ、高校の化学実験室であれ）は、それ自体が認知面にとってうれしいボーナスになります。**

見たり聞いたりするだけの場合、私たちは目や耳を通り過ぎていく刺激をほぼ区別せずに、受け入れます。しかしメモを取り始めたとたん、識別、判断、選択せざるを得なくなります。

こうして積極的になった認知面の活動のおかげで、目にしているものを深く処理できるようになります。さらに、新しい思考につながる場合もあります。自分が取ったメモが上り階段を築き上げ、そこから新しい景色を見渡すことができるようになるのです。

モンタナ大学の生態学および進化生物学の教授エリック・グリーンは、その長いキャリアの中(48)で、自分がつけてきた現地調査ノートをずっと頼りにしてきました。

らせん綴じのノートの山には、ペルーの沼地に茂るヤシの木に、夕暮れどきにコンゴウインコやオウムがねぐらにつくために飛んでくる様子や、ボツワナのオカバンゴ・デルタでアヌビスヒヒが「ワフー」と声を上げ、近づいてくるライオンに注意するよう仲間に警告する様子、ニュージーランド近海の海溝で、ダイオウイカを捕まえるために若いマッコウクジラのオスが尾を跳ね上げて1時間のダイビングに臨む様子――などが記されています。

しかしこうしたメモは、自分が観察したり経験したりしたことの記録だけでなく、「研究を新たな方向へと導くアイデアの宝庫」だとグリーンは説明しています。

何かを注意深く観察することの効用

このプロセスを学生たちにも教えたいと、グリーンはモンタナ大学の生態学上級クラスで現地調査ノートをつける実習を行いました。何か一つを選び、その学期中ずっと注意深く観察するよう学生たちに指示しました。観察対象は、1本の木でも鳥の餌箱でも、ビーバーが作るダムでも自宅の庭でも構いません。

この実習は、機械的に記録するのではなく、非常に生産的な活動であり、科学的発見の出発点であると学生たちに強調しました。「伝えたかったのは、新たに疑問を抱くことが科学ではかなり難しいという点です」とグリーンは言います。「新しいアイデアはどこからやってくるのか？　まずは自然を注意深く観察するところから始めるといいでしょう」。

自分が選んだ場所を、時間をかけて観察することに加え、学生たちは、観察結果をもとに少なくとも10の研究的疑問（リサーチクエスチョン）を考えるよう求められました。

何かに気づいたり、紙に書き取るために興味深いポイントを選んだりする行為によって、頭の中での処理がより深いレベルに入っていきます。

物事が本当に興味深くなるのは、手を止めて、書いたものを振り返るときです。頭の中にあるイメージとページに書かれたもののイメージは、大まかには同じように見えるかもしれません。しかし心理学で「アフォーダンス」と呼ばれる[49]、そこにあるものを使って私たちは何ができるかという観点から見ると、実はかなり違っています。

例えば外的なイメージは、内的なイメージよりも厳密です。哲学者ダニエル・デネットの、虎をイメージする有名な思考実験[50]があります。虎の目、鼻、足、尻尾を細かく想像してみてください。しばらく心に描き出してみると、かなり完璧なイメージになっているのではないかと感じるものです。

そこでデネットは、この質問に答えてほしいと言います。「その虎には、何本の縞がありますか？」。かなりはっきり描けていると思っていた心のイメージが突然、猛烈につかみどころのないものに思えてきます[51]。虎を紙に描いていたなら、縞を数えるタスクは容易な作業だったでしょう。

イラストに描き出すことで学びが深まる

外部イメージに特有のアフォーダンスには、体の感覚を適用できる点があります。虎の例が示したように、イメージを心の目で「見る」のは、紙の上のイメージを見るのとは異なります。オレゴン州にあるリード大学の心理学名誉教授ダニエル・レイスバーグは、この視点の変化を「分離による獲得」[52]と呼んでいます。**自分と頭の中身との間に少し距離を置くことで、認知的な恩恵が得られる**のです。実際に距離を置いてみると、頭の中身が何なのか、言うなれば「虎に何本の縞があるのか」、よりはっきりと見ることができるようになります。また、距離を取ることで「認識力」を活性化できるようにもなります。

例えば単語のスペルがよくわからないとき、いくつか書き出してみて何が「正しく見える」か判断するときに、この力を活用しています。誰もがよくする行為ですが、興味深いのは、どのスペルが正しそうかは、たいていは書き出すとすぐにわかるという点です。つまり、**自分ですでに持っている知識でありながら、外に出して初めて活用できる**ことを示唆しています。

似たような現象が、科学学習を調査している研究者から報告されています。2016年に発表された研究で、8年生[53]〔訳注：日本の中学2年生に相当〕の生徒たちに、機械のシステム（自転車用の空気入れ）と化学のシステム（分子を作る原子の結合）の働きをイラストで描くよう指示しました。

両システムの作用について視覚的に説明することで、生徒たちの理解はより深まりました。実験参加者は特に追加的な指示をされることなく、自分が描いた絵を「完全性と一貫性を確認[54]するための推論の土台として」使った、と研究者らは報告しています。

頭の中にあるイメージを紙の上に形や線で表現することで、深まりつつある生徒の理解が支えられ、2つの科学的なシステムについて生徒がすでに何を知っていたかを、もっとはっきりさせたのでした。同時にイラストという明確さ（厳密さ）は、生徒たちがまだ知らなかったことや理解していなかったことを、無慈悲な厳しさで明らかにもしました。

外部のイメージは、内部のイメージよりももっと厳密なものです。それでいながら、別の意味では便利なほどに曖昧でもあります。イメージが頭の中にあるとき、それが何を意味するかについて不可解な点はありません。それは「私の思考」であり、「それが意図することに疑念もなければ[55]曖昧さもない」とダニエル・レイスバーグは指摘しています。

しかし、いったんそれを紙の上に出すと、繰り返したり、いじったり、違う方向に向けたりできるようになります。まるで自分が作ったものではないように感じることさえあるかもしれません。実際に、創作活動をしている芸術家、建築家、デザイナーを観察した研究者によると、彼らは少なくとも意図的には生み出していない何らかの要素を、自分の作品の中に「発見する」[56]ことが多いと指摘しています。

目と手の「会話」が新たな発見を生む

イスラエル工科大学の建築学名誉教授ガブリエラ・ゴールドシュミットは、どうしてこんなことが起きるのか説明しています。「**人は、描き出したスケッチの中に、**[57]**自分が注ぎ込んだ以上の情報を見出す。**これが可能な理由は、人が紙の上に点や線、その他の記号を描き出すとき、その要素の中には、自分では予測も予定もしていなかった新しい組み合わせや関係性が生まれるためである。スケッチが描かれるときにそれを見出すのだ」。

建築家、芸術家、デザイナーは、目と手の間でなされる「会話」[58]について語ることがよくあります。ゴールドシュミットは、「自然発生的なスケッチからの口ごたえ」[59]と表現し、この会話が双方向でなされることをはっきりと述べています。

ゴールドシュミットのチームが行った研究では、絵を描くのが得意な人は、こうした活発な対話に長《た》けていることが示されました。

例えばベテラン建築家[60]は、自分が過去に描いたスケッチの中に有望な可能性を見出す能力が、キャリアの浅い建築家よりもずっと高いことが研究で明らかになっています。あるベテラン建築家の手法に関する徹底分析では、新しいアイデアの80％は、本人が以前描いた古いスケッチを解釈しなおすことで生まれていたことがわかりました。

また一般的に建築のエキスパートは、たった一つの非生産的なコンセプトに執着することが、キャリアの乏しい建築家と比べて少ないこともわかりました。自分のスケッチの中に見つかったまったく異なる要素を組み合わせて、何か違う良いものに作り変えることが得意なのです。

描き出すことで、さまざまな角度から観察できる

こうした建築のエキスパートの観察から、自分でも活用できそうな対処法[61]が導き出されます。新しいアイデアを出そうとするとき、まずは大まかな計画や目標からスタートするといいでしょう。プロセスの初期段階では、明確であるものよりも、漠然とした曖昧さの方が「生み出

す力」を秘めています。

このタスクを、A地点からB地点へ直線的にたどるものではなく、サイクルだと考えてみてください。考え、描き、見て、再び考え、再び描くのです。同様に、心が鉛筆に何をするか指示を与えている様子を想像してはいけません。代わりに目と手が互いに情報を与え合い、両者の間に会話が展開していくのに任せましょう。

最後に、批判はできるだけ先延ばしにすべきです。そうすることで、先入観や自己批判によって抑制されることなく、知覚と行動が活発にやり取りできるようになります。

どの分野であれ総体的に、ベテランは「外面化」をうまくこなす[62]のが特徴です。認知科学者のデヴィッド・カーシュはビデオゲームの名人について、「うまいプレイヤーほど実世界をうまく使う[63]」と書いています。

熟練した芸術家、科学者、デザイナー、建築家は、2次元空間に自分を限定したりしません。付加的な利点を得られる3次元のモデルに定期的に手を伸ばしています。**3次元のモデルを使うことで、さまざまな要素を実際に動かしたり、複数の視点から観察したり、自分の体を向けたりできるようになり、「体現化されたリソース」のすべてを、タスクやそれに伴う課題について考えるために利用できるようになる**のです。

デヴィッド・カーシュは、設計中の建物の模型を建築家がどう使うのか、詳しく観察しました。自分が作ったモデルに働きかけるとき、「彼らは文字通り[64]、そのモデルを使って思考する」とカーシュは述べています。

3次元で働きかけることで、「そうしなかった場合[65]は不可能ではないにせよ、困難であったであろう思考を形作ることができる」のです。カーシュはこれを、現物を物理的な空間で動かすことからくる「認知的な追加部分」と呼んでいます。

次のエピソードは、一見して解決できない問題に苦しんでいた科学者に変化をもたらした、認知面でのボーナスといえるものでした。

●

1953年、どんよりとした2月のある日、ジェームズ・ワトソンは落ち込んでいました。[66]イギリスにあるケンブリッジ大学のカベンディッシュ研究所の若き科学者ワトソンは、同じく若手の共同研究者フランシス・クリックとともに、生物の遺伝子情報を含む分子であるDNAの構造を解明しようと、何カ月も研究していました。その日の朝、同僚に「無謀なことでこれ以上[67]時間をムダにするな」と強く言われた、とワトソンは自伝の中で振り返っています。

DNAを構成する4つの塩基（アデニン、グアニン、シトシン、チミン）について自分が提唱した配置が、実際にその通りであることを証明したいと考えていたワトソンは、カベンディッシュ研究所の作業場にいる技術者に、錫で塩基モデルをはんだづけしてくれるよう依頼していました。しかし制作にあまりにも時間がかかっており、ワトソンはまるで「石の壁にぶち当たった」ように感じていました。ついに自暴自棄になり、[68] この作業を自力でやってみようと、硬いボール紙を使って、その日の午後はモデル作りをして過ごしました。

手を動かさなければ生まれなかった世紀の発見

ワトソンは話を続けます。「翌朝、まだ誰もいないオフィスに到着すると、[69] すぐに自分のデスク上の書類を片づけた。水素結合でつながった塩基対を制作する広くて平らな場所を確保するためだ」。最初は、DNAの要素がどのような配置になっているか、自分の最新の理解に基づきボール紙の塩基を組み合わせようとしました。

しかし「それでは何の成果も生まないことは嫌というほどわかっていた」とワトソンは説明します。そこで「塩基をあれこれ動かし、可能性がありそうな組み合わせを作り始めた」。

するとひらめきました。「突然、2つの水素結合でつながっていたアデニンとチミンのペアが、少なくとも2つの水素結合でつながっているグアニンとシトシンのペアと、形が同じであることに気づいた」のです。

ボール紙のモデルを動かしていると、二重らせんの構造に埋め込まれた塩基が見えてきました。「水素結合すべてが、自然に形成されているように思えた。2種類の塩基対をまったく同じ形にするために、あれこれといじる必要などなかったのだ」。自分の目の前で物事が文字通り収まる様子を見て、俄然やる気が湧いてきた、とワトソンは当時を振り返ります。

ちょうどこのとき、共同研究者だったクリックが姿を現したため、ワトソンは即座にこの大発見を伝えました。「フランシスが到着し、まだ体が半分もドアを通り過ぎていないところで、すべての答えは私たちの手中にある、と大声で伝えた」。

ワトソンとクリックが歩んできた発見までの長い道のりにおける最後の一歩は、心理学者が「相互作用性」と呼ぶものの価値を示しています。抽象的な問題を解決する手助けとして、手で触ることのできる物体を物理的に動かすことです。ワトソンがモデルを自作しなければならなかったという事実が、その重要性を物語っています。

しかし建築家のスタジオや幼稚園の教室以外では、「相互作用性」はあまり広く活用されていません。脳はコンピューターのように動くものだ、という思い込みのせいで、正解を導き出すには必要な情報だけを入力すればいいと、私たちは信じきっているのです。

「人間の心はそのようにはできていない」と話すのは、イギリスにあるキングストン大学の心理学教授フレデリク・ヴァレー・トゥランジョーです。コンピューターのたとえは、「頭の中で状況をシミュレーションしながら思考することと、その状況を実際に生きながら思考することは同じである、と言っているようなものだ」と説明します。

「私たちの研究は、この仮定に強く異議を唱えている。私たちは代わりに、**人の思考、選択、洞察は、モノに対して物理的に働きかけることで変化する可能性がある**ことを示している。言い換えれば、コンピューターのように脳だけを使った思考は、脳、目、手を使っての思考とは同じではないということだ」とヴァレー・トゥランジョーは書いています。[70]

モノをいじりながら考えることの効用

ヴァレー・トゥランジョーが同僚とともに行った一連の研究はすべて、似たパターンを踏襲[71]しています。まず実験者が問題を提起します。最初のグループは、問題に関係したものに物理的に働きかけることが許されました。２つ目のグループは、頭の中でその問題の解決法を考えなければいけませんでした。

相互作用性は「確実に良いパフォーマンスをもたらした[72]」と、ヴァレー・トゥランジョーは報告しています。これは基礎的な算数の問題[73]から、複雑な推論[74]、将来のイベントの計画[75]、クリエイティブな洞察が求められる問題解決[76]に至るまで、さまざまな問題に当てはまります。

解決すべき問題を表す具体的なモノをいじることを許された人たちは、認知面での負荷は低く、ワーキングメモリは増加[77]します。その人たちは多くを学び[78]、その学びを新しい状況へ、うまく適用する[79]こともできます。

理解できないまま数字や言葉を意味もなく動かす「記号のもてあそび」をする傾向も低くなり[80]ます。モチベーションやエンゲージメントは高まり[81]、不安はあまり感じません[82]。しかも正解に早く到達します（ヴァレー・トゥランジョーは研究の一つに、これをよく表すタイトル「実世界の動き[83]は頭の中の動きより速い」とつけています）。

ノーベル賞受賞の研究者だって「頭の外」で考える

こうした相互作用性の恩恵があるのに、一体なぜこんなにも多くの人が、頭の中だけで問題を解こうとするのでしょうか？　頭の中で行われる活動だけが大切である、という「脳に縛られた思考」を良しとする、凝り固まった文化的バイアスのせいでしょう。

知的な問題を解決するのに物質的に何かをいじる行為は、子どもっぽいとか粗野だと考えられているのです。本当に才能のある人なら頭の中でするはずだ、と。

この根強い間違いはときに、思考を外に出す行為や相互作用性の大切さをわかっている人をイライラさせることもあります。例えば、『ご冗談でしょう、ファインマンさん』（岩波書店）などの著作や、ノーベル物理学賞受賞（１９６５年に２人の研究者とともに受賞）で知られる理論物理学者リチャード・ファインマンに関する、こんな有名なエピソードがあります。

ノーベル賞受賞後に歴史家のチャールズ・ウィーナーが行ったインタビューで、ウィーナーはファインマンが書いた一束のメモやスケッチに触れ、この資料はファインマンが残した「日々の作業の記録[84]」だと述べました。これを聞いたファインマンは、ウィーナーの言葉に同意する代わりに、意外な鋭さで反応します。

「私は実際に、紙の上で作業をしたんです」とファインマンは言いました。

「まぁ……」とウィーナーは返します。「作業はあなたの頭の中でなされたけど、その記録がここに残っているということですよね」。

ファインマンはそれでも同意しません。

「いや、これは記録ではないんです。作業なんです。作業は紙の上でしなければならない。そしてこれはその紙だ、ということです。わかりますか？」

ファインマンは偏屈だったということではありません。40年後にアンディ・クラークが「拡張した心」という理論にまとめることになる、創作作業に対する見方を主張していたのです。

クラークはこのエピソードを取り上げ、「ファインマンは実際に、[85]紙の上で思考していた。紙とペンで作られるループは、リチャード・ファインマンのものとして特徴的だと私たちが考える、思考やアイデアの流れを形作る物理的な過程の一部なのだ」と主張しています。

私たちは、頭の中で起きていることに集中する方がいいと考え、このループを無視したり大したものではないと思ったりしがちです。しかしこの視点では不完全で、自分自身の心を誤解することになってしまいます。

クラークはこう書いています。「その理由は、[86]知的な活動はすべて、あるいはほぼすべて頭の中で起きていると考えがちであるがゆえに、私たちは根本的に不十分な心の学問やイメージを発達させてきてしまったからだ」。

クラークは、**思考における物質的なモノの役割を認められるようになって初めて、自分をきちんと理解できるようになる**と指摘しています。そのときは、脳に縛られた視点によって生み出される間違いや抜けを正し、**「頭と体と世界を再び一つにする」**[87]ことができるとしています。

第3部

人と思考する

第7章

専門家と思考する

ドイツは長い間ヨーロッパ経済の中心となっています。多くの強みの中でも特に挙げられるのが、独特の徒弟制度です。毎年、約50万人の若者[1]が高校から直接、企業内に設けられている徒弟プログラムへ進み、溶接や機械加工、電気工学といった産業技術を学びます。

しっかりと確立されたこの制度のおかげで、ドイツの製造部門は何十年も繁栄してきました。しかしほかの欧米諸国同様、ドイツも情報中心の経済となりつつあり、コンピューター・プログラミングのようなスキルの需要が生まれています。この変化が新たな課題をもたらし、生徒や指導者はなかなか適応できず苦労しています。

学校版徒弟制度で落第者が減った

ベルリン郊外に位置し、約2万人が学ぶポツダム大学では、テック業界でのキャリアを望む学生にとって、理論計算機科学のコース[2]が重要なステップとなります。それにもかかわらず、60%という驚くほど高い割合の学生が、毎年このコースで単位を落とします。

問題は、講座内容がかなり抽象的であることと関係があるようです。講義を受け身で聞くだけでは、「構文解析アルゴリズム」「閉包性」「線形拘束オートマトン」といったコンセプトを理解できません。そこでコンピューターサイエンスの教授たちは、ある解決策を思いつきました。ドイツの歴史的な強みを彷彿とさせる内容です。

ポツダム大学の教授クリストフ・クライツを筆頭とする教授陣は、授業を徒弟制度として捉え直すことにしたのです。とはいえ、特殊な徒弟制度です。コンピューターサイエンスの内的な思考プロセスを、学生たちに「見える」ようにコースを編成し直しました。継ぎ目を合わせる大工や一反の布を切る仕立職人のように、はっきりと目に見えるものです。

これは「認知的徒弟制度」[3]と呼ばれています。アメリカのノースウェスタン大学で現在、教育学名誉教授となったアラン・コリンズが作った言葉です。

1991年にジョン・シーリー・ブラウンとアン・ホラムとともに書いた記事の中でコリンズは、伝統的な徒弟制度と現代の学校制度との決定的な違いを、次のように指摘しています。**徒弟制度では、「学習者は作業のプロセスを見ることができる」一方で、学校制度では「思考のプロセスは多くの場合、生徒にも教師にも見えない」**。

コリンズと共著者は、知的労働の需要にも適応できるであろう徒弟制度の特徴4つを特定しました。声に出して説明しつつ、タスクを実際にやってみせる「モデリング」、タスクを学習者自身が試せる機会を設ける「スキャフォールディング」(足場作り)、学習者のスキルが上がるにつれて指導を徐々に減らしていく「フェーディング」、困難なところで学習者に手を貸す

「コーチング」です。

クリストフ・クライツは同僚とともに、伝統的な徒弟制度の特徴をコース再編成時に取り入れ、学生が講義を聴く時間を減らし、指導教員が率いる小グループでのセッションの長さと頻度を増やしました。こうしたセッションでは、学生はコンピューターサイエンスのコンセプトの説明を聞いたり、コンピューター科学者が実演する作業についてディスカッションを行ったりはしませんでした。指導教員の監督下で、学生たちは実際に作業をしたのです。

この変化は劇的な成果をもたらしました。単位を落とす学生の割合は、60％強から10％以下に縮小したのです。


クライツが同僚とともにポツダム大学にもたらした変化は、近い将来、多くの人が検討することになるでしょう。

世界中、どのセクターや専門分野においても、教育と仕事はますます、具体的なタスクを行うものではなくなり、頭の中で思考プロセスに取り組むものになっています。こうしたプロセスは初学者であれベテランであれ、実際にはほとんど触れることができません。初学者はまだ熟知しておらず、知り尽くしたベテランにとっては当たり前のものになっています。

そのため、もしほかの人の専門知識を使って自分の思考を拡張するのであれば、もっと良い方法を見つけなくてはならないことを意味しています。その一つが認知的徒弟制度です。

本章では、こうした内容をほかにも取り上げます。まずは、長い歴史と伝統がありながら、しっかりとした科学的な研究も進んでいるアプローチを取り上げましょう。少し不快感を覚えたとしても、その成果に比べたら大きな問題ではありません。

●

フランスのパリにあるピティエ・サルペトリエール大学病院[4]で、若い男性がぼんやりと宙を見つめています。口はけいれんで歪み、体は電気ショックを受けたかのように震えています。そばでは、別の若い男性が人の手を借りて椅子から立ち上がっています。右腕はおかしな角度に曲がり、右足はこわばって引きずられた状態です。部屋の反対側では、人差し指で自分の鼻に触れることができるか、と若い女性が聞かれています。試した女性の指は、鼻をかすめて頬に触れました。

患者をまねることで学びを深める研修医

神経疾患の症状には不可解なものが多いですが、ここではそれがはっきりと見られました。とはいえ、この人たちは患者ではありません。メディカルスクールに通う研修医なのです。教授の指導のもと、将来的に自分が治療することになる疾患の症状をまねる方法を学んでいます。教授は学生に対し、顔のパーツをどう動かすか、手をどう動かすか、どう座り、どう立ち上がり、どう歩くかを見せています。白衣を着た別の学生グループには、対応を指示します。こちらの学生たちは、いつの日か自分がなる医師の役をロールプレイで演じているのです。集中特訓の後、「患者」と「医師」は、病院内にある階段教室のステージで、クラスメイトを前に一連の「臨床現場のシーン」をパフォーマンスします。

「神経学の父」として知られる19世紀の医師ジャン＝マルタン・シャルコーは、まさにここピティエ・サルペトリエール大学病院で働き、教えていました。シャルコーは講義の際に患者をステージへ招き、神経疾患の症状のさまざまな形を、学生たちに見てもらっていました。

こうした症状を自分自身の顔や体を使ってまねるのは学習法としてさらに効果的だ、と断言するのは、エマニュエル・ローズです。2015年、同大学病院に「模倣ベースのロールプレイ研修プログラム」[5]を導入したのが、同大学病院の顧問神経学者でありパリのソルボンヌ大学の神経学教授でもあるローズでした。

従来的な指導法では、学生の知識修得を支援できず、神経疾患に直面した学生の不安も払拭できない、とローズは懸念を抱くようになりました[6]。そして**神経疾患特有の症状（パーキンソン病の震え、舞踏病の不規則な動き、小脳症候群の不明瞭な発話）を積極的にまねることで、学生が抱く不快感を取り除きつつ学びの役にも立つ**と考えたのです。

実際に、神経科でのローテーション実習を受けた医学生を対象にローズが同僚とともに行った研究では、ロールプレイ研修プログラムを受けた医学生は2年半後、講義と教科書が中心の従来的な指導を受けた医学生と比べ、神経学的な兆候や症状をずっと多く思い出せる[7]ことがわかりました。また患者の症状を実際に自分でやってみた医学生は、この経験が神経疾患への理解を深め[8]、もっと学びたいというモチベーションを高めたと報告しています。

患者をまねた方が、共感力や理解力が養われる

感覚について述べた第1章で、ほかの人を無意識にまねすると、相手の感情を感じやすくなるなど、相手を深く理解するのに役立つという話をしました。もっと意図的なまねにも、同じことがいえます。

例えば、**人のアクセントを意図的にまねすることで**[9]**、その人が話している言葉を理解しやすくなる**ことが研究で明らかになっています（この研究結果は、第二言語の学習にすぐにでも役立つでしょう）。会話相手のアクセントをまねるとき（相手が作り出している音を自分の口で出すとき）、相手が言っていることを予測しやすくなり、理解しやすくなります。ピティエ・サルペトリエール大学病院の医学生がそうであったように、内側から理解するということであり、他者の一面を自分の中に取り入れるということです。

また**自分が話し言葉をまねしている相手について、良い感情を抱くようにもなります**[10]。この効果は模倣全体にいえることです。

エマニュエル・ローズは、自分が指導している若い医師たちが、患者のまねをする経験によ

り共感を深め、患者の病気の兆候も落ち着いて受け止められるようになることに気づきました。**まねをすることで、受動的な観察者ではなく、動的な当事者の役割に身を置くことで得られる洞察や、自分自身に向けて抱いている親しみの念を、相手にも広げることができるようになります。**そしてこれは、教育や職場、プライベートな時間での学びなど、無限に応用できる汎用性の高い手法なのです。

とはいえ、一つだけ問題があります。私たちの社会は、模倣を子どもっぽいとか恥ずべきこと、さらには道徳的に間違っていると考え、疑いを抱いています。

ローズもこうした反応を嫌というほど見てきました。模倣をベースとしたロールプレイには恩恵があると証明されているにもかかわらず、メディカルスクールの教授の多くは、導入に懸念を示しました。学生の中にも、初めのうちは患者をまねすることに不快感を表明しました。ローズは、参加者が患者をあざけったりバカにしたりしているわけではない、と慎重に説明しています。実のところ、模倣には尊敬の念が満ちています。その症状がある人はどんな感じがするかのエキスパートとして、患者を究極の権威者として扱っているのですから。

教育の中心的な役割を果たしてきた模倣

認知に対する従来的なアプローチのせいで、より知的な思考に向かう唯一の道は、自分の脳を育てることだと私たちは思い込まされています。他人の考えの模倣は、オリジナルではないとか盗用（作家生命や学生生活を終わらせてしまう可能性すらある責め方です）だとの非難を伴います。

しかし、これまでずっとそう考えられてきたわけではありません。ギリシャやローマの思想家は模倣が芸術[11]であり、積極的に追求すべきものとして崇めていました。**古典教育において模倣は中心的な役割を果たし、怠惰な不正行為などではなく、達人をまねることで腕を磨こうと努力する、厳格な実践法として扱われていた**のです。

非常に構造化された古代ローマの学校制度では、手本となるテキストを生徒が音読して[12]、声に出して分析することから始めました。教育の最初の段階ではシンプルなイソップ寓話を取り上げ、その後、キケロやデモステネスの複雑な演説へ進むという具合だったかもしれません。

生徒たちはテキストの内容を覚え、暗唱します。その後、その作品をさらに詳しく学べるような構成になった一連の授業へと進みます。

手本となるテキストを、自分の言葉に言い換えてパラフレーズします。テキストをギリシャ語からラテン語、あるいはラテン語からギリシャ語へと翻訳します。さらに、ラテン語の散文からラテン語の韻文に変え、ときにはラテン語の散文からギリシャ語の韻文に変えます。テキストの内容を少ない文字数でまとめたり、長い文で詳述したりします。言葉のトーンをシンプルなものから仰々しいものに変えたり、その逆をしたりします。

最後に、自分でも何か書いてみます。ただし、手本となるテキストを書いた著者のスタイルで行うのです。あらゆる角度からテキストを模倣した後、生徒はさらに難しいテキストへと進み、一連の流れを再び最初から始めます。

現代の私たちがローマ時代の教育制度を知っているのは主に、「ローマの偉大な教師」とされたマルクス・ファビウス・クインティリアヌスが残した著作のおかげです。

西暦35年ごろに生まれたクインティリアヌスは、修辞学の学校を主宰しており、ローマ皇帝ドミティアヌスの後継者2人など、市内の名家から生徒を受け入れていました。クインティリアヌスは傑作『弁論術教程』（『弁論家の教育全12巻』という副題がついています）の中で、模倣の価値を堂々と主張しています。「あらゆる点で優れたモデルの上に自分の心を形作る」ことができるよう、「研究に値する」[13]著者から「言葉の蓄えやさまざまな数字、組み立て方法を取り入れなければならない」と書いています。

「学問において、タスクの少なくない部分が、模倣にかかっているのは間違いない。というのも、うまく発明されたものはそれが何であれ模倣するのが得策であり、他者について良いと認めるものは自分でもまねしたいと願うのが、人生における普遍的な法則であるからだ」

熟練者をまねることで成り立つこの教育制度は際立って堅実で、何世紀にもわたって続き、ヨーロッパ全域からさらにその先にまで広まりました。

クインティリアヌスの時代から1500年後となるチューダー朝のイギリスでも、子どもたちはこの様式で教育されていました。この時代の学者であり教師でもあったファン・ルイス・ビベスは、なぜ模倣が必要かを説明しています。

自分の母語を話すといった一部の基本的な能力は、人間にとって当たり前のように発揮できるものですが、「自然はほとんどの場合、不思議と〝学問〟には適さないように人間を作った」とビベスは述べています。「自然は、人を無知であらゆる技術においてまったくスキルのない状態で生まれることを許したため、私たちはまねをする必要があるのだ」[14]。

ビベスは、認知科学が後に実験的に証明することになる事実を、直感的に知っていました。

人間の文化における実績の多くは、「自然に」なされるものではなく、コツコツとした努力を

重ねなければならないのです。こうしたスキルをもっとも効果的に手に入れる方法が模倣であると、ビベスや当時の人々は信じていました。

産業化と印刷機が模倣に対する評価を変えた

18世紀が終わりに近づくころ、ロマン派が登場[15]します。ロマン派の詩人や画家、音楽家たちは、独自性を崇拝し、真正性を評価しました。古いもの、見慣れたもの、使い古されたものを拒絶し、独創的で想像力に富み、心がこもったものを支持したのです。

独自性に対する主張は、この時代に起きた2つの大きな発展に応えて生まれたものでした。一つは産業化です。れんが作りの工場が次々と建設され、これに美的面で対抗する運動が並行して起こりました。機械はまったく同じものを型で押し出すことができますが、人間だけが、唯一無二のアイデアを生み出すことができるのです。

さらに特定のタイプの機械が、当時もう一つの大きな発展をもたらしました。新たな日常となった印刷機が刷り出す大量の書物です。ロマン主義時代の思想家はそれ以前のどの世代よりも、文芸評論家のウォルター・ジャクソン・ベイトがいうところの「過去の重荷[16]」を担うようになりました。自分たちよりも前の時代に生まれた傑作が、印刷機のおかげで初めて広く手に入るようになったのです。前時代の人たちが残した言葉の海に身を沈め、彼らは新鮮で、まだ誰も言葉にしていない何かを作らなければいけないという必要性に駆られました。

1757年に生まれたイギリスの詩人であり画家でもあったウィリアム・ブレイクは、もっとも初期かつ熱心なロマン主義者の一人でした。

『無垢の歌』や『アルビオンの娘たちの幻想』などを作る際に、ブレイクは自力で考案した[17]「レリーフエッチング」というテクニックを使いました。耐酸性の化学薬品を使って銅版に絵などを描き、処理していない部分を酸にさらしてエッチングする手法です（神秘主義者のブレイクは、亡くなった弟のロバートが幻想の中でこの技法を教えてくれたと主張していました）。

こうした作品は、ブレイクが新たに考案した形に仕上げられました。文字と絵を組み合わせた彩色本で、ブレイク本人がエッチング、印刷、着色を手がけました。一つとして同じ本はなく、内容そのものも独創的以外の何物でもありませんでした。「ユリゼン」（理性を象徴）や「ロス」（想像を象徴）といった名前の寓話的な存在が登場する、凝った宇宙論を考案したものだったのです。

ブレイクが手がけた彩色本『エルサレム』の中で、「ロス」はロマン派のモットーともいえるであろう言葉を口にしています。制度を作らなければならない[18]、さもなければほかの人間の奴隷となってしまう、と。

模倣よりも独自性が評価される

ロマン派の影響下で、模倣はこれまでよりも好まれなくなっただけではありません。意図的に見下され、軽んじられるようになったのです。この考え方は、その後数十年間続きました。19世紀末の博物学者らは、模倣を子どもや女性、それに「無作法者[19]」の習慣であると表現し、独自性のある表現こそヨーロッパ人男性の領分であると持ち上げました。イノベーションが文化的な価値体系の頂点に上り詰め、一方で模倣は尋常でない低さにまで落ち込んだのです。

これは、現代の私たちも支持している独自性への狂信的な崇拝であり、今その熱はかつてないほど高まっています。

私たちの社会は、パイオニアや先駆者を称賛します。例えば、アップル・コンピュータ創業者の故スティーブ・ジョブズ。最新の商品を、ステージ上で魅力的に紹介したことで有名でした。アップルの広告は、型にはまった人より、型破りな人を賛美していました。

1997年に放送されたアップルのテレビCMでは「クレイジーな人たちに乾杯[20]」という厳かな声のナレーションがついていました。「はみ出し者。反逆者。厄介者。四角い穴の丸い杭。人と違うものの見方をする人たち。彼らはルールを好まず、現状維持に敬意も払わない」。最後に、広告のキャッチコピー「Think different」（人と違う考え方をする）が表示されました。しかし今では、少なくとも**一部の界隈では、人と同じように考える（つまり模倣する）ことは今や新たな尊敬の念を集めています。**

●

自分のキャリアで「もっとも誇らしい瞬間[21]」だった、と話すのは、イギリスのセントアンドリュース大学の生物学教授ケヴィン・レイランドです。自宅で芝を刈っている写真が、高名な学術誌『サイエンス』に掲載されたのです。

写真のレイランドの背後には、3歳の息子がおもちゃの芝刈機を一生懸命押しながら歩いている姿が写っています。この写真は、人間の文化における模倣の重要性に関するレイランドの研究を解説した記事に添えられたものでした。

同じ号の中でレイランドは、仲間たちと開催したコンピューターの大会の結果を報告しています。大会は複数回、勝ち抜く必要のあるトーナメント方式で、特定のふるまいをするようプログラムされた「ボット」が出場者となり、賞金をかけて闘います。世界中から１００組が集まり対決しました。各ボットは、「オリジナルのアイデア」「トライアル・アンド・エラー（思考錯誤）を重ねる」「他者をまねる」という3つの作戦のうち一つ（あるいは組み合わせたもの一つ）に従って動くように設計されています。

どの作戦が一番効果的だったか、結果は明らかでした。他者をまねることがはるかにうまくいくアプローチだったのです。優勝者はイノベーションを一切行わず、ただまねをしただけでした。イノベーションだけを頼りにした作戦をとったボットは、参加１００組中95位でした。

レイランドと研究チームの一員、ルーク・レンデルにとって、この結果は驚きでした。「誰かが[22]、〝この条件ではまねをして、この条件なら自分で学んだ方がいい〟という賢明な方法を思いついてくれるのではないか、と私たちは期待していたんです」とレンデルは話します。「でも優勝者は、ずっとまねをしていました」。

ビジネスの世界で成果を出すには、まねに徹する

ケヴィン・レイランドは、模倣に悪い評判があることに同意します。とはいえ、新しいスキルを学んだり、知的な判断を下したりする方法として、模倣がいかに有益となり得るかを[23]、彼のような（生物学、経済学、心理学、政治学といった分野の）研究者は理解しつつある、と話します。

多様な分野の研究者らは、**何かをうまくこなすには模倣がもっとも効率的かつ効果的なルートとなることが多い**ことを、モデルやシミュレーション、歴史的分析、実社会でのケーススタディを用いて実証しています[24]。なぜそうなのかという理由も説明しています。次のように、ビジネス界の鮮やかな事例がこうした理由を説明しています。

理由の一つ目は、**ほかの人をまねすることで、まねする本人はそれをフィルターにして、選択肢を効率的に選り分けられる**ためです。

ファイナンスの教授ジェラルド・マーティンとジョン・プセンプラカルは、もし投資家が、著名投資家であるウォーレン・バフェットのまねだけをしたらどうなるかを調べました[25]（バ

フェットの会社はアメリカ証券取引委員会に年次報告書を提出するため、何に投資したかを定期的に公開しています)。この実験により、バフェットが購入したものを買うという手法を取った投資家は、市場相場より10%高い利益を得ることがわかりました。

投資家は当然ながら、バフェットのような著名投資家の行動にいつも注目しています。しかしそれでも、バフェットの選択肢を細かくまねすることで得られたはずの利益を逃しているのです。投資家は、「自分の戦略は革新的だ」とか「みんなが知らない宝物を知っている」と思いたいがゆえに金儲けのチャンスを逃しているのだ、とマーティンは指摘します。

自分の道を自分で決めると良い気分になりますが、**自分よりも経験も知識も豊かな人をまねした方がうまくできることが多い**、とマーティンは加えます。

ZARAが成功した背景には、模倣があった

2つ目は、**まねをする人は一つの解決法だけに縛られることなく、幅広い解決法を利用できる**ためです。変わりゆく状況にすぐに対応しつつ、現状でもっとも効果的な戦略を正確に選べるのです。これはまさに、スペインの工業都市アルテイショに拠点を置く世界的な衣料品小売

チェーン「ZARA」（ザラ）のビジネスモデルです。

親会社インディテックスの本社で、ザラのデザイナーがテーブルの周りに集まっています。テーブルの上には、ファッション誌やカタログから破ったページ、街角や空港で見つけたおしゃれな人のスナップ写真、ファッションショーで使われたばかりの、ほかのデザイナーが手がけた服から取ってきたパーツなどが載っています。

同社に関する記事を多く書いてきたスペイン人ジャーナリストのエンリケ・バディアは「ザラはあらゆる場所、あらゆる人にインスピレーションを求めて、永遠の探求を続けています」と言います。[26] お客さんもまねの対象です。[27] 数百という店舗の店長はデザイナーと頻繁に連絡を取り合い、流行に敏感なザラのお客さんの新しいファッションを報告しています。

ジョージタウン大学で運営・情報管理を教える教授カスラ・フェルドウスは、ザラの巧みな模倣のおかげで、親会社のインディテックスは世界最大のファッション・アパレル小売業者に成長したと指摘します。

フェルドウスは、ハーバード・ビジネス・レビューに共著者2人とともに書いた記事の中で、ザラの成功は「顧客から店長、店長から市場の専門家やデザイナー、デザイナーから製作スタッフと、サプライチェーン全体で絶えず行われている情報交換によるものである」[28]と結論を述べています。重要なのは、同社の中をこれほど自由に流れるこの「情報」は、新しいアイデアではなく、模倣する価値のあるアイデアだということです。

模倣の利点の3つ目は、**自分より先を行く人がした間違いを避けることで、同じ間違いをせずに済む**点です。イノベーターは、潜在的な落とし穴を知る手段を持ちません。

その事例は、赤ちゃん用のおむつです。使い捨ておむつを愛用する親の間で、パンパースはお馴染みです。チャックスというブランドは、それほど知られていません。しかし1935年、市場に最初に登場したのはチャックスでした。

問題は、チャックスが高価だったことでした。布おむつを1枚1・5セントで洗濯できた時代に、チャックスの紙おむつは1枚あたり約8・5セントもしました。その結果、親は旅行時だけ紙おむつを使い、チャックスはおむつ市場全体でわずか1%を占める程度でした。

ここに、プロクター・アンド・ギャンブル（P&G）は商機を見出しました。チャックスの基本的なアイデアをまねしつつ、親がこの商品を使わない主な理由、つまり「高い」という点に取り組んだのです。パンパースが1966年、1枚あたり3セントで全米で発売されたとき、親たちに大歓迎されました。

ビジネスでは、「素早い二番手」の方が成功する

マーケティングの教授であるジェラルド・テリスとピーター・ゴールダーは、消費財50種類について時間を遡って分析しました[29]（この中にはおむつも含まれ、パンパース対チャックスの事例も取り上げられました）。その結果、「市場のパイオニア」の失敗率は驚愕の47％に達しました。さらにパイオニアが獲得できる平均的な市場シェアはわずか10％にとどまりました。

一番手でいるよりも、「素早い二番手」と呼ばれる機敏な模倣者になった方がいい、とテリスとゴールダーは結論づけています。他社のイノベーションから恩恵を受ける企業は「最小限の失敗率」で済み、「平均的な市場シェアは市場パイオニアの3倍近く」になることがわかりました。これには、市場のパイオニアだと間違われることの多いタイメックス、ジレット、フォードが含まれます。

4つ目は、**模倣する人は、ごまかしや秘密主義の影響を受けずにすむ**ことです。他社がしていることを直接利用することで、模倣する会社は他社のレパートリーのうち最善のものを活用

できるのです。

競合他社は、自社の利益に基づき決定を下す際に、社会科学者がいうところの「正直シグナル」[30]を示すしか選択肢はなくなります。ありとあらゆる競争がこれに当てはまりますが、国際ヨットレースの「アメリカズカップ」もその一つです。

イギリスのインペリアル・カレッジ・ロンドンでビジネスを教えている教授ヤン・マイケル・ロスとディミトリ・シャラポフは、アメリカズカップのワールドシリーズで大接戦のレースを展開しているヨット同士が、競争時にどのようなやり取りをしているか[31]調べました。

研究者らは、自分のヨットがリードしているときに、選手が頻繁に「カバーリング」[32]と呼ばれる、競争相手の動きをまねる動作をすることに気づきました。先頭を進むヨットが後続をまねるとは驚きを感じるかもしれませんが、ロスによると、この模倣は道理にかなっています。

リードしているヨットが後続のライバルと同じことをする限り、リードは維持できるのです。

「私たちの研究は、まねをするのは後れを取っている負け組だけだという一般的な考えに異議を唱えています」と、ロスは話します。

最後に、恐らくもっとも重要な点として、**模倣する人は、自力でソリューションを考案していたら費やしていたであろう時間、労力、リソースを節約できる**という点です。研究では、模倣する場合のコスト[33]は一般的に、イノベーションをする場合の60〜75%とされています。それなのに、金銭的に最大の利益を上げるのは常に模倣する側なのです。

模倣には圧倒的な創造力が必要である

さまざまな方向から導き出された調査結果から、**模倣は（嫌悪感を乗り越えることさえできれば）、自分の頭の中だけで物事をこなそうとする人よりも、ずっと多くの可能性を提供してくれる**という結論に達します。

効果的に模倣するとは、まるで他人の脳を使って思考できるようなものです。ちょうど、他人の知識や経験を直接ダウンロードできる感じでしょうか。

まねる人は怠け者と評価されるものですが、うまくまねるのは簡単なことではありません。自動的かつ無分別にコピーしてすむということはほとんどありません。むしろ、高度な暗号を解読する必要があります。解決策を模倣し、それを新しい個々の状況に適用する際の難しさを解決する必要があるわけです。社会科学者はこれを「対応点問題[34]」と呼んでいます。

対応点問題に取り組むには、そこで観察された解決策を構成要素にまで分解し、それをこれまでとは異なる形に組み立て直す必要があります。外見に気を取られず、「なぜオリジナルの解決策がうまくいったのか」といった理由を深く掘り下げる意欲が必要です。そしてその基本的な原則を、新しい状況に適用する能力も必要となります。

逆説的ですが、**うまく模倣するには、ものすごい創造力が必要**なのです。

●

1999年、看護大学院生のテス・ペイジにとって、解決策を問題に適用させるのは、とてつもない難題でした。ペイジにとって、問題は明らかでした。医師や看護師の投薬ミスによって、入院患者が被害に遭っていたのです。

米国医学研究所〔訳注：現在の全米医学アカデミー〕はその年、患者の安全に関する画期的な報告書[35]「To Err Is Human」（誤るのは人間）を発表しました。報告書からは、毎年9万8000人ものアメリカ人が、予防可能な医療ミスで命を落としていることが明らかになりました。自動車事故や労働災害、乳がんで亡くなる人の数を上回ります。そして医療ミスの死者数のかなりの部分を占めるのが、投薬ミスでした。

投薬ミスの危機に取り組む方法について調べていたペイジは、頭を絞って何か画期的な解決法を考案するようなことはしませんでした。代わりに、ほかの業界でうまくいった解決策をまねることにしたのです。その業界とは、航空業界です。医療業界と同様、専門職の緻密さや腕の正確さに人命がかかっている業界です。

航空の安全性に関する情報を詳しく調べているとき、ペイジは、もっともリスクが高くなる瞬間[36]が離陸時と着陸時であることを知りました。航空機が1万フィート以下の高度にあるときです。ペイジはここに、医療業界との類似点を見つけました。投薬を受ける入院患者にとって、もっともリスクが高まる瞬間[37]は、投薬量を準備するときとその薬を患者に投与するときです。

航空業界をまねして投薬ミスを減らした医療業界

深く掘り下げて調べていくと、航空会社の「インシデント」のほとんどは、乗務員がパイロットの気を散らせたり邪魔したりすることが原因になっていることを発見しました[38]。ここにも医療業界との類似点がありました。投薬ミスの多くは、医療従事者が作業中に邪魔されたために起きていることを[39]、ペイジは知っていたのです（実際の病院で観察したある研究チームの報告によると、一人の患者用に一つの投薬準備をしていた一人の看護師[40]は、17回も作業を中断されました）。

ペイジはまた、パイロットが邪魔される問題の解決策として、航空専門家が「ステライル・コックピット・ルール(41)」を考案したことを知りました。アメリカ連邦航空局が1981年に定めた規則で、航空機が高度1万フィート以下にある場合、飛行に直接関係のない会話へのパイロットの参加を禁止するものです。

2002年に書いた博士論文(42)と、その後、医学誌に発表した一連の記事の中でペイジは、この習慣を模倣することがいかに効果的であるかを説明しています。

医学誌『メドサージ・ナーシング』には2003年、「投薬ミス防止の鍵(43)は、安全に配慮しているほかの業界の手順を導入するところにある」と書いています。「例えば航空業界では、人命がかかっているときにパイロットの集中力を向上させ、安全な環境を提供するための方法が実施されている」。病院でもこうした方法を取り入れることができると主張していました。投薬を準備する場所周辺に「妨害禁止エリア」を設け、投薬準備をしている看護師には、邪魔しないよう告げる特殊なベストかタスキを身に着けてもらうなどです。

さらに「投薬の管理は、航空機の操縦と同じくらい重要とされるべきだ。なぜなら患者は、その命を医療従事者の手に委ねるのだから」と鋭く指摘しています。

ペイジは、医療業界の同僚がこの提案に耳を傾けてくれるか確信が持てませんでしたが、心配は無用でした。病院は航空会社の手本に倣うようになり、劇的な変化を生んだのです。

アメリカ政府機関の医療研究品質庁によると、例えばカイザー・パーマネンテ南サンフランシスコ医療センターでは、２００６年に妨害禁止のベストを導入したところ、ベスト着用の看護師に対する妨害は実質的になくなりました。[44] 同病院での投薬ミスは6カ月間で47％減となりました。ペイジがこの取り組みを始めて20年近くたった今、模倣という人命を救う行為は、全米そして全世界へと広がっています。

模倣者がイノベーターのように称賛される時代に

テス・ペイジは、自力で「対応点問題」を見つけました。でももし、模倣の方法を教えてもらっていたら、どうだったでしょうか？

オハイオ州立大学で経営と人材について教えている教授オーデッド・シェンカーは、うまい**模倣はスキルであり、意図的に伸ばすべきだ**と考えています。企業が市場で戦略的な競争力を発揮するために、いかにして模倣を活用しているかを研究しているシェンカーは、**私たちが「模倣の黄金期」[45]に生きている**と断言します。

自分が抱えている問題と似た問題にほかの人はどう対処しているかといった情報が簡単に手に入るため、効果的な解決策をまねることが、これまで以上に可能になっているのです。

シェンカーは、ビジネススクールや大学院にいる学生たちに[46]、効果的な模倣の授業を履修してほしいと考えています。企業が、まねができそうな機会を専門的に特定する「模倣部門」を立ち上げることも想像しています。**いつかは、うまく模倣する人がイノベーターのように称賛され、憧れの存在となる日が来る**と予測しています。

シェンカーは、少なくとも一つの業界はその方向に進んでいると指摘します。医療業界です。テス・ペイジを含む多くの人が認識しているように、医療ミスの削減が早急に求められています。そのため病院は[47]、軍、鉄道、化学製造、原子力、航空と、多くの他業界で行われている習慣をまねるようになりました。

医療業界では、ペイジが導入した「ステライル・コックピット・ルール」のコンセプトに加えて、パイロットが行うべきタスクをまとめてリスト化した「機内チェックリスト[48]」も取り入れました。こちらも、模倣が驚くべき効果を発揮しています。ハーバード大学T・H・チャン公衆衛生大学院と世界保健機関の研究者らが2009年に発表した研究では、外科手術医のチームが19項目からなるチェックリスト[49]を使い始めたところ、平均患者死亡率は40％以上低下し、合併症の発生率は約3分の1低下しました。

医療分野ではまた、原子力業界でよく行われている「ピア・ツー・ピア評価のテクニック」[50]も採用しました。一つの病院の代表団が別の病院を訪れ、安全と品質の取り組みについて「処罰の伴わない体系的な機密レビュー」を行います。規制当局から制裁を科される恐れのないピア・レビューだからこそ、問題が表面化され、解決策を提案できます。そして、この評価テクニックを通じて、組織間で建設的にまねし合うようにもなるのです。

もちろん医療業界内でも、模倣だけでは改善の余地が多く残ります。航空業界が「ステライル・コックピット・ルール」を始めてから医療分野に到達するのに20年、チェックリストのコンセプトは70年もかかりました。

模倣にもっと組織的かつ意図的にアプローチができれば、改善のプロセスをかなり速めることができるかもしれません。まねるという行為の社会的価値を高めるために必要なのは、新たな模倣を奨励するだけではない、とシェンカーは言います。

私たちの社会でもっとも称賛されている多くの個人や組織が成し遂げた成功の裏には、模倣がすでに存在していたことを認識する必要があるのです。そこにはもちろんイノベーターとして名高いスティーブ・ジョブズも含まれます。

ジョブズだって、最初は模倣からスタートした

1979年、創業間もないアップル・コンピュータ・カンパニーでジョブズと同僚は、当時の武骨で洗練されていないコンピューターをどうすれば、おしゃれで扱いやすく、楽しく使える個人用デバイスにできるだろうかと格闘していました。

その年の12月、ジョブズはカリフォルニア州の都市パロアルトにある複写機大手ゼロックスが運営する研究施設ゼロックス・パークを訪れ[51]、解決策を垣間見ることになります。そのときに見せてもらった革新的な一連の技術は、自分のプロジェクトにも活用できると確信しました。コンピューターをつないでコミュニケーションできるネットワーク・プラットフォーム。視覚的に魅力的でユーザーフレンドリーな画面のグラフィックス。ポインターとして使ったりクリックしたりできるマウス。「これだ！」――ジョブズたちを乗せた車がパークを猛スピードで走り去るなか、ジョブズは同僚に向かって叫びました。「我々もやらなければ！」。

オーデッド・シェンカーの非常によく考えられた模倣に関する講座では、アップルをケース

スタディとして取り上げ、学生たちに向かってこんなことを指摘するかもしれません。

極めて重要な「対応点問題」を解くために必要な3つのステップ[52]のうち、ジョブズはここで最初の一つを進んだと。シェンカーによるとステップ1は、自分が抱えている問題を特定し、すでに解決済みの類似の問題を見つけることです。

ステップ2では、なぜその解決策がうまくいっているのかを徹底的に分析します。ジョブズとエンジニアは、カリフォルニア州クパチーノにあるアップル本社に戻ると、ゼロックスの施設で見た驚きの技術を分解する作業に取りかかりました。

ジョブズたちは間もなく、3つ目のもっとも難しいステップに進みます。自分の状況との違いを特定し、オリジナルの解決策を新しい環境に適用する方法を考えるのです。

ゼロックスはこのとき、自社コンピューターを市場に出していましたが、扱いにくいものでした。個人消費者向けというより、ビジネスのニーズを満たすように作られており、1万6000ドル以上とかなりの高額でした。

ゼロックスは、アップルには見出せなかった技術的な解決策を見つけたわけですが、ジョブズは個人向けコンピューターの可能性を感じ、市場に合わせて解決策を打ち出しました。

例えばゼロックス・パークで目にしたマウスにはボタンが3つありましたが、ジョブズは過剰に感じました。またマウスは滑らかな表面の上でもスムーズに動かず、価格は300ドルもしました。ジョブズは地元のデザイン会社と協力し、どんな表面でも動く（自分のジーンズの上でも動くようにと注文をつけました）、ボタン一つのマウスをわずか15ドルで製作しました。

これ以降は誰もが知る通りです。とはいえ、よく語られるような孤独の天才が成し遂げた物語（アップルのCMでいうところの「人と違うものの見方をする人たち」）ではありません。このケーススタディからの学びは、**今の私たちが恩恵にあずかっている成功の背後には、優秀なイノベーターだけでなく、腕の良い模倣者も多く存在している**ということです。

●

模倣はまた、種としての人間の繁栄[53]**の背後にもあります**。発達心理学者は、幼児や子どもが多くをすぐに吸収できるのは、まねをする能力のおかげだという確信を深めています。学習法として模倣があまりに効率的なので、赤ちゃんがいかにして大人を観察してまねているかを理解するために、ロボット技術者は赤ちゃんを研究しているほどです。

人間が一つの行動（例えば、回路基板にシリコンチップを置く、宇宙カプセルの修理をするなど）を取り、ロボットがそれを観察して動きを再現できたらと想像してみてください。

テスラやスペースXの創業者であるイーロン・マスクは、この「ワンショット模倣学習[54]」に関する研究に投資しています。しかしカリフォルニア大学バークレー校の心理学者アリソン・ゴプニックが指摘するように、もっとも洗練された人工知能でさえも、「人間の4歳児が軽々とやってのける問題を解決するレベルにはまだほど遠い[55]」状態です。

模倣できなければ、人類は今ほど繁栄しなかった

かつて、模倣はレベルの低い「原始的な」本能だと考えられていましたが、研究者はその模倣（少なくとも幼い子どもも含めた人間が行うもの）が、複雑で非常に高度な能力だと認識するようになってきました。人間以外の動物も模倣しますが、重要な点で人間とは異なります[56]。

例えば、若い人間の模倣は独特で、**子どもは誰をまねするか[57]をかなり選んでいます。** 未就学児でさえも、知識や能力があると示した人物をまねしたがります。

研究によると、幼児は、今会ったばかりの人よりも母親のまねをしますが[58]、成長するにつれて、特別な専門知識を持っている見知らぬ人をまねしたがることがわかりました。子どもが7歳になるころには、「ママは誰よりも知っている」存在ではなくなってしまうのです。

同時に、**子どもは何をまねるかという点については、驚くほど選びません。**[59]　この点もまた、人間の模倣が動物と異なる点です。

人間は「非常に忠実」に模倣[60]します。人間の若者は大人を詳細にまねしますが、ほかの動物はぞんざいなまねですませます。この違いは、類人猿、猿、犬までもが、人間よりも賢い種なのではないかと思わせます。例えばチンパンジーと犬に対して、箱を開けて中のごほうびを取る手順として、不要なステップ（開ける前に額で箱に触れるなど）を示すと、チンパンジーも犬も不要な動きは飛ばして、すぐにごほうびを取ります。ところが人間の子どもは、すべての手順を忠実にまねる[61]のです。

一見すると不合理なふるまいに見えますが、その背後には理由があります。**人間の「過剰に模倣する」という傾向**[62]**（他者の不要な動きさえも再現する）は、今まねしておいて後で理解する、という原理のもとでなされている**可能性があります。

新参者がまだ理解できないだけで、過剰なステップには、もしかしたら正当な根拠があるのかもしれません。人間の習慣のかなり多くが、表面的に一目瞭然ではなく「認知的に不明瞭[63]」であるため、なおさらです。たとえ、そこで取られた行動には実用的な理由づけがなかったとしても、ある文化でなされる習慣[64]をまねることは、人間のように非常に社会的な種にとって賢明な動きなのです。

実際にある研究では、4歳児が2歳児よりも過剰に模倣する傾向にあることが示されました。[65]つまり社会的なシグナルに対する感度が成長しているのです。

過剰な模倣をするという人間の傾向は、大人になるまで、どの発育段階においてもずっと拡大を続けます。[66]人間の文化の大半が恣意的であるため（パフォーマンスの最後に手を叩くのはなぜでしょうか？　誕生日パーティでケーキを食べるのは？　左手薬指に結婚指輪をはめるのは？）、それが永続するためには模倣される必要があります。**模倣は、人間の社会的、文化的な生活の根源であり、文字通りに人間を人間たらしめているもの**なのです。

模倣の「手本」がある方が、創造性は高まる

人間の模倣する性質は生来のものだとする証拠もあります。

数十年前、ワシントン大学の心理学者アンドリュー・メルツォフは、生後数日あるいはわずか数時間の赤ちゃんに、[67]口を開けたり舌を出したりして見せ、赤ちゃんが同じ反応をすることを実証しました。模倣する能力と観察から学ぶ能力は、伸ばすことができます。現代文化の中

には、意図的にこの能力を伸ばし、すばらしい効果を上げている文化もあります。

心理学者のマリセラ・コレア・チャベスとバーバラ・ロゴフは、ヨーロッパ系アメリカ人の子どもと、グアテマラのマヤ族の子どもを比較する研究を行いました[68]。それぞれの文化の子どもたちに、大人が近くにいる別の子に折り紙を折って見せる間、待つように指示します。マヤ族の子どもたちは、アメリカ人の子どもたちと比べ、実演にかなり長く集中でき、多くを学びました。アメリカの子どもたちは、集中力が散漫になったり、そっぽを向いたりしていました。マヤ族の家庭では、子どもはかなり幼いうちから、家事を学べるように年上の家族を注意深く観察するよう教えられている、とコレア・チャベスとロゴフは指摘します。

私たちの文化は模倣を良くないものとしているため、アメリカの子どもたちは[69]、マヤ族の子どもたちのような能力を発揮する機会を与えられていません。また、子どもでもこんな作品ができるんだ、という刺激を与えてくれる事例、つまり「手本」に触れる機会もありません。

28年間の学級担任教師を経て、現在は非営利団体エル・エデュケーションで最高教務責任者を務める教育者ロン・バーガーは何十年にもわたり、手本となる子どもたちが作ったスケッチ、詩、エッセイを詰め込んだスーツケースを引きずり[70]、全米のさまざまな学校を訪れました。そうした作品を取り出しては、教師や生徒たちに見せるのです。

バーガーのお気に入りの手本に、アイダホ州ボイシの1年生が描いた絵があります。バーガーが「オースティンの蝶」と呼ぶ[71]、詳細に描かれた優雅なトラフアゲハの絵を見せると、子どもたちはたいてい、畏怖の念に打たれてざわめきます。バーガーの狙いは、同年代の子が描いた優れた作品を手本として示すことで、子どもたちにインスピレーションを与えることと、同時に作品の制作過程を見せることです。バーガーは、完成作品に至るまでにオースティンが描いた6枚の下絵を1枚1枚、子どもたちに見せていきます。さらに、各段階でオースティンがクラスメイトから受けた建設的な批評についても説明します。

バーガーのスーツケースの中身は現在、オンライン・アーカイブで見ることができます。しかし手本を使うことに異議を唱える教師や親が多いことに、バーガーは気づきました。子どもたちの創造性や独自性を抑圧してしまうのではないか、と心配しているのです。

本当はその逆だ、とバーガーは言います。**卓越した作品の手本を見ることで、子どもたちは可能性を目にし、モチベーションが高まる**のです。一流の作品が一体どんなものかを知らずして、子どもたちはどうして一流の作品を作れるのでしょうか？とバーガーは問いかけます。

論文や法律文書も、模倣することでうまくなる

手本には、生徒の創造性を押しつぶすのではなくむしろ伸ばす力があることを、かつてアメリカの学校カリキュラムの中心だった作文や文章法の教師[72]は長い間認識していました。

この分野で主に使われる教科書に、文学者エドワード・P・J・コーベットの手になるものがあります。コーベットは、**自分らしいスタイルを確立する最初のステップは、達人の作品のまねである**、という考えを決して手放すことはありませんでした。[73]「模倣しなさい！ あなたの個性が出るかもしれないから」[74]と声高に言っていました。

英語教育において、一般的に手本の活用はあまりされなくなってきましたが、特定の学問分野に合った文章を書くよう[75]（「学問分野別ライティング[76]」などと呼ばれることもあります）学生を指導している教育者の間では、手本の活用は復活しています。

この場合、**手本となるテキストのまねは、認知的な負荷を減らせる**という理由で評価されています。とりわけ、新しい概念や語彙と格闘しつつ、一貫した主張を展開する文章を書こうとしている学生にとっては重要です。指導者が与えてくれた手本の型に沿うことで、学生は学ぶ

べき教材をより深く整理できるようになります。

北アリゾナ大学の化学教授マリン・ロビンソンは、「化学者のように書く」ことができるようになるための学士課程を指導しています。履修する学生は、化学の分野で重要な、学術論文、会議概要、ポスタープレゼンテーション、研究計画書という4つの執筆法を練習します。それぞれの執筆法で、学生たちは与えられた「生のテキスト」(77)（論文、概要、ポスター、計画書など、実際に使われているテキスト）に見られる科学的・言語学的な書き方に倣います。模倣することで、学生の認知面での負荷が軽減され、認知的な処理能力のほとんどを課題の内容に向けることができる、とロビンソンは指摘します。

ロビンソンは英語学教授フレドリカ・ストーラーと共同で教科書『Write Like a Chemist』（「化学者のように書く」）を書いており、全米の大学で活用されています。

似たような動きが、「法律文書ライティング」(78)の指導にも生まれています。ここでも学生は、慣れない分野での執筆を学びつつ、新しい用語や考えを多く吸収することが求められます。

オハイオ州立大学のロースクールの教授であり学部長でもあるモンテ・スミスは、数百人という法学部1年生を指導するにあたり、頭を悩ませるようになりました。賢くて勤勉な学生たちのはずなのに、法律的な思考法の基本的な教養をなかなか吸収できず、執筆作業に応用することもできない状態だったのです。

自分の指導法が、学生たちの知的処理能力を上回る要求をしてしまっているのだと考えるようになりました。学生たちは、慣れないスタイル、慣れない形式で書こうとしているのに、まったく新しい語彙やコンセプトを使うよう求められていたのです。これではあまりにも負担が大きく、(79) 実際に学ぶための知的リソースは、ほとんど残っていませんでした。

スミスが取った解決策は、現役の法律家が書いた法律文書のサンプルを、講座の最初に学生たちに提供することでした。サンプルは一連の指示と的を絞った質問に導かれ、法律文書のさまざまな側面を学生が詳述できるように作られています。文書がどのような内容で、どのような言葉を使うかを苦労して学びつつ、学生はゼロから自力で作る負担から解放されるのです。

このように構造化された法律文書にいくつか取り組んだ後になってようやく、学生たちは自力で文書を書くよう求められます。

手本となるテキストの模倣はかつて、法律文書ライティングの指導において標準的だった、とスミスは指摘します。支持されなくなったのは、この方法では自立した思考力を育成できないという懸念からでした。認知的な負荷に関する研究をもとに、学生たちの学びを注意深く観察した結果によっては、手本を使う指導法がまた流行るかもしれません。

●

もっとも豊かで、深みがあり、役立つ可能性も秘めているであろう手本は「人」です。とはいえ、熟達したエキスパートは、その知識を共有できない、ということもよくある話です。何年も実践を重ねてきた結果、エキスパートの知識やスキルのほとんどは「自動化」されてしまっています。[80] あまりに何度も実践を重ねてきた結果、もはや考える必要がありません。自動化によってエキスパートは、効率的かつ効果的に作業できます。しかしそのせいで、自分が何をどうやっているのか、人に詳しく説明できないのです。

カーネギー・メロン大学の教授でありピッツバーグ学習科学センターのディレクターでもあるケネス・ケーディンガーの概算によると、エキスパートは、自分の知識の約30％しか言葉で説明できません。この結論は、次のような研究から導き出されました。

外傷外科専門医[81]に、大腿動脈（足の付け根にある太い血管）にどうやってバイパス手術を施すのかを説明するよう求めた研究で、専門医は手術中に行う動作の70％近くを省略しました。ベテラン実験心理学者[82]を対象にした研究では、実験の設計やデータ分析の際に取るステップのうち、平均で75%を省略したり不正確に描写したりしました。コンピュータープログラムのエキスパート[83]を対象にした研究では、プログラムのデバッグをする際に取る手順として挙げたのは、実際の半分以下だったことがわかりました。

学校教育や職業訓練では、エキスパートが初心者を教えています。しかしこうした制度は、エキスパートがエキスパートであるがゆえに存在する盲点について、ほとんど考慮されていません。**知的労働の時代に、学習者が根気強い模倣者にならなくてはいけないだけではありません。指導者やエキスパートもわかりやすい手本にならなければいけない**のです。

これを実現するには、哲学者のカーステン・ストゥーバーが「共感の再現[84]」と呼ぶものを行うといいでしょう。かつて自分も初心者だったことを再現することで、初心者に立ちはだかっている困難の本質を理解するのです。

ハーバード・ビジネス・スクールの経営学准教授ティィン・ザンは、ベテラン・ミュージシャンを対象に、共感の再現を演出できるうまい方法を見つけ出しました。[85]

実験には、経験豊かなギタリスト数人に協力してもらいます。半数には通常通り演奏するよう、もう半数にはギターのポジションを左右逆にして、利き手ではない方で弾くようにお願いしました。その後、ギター初心者の男性が基本コードを押さえようとしている動画を見てもらい、この男性にアドバイスを求めました。ギターを逆にしたギタリストたち（自分も慣れない方法で弾くことに苦労した人たち）が提供したアドバイスの方が、特に役立つと判断されました。

専門家は、手順を丁寧に分解して教えるといい

エキスパートがここまで初心者の経験を再現する必要はありません。想像力を駆使して初心者への共感を生み出し、状況に合わせて情報の提示法を変えることもできます。例えばこんな具合です。

エキスパートは、複数のタスクを頭の中で一つの塊にまとめる「チャンキング」を常にしています。[86] チャンキングをすることで、ワーキングメモリのスペースが開放されるのです。ところが、ステップの一つひとつが目新しく、まだ完璧に理解できていない初心者の場合、チャンキングされると、たいていは困惑してしまいます。

例えば数学の教師が長除法の説明をする際、かつて自分にとってまったく不可解な手順だったことを忘れたり気づかなかったりして、当たり前と思って簡単に済ませてしまうかもしれま

せん。数学教育の専門家ジョン・マイトン[87]は、手順をステップに分解すること、必要であればそこからさらに「マイクロ・ステップ」に分解することを提案しています。

マイトンは数学の博士号を持っていますが、子どものころは算数が苦手でした。小さく一歩一歩進む方法を独学で身につけ、数学ができるようになりました。マイトンは非営利の教育団体JUMPマス（マスは数学、JUMPはJunior Undiscovered Math Prodigies――「発掘されていない数学の天才児」の頭文字）の創設者として、現在はこの方法を広める活動をしています。

指導者がこの方法を使って自分の専門知識をわかりやすく示すことで、学習者は小さなステップを一歩習得でき、また一歩、さらに一歩と進めていくうちに、揺るぎない理解と自信を獲得していきます。

このアプローチのおかげで、多くのJUMP参加者は算数が得意になりました。中には、学校の授業で基本的な算数の概念が理解に苦労していた子もいます。

カナダのトロント大学とトロント小児病院の研究者は2019年、JUMPプログラムを評価[88]する研究を行い、マイトンの手法を支持しています。研究の2年目になるころには、JUMPの子どもたちは従来的な指導を受けた子どもたちと比べ、小学校3年生は問題解決がかなりできるようになり、6年生では計算力、算数の基礎力、応用問題といった、広範にわたる算数のスキルを身につけていました。

特徴を大げさに伝えた方が、初心者は理解する

エキスパートはまた、初心者よりも長《た》けたところがもう一つあります。何に関心を向けるべきか、何を無視していいかをわかっているという点です。エキスパートは、職業的に関連性のある状況を見せられると、その中で一番大切な部分をすぐに突き止めることができます。しかし初心者は、重要でないところに集中しすぎて時間をムダにしてしまいます。

ところが、ある研究によると、**エキスパートの専門知識を意図的に誇張したり歪曲したりすることで、初心者が見るべきところをわかりやすくできる**ことが示されています。

アメリカ空軍はかつて、現在はユニバーシティ・カレッジ・ロンドンの上級研究者となった心理学者イティエル・ドロールにアドバイスを求めたことがありました。味方の航空機の誤爆を防ぐために、訓練中のパイロットがさまざまな航空機の形をすぐに見分けられるようになる方法を、空軍の指導者たちは模索していたのです。

航空機の種類があまりにも多く、訓練士が圧倒されていることにドロールは気づきました。そこで、新しい方法を取りました。パイロットが与えられていた覚える必要のある航空機の略図の輪郭を、デジタル処理で変形[89]させたのです。翼幅（翼の右端から左端までの長さ）の広い航空機はより広く、先端が尖った航空機はよりシャープに、潰れた鼻のような形状の航空機はより丸く、といった具合です。あまりにも小さくて気づきにくかった航空機の違いが、パイロットの目に飛び込んでくるようになりました。そしてパイロットは、通常の比率になった現実の航空機を目にしたときでも、際立った特徴を引き続き認識できるようになったのです。

ドロールの手法は、心理学者が「似顔絵優位性[90]」と呼ぶ現象に関係しています。忠実に描写された顔よりも、風刺的に誇張された似顔絵（カリカチュア）の方が認識しやすいという事実を意味しています。

カリカチュアは対象人物の外見を歪めますが、その人物について特徴的だったり目立ったりするところを誇張するという規則性を持っています。そうすることで、その人物をさらに認識しやすくなるのです（ジョージ・W・ブッシュの突き出した耳や、ビル・クリントンの丸い鼻、故ルース・ベイダー・ギンズバーグの大きなメガネを思い出してください）。

エキスパートが例を示す際、初心者にとっては混乱するほど似ているものでも、個性的な特徴を誇張して示すことで、似顔絵優位性を活用することができます。

エキスパートの情報整理術を伝えて、学びを深める

エキスパートと初心者の違いの3つ目は、目にしたものを分類するその方法にあります。初心者は、目にした何かを外見上の特徴に従って分類します。一方でエキスパートは、もっと深い機能によって分類します。

アリゾナ州立大学の教授ミシェレン・チは、古典的な実験(91)を行いました。8人のエキスパート(大学の物理学部で研究をしている博士課程の学生)と8人の初心者(物理を1学期だけ終えた学部生)に、それぞれ情報カードに書かれた物理に関する問題24問を、好きなカテゴリーに分類するよう指示しました。

両グループのカテゴリーはまったく違っていました。学部生は、表面的な特徴で問題を仕分けていました。例えば「バネに関するもの」「滑車に関するもの」「斜面に関するもの」といった具合です。一方で博士課程の学生はそれぞれの問題が示す基本的な物理の原則に基づいて、「エネルギー保存の法則」「仕事・エネルギー定理」「運動量保存の法則」に分類しました。

エキスパートが用いるカテゴリーには、かなり有益な情報が埋め込まれているものです。それならば、エキスパートがすでに機能ごとに分類した情報を、初心者に提示したらどうでしょうか？ これがまさに、ジョシュア・ウェッセンが手がけた新しいタイプのワイン店の背後にある考えでした。

起業家でありソムリエとしてエキスパートでもあるウェッセンは、ワインのチェーン店「ベスト・セラーズ」を創業しました。「私はいつも同じ質問[92]をされていました。その質問とは、〝細かい知識を全部覚えずにワインの世界を理解するにはどうしたらいいですか？ ただピザに合うワインを知りたいだけなのに、選択肢が多すぎてわからない〟に要約されます」とウェッセンは話します。

ワインを売っている店のほとんどが、ぶどうの種類ごと（シャルドネやカベルネ・ソーヴィニョンなど）か、産地ごと（カリフォルニアやフランスなど）でボトルを陳列しています。こうした分類では、ワインをよく知らない消費者にほとんど何も伝わりません。

一方で、ワインのエキスパートはぶどうの種類や産地といった表面的な特徴を知ってはいるものの、ワインを機能で捉えています。スパイシーな食べ物に合う芳醇でフルーティなワイン、味の濃い料理に負けないコクと厚みのあるワイン、お祝いにぴったりな華やかな発泡ワインなどです。

「芳醇」「コク」「発泡」は、ウェッセンが自分のチェーン店用に考案した8つの分類の3つです（ほかに「渋みが少ない」「フレッシュ」「果実味たっぷり」「飲みやすい」「甘口」があります）。こうした特徴を押し出すのは、ソムリエの思考法への近道を顧客に示しているようなものです。

ウェッセンの例に倣い、**エキスパートはもっと一般的に、自分が情報を整理する際に使うカテゴリー（エキスパートの思考法がよくわかるカテゴリー）を伝えることで、模倣する人にとってわかりやすい手本となることができます。**

エキスパートの視線や触覚をまねて学ぶ

これら（塊になったステップを分解し、目立つ特徴を誇張し、機能に基づいてカテゴリー分けをする）は、エキスパートが自動化した知識やスキルのブラックボックスをこじ開けるのに役立ちます。

拡張されたテクノロジーを用いれば、エキスパートの心の中をより直接的に調べることができるかもしれません。例えば現在、エキスパートの視線がいつ、どこに、どのくらいの長さで向けられるかを自動で観察するアイトラッキングを使って専門知識の本質が研究されています。

専門分野を問わず、エキスパートは初心者とは異なる[93]視線の運び方をすることが、研究から明らかになりました。全体像を素早く完全に把握しつつ、その場面でもっとも重要な側面にフォーカスするのです。視覚的な「ノイズ」に気を紛らわされることはあまりなく、どこかに気を取られることもなく視野全体で視点を楽に移動させます。

外科医、パイロット、プログラマー、建築家、高校教師など[94]、どの職業であれエキスパートの視線パターンは非常に似ていました。一方で初心者の視線パターンはかなり散漫で、一貫した動きはありませんでした。

エキスパートは自分がどこに視線を向けているのか[95]自覚がなく、視線パターンを意識的に調べることができません。アイトラッキング技術は、エキスパートの専門的経験の視線という側面を捉えて、初心者が活用できるようにしてくれます。どこに視線を向けるべきかという合図を送ってくれる[96]のです。ある研究者はこれを「カンニング[97]」だと表現します。何時間もの観察や練習をせずに、もっと効率的かつ効果的に学習できるようになる可能性のある近道なのです。

研究者の「触覚」が出す合図についても実験しています。特殊な手袋やツールを通じて身体的な合図を伝えるもので、初心者にエキスパートの動きを伝えるのに役立ちます。

教育やトレーニングに対する脳に縛られたアプローチ法は、ほぼ視覚的及び聴覚的な経路を使って情報を伝えます。しかし触覚を使ったテクノロジーなら、指導やフィードバックを体に直接提供してくれます。暫定的にまとめた結果によると、このテクノロジーを使えば、バイオリンの演奏を学ぶ生徒から、腹腔鏡手術を覚えようとしている研修医に至るまで、さまざまな学習者の認知的な負荷を軽減させ、パフォーマンスを向上させることが示唆されています。[98]

こうしたイノベーションはある意味、徒弟制度の中で何世紀にもわたり受け継がれてきた教えを、テクノロジーで強化したものといえます。優れた職人が指し示す指であり、指導する手が、21世紀的に表現されたものなのです。

昔の徒弟制度で交わされた年季奉公契約書には多くの場合、大工であれ、鍛冶職人であれ、造船工であれ、その職業の「商売、技、神秘」[99]を指導する見返りとして、徒弟が労働力の提供を申し出たものでした。知的労働の時代に、専門的技術の「神秘」は自動化というベールによってさらに覆い隠されるようになってしまいました。

このベールを取り去るには、エキスパートがこれまで慣れ親しんできた習慣である脳に縛られた指導法を手放し、認知が目に見える形となる「脳の外」で考える必要があります。

第8章

仲間と思考する

スタンフォード大学の物理学教授カール・ワイマンは、ややこしい問題にどう対処すればいいか熟知しています。「ボース・アインシュタイン凝縮」として知られる、物質の極限状態を実験室で実現する方法を発見し、同僚のエリック・コーネルとともに２００１年にノーベル賞を受賞しました。しかし実験室での高いスキルも教室では通用しない[1]、ということは、恐らくワイマンも認めるでしょう。単純なタスクに、ワイマンは何年も苦悩していたのです。それは、どうすれば学生が自分のように物理を理解してくれるのか、ということです。

物理学の基本的な概念を一つひとつ描写し、説明し、さらには実演して見せてもうまくいきませんでした。どれだけクリアに説明しても、どれだけ熱心に伝えても、ワイマンが提起した問題を解く学生たちの能力は、初歩的なままだったのです。

「物理学者のように考える」ことができないのは、ワイマンの教え子たちが例外的なのではありません[2]。一般的に、講義や教科書による従来のような方法で物理学を学んだ高校生や大学生は、物理を深く理解できないことが何十年もの研究で明らかになっています。ワイマンと教え子たちにとっても同様です。

ワイマンは、強力なレーザー光を使って、原子を冷却し、捕獲する方法を知っていました。実験室での作業[3]から、華氏マイナス４００度以下の極低温で原子がどう相互作用するかも理解していました。原子を同じ周波数で振動させる方法も発見しました（スウェーデン王立科学アカデミーがワイマンのノーベル賞受賞を発表した際に、「斉唱」[4]と表現した現象です）。それなのに、未熟な思考者をどうすれば優れた思考者にできるのか、突き止められないのでした。

ワイマンはついに、この難題の鍵を意外な場所で見つけました。大学生が学ぶ教室ではなく、ワイマンの研究室に作業をしに来た大学院生の中に見たのです。

博士課程を取る大学院生が研究室に初めて来たとき、まるで大学生のようであることにワイマンは気づきました。物理についての知識は豊富なものの、考え方は狭く柔軟性に欠けていたのです。しかし1〜2年もするとその大学院生は、しなやかで柔軟な思考の持ち主へと成長しました。まさに、ワイマンが大学生を育てようと懸命に働きかけつつうまくいかなかった模範的な姿です。「従来的な教育プロセスからは著しく抜け落ちていた、何らかの知的プロセスが研究室に存在していたのは明らかでした[5]」と、ワイマンは振り返ります。

大学院生を変えた主な要因は、知識体系に関する強烈な「社会的関与」の経験（何時間も互いに助言し合い、議論し、経験談を話す）だったとワイマンは結論を出しました。

２０１９年にアメリカ科学アカデミー紀要に発表された研究[6]は、ワイマンの直感を立証しています。理系の大学院生数百人を対象に認知面の成長を4年にわたり追跡したところ、**「仮説**

を立てる」「実験を計画する」「データを分析する」といった重要なスキルの発達は、指導教員の指南ではなく、研究室で仲間とどう関わり合うかと密接な関係があることがわかったのです。

仲間と議論することで知性は深まる

知的な思考を促進するうえで、社会的関与が絶対不可欠のように思われました。しかしワイマンは、大学生を対象とした従来的な講義では、そのようなやり取りがほぼ皆無だと気づきました。これまで教えていた方法は、学生が座り、ワイマンが話すというスタイルで、学生が互いに向けて言葉を発する機会などほとんどなかったのです。

研究室の大学院生を一流の思考の持ち主に変えたその「知的プロセス」を、大学の授業でも起こすべく、ワイマンは取り組むことにしました。学生たちは列になって静かに座ってはいません。代わりに塊になって集まり、ワイマンが提起した難しい物理の問題をどう解くかを議論しました。議論がなされている間、ワイマンとティーチング・アシスタントは教室をまわり、間違った議論になっていないか耳を傾け、フィードバックを提供しました。

ワイマンが再び教壇に立つと、そこで正解が明かされ、説明がなされました。ほかの答えがどこで誤ったかも解説されました。ワイマンが「複数回に及ぶ少人数での短い議論[7]」と呼ぶものを学生たちにさせることで、さらには学生たちに判断を下させることで（クラスメイトからの反対意見には反論することが期待されます）、物理学のエキスパートの思考法を学生たちが学べる環境を、ワイマンは作り出したのでした。

「アクティブ・ラーニング」というこの取り組み方[8]をSTEM（科学・技術・工学・数学）分野の授業に取り入れる教授は増えており、ワイマンもその一人です。**アクティブ・ラーニングで学ぶ学生[9]は、教材を深く理解し、試験で高得点を取り、落第や中退の割合も低い**ことが調査によって示されています。

スタンフォード大学の物理学部に加えて、スタンフォード教育大学院でも教えているワイマンは、ほとんどの時間を科学の効果的な指導法の普及に費やしています。ノーベル賞の賞金を物理学の指導法の改善に向けて寄付したほどです（ワイマンはこの賞金を「空から降ってきた大金[10]」と表現していました）。ワイマンは、理系教育を講義形式ではなく、もっと積極的に参加できる活発なものにしたいと願っています。

社会的な交流をしているとき、脳は独特の処理をする

「知的な思考の発達は根本的に、社会的なプロセスである」という、見落とされがちな真実がもっと広く認識されるよう、ワイマンは取り組んでいます。私たちは自力で思考することができます。特定の問題やプロジェクトに関しては、単独の思考が必要とされることもあります。

しかしその単独の思考でさえも、社会的な交流に基づいています。言語学者や認知科学者の理論によると、私たちが頭の中で行っている絶え間ないおしゃべりは、内在化された会話のようなものです[11]。**人間の脳は、人と一緒に考えるように進化してきました。人に教え、人と議論し、人と物語を語り合うように。**

人間の思考は状況に非常に敏感ですが、もっとも強力な状況の一つは、他人の存在があることです。その結果、人は社会的に考えるとき、非社会的に考えるときとは違う思考になっています。そしてたいていは、良い方向に変わっているのです。

例を一つ挙げましょう。脳は、社会的な情報[12]を、非社会的な情報とは異なる方法で保存しま

す。社会的な記憶は、脳の特殊な領域に符号化〔訳注：情報を取り込んで記憶として保持するまでの過程〕されるのです。さらに人は社会的な情報をより正確に覚えているものです。[13] 心理学者が「社会的な符号化の利点」[14] と呼ぶ現象です。

この発見を意外だと感じたなら、それは私たちの文化が、社会的な交流を知的な領域から除外しているからにほかなりません。他者との会話は楽しく愉快なものですが、この考えでいくと、学校や職場の隅でする気分転換でしかありません。真剣な思考、本物の思考は、ほかの人から離れて自分一人で行うものということです。

科学も、この考え方を強化していないわけではありません。[15] 磁気共鳴機能画像法（fMRI）による画像を見たことがある人も多いはずです。灰色の塊として写し出された脳のところどころが明るくなり、活発に思考している領域が示される画像です。fMRIのようなテクノロジーが使われているのは、人が脳に縛られている産物です。ほかの人との関わり方を無視して個人の脳を単独で調べるのが、奇妙だとか変だとは思われてきませんでした。

至るところで目にするfMRIによって作り出された画像はその結果、この傾向をさらに固定させます。観察する価値のあるものはすべて、たった一つの頭蓋骨の中で起きている、との思い込みを、こうしたスキャン画像が鮮やかな視覚で肯定するのです。

社会的なやり取りが認知に果たす役割を調査したいと考えた科学者はつい最近まで、技術的な制約によって妨げられてきました。[16]　fMRIが誕生してから何年もの間、研究者たちは誰もが、MRI装置の中にたった一人で閉じ込められた個人だけを切り離して調べなければいけませんでした。そのため、人の思考法に関する神経科学の研究は何十年もの間、一人で思考する人についての研究だったのです。

これが変わりつつあります。より柔軟で対応力の高い新世代のツールの登場で、認知の社会的な側面に対する関心が高まったのです。脳波計（EEG）や機能的近赤外分光法（fNIRS）のようなテクノロジーのおかげで、取引をする、ゲームをする、あるいは単におしゃべりをするといったやり取りをする複数人の脳を、自然な状態でスキャンできるようになりました。

こうしたツールを使い、研究者らは「相互作用する脳の仮説[17]」として知られる説得力ある証拠を見出しています。**人が社会的に交流するとき、脳は単独で考えたり行動したりするときとは異なる神経処理・認知処理をしている**という仮説です。

人は、人間を相手にする方が脳が活性化する

代表的な事例は、脳がいかにして言語を理解し生み出すのかに関する研究から生まれました。

19世紀以来、「ブローカ野」と「ウェルニッケ野」という2つの灰白質の塊は、脳の言語領域における「権威」だと考えられてきました。

2つの領域は、脳に損傷のある患者の研究（患者の死後に行った死体解剖を含みます）を通じ、この領域の言語機能を発見した科学者ポール・ブローカとカール・ウェルニッケにちなんで名づけられました。2人の直感は1世紀後、ｆＭＲＩスキャンを使った実験でも確認されました。実験参加者に文字を読むか言葉を聞くかするよう指示したところ、ブローカ野とウェルニッケ野が明るく写ったのです。脳の機能解剖学を説明する際に、この理解が長い間基準になっていました。しかし現在、新たに登場した数々のツールを使って行われている研究によって、この理解は見直されつつあります。

被験者が何かを読んだり受け身で聞いたりするのではなく、ほかの人と話しているときの脳の活動を記録する実験[18]で、これまで知られていなかった言語に関係する3つ目の神経回路が特定されました。

ｆＮＩＲＳは、柔軟性のあるバンドで頭を包んで脳をスキャンするテクノロジーです。これを使った研究では、中心下野と呼ばれるこの新たに特定されたネットワークが、会話で使われる言語を、そのつど予測したり反応したりすることに特化していることが示されました。

リアルタイムでの会話では、個別の言葉を単に認識するよりもずっと機敏で繊細な認知処理が行われていることを示す証拠が増えており、今回の発見もその一つとなります。**会話では、相手が私たちに向かって次にどんな言葉を使うかを予測し、その返答として自分が繰り出す言葉をその場に合わせて作り出す必要がある**のです。

fNIRSを使い、人間を相手にポーカーをプレイしている人[19]の脳と、コンピューターを相手にプレイしている人の脳のスキャンを比較した際に関連した発見がなされました。「心の理論」(他者の心の状態を推測すること)を生み出す脳の領域が、人間を相手に対戦しているときは活発でしたが、コンピューター相手の対戦では休止状態になりました。ある意味、「同じゲーム」ではなかったのです。

人間相手の対戦では、脳の活動パターンははっきりと異なりました。脳の多くの領域が活性化され、それぞれの領域の結びつきも強いことが示されました。**神経学的に見て、コンピューター相手よりも人間相手の対戦の方が、豊かな経験を生み出した**のです。

別の研究では、[20]コンピューター相手と比べて人間相手のときの方が、計画、予測、共感に関連した脳の領域が活発になることがわかりました。また報酬に関連する脳の領域[21]は、人間を相手に戦うとき(さらに勝ったとき)により強く刺激されることが示されています。

人間は社会的に思考しているときが一番深く考えている

　こうした研究に使われるツールは赤ちゃんや幼児にも使えるため、発達する過程で社会的なやり取りが子どもの思考をどう形成していくのか、科学的に調べられるようになりました。脳波計は、電極がついたキャップを被験者の頭皮に装着し、そこから脳波のパターンを追跡して記録するテクノロジーです。ワシントン大学の心理学者パトリシア・クールは、脳波計を使った研究[22]を実施しました。クールのチームは、英語を話す家庭の生後9カ月の赤ちゃんが、スペイン語を話す教師とやり取りする様子を観察しました。

　教師がスペイン語でおもちゃの名前を言いながらおもちゃを指差したとき、赤ちゃんが視線を教師とおもちゃの間で何回動かしたかを数えました。クールによるとこうした目の動きは、新しい言語の学びに子どもがどれだけ社会的能力を注いでいるかの目安になります。

　クールらはこのレッスンを12回行った後、赤ちゃんの第二言語の学習について脳を測定したデータを入手しました。発話されたスペイン語の音声に、赤ちゃんの脳がどれだけ反応したかを脳波計で測定したものです。もっとも社会的なやり取りをした赤ちゃん（教師とおもちゃとの間で頻繁に視線を動かした子）は、スペイン語を学んだ証拠（スペイン語の音に対する脳の活動）が一番強く示された子でもありました。

このような神経科学の発見は、心理学や認知科学によるさらに多くの証拠とともに、ある驚くべき結論を指し示しています。**私たち人間は、社会的に思考しているときが一番深く考えている**、ということです。

社会的なやり取りと知的な思考のつながりを示す科学的なエビデンスが積み重なっているにもかかわらず、私たちは認知に関して、脳に縛られたアプローチから抜け出せずにいます。学校や職場でのアクティビティは相変わらず、個々人の頭の中で抽象的な記号を操作するものとして思考を扱っています。伝える相手もいないのに、（テストや報告書などで）事実を提示するよう求められます。議論する相手もいないのに、（評論や覚書で）主張します。物語を交換し合う相手もいないのに、情報を出したり（ナレッジ管理システムへのログ入力）、情報を取り入れたりする（マニュアルや使用説明書を読む）よう求められます。

人は人間関係について考えると、途端に賢くなる

私たちは、抽象的な読み手や聞き手の利益のために抽象的な記号を考えるように絶えず期待されています。しかしこの期待は、私たち人間が実際に持つ強みを見落としています。人間は、コンセプトを考えることが得意というわけではありません。しかし、**人のことを考える人間の能力は非常に優れています。**

実験心理学で広く使われている推論のテスト、ウェイソン選択課題[23]を例にしましょう。心理学者ピーター・ウェイソンが１９６６年に考案したもので、かなり単純なタスクに思えます。この課題にはいくつかのバージョンがありますが、そのうちの一つはこんな内容です。

「ここにあるカードを見てください[24]。それぞれのカードには、片面にアルファベットの母音か子音が１文字書かれており、その裏面には偶数か奇数が一つ書かれています。〝ある１枚のカードの片面には母音が書かれており、その裏面には偶数が書かれている〟のが本当か否かを確認するには、どのカード（１枚または複数枚）を裏返してみる必要がありますか？」。そこには４枚のカードが表示されており、１枚目は「Ｅ」、２枚目は「Ｋ」、３枚目は「３」、４枚目

は「6」と書かれています。

このタスクを行う人々の成績[25]は、かなりひどいものです。何年もかけて多くの研究者が行ってきた実験では、このタスクを与えられた被験者のうち正解できたのは約10%[26]しかいません。慣れ親しんだ問題にするためにタスクで使われる言葉を言い換えた場合[27]（例えば、ある目的地に着くためにはどの地下鉄に乗るべきか、など）でも、成績は相変わらず驚くほど悪いままです。

しかし、タスクの特定の側面を一つだけ[28]変更すると、正解率が75%に激増します。その変更とは何でしょうか？　社会的なタスクにすること[29]です。

社会的なバージョン[30]では、参加者はこう聞かれます。「あなたはバーで働いています。お客さんには、〝ビールを飲むなら21歳以上でなければならない〟というルールを守ってもらう必要があります。ここにある4枚のカードには、テーブルに座っている人たちの情報が書かれています。カードの片面にはその人の飲み物が、その裏面にはその人の年齢が書かれています。ルールが破られていないか確認するには、どのカード（1枚または複数枚）を裏返す必要がありますか？」。あれだけややこしい問題だったのに、今や簡単に解けそうです。

社会的バージョンのウェイソン選択課題が解きやすくなる理由は、私たちの脳には「裏切り者検知モジュール」が備わっているからだ、と推測する進化心理学者[31]もいます。

このモジュールは、地域社会のルールを破っている違反者を見つけ出すという極めて重要なタスクを専門としています。とはいえ、この課題を容易に正解できる理由は単に、**課題が社会的なものであり、人は社会的な人間関係を考える名人だから**、である可能性が高いでしょう。[32]

人間が脳を大きすぎるほどに発達させた[33]のは、自分が属する社会集団の複雑さに対応するためだと科学者は理論立てています。カリフォルニア大学ロサンゼルス校（UCLA）の心理学教授マシュー・リーバーマンによると、**進化的な圧力の結果、現代を生きる私たちは誰もが非常に強力で専門性の高い「社会脳」を持っている**[34]といいます。リーバーマンがいうところの「スーパーパワー」を持つ社会脳[35]は幼児期に発達を始め、思春期にフルスピードで成長します。

●

2004年公開の映画『ミーン・ガールズ』でジャニス・イアンは「これ。ノースショア高校の案内図ね」と言って、何も知らないケイディ・ヘロンに紙を渡します。ケイディ（リンジー・ローハン）は、ノースショア高校の転校生。学校で最初に出会うのが、ジャニス（リジー・キャプラン）です。ジャニスは学食を詳しく図に描き、学校の案内役を買って出ます。「学食のどこに座るかが重要だよ」と、ケイディが手にしている案内図をつつきながら、ジャニスは説明します。「学食にはみんな、いるんだから」。学食で各々のテーブルに集まっているグループをカメラがぐるりと映すなか、ジャニスは偏見丸出しの呼び名で彼らを分類します。「1年生、予備役将校訓練生、金持ち、体育会系補欠、アジア系オタク、イケてるアジア人、体育会系レギュラー、お高くとまった美形黒人、食べ物で虚しさを埋める女子、何も食べない女子、必死にカッコつけてる子たち、無気力、性的に活発な音楽マニア」。そして最後にジャニスは、身なりのいい女の子たちをさげすむように「ザ・プラスチックス」と呼び、「ザ・プラスチックスには気をつけて」と締めくくります。

ティーンエイジャーに、効率的に学ばせるには

思春期の子はたいてい誰もが、ジャニスが紙に描いたようなフローチャートを頭の中に持っています。ティーンエイジャーは、分数の平方根の求め方を覚えたり、周期表の元素すべてを思い出したりはできないかもしれません。でも自分の高校に存在する、複雑な社会的階級の説明や分析は難なくできます。

思春期の始まりとともに、仲間との絆を結び、自分の居場所を作ることへ強力に駆り立てら

れます。[36]その結果、脅迫的とも思えるほどに人間関係の複雑さに関心を向けます。自分ではどうにもできないのです。脳で起きている構造やホルモンの変化が、ティーンエイジャーを執拗に社会的な活動へと向かわせます。

思春期の間、ティーンエイジャーの脳は[37]社会的・感情的なシグナルに敏感になり、例えば顔写真にも、子どもや大人の脳よりも強く反応するようになります。

報酬に対しても敏感[38]になります。気分を良くする化学物質であるドーパミンに関係する神経回路の活動が、思春期によって活発になるためです。ティーンエイジャーにとって、もっともうれしい報酬[39]は、仲間に受け入れられ、好かれることなのです。

できたばかりの複雑で大切な人間関係という生態系の中でうまくやっていくために、ティーンエイジャーの社会的な脳は常に「オン」の状態になっているよう[40]です。UCLAのマシュー・リーバーマンはこう話します。「脳が、とりわけ思春期のときに[41]本当にやりたいのは、社会を探索して究めることなのです」。

それなのに、まさにその成長過程にいる入学した彼らに向かって、私たち大人は社会的な脳を「オフ」にして、社会的な意味や背景のない抽象的な情報に集中しろと言います。教師、親、その他の大人は、社会生活を、手元にある本来やるべきことから気を逸らせる喜ばしくないものとして扱います。そのため、生徒が苦労しなければ注意力や努力を発揮できない環境を作り出すのです。結果は目に見えています。退屈、注意力散漫、集中力の途切れ、さらには反抗もあるかもしれません。

もちろん、思春期の子たちに日がな、社会的な付き合いばかりさせるわけにはいきません。それでも子どもたちにとって必要な教材を学ばせるために、芽生えつつある社交性を活用する[42]ことはできます。どうすればいいでしょうか？　効果的なテクニックの一つは、学問的な意義が中心にある、非常に社会的な関係に巻き込むことです。ほかの生徒に教えさせるのです。

教えることは人間の本能にインプットされている

子どもたちが学校に対して抱く葛藤を考慮すると、ティーンエイジャーに教師の代理を務めさせるというのは疑わしい対処法に思えるかもしれません。しかし、まさにそこなのです。

人類は、ピタゴラスの定理や第二次英米戦争について気にかけるべく進化したわけではありません。[43]一方で、自分の種族に関する重要な秘密を仲間に教えるように進化はしてきました（思春期の社会通念に関するカジュアルな「教え」が、学食などで、どれだけなされているか考えてみてください）。

人間は、教師としての天性の才能を持っています。生まれながらにして他者に教え、他者から学ぶようにできているのです。数十万年前の考古学的記録からは、人類が教えていた証拠が見つかっています。[44] 世界中のありとあらゆる人類文化で、教えるという行為は観察されており[45]、これには現在も太古の人類祖先と似た暮らしぶりをしている狩猟採集民も含まれます。

「教える本能[46]」は、私たちのように現代を生きる人間にも、同じように確実に姿を見せます。**私たちは毎日のやり取りの中で[47]無意識のうちに、アイコンタクト、声のトーンの変化などで、教える意志があることを、ほかの人に合図しています。**こうした合図によって相手には、こちらが伝えなければならない情報を受け取る姿勢が生まれます。

合図は、生まれたときに始まります。新生児の母親や父親はすぐに、「ペアレンティーズ（親語）」と呼ばれる話し方で、子どもに話しかけるように[48]なります。際立って高い声でゆっくりとした大げさな話し方です。赤ちゃんや幼児は、通常の話し方よりもペアレンティーズを耳にした方が、新しい言葉を学びやすい[49]ことが研究で明らかになっています。

間もなくすると、子どもたち自身も指導するようになります。3歳半の幼い子どもの間でさえも、ほかの子を教えるという行動が観察されています。[50]

生涯を通じて、人は他者とのやり取りによって、新しい情報を取り入れる方向へと進みます。

しかしこの反射的ともいえる反応は、生身の相手に対してのみ起きるようです。

イェール大学の研究者らが脳スキャン技術ｆＮＩＲＳを使って行った研究では、成人の実験参加者が互いの目をまっすぐ見たとき、社会的な脳の領域が活性化[51]しましたが、録画されたビデオの中にいる人の目を見た場合は活性化しないことが明らかになりました。この研究を率いたイェール大学の神経科学者ジョイ・ハーシュは、「アイコンタクトは[52]、２人の知覚システムの間にある門を開き、情報が流れ出す」と説明します。

「門を開ける[53]」、つまり学習プロセスを開始すると見られるもう一つの要素は「随伴的コミュニケーション」です。一人の発話に、他方が直接的に応答する社会的なやり取りのことです。

随伴的コミュニケーションがないときは、学習が起きない可能性もあります。特に顕著な事例はこうです。２歳半未満の幼児は、反応してくれる大人から新しい言葉や動作をすぐに学びますが、事前に録画され、画面上で再生された指導からはほぼ何も学びませんでした[54]。この現象は「画像認識欠如[55]」と呼ばれています。

人は、他者に教えることでより深く学ぶ

人間は、ほかの（生身の）人間からもっともよく学びます。そして、それよりも驚くのは、**人は他者を教えることで（たいていは、教わる側が吸収するよりも多く）学ぶ**ということです。

ある研究により、第1子は、弟や妹と比べてＩＱが平均で2・3ポイント高いことがわかりました。栄養価の高さや親による差別的な扱いといったいくつかの可能性を検証して排除した後に研究者らは、第1子のＩＱの高さは、「上の子は下の子を教える」という、家庭生活におけるシンプルな事実に由来するものであると結論づけました。[56]

家族だけでなく、実験室での研究でも現実社会でのプログラムでも同じです。生徒にほかの子を教えさせれば、そこに関わる誰にとっても（教える本人にとっては特に）恩恵があることが一貫して示されています。[57]

教えるという行為はなぜ、教える本人に学びをもたらすのでしょうか？　それは、**教えるという行為が非常に社会的だからです。その行為は教える本人の思考法を変える効果のある、認知、注意力、動機の強力なプロセスを生み出します。**

こうしたプロセスの一つは、[58] 教えが始まる前にすでに始まっています。ほかの人に教える準備として何らかの情報を学ぶ生徒は、テストを受けるために同じ情報を学んでいる生徒よりも、教材を集中して見直し、頭の中でしっかり整理します。

人間のように社会的な生き物にとって、人を相手にやり取りすること（称賛や恥といったあらゆる可能性も含め）は、試験で答えを文字で書くという比較的目立たない活動よりも、ずっとやる気にさせられるものなのです。

同様に、**他者との社会的な交流は、学習を強化する方向へと私たちの生理的な状態を変化させます。注意力を磨き、記憶力を強化する緊張感が高まった状態を作り出す**のです。自力で勉強している生徒は、こうした生理的な興奮を経験しません。そのため簡単に飽きたり、注意力散漫になったりします。今、自分の手元にはない人間らしい感情や社会的な刺激を得ようと、音楽をかけたり、インスタグラムを開けたりするかもしれません。

教える過程でも、さらなる学びが起こります。[59] 学術的な内容を説明する際、[60] これまで自分の中では適当に済ませていた細かい部分をはっきりさせなければなりません。自分の知識や理解が欠けている部分が明らかになります。

その科目でもっとも重要な点について、[61] 関連性を捉えながら指導するとき、教える本人も深いレベルの知的プロセスへと導かれます。生徒からの質問をさばきつつ[62]自分自身でも疑問を投げかけるとき、教える本人は教材に対して「メタ認知」の立場を取り、生徒と自分が何を知っているのかを意識的に観察しなくてはならなくなります。

生徒は通常、難しい学術的な内容を理解するのに必要なツールを頭の中に持ってはいるものの、自力で勉強しているときは単にそれを活用しないことが研究によってわかりました。しかしながら、**教師の立場に置かれると、こうしたツールを使わざるを得なくなり、これまで自力で勉強していたときには認識されていなかった恩恵を得られる**ことになります。

人に教えるとセルフイメージが上がる

教師の役割はあまりにも強力なため、生徒が存在しなくても、教師の役割がもたらす認知効果の一部を引き出すことができます。

オランダにあるユトレヒト大学の教育学准教授ヴィンセント・ホーヘルハイデは、実験参加者がカメラに向かい、そこにいると想定される生徒に向かって学術的な内容を説明する[63]、という実験を複数回行いました。実験参加者は、教材を調べた後に短いレッスン動画を作ります

（例えば、確率の計算や三段論法の推論などについて）。

目の前に生徒はおらず、生徒と教師のやり取りもありません。それでも動画で教えるという行為のおかげで、教師自身の学びが深まり、実験の成績も上がり、学んだ情報をほかの状況へ「転移させる」能力が強化されることを、ホーヘルハイデは発見しました。

想像上の生徒のために教材の説明を書き出すだけでは、同じ成果は生まれません。[64] カメラに向かって教えることで、誰かがそこにいて見聞きしているという「社会的な存在」の感覚に説得力が生まれるからだ、とホーヘルハイデは説明しています。さらに、録画されているときに自分について説明すると、説明する本人の生理的な興奮は明らかに高まる[65]と指摘します。記憶力、注意力、警戒感の強化と関連づけられる状態です。

もちろん、教師と生徒が直接顔を合わせたやり取りは依然として理想的であり、学問以外の恩恵も生み出します。**教えるという行為は、生徒のアイデンティティ[66]やセルフイメージにポジティブな影響を与える可能性がある**のです。

実際に顔を合わせて生徒同士で教え合うピアティーチング・プログラムでこれまで数多く証明されており、その中には、非営利のプログラム「バリュード・ユース・パートナーシップ」[67]の例があります。教師役は、成績優秀な生徒の中から選ぶべきだと思うものですが、バリュード・ユースは、まったく逆のことを行っています。意図的に、学業に苦労している生徒を選び、年下の生徒たちを教える役割を任せているのです[68]。このプログラムの評価[69]によると、教師役を担う生徒は、プログラムに参加していない似た属性の生徒と比べて成績が良く、学校の出席率も安定しており、退学率も低くなっています。

この結果はある意味、心理学者が「生産的主体性[70]」と呼ぶ経験のおかげかもしれません。自分の行動が、ほかの人の役に立っているという感覚です。自分の努力が実を結んだ様子を目にすると満足感を抱くものです。ある調査では、自分の教え子が何を学んだかの質問に答える姿を目にする機会を持てた場合、教師の学びやモチベーションが高まることがわかりました。

教えることでコミュニティに溶け込める

他者を教える経験はまた、学校や職場のコミュニティに溶け込む手助けにもなります。

カリフォルニア大学アーバイン校医学部を拠点に行われている夏期医学部進学プログラムでは、アフリカ系アメリカ人とラテン系アメリカ人の医学生に、同じく少数派グループの大学生を教えてもらっています。大学生はその後、アーバインにある主に黒人やラテン系の生徒が多い公立高校で教えます。このプログラムは２０１０年に始まったものですが、医学生、大学生、高校生すべてにおいて、自信とモチベーションが高まることがわかっています。[71]

参加者が教えつつ教えられるこの「カスケード式メンター制度」は、職場を含むさまざまな環境で有効であることが示されています。生徒が自分のクラスメイトを教えることで恩恵を得られるように、社会人もまた、同僚に助言することで恩恵を得られるのです。

ブルックリン大学の経営学准教授ホリー・チュウは２０１８年に発表した研究で、**従業員が仕事に関連した知識を同僚とシェアすると、本人の専門知識もさらに高まる**と報告しています。[72]「知識を体系的に調べ、吟味し、理解し、まとめ、人に対して示す」ことで、自分の知識の深さと幅を広げ、その結果、上司から高く評価されるようなパフォーマンスを仕事で発揮できるようになった、とチュウは指摘しています。

社会的なやり取りは、知的活動を補完する重要なものであり、これがなかったら使わなかったかもしれない能力を活性化してくれます。とはいえ、認知に対する脳に縛られたアプローチでは、どのように得たものであれ情報は単なる情報だと捉えます。そのため、思考の社会的な要素は多くの場合、効率性や利便性という名のもとに犠牲になってしまいます。

テクノロジーが教育や職場に普及したことで、この傾向は強まっています。生徒たちはカーンアカデミー〔訳注：アメリカの非営利団体。さまざまな学年や科目向けのオンライン学習ツールを無料で提供している〕の動画を使って数学の演算を学ぶよう求められ、従業員はオンラインの教材を使って自己学習するよう求められています。

しかし、テクノロジーは別の使い方もできます。私たちの知的能力を大きく拡張してくれるような、直接的な社会的やり取りを促進するために使うのです。

例えば、教育非営利団体パワーマイラーニングが開発したツール「ファミリー・プレイリスト」[73]があります。新しいコンセプトを学校で学んだ後、生徒たちはその新しい知識を自宅に持ち帰り、親や親類、保護者などに教えるよう指示されます。

ファミリー・プレイリストは、「家族パートナー」にテキストメッセージでリンクを送ります。リンクをクリックすると「協調学習アクティビティ」を説明するウェブページにつながり、家族パートナーはこれに参加します。同じプラットフォームを使い、子どもが授業をどれだけ理解し、うまく説明できたかに関するフィードバックを担任教師に送ります。

パワーマイラーニングは現在、全米の100校以上でファミリー・プレイリストを実施しています。CEOのエリザベス・ストックによると、このツールを活用している生徒は、数学では4カ月分の学習に相当する知識の進歩が見られることが明らかになりました。さらに大切なのは、教師が、生徒の家族との関係が改善したうえ、生徒の学習意欲が高まり熱心になった、と報告していることです。

教えるという行為は、もっと知的に考えるために意図的に取り入れられる社会的なやり取りです。社会的なやり取りで活用できるものが、もう一つあります。人間にとって教えるのと同じくらい自然に行える「議論すること」です。

●

これを検証したある実験は、かなり意地悪な内容[74]でした。実験参加者はまず、論理的なパズルをいくつか解くよう指示されました。

「青果店は、さまざまな果物や野菜を売っています。有機栽培もありますが、そうでないものもあります。この店が売っているリンゴは、有機栽培ではありません。次の文章のうち、このお店の商品について正しいのはどれですか？　それぞれの答えに理由をつけてください。(1)果物はすべて有機栽培である。(2)どの果物も有機栽培ではない。(3)果物のいくつかは有機栽培である。(4)果物のいくつかは有機栽培ではない。(5)この店の果物が有機栽培か否かについて、確実にいえることはない」

このパズルを解いた後、実験参加者は次に、ほかの参加者が出した回答を評価するよう求められました。つまり、ほかの参加者が示した根拠が、妥当か否かを判断するのです。

トリックはこうです。2つ目の課題で渡された回答のうち一つは、他人のものではなく参加者本人が最初の課題で出した回答でした。参加者の中には、自分の回答だと気づいた人もいましたが、多くは気づきませんでした。この後、非常に興味深いことが起こります。

他人の回答を評価していると思い込んでいる参加者のうち半数以上が、自分が提供した回答を、妥当ではないとして却下したのです！ 参加者は、そもそも理論的に正しくない答えを自分が出していた場合、自分の回答を却下する傾向にありました。つまり自分の主張よりも、他人の主張（と思い込んでいるもの）に対して、より批判的な分析をしたのです。そしてこの丹念な精査のおかげで、参加者はより正確に判断できるようになったのでした。

なぜ人間は、自分の考えに甘いのか

この意地悪な実験を考案した研究者には目的がありました。

パリのフランス国立科学研究センター（CNRS）の認知科学者ヒューゴ・メルシエは共著

者らとともに、人間の推論の奇妙な性質を暴こうと考えたのでした。これまで見てきた通り、人は論理的に考えるように求められると、うまくできないことが多々あります。ウェイソン選択課題を標準（社会的に変えた問題ではないもの）の形で受けた人のうち、正しく答えられたのは10％しかいなかったことを思い出してください。「思考スキル評価」[75]や「認知反射テスト」[76]のような、推論に関するほかの標準化テストでの成績も、同様にあまり芳しくありません。教育水準が高い人であっても、議論学や文章法の訓練を特に受けた人であってもそうなのです。

学問全体が、理性的な思考を妨げるような認知バイアスやその他の精神的な歪みを特定して分類することに懸命になっています。

例えば、これまで多くの文献に取り上げられてきた確証バイアス[77]があります。自分の信念を支持するような証拠ばかりを探し求めて信じる傾向のことです。確証バイアスはもともと、ほかならぬピーター・ウェイソンが名づけたものですが、心理学者のダニエル・カーネマンがさらに詳しく説明しています。

2001年の著書『ファスト&スロー』（早川書房）の中でカーネマンは、次のように述べています。「科学哲学者は通常、反証で仮説をテストするよう助言する。しかしこれに反して[78]人（そして多くの場合、科学者）は、自分が今抱いている信念に合致しそうなデータを探すものである」。人間の心は「結論に飛びつく機械なのだ」と、カーネマンは嘆いています。

しかし、なぜそうなのでしょう？　地上でもっとも知性の高い生き物が、なぜこうした生来の精神的欠陥に邪魔されてしまうのでしょうか？

ヒューゴ・メルシエによると、認知バイアスを研究しているカーネマンなどの研究者は、この疑問に対する説得力ある答えを持っていません。彼らは人間の推論力を、驚くほど高い能力を持ちながら、なぜかすぐに壊れてしまう「欠陥のあるスーパーパワー」[79]として扱っています。

彼らの考えによると、心が持つ推論力の小さな欠陥は、生まれつきであり、避けられません。私たち人間にできることはせいぜいバイアスを警戒し、正す努力をすることなのです。

しかしメルシエは、これに反論します。同じくCNRSの認知科学者であり共同研究者であるダン・スペルベルとともに挑発的な異説を提案しています。推論が困難な理由の説明も異なれば、勧める対処法も異なります。

人間[80]は難しい論理パズルを自力で解くために進化してきたわけではない、と2人は指摘します。人間が水中で呼吸できないのと同様に、論理パズルが得意でなくても驚くべきではないのです。**人間は、他人に自分の考えを納得させたり、他人から騙されたりしないように進化しました。言い換えると、推論は社会的な活動であり、そのように行われるべき**なのです。

議論をすることがアカデミー賞受賞作を生んだ

メルシエとスペルベルは、2017年の著作『The Enigma of Reason』(「根拠の謎」)の中で、ある仮説を提唱しています。そこでは、非常に混乱しているかに思える人間の思考——人間は議論の妥当性を厳格に評価できる事実と、その議論が自分の主張となるとうまく評価できなくなってしまう事実——について、理路整然と説明しています。

2人の「推論の議論理論[81]」では、どちらの傾向も予測しています。私たちは、人から騙されたり言いくるめられたりしないよう、他人の議論をしっかりと調べる動機を持ち合わせています。しかし、自分が展開する議論については細かく精査する動機がほとんどありません。結局、自分の主張に価値があるという確信は、他人からの信頼度が高まるだけですから。議論の相手がこちらの言い分を精査してくれるため、自分の主張を細かく調べるのにわざわざ多大な労力を費やす必要はないのです。

この議論理論では推論がもっともうまく機能する条件についても、具体的に予測[82]しています。

例えば、推論力の弱さがもっとも浮き彫りになるのは、ある推論が当初展開された文脈の外で使われるときです。その文脈とは、騒々しく音を立てる「社会」です。自分の頭の中で一人で推論するとき、人は危険なほどに確証バイアスに陥りやすくなります。自分の視点にとって最強の主張を構築し、その過程で自分も勘違いしてしまうのです。脳に縛られたこの文化では思考は一人で行うのが普通[83]です。しかしその結果は、予想通りに残念なものとなります。

そこでメルシエとスペルベルは、異なるアプローチを勧めます[84]。**真実に近い何かに一緒に到達することを目指し、「一緒に議論する」**のです。

ブラッド・バードはこの「一緒に議論する」を、よく一緒にコラボレーションするジョン・ウォーカーとともに芸術の域にまで高めました。バードは、『レミーのおいしいレストラン』や『Mr.インクレディブル』のピクサー映画でアカデミー賞を受賞した監督です。ウォーカーはこの2作やその他作品の製作にプロデューサーとして参加しました。

バードによると、2人は「大っぴらに議論することで有名[85]」です。「彼は映画を完成させなきゃいけないし、私は完成前にできるだけ良い作品にしなきゃいけないから」と説明しています。『Mr.インクレディブル』製作中の議論のいくつかはあまりにも壮大だったため、映画のDVDの特典映像として収録されたほどです。映像の中でウォーカーは、「いいか、俺はただ作品をゴールさせたいだけなんだ」と叫びます。するとバードはこう怒鳴り返します。「俺はい、い、1位でゴールさせたいんだよ！」。

映画公開の後に行われたインタビューでバードは、自分の主張に対してウォーカーが言い返してくれるものだと思っている、と説明していました。

「彼には、〝何でも言う通りにするよ、ブラッド〟とは言ってほしくないんです」とウォーカーについて話しています。「ジョンと一緒に仕事をするのがすごく好きです。イヤな話を面と向かってはっきり言ってくれますから。究極的には、お互いが勝者です。ピクサー内では、私たちは効率の良さで知られていますよ。私たちが作る映画は安くはないですが、それでも資金は投じられます。衝突しながらオープンに話しますから」。

このインタビューを行ったスタンフォード大学ビジネススクール教授のロバート・サットンは、バードを「クリエイティブな摩擦を精力的に実践する人[86]」と呼んでおり、バードのアプローチ法は正しい、と話します。「**アイデアについて人が互いに尊重し合いながら口論するとき、生産性と創造性がアップする**ことが、多くの研究によって示されています」。

確かに、**議論が正しく行われるとき、深い学びと堅実な判断、革新的な解決法（さらには言うまでもなく、より良い映画）が生まれることが、一貫して研究で示されています。**

対立が、学びに対するモチベーションを高める

議論はなぜ、思考の助けになるのでしょうか？ ヒューゴ・メルシエとダン・スペルベルには持論があります。活発な議論に参加すると、自分の議論を組み立てる（そして主張する）だけでなく、相手の主張を評価する立場にもなります。**利己的な確証バイアスに曇らされることのない客観的な分析によって、人間の鋭い知性は生み出される**のです。

議論がなぜ認知能力を高めるのかは、ほかにも理由があります。それもまた、人間の本質の奥深いところに根差したものです。

例えば対立があると、人はどうしてもそこに注目してしまい、もっと知りたいというモチベーションが生まれるというシンプルな事実があります。小説でも映画でも、開始直後に何かしらの対立が起こらなければ、読む人は本を閉じ、見る人はスイッチを切るのではないでしょうか。その対立の中心が例えば、不可能に対して果敢に挑むヒーローにせよ、運命に引き裂かれた恋人同士にせよ、迫りくる災害にせよ、対立につきもののドラマがあるからこそ、作品を

読み続けたり、映画を観続けたりするのです。

それなのに私たちは、生徒や従業員に対し、確立された説明だとか総意だとして、対立が失われて当たり障りのなくなった情報を示し、注目してくれると期待します。

ミネソタ大学の心理学者デヴィッド・ジョンソンによると、実はほぼどんなトピックでも、逆の視点を強調するよう投げかけられるし、そうすべきなのだそうです。これは「教えることにおける原則[87]」であるとジョンソンは書いています。そして「授業開始後、数分のうちに教師が知的な対立を作り出さなければ、生徒は授業に興味を持たない」としています。

ジョンソンはこれまで何十年もかけて、彼が「建設的な論争」と呼ぶものの活用法について研究を続けてきました。つまり、異なるアイデアや信念をオープンな心で精査することです。

ジョンソンが行った研究で、**知的な議論が好きな生徒ほど、図書館の本を多く読み、授業をしっかり復習し、詳しい人から情報を得ようと努力する**ことがわかりました。対立は、不確かさを作り出します。誰が正しいのか？　誰が間違っているのか？　曖昧さは、もっと多くの事実を集めて解決しなければ、と思わせるのです。

人間はみな、生まれながらの議論好き

知的なぶつかり合いはまた、心理学者が「説明責任効果[88]」と呼ぶものを生み出す可能性があります。生徒が人に教えるとき熱心に準備するのと同じように、意見を主張するよう求められるとわかっている人は、単に文字で意見を述べる予定の人と比べて説得力のある情報を集め、多くの証拠でそれを固めようとするものです。

いったん議論が始まると、「論争する」という行為は、別の方法で思考をさらに強化します。**議論している人の間で守備範囲を効率良く割り振ることで、認知面の負荷が軽減[89]されるのです。**

一人で推論する場合、考えている主張のすべてを心にとどめておく必要があります。しかし複数人で議論すると、このタスクを議論している人たちで分担して、それぞれの人が特定の意見を担当することができます。議論する内容を頭の中に保ち続ける負担から解放され、議論そのものの評価に知的リソースを充てることができるようになるのです。

親なら誰もが知っている通り、議論する能力は人生の早い段階で芽生えます。2〜3歳の幼い子どもでも、親や兄弟の意見と対立していると気づいたときには、言い訳したり、議論したりするだけの能力があります。[90]

論争的思考の発達を研究しているシカゴ大学の心理学者ナンシー・スタインは、「言語能力や認知能力、さらには規則や権利に関する社会的な知識を身につけるに伴い」、子どもはますます自分の視点を効果的に主張するようになると指摘します。強い主張と弱い主張を区別し、他者の議論を批判的に評価できる能力もまた、幼いうちに芽生えます。[91]

ヒューゴ・メルシエの言葉を借りると、私たちは「生まれながらの議論好き」です。[92] そしてその生まれつきの能力を意図的に使って、間違いを正したり、思考を明確にしたり、より妥当な決断を下したりすることができます。

大切なのは、何としてでも論破するのではなく、自分の主張を示しつつ相手の主張を評価するという、活発なプロセスを通じて真実にたどり着くために議論するということです。

議論の利点が最大限に発揮されるのは、自分にとって最善の主張をしつつ、反対意見も聞き入れるとき。相手の見解を批評しつつ、その主張に潜む良い点にはオープンでいるときです。

スタンフォード大学ビジネススクール教授のロバート・サットンは、「強い意見を弱く持つ」[93]

よう努力すべきだと言います。言い換えれば、「自分が合っているかのように闘い、自分が間違っているかのように聞くべきだ」ということです。

聞くこと、そして話すことは、社会的なやり取りを使ったまた別の思考の強化法で中心となります。物語を語り合うことで思考を強化するのです。

●

2012年、7年生と8年生〔訳注：日本の中学1年生と2年生に相当〕を対象に、教育方法に関する実験(94)が行われました。実験に参加した生徒は全員、放射性元素について学びます。とはいえ、普通とはかなり違った方法でこのテーマに取り組むことになります。

一つのグループは、眠くなるほどつまらない文体で書かれた教科書を渡されました。「元素とは物質の要素一つひとつのことで、それが互いに結びつき、私たちの身の回りにあるあらゆるモノを作っています。空気や水など、私たちが世の中で目にしたり使ったりするほとんどのモノは、一つの元素でできているわけではありません。例えば料理に使う食塩は、ナトリウムと塩素という異なる元素でできています」と書かれており、さらにダラダラとこう続きます。「現在、地球の自然環境には92の元素があることがわかっています」。

2つ目のグループも同じ内容を学びましたが、ちょっとしたひねりが加えられました。こんな説明がなされたのです。「1800年代後半までには、科学者はこうした元素のほぼすべてを発見していましたが、まだ見つかっていないものもありました。このころ、フランスに暮らす2人の科学者であるポーランド生まれのマリー・キュリーとフランス人の夫ピエールは、地球上の天然元素をすべて見つけようとしていました。粘り強い調査が必要な難しい作業でしたが、マリーとピエールは、元素の神秘を解く作業を心から楽しんでいました。ある日、科学者仲間のアンリ・ベクレルが、ピッチブレンドと呼ばれる特殊な石をマリーとピエールに見せました。アンリが石を暗い部屋に持っていくと、石が薄青く光る様子をマリーは見ました」。

説明は続きます。「このピッチブレンドはウランという元素を多く含んでおり、光はそのウランから来ているのではないかと思う、とアンリは説明しました。間違いなく、マリーとピエールがこれまで見てきた中でも屈指の不思議な石でした。この神秘的な青い光のことや、本当にウランから発せられているのかについて、2人はできる限り知りたいと思いました」。

2つ目のグループはさらに、マリーとピエールが石を細かく砕き、さまざまな温度で焼いたり、いろいろな酸を加えたりして観察した話を学びます。2人の科学者がいかにして、石に含まれるウランがエネルギー粒子線を放出していたこと（2人はこの性質を「放射能」と名づけます）を発見したかについての説明もなされました。

説明はさらにこう続きます。「未知の元素を明らかにする期待と興奮を胸に作業していたピエールとマリーは次第に疲労感が増し、体調が悪くなることに気づくようになりました」――放射線障害によるものです。

物語があると、人はより正確に理解を深められる

この研究を行ったカリフォルニア大学サンタバーバラ校の教育学准教授ダイアナ・アーリアは、説明の違いが学びの違いを生むかを知りたいと考えたのでした。実際に、違いが出ました。「物語」の形で示されたとき、生徒たちは内容をしっかりと理解し、正確に覚えることができたのです。特に現在では当たり前となった知識がどう作られたか、その背後にあった人間のモチベーションや選択肢を描いた物語に効果がありました。

2つ目のバージョンは人為的にドラマが盛り込まれたわけではない、とアーリアは指摘します。むしろ従来の教科書から「その発見にそもそもインスピレーションを与えた、重要性や複雑なあらすじ」がはぎ取られているのです。

悲しいかな、人間の物語や感情を欠いた従来的な教科書は、生徒が学校で出合う情報、従業員が職場で出合う情報の大半を占めています。ほかの教育心理学者たちが「没個性化」[95]と呼ぶ主観性を欠いたアプローチでは、物語が発揮する[96]独特のパワーを利用できないのです。

認知科学者は物語を「心理的特権階級」[97]と表現しています。つまり物語は、脳から特別な扱いを受けていることです。ほかの形の情報と比べ、**人は物語に対してもっと注意深く耳を傾け**[98]**、すぐに理解し、より正確に覚えます。説明的な文章と比べ、人は物語から50％も多くの情報を思い出す**ことが、研究により明らかになっています。

物語を知ると、人は脳内で登場人物の追体験をする

物語はなぜ、こうした効果を人にもたらすのでしょうか？　まず理由として挙げられるのが、認知面でしっくりくる形に、物語が情報を形作ってくれるからです。

人間の脳は、「あれ」があったから「これ」が起きた、という因果関係を示す証拠[99]を探し出すよう進化してきました。物語は本質的に、因果関係以外の何物でもありません。出来事Aが出来事Bへ至り、そこから出来事Cが引き起こされる、といった具合です。もし語り手が、前

半と後半でまるで脈絡のない物語を話したら、聞き手はそんな「物語」は意味をなさないと抗議するでしょう。

　同時に物語は、私たちにすべてを詳しく説明してくれるわけでもありません。語り手がもし、物語のありとあらゆるポイントをすべて説明しだしたら、聞き手は「わかったよ！」とやはり正当な異議を唱えるでしょう。うまい物語とは、ハイライトが盛り込まれ、話の意味をすべて理解するための因果推論は聞き手に委ねられます。そのような推論は、ある程度の（多くではありません）知的な努力が必要となり、おかげで耳を傾け、考えるのが楽しくなります。

　とはいえ、物語を理解するためには実際に考えなくてはいけないからこそ（始まり、真ん中、終わりをつなぐ一連の出来事を頭の中で維持しなくてはいけないからこそ）、このような認知プロセスを必要としない情報よりも、物語を覚えられる可能性が高くなるのです。

　物語が、別の形の情報よりもっと深く私たちに作用する理由は、もう一つあります。**物語を聞くとき、脳はそのストーリーを、まるで自分の身に起きていることのように経験します。**

　脳をスキャンした研究によると、人は物語の登場人物の感情表現を聞くと、[100]感情を司る脳の領域が活発になります。登場人物が元気に動いている様子を聞くと、[101]脳の運動野が活性化します。さらに私たちは物語の登場人物が「覚えておく」と言ったことは覚え、忘れたことは忘れる傾向にあります。[102]このようなエビデンスをもとに研究者は、人は脳の中で物語をシミュレーションすることで、[103]その物語を理解すると結論づけました。

物語は本質的に、目に見える行動を起こす人間が登場するため、人の脳はその出来事を映画のように心に思い描きます。こうした架空の映画フィルムが心の中で展開することは、事実だけの内容や説明書を読んでいるときにはありません。

そのようなシミュレーションは、代理行為のようなものを提供してくれます。物語に出てくる経験は自分の身には起こらなかったけれど、聞きながら頭の中で本番さながらのリハーサルをしたおかげで、実際に起きたら準備ができている状態になっているでしょう。

看護師同士の語り合いが医療技術を高めていく

ジョンズ・ホプキンス大学ケアリー・ビジネス・スクールで経営と組織について教える准教授クリストファー・マイヤーズは、変わった学術研究を行った際に、この現象を経験しました。

これまで何時間もドクターヘリに乗り、作業中の医療搬送チームを観察[104]してきました。看護師や救急医療隊員は、事故現場や小規模の地域病院にいる患者のもとにヘリコプターで向かい、先進医療の整った大きな病院へ患者を搬送します。

　移動中、驚くほどさまざまな種類の病気や怪我に治療を施します。対処する症状すべてを実際に治療した経験がある、といえるメンバーなど誰もいないほどです。そのため、ほかのチームメイトが積み重ねてきた専門知識に頼らざるを得なくなります。そして、その専門知識が共有されるのは、主に物語によってである、ということをマイヤーズは発見しました。


　ドクターヘリに同行していた数カ月間で、マイヤーズはあることに気づきました。フライトナース（ドクターヘリに同乗する看護師）の知識のほとんどは、正式な訓練で身につけたものでも、手引書やマニュアル本で身につけたものでもなく、出動の合間の休憩時間になされる、カジュアルな語り合いの中で身につけたものだったのです。

「トキシックショック症候群について本で知りたいなんて思いません」(105)とある看護師はマイヤーズに話しました。「今終わった案件の話を聞かせて。どんな症状があった？　見た目はどんなだった？　どんな処置をした？　決まった手順はあるけど、何か付け加えたいものはある？　それはなぜ？　うまくいった？」。

　ヘリコプターの機材に起きた技術的な問題や、さまざまな病院の職員から患者のケアを引き継ぐにあたり直面した対人関係の問題、さらには当然ながら、自分が直接施したり見たりした医療措置について、チームの仲間たちは定期的に互いに語り合っています。

例えば、結婚式でバルコニーから落下し、式で演奏するバンド用にあったマイクスタンドに突き刺さってしまった女性の物語がありました。医療搬送チームがこの女性の怪我をうまく治療したという物語は、何年も後に、あるフライトナースの身にも起こりました。

自転車のハンドルに体が突き刺さってしまったサイクリストの救助要請を、自分のチームが受けたのです。「あんなの、これまで見たことがありませんでした[106]」とフライトナースは自転車事故について話しました。「でも、マイクスタンドの話を聞いていたので、現場に駆けつけたときにパッと浮かんだんです。〝あのチームはあの女性にこうやって治療したから、まずはそれをやってみよう〟って」。

マイヤーズが指摘するように、このような代理学習は、どの業界でも必要性がますます高まっています[107]。いつ起こるかもしれない不測の事態は、一人がそのすべてを実際に経験できないほどあまりにも多様です。不慣れな状況に追い込まれ、手順マニュアルのページをめくって探したり、オンラインで答えを探したりする時間的な余裕などありません。試行錯誤をしながら進むやり方もまた、時間がかかるうえに高いリスクが伴います。

しかし**仕事上で経験したことを同僚と習慣的に語り合っている人たちは、代理的な経験に満**

たされた深い源泉を持ち、そこから経験則を引き出すことができます。

マイヤーズが研究した医療搬送チームの出動回数は、年間1600件以上に達します。一人の看護師が担当するのは通常このほんの一部で、恐らく200件程度です。ある看護師は同僚の話を聞くことで「自分だけでは経験できない年間1400件分[108]の経験に触れることができる。ほかの患者について知れば知るほど、次の患者への準備ができる」と話しました。

噂話が組織の生産性や効率性を高める

物語は、他者とのコミュニケーションの中で有機的に発生します。リーダーやマネージャーの役目は、部下が自然と物語を語り合えるようにサポートし、障壁を取り除くことです。組織の上にいる人たちが提供できるもっとも重要なものは、「時間」と「空間」の2つです。

フライトナースの研究でマイヤーズは、忙しい仕事中には物語の語り合いはなされないことを知りました。マイヤーズが聞き取り調査を行ったある看護師は、こう話します。

「あまりにも忙しすぎて、[109]〝ねえ、ちょっと聞いて〟とか〝こんなことがあったよ〟などの話はできません。それよりも、ゆったり座っているときに互いに苦労話をするような、もっとカジュアルなものだと思います」

管理職の中には、そのような「ゆったり座って」いる様子に疑いの目を向ける人もいるかもしれません。しかし研究によると決してムダな時間ではないのです。

例えばある調査では、**効率を1％下げて**[110]**「従業員のカジュアルなやり取り」を許すと、長期的にはグループのパフォーマンスが3倍増になる**ことがわかりました。その際のやり取りは、一見すると従業員がただ噂話をしているだけに思えるかもしれません。

「噂話って何でしょうか？」[111]と疑問を投げかけるのはサンディ・ペントランドです。コンピューター科学者でありＭＩＴの教授でもあるペントランドは、職場の交流がもたらす恩恵を実証する研究を数多く行ってきました。

噂話とは、何が起きて自分がそれに何をしたかの物語だとペントランドは言います。さらに、「健全な組織に何が必要かと考えるなら、必要なのは人がその場のルールを知ることです。物事がどう行われているかを知る必要があります。つまり、人から話を聞く必要があるのです」。

そのようなやり取りが展開する空間もまた大切です。マイヤーズが研究した医療搬送チームの場合、物語を話すための場所は、備品室のすぐ外の、ヘリポートに出るドアの近くにある3

メートル×4・5メートルのエリア[112]でした。この小さな空間はやがて、仕事のエピソードを語り合う非公式な場所になっていきました。カジュアルさがこの場所の魅力の一部であり、価値でもあります。

フライトナースが物語をシェアし合う場所としては、ここは別のもっと形式張った場もありました。「グランド・ラウンド」と呼ばれる、医師が指揮する週ごとの会議です。こうした会議で提示される患者のケーススタディは、備品室の外での物語と比べて、「もっとクリーン」[113]（焦点が絞られており簡潔）だとマイヤーズは報告しています。

しかし話を簡潔にしようとするあまり、看護師たちは詳細を省略してしまうことがよくあります。そして同僚が将来的に似たような状況に遭遇した際に一番役に立つのが、省略されてしまった内容だったりするのです。

成果を出すには「暗黙知」に精通すること

このような核心的な詳細は、心理学者が「暗黙知[114]」と呼ぶものです。物事がいつ、どのような状況で、どうなされたかという情報です。形式張った会議や研修で従業員が触れる、主観性を取り除いた没個性化された情報からは得られないもので。

また非常に多くの企業が投資をしてきた「ナレッジ管理システム」が失敗するのは、まさにここです。システムが提供する情報は背景情報を欠き、詳細が削られ、ほとんど役に立たない状態です。「従業員が学び、仕事で活躍するために必要な知識のほとんどは[115]、オンラインのデータベースやナレッジ管理システムによく見られる成文化された形式張った情報ではない」とマイヤーズは指摘します。「そうではなく、**非常に大切なのは多くの場合、その組織の暗黙知に精通することです。それは捉えたり文字に落としたりしにくい、たいていは詳細な解釈が必要となる複雑な知識**です」。

このような期待外れのデータベースを考えるとマイヤーズは、大手テック企業で働くある男性に行った別の聞き取り調査を思い出します。

男性が働くその会社は、従業員の頭の中にある専門知識を成文化しようと、高機能なナレッジ管理システムに大金を投じました。「私はいつもナレッジ管理システムを使っていますよ[116]」と男性はマイヤーズに断言しました。とはいえ、その会社が意図した使い方ではありません。「投稿されたページをスクロールして投稿者の名前を確認して、その人に電話をするんです」。

彼が求めているのは、詳細やニュアンスまでしっかり盛り込まれた情報、つまり一言で言えば物語なのでした。

第9章 グループで思考する

護衛空母パラオは、カリフォルニア沖で数日間の軍事演習を終え、[1]帰港することになりました。25機のヘリコプターを輸送可能な巨大空母は、風を切るようにサンディエゴ港へ向かいます。飛行甲板の2階上、航海艦橋（ブリッジ）に位置する操舵室には、陽気なムードが漂っていました。乗組員は間もなく下船し、陸上で楽しめます。その日はどこへ夕飯に行こうかなどと話していました。

そこに突然、インターコムのスピーカーから機関士の声が鳴り響きました。「ブリッジ、主制御室！」と機関士は叫びます。「蒸気ドラムの圧力が下がっています。はっきりした原因は不明。スロットルを閉じます」。母艦の航海士の監督下で働く次席航海士がインターコムへ急いで移動すると、「スロットル閉鎖、了解」と応答します。

航海士は操舵室の左舷に座っていた艦長の方へ振り返り、こう繰り返しました。「艦長、ボイラーの蒸気が原因不明で下がっています」。

その場にいた誰もが、この知らせの緊急性を理解しました。蒸気ドラムの圧力低下とは船全体が動力を失いつつあることを意味します。予想外のこの出来事がどんな結果になるかは、すぐにはっきりしました。

機関士の連絡からわずか40秒後、蒸気ドラムは空になり、蒸気で動いていたあらゆるシステムは徐々に機能を失い始めました。高音のアラームが数秒間鳴ると、艦橋は不気味なほど静まり返りました。レーダーの電気モーターなどの機器が回転を止め、停止したのです。

緊急事態は、動力を失ったことだけにとどまりません。蒸気がないということは、乗組員が軍艦の航行速度を下げられないということです。錨を下ろすには速度が速すぎました。勢いを緩める唯一の方法はプロペラの逆回転ですが、当然ながらこれも蒸気で行います。

そしてもう一つ、蒸気を失ったことによる恐ろしい事実がはっきりしてきました。舵を取ることができないのです。不安げに艦首の先を見つめながら、航海士は舵を右に10度切るよう操舵員に指示します。操舵員は舵輪を切りますが、効果はありません。

「舵が取れません!」と操舵員は叫びます。

舵は、万が一のために手動で動かせるようになっていました。船尾の小部屋ではびくともしない舵をせめて1インチでも動かそうと、乗組員2人が汗を流しながら全力で作業しています。相変わらず艦首の先を見つめたままの航海士は、小声で「あぁちくしょう、動け!」と呟きました。しかし1万7000トンの船は前進を続けます。当初の航路から大きく外れながら、混雑したサンディエゴ港へと向かっていました。

この状況を、エドウィン・ハッチンスはつぶさに見ていました。サンディエゴにある海軍人事研究開発センターで働く心理学者です。研究を行うオブザーバーとしてパラオに同乗し、メモを取ったり会話を録音したりしていました。しかしハッチンスを乗せた船は、今や危機で混乱状態になっています（乗組員の言葉で「casualty＝海難事故」と呼ばれる状況です）。

ハッチンスは操舵室から、乗組員のリーダーの方を見ました。艦長は、まるですべて日常の出来事であるかのように冷静にふるまっている、とハッチンスはメモします。実際には「この状況が日常からはほど遠い」ことはハッチンスもわかっていました。「時折聞こえてくるかすれ声や小声での悪態、そして涼しい春の午後なのに上着を脱ぎ、その下から汗まみれのシャツが現れることが現実を物語っていた。パラオはコントロールを失い、乗組員のキャリア、ひょっとしたら命さえも危機に瀕していた」。

舵を失った船内で起こった分担作業

ハッチンスはパラオに乗船し、自身が「社会的分散認知」と呼ぶ現象、つまり他者の心を使った思考法を調べていました。ハッチンスは後日、その狙いが「分析の認知単位を、個人という境界線を外し、航行チームを認知計算システムとして扱うこと」だったと書いています。

そのようなシステムは、「それ自体が認知面で興味深い特性を持っている可能性がある」と記しています。一つの心が解決できない苦境に直面し、パラオ乗組員の社会的分散認知は、その真価が問われようとしていました。

蒸気エンジンの故障によって引き起こされる影響には、ジャイロコンパスの機能停止もありました。パラオの航行チームが主に頼っていたツールです。ジャイロコンパスなしで船の居場所を確認するには、陸上にある複数の目標物の方位との関係を手動で計算する必要がありました。パラオは移動し続けているため、この計算を毎分行う必要があります。リチャーズという名の操舵長は、操舵室にある海図台で作業にとりかかりましたが、一人の脳には負担があまりにも大きすぎることにすぐに気づきました。

ハッチンスによるとリチャーズは当初、自分の全身、そして使えるツールすべてに作業の負担を分散させる方法を取りました。計算中の数字をブツブツと小声で繰り返し、自分の声と聴覚を使ってワーキングメモリを拡張します。

縦に並んだ数字を指先でたどりながら足していき、手を使って大量の情報を覚えておきます。航海図の余白には、鉛筆で小計を走り書きしていきます。ハッチンスの説明によると余白は「外部メモリ」であり、そこに数字をとどめておくようなものです。

リチャーズは、計算を行う負担から脳を解放すべく計算機を取り出して使いました。それでも、単独での作業のため後れ始めます。そこで、もう一つリソースを取り入れることにしました。チームメイトであるシルバー二等操舵手の知能です。ところが新たな知能が加わったことで、新たな課題が生まれました。複雑かつ迅速なタスクをどう分担するのが最善なのか、今すぐどうやって決めるかです。

その間船はずっと動き続け、さらに新たな緊急事態も発生しました。パラオは、小型ボートに接近していたのです。ボートに乗っている人たちは、パラオの惨状にまったく気づいていません。「通常ならパラオは警笛を5回、大きく鳴らすところだ」とハッチンスは記しています。しかしパラオの警笛は蒸気で鳴らす汽笛であるため、蒸気の圧力がなければ音は出せません。船上にあったのは小さな手動の霧笛で、ハッチンスの説明によると「基本的に、自転車の空気入れに笛とベルを付けたようなもの」でした。

航海日誌係の下級士官は、霧笛を探して艦首へ持って行き鳴らすよう指示されました。その間、艦長は飛行甲板向けの拡声装置のマイクをつかみ、こう言いました。「パラオの船首を横断中の小型ボートへ。当艦には動力がない。自己責任で横断するように。当艦は動力がない」。

このときすでに、小型ボートはパラオの船首の下に姿を消していました。操舵室からはボートの先しか見えません。衝突するのでは……と乗組員は身構えました。航海日誌係はようやく艦首に到着し、弱々しい音を5回鳴らします。しかしこれ以上のことをするには、間違いなく遅すぎました。数秒後、小型ボートが右舷船首から姿を現し、無事に航行していきます。少なくとも一つ、海難事故を回避できました。

操舵室の中では、リチャーズとシルバーが海図台の上で頭を寄せ合い、タスクを二分するのに苦労していました。ハッチンスの観察によると、2人は32回も試行錯誤した後にやっと「一貫した行動パターンが見え」、2人の間でタスクを効果的に分担する方法が決まりました。33回目のトライで「初めて2人は安定した形で分担できた」とハッチンスは書いています。

一度この形が決まると2人はリズムに乗り、新しい方位データを取ったり、新しい位置の計算を大量に行ったりするようになりました。パラオは、2人を含む乗組員の協調的な取り組みのおかげで、無事に安全な場所へと導かれました。

「技術的惨事が始まってから25分後、制御を失って3キロメートル以上進んだところで航路のすぐ外、十分な深さのある意図した場所に錨を下ろせた」とハッチンスは報告しています。「パラオが安全に停泊できたのは主に、艦橋乗組員の類まれな操舵術によるところが大きい」とハッチンスは続けます。「しかし艦長であれ、航海士であれ、航行チームを監督していた操舵長であれ、誰か一人が、艦船をコントロールして安全に停泊させたわけではない」。

「社会的分散認知」を観察しようと目を光らせている心理学者として、これ以上良い事例に巡り合えることはほぼないでしょう。

とはいえ、集団的な思考のこうした事例に私たちはたいてい気づきません。文化や組織はその人の個性、独自性、独立性など、個人だけに注目しがちです。

ビジネスや教育、社会生活やプライベートな生活において、私たちは協力よりも個人での競争を重視します。社会への同調だと感じるもの（少なくともあからさまで組織的なもの）に抵抗し、「集団思考」と呼ばれるものに疑いの目を向けます。

ある意味、この慎重な態度は理にかなっています。無批判な集団思考は、分別なく、破滅的にもなり得る決断につながる可能性があります。しかし一方では「認知的個人主義」[2]の限界がますます明らかになりつつあります。**情報があふれ、高度に専門化され、複雑な世の中の難題に直面する際には、個々の認知では太刀打ちできない**のです。

現代のさまざまな難題に、一人で向き合えるか

この環境で、たった一人で作業をするのは、問題を解決したり、新しいアイデアを生み出し

たりする際には明らかに不利となります。単独での思考以上の何かが必要です。

人間という種にとってまったく自然であり、不思議で風変わりにも思える状態——つまり「集団心」〔訳注：集団が一つの有機体のようになることで備わる心性のこと〕を作り出すことです。

●

「集団心」といっても、どうやって一つの心として思考するのでしょうか？ 神秘的にも、摩訶不思議にも思えるかもしれません。

確かにこの点について、欧米での集団心の科学的研究は、怪しいスタートを切りました。欧米文化のイデオロギーは長きにわたり、個人主義に傾倒してきました。集団心がなぜ不安視されやすいかを物語る、比較的最近の歴史的な出来事がありました。

それは、19世紀後半から20世紀前半に始まりました。フランスの物理学者ギュスターヴ・ル・ボンやイギリスの心理学者ウィリアム・マクドゥーガルといった当時の文化人たちが、群衆は独自の思考を持っているようだとして、強い関心を持った時代です。

集団心はパワフルでありながら、同時に危険だとも考えられていました。原始的で、不合理で、何よりも暴力的だと思われていたのです。集団はまた、個人よりも知性に欠けるという思い込みもありました。

1895年刊行の『群衆心理』の中でル・ボンは、複雑なアイデアは「非常にシンプルな形にならないと群衆には理解できない[3]」と断言していました。「いささか高尚な哲学的あるいは科学的アイデアを扱っているときに、とりわけ顕著である。群衆の知的水準にまで下げるために、広範囲の変更が必要なのだ」と書いていました。

マクドゥーガルもまた、1920年刊行の『The Group Mind: A Sketch of the Principles of Collective Psychology』（「集団心：集合心理の原則の概要」）で似たような考えを記していました。「群衆や単なる人の群れのみならず[4]、一部組織化された集団である陪審員団や委員会、ありとあらゆる団体もまた、明らかにどう見ても間違っており愚かで欠陥のある判断を下したり、決意をしたり、規則や法を定めたりしがちなことで知られている。その団体でもっとも知性の低い人物ですら、個人ならもっとましな結果を出していただろうほどに」と主張していたのです。

怪しげだと評価されてきた「集団心」

集団心に関するこの考え[5]は、かなり影響力がありました。その反響は、集団での思考に対する根強い不信感や軽視として、今も残っています。しかしこの分野は、不安定な経験的根拠の上に成り立っていました。その説を主張する人たちは、集団心がいかに働くかの説明もなしに、不明瞭で非科学的な、超自然的ともいえるような臆測に頼っていたのです。

ル・ボンは、群衆には「磁気的な影響力」[6]が働いていると推測しました。マクドゥーガルは「テレパシーでのコミュニケーション」[7]の可能性について考えました。分析心理学者のカール・ユングも加わり、集団の人々を一つにつなげているのは、共通の「遺伝的エクトプラズム」[8]だという考えを提唱しました。

最終的には、不正確さと矛盾からこの分野自体が崩壊してしまいます。ある人物は、集団心の概念が「不名誉なことに、社会心理学の歴史へと消えていった」[9]と述べています。別の人は、「尊敬すべき科学的対話の領域から追いやられた」[10]と指摘しています。そして社会科学者たちは、個人による思考と行動だけにほぼすべての焦点を当てるようになったのです。

ところが今、集団心の真剣な研究は驚くべき復活を遂げています。[11]理由は単純に、必要性に迫られたからです。現代社会が集団心を必要としているのです。

知識はより豊富になり、専門知識はより細分化され、問題はより複雑になりました。こうした変化への反応として唯一適切といえるのは、集団心を発動させることです。

そこでは事実に基づく知識、熟練した専門知識、知的な取り組みが複数人で分担されます。集団での思考が以前に増して必要不可欠となるなか、どうすればこれをうまくこなせるかへの関心が高まっています。同時に理論が改められたことや、新しい調査方法が登場したことで、集団心の実際の作用について、研究者が新しい知見を得られるようになり、集団心は科学的に扱われるようになりました。

無分別でも超自然的でもなく、集団での思考はいくつかのメカニズムに基づいた、非常に高度な人間の能力なのです。まず、同時性《シンクロニー》から見ていきましょう。

●

毎朝6時30分になると、軽快なピアノ音とともにプログラムが始まります[12]。「のびのびと、背伸びの運動から」とラジオ体操の音声が流れます。日本で何十年にもわたり毎日放送されている[13]、3分間の健康体操です。オフィスや工場、建築現場、コミュニティセンター、公園などに集まり、大勢の日本人が合図に合わせて、子どものころから体に染みついた一連の体操を始めます。

「1、2、後ろに反らして」。「次は腕と足の運動!」。クラスメイト、同僚、若いママ、お年寄りはみんな同時に、伸ばし、曲げ、捻り、跳びはねます。「次は前後に曲げる運動です。弾みをつけながら前に3回。腰に手を置いてゆっくりと上体を反らせます」。腕を回転させ、膝を曲げ、番組の締めの言葉まで、まるで一つの体であるかのように動きます。「深く息を吸います。ゆっくり吸って、ゆっくり吐いて。5、6、もう1回！」。

学校の低学年から大企業の経営トップに至るまで、誰もが実践しているラジオ体操の恩恵は、健康や柔軟性を大きく超越したところにあるのかもしれません。**「行動の同時性」（体の動きを含む行動をほかの人と合わせること）が、「認知の同時性」（複数の人が効率的・効果的に一緒に思考すること）と呼べるものへ私たちを準備させている**ことが、膨大な研究により示されています。

同調して動くと、人は無意識に協力的になる

ワシントン大学の心理学者が行った研究では、2人組の4歳児[14]に、研究室に備えつけられたブランコで遊ぶように指示しました。研究者はその後、ブランコの揺れるタイミングが一緒になるか、バラバラになるか、こっそりと細工しました。ブランコから降りた後、パートナーと同じタイミングで揺れるブランコで遊んだ子どもたちは、その後に行われた別のタスクで、同

じパートナーと協力する傾向が見られました。

テレビゲームで遊んだ8歳児も同様の結果[15]でした。同じタイミングで反応するよう細工されたゲームで遊んだ子たちは、バラバラのタイミングのゲームをした子どもたちと比べ、ゲーム後にパートナーに対して、親近感を強く抱くことがわかったのです。大人が対象の研究でも同じでした。**同調した動きをすると、協力的になる**[16]のです。

なぜでしょうか？　基本的なところでは、**同時性によって**[17]**、自分が「協力に前向き」であり「協力できる」といった具体的なシグナルを、相手に送る**ためです。同調した動きが、「一緒に取り組もう」という招待状の役割を果たし、そのような取り組みは生産的になるだろうという安心感も与えます。

シグナルを発するこうした機能に加え、同時性はどうやら、自分自身を見る目や他人を見る目にも次々と変化を起こすようです。ほかの人たちと同じタイミングで同じ動きをしていると認識する[18]ことで、自分は集団の一部であるという自覚を高め、個人としての自分にあまりフォーカスしすぎないようになります。

ほかの人たちが自分と同じ動きをしている[19]ために、相手の行動を解釈したり予測したりしやすくなります。調査によると、相手のことをもっと「頭の中で描く[20]」ようになり、相手の頭の中で何が起きているかイメージしやすくなることが示されています。

同時性はさらに、知覚の質[21]まで変え、動きに対して視覚系がより敏感になります。このような変化の結果、**私たちは同調した相手の外見、動き、言葉などをより正確に記憶[22]します。相手からもっと多くを学び[23]、流れるようにコミュニケーションします[24]。そして、共通の目標をより効果的に追いかける[25]**のです。

「ミツバチスイッチ」が入ると、人は超社交的になる

同時性は感情面では、他人を友達[26]や家族のように思わせる効果があります。同時性を一緒に経験した相手に対し、温かい感情を抱く[27]のです。相手に積極的に手を貸す[28]ようになり、犠牲を払うようにもなります。自分と他者の境界線がぼやける[29]という経験をする可能性もあります。

それは個としての自分が縮んだ感覚というよりも、個人的に大きくなって力づけられたように感じます。まるで、そのグループのリソースを自分が好きなように使えるような感覚です。

アスリートやダンサーを対象に行った研究では、**一致した動きをすることで、持久力が高まり、身体的な痛み[30]の感覚が低下する**ことがわかったほどです。行動の一致は、ある研究者が

「社会の渦[31]」と呼ぶものの中へ、私たちを連れていきます。そこでは、個人の関心からの圧力は弱まり、集団のパフォーマンスが最重要となります。社会の渦に流されるとき、他者との協力は何の労力もいらないほどにスムーズに感じます。

仲間意識や組織内の団結力が強いことで有名な日本で、みんなで一斉に行う体操の人気が高いのは、科学的な研究や人間の本質にしっかりと根差しているからのように思えます。

どの文化、[32]どの時代においても、軍や教会、その他のさまざまな組織は、バラバラな個人を一つにまとめるために「同時に行動すること」を活用してきました。例えば、アメリカ国民の集団が右手を胸に当てて「忠誠の誓い」を暗誦する様子を想像してください〔訳注：アメリカの学校や公式行事で日常的に行われる〕。カトリック教会でも、信者が膝をついて頭を垂れ、ミサ典書の言葉を同時に口にします。神経科学者のウォルター・フリーマンが指摘したように、同時性とは「集団形成のバイオテクノロジー[33]」として非常に効果的なのです。

ではなぜ、そのようなテクノロジーが必要なのでしょうか？

なぜなら「人間の本質とは、90％がチンパンジー[34]、10％がミツバチだからだ」と指摘するのは、ニューヨーク大学スターン経営大学院の心理学者ジョナサン・ハイトです。

ハイトによると、人間は概して競争好きで自己本位の動物であり、自分の目標を追いかけることしか頭にありません。これはチンパンジーの部分です。しかし人間はミツバチのように、グループの利益を考えて行動できる「超社交的」な生き物でもあります。

ハイトは、「ミツバチスイッチ」と名づけた心理学的なトリガーが人間に存在すると主張しています。このスイッチがパチンと入ると、人間の心のフォーカスは個人から集団へと移り、「私」モードから「私たち」モードへと移ります。[35]

このスイッチをオンにすることが、物事をやり遂げるべく一緒に思考するために、そして自分が属する集団を活用して心を拡張するために、必要な鍵となります。

行進の軍事訓練が与える不思議な一体感と興奮

このスイッチをオンにする一つの方法が「同時にする行動」です。歴史家の故ウィリアム・マクニールが「筋肉による絆の形成」[36]と呼んだものを確実に作り出します。

マクニールの主張によると、ヨーロッパ諸国の軍隊が長きにわたり他地域の軍より優勢だったのは、ある意味、密集隊形での教練による心理的効果のおかげでした。密集隊形での教練は

16世紀のオランダで始まったもので、後にほかのヨーロッパ諸国に広まりました。兵士は編隊を組み、ぴったりと揃った動きで何時間も行進しました。これにより精神的・感情的な絆が作られ、戦闘能力が高まったのでした。

著名な軍事史家でもあるマクニールは、軍事訓練によってもたらされる変化について、単に知識だけでなく、個人的な経験をもとにして書いていました。

若かりしころ、米軍に召集され、基礎訓練を受けるためにテキサスへと送られました。そこでマクニールと仲間の新兵たちは行進を命じられ、「号令の叫び声に合わせて、何時間も何時間も機械的に足並みを揃えて動いた。灼熱の太陽の下で汗をかきながら。そして行進中に時折、歩調を声に出して数えた。1、2、3、4!」とマクニールは当時を振り返ります。「これ以上にムダな演習は想像しがたい」と皮肉を込めて指摘しますが、しかしそれでも、何時間も過ぎると「感情が高揚した状態」になっている自分に気づくのでした。

「あの演習で、みんなと同じ動きを何時間もしていたことで生まれた感情は、言葉では表現しきれない」とマクニールは書いています。「覚えているのは、健やかな幸福感の広がり。もっと具体的にいえば、個人が拡大したような不思議な感覚だった。集団での儀式に参加したおかげで、個人という感覚が膨れ上がって実際よりもずっと大きくなった感じだ」。

マクニールは続けます。「明らかに、本能的な何かが起きていた。後に私が結論づけたのは、言語よりもずっと古く、人類史において極めて重要な何かだということだ。なぜならあのときに芽生えた感情は、一緒にテンポを合わせ、筋肉を動かし、リズミカルにスローガンを唱え、歌い、叫んでいるあらゆる集団を社会的に結びつける、無限に広がる土台となっているのだ」。「テキサスに広がる平原の、砂利が敷かれた埃っぽい一角」で、マクニールと仲間たちに起きたことは間違いなく、みんなで一致して動く「行動の同時性」の産物です。

しかしそこには、また別の要素が影響を与えていた可能性もあります。共通の「動き」だけでなく、共通の「興奮」です。**行進による肉体的疲労、太陽の熱、上官が怒鳴る指令に対する共通の反応もまた、集団心が生まれるのを助けていた**のです。

行動や感情をともにすれば集団の結束力は高まる

共通の興奮の重要性は、研究者のジョシュア・コンラッド・ジャクソンが考案した独創的な実験で実証され、2018年に科学誌『サイエンティフィック・リポーツ』で発表されました。

ジャクソンと同僚は、実際の行進の状況をシミュレーションしてみました。この実験では、「従来の心理学研究室よりも大きな場所が必要となった」とジャクソンらは述べています。[37] そこで実験の場所としてプロスポーツ用のスタジアムを選び、頭上25メートルに高解像度カメラを取りつけました。

実験参加者172人をスタジアムに集めて、異なる同時性と興奮を経験するようにグループに分けました。最初のグループには列になって歩くよう指示し、2つ目のグループには自由に歩くよう指示しました。3つ目のグループには、生理的に興奮するようスタジアムを早歩きしてもらい、4つ目のグループには、のんびりしたペースでぶらぶら歩いてもらいます。

ジャクソンらはその後、各グループに同じアクティビティをいくつかしてもらいました。小さなグループで集まったり、アリーナの好きなところに行って広がったり……。最後には共同のタスクで協力してもらいました（アリーナにまき散らされた500個の金属ワッシャを集めます）。

結果は次のようなものでした。互いに同調した動きをし、興奮を一緒に味わったとき、実験参加者は独特のふるまいをしました。さまざまな人を受け入れる包括的なグループを作り、互いの距離感は近く、効率的に一緒に作業をこなしたのです（屋根に取りつけたカメラで記録した映像を分析したおかげでこうした様子が観察できました）。

この実験の結果は、**「小さなグループでの行動の同時性と共通の生理的興奮は、それだけで社会的一体性や協調性を高める」**ことを示唆するとジャクソンらは書いています。実験結果は、「世界中の儀式ではなぜ、同時性と興奮が同時に起きることが多いのか」の理解に役立ちます。

この研究で示されたように、生理的な興奮を確実に作り出す方法は、身体的活動です。とはいえ、これが唯一というわけではありません。感情の高まり(38)でも同じことができます。心臓のドキドキがランニングしたからにせよワクワクするような話を聞いたからにせよ、一緒に同じ興奮を味わうこともまた集団を団結させる(39)のです。

行動の同時性において、グループのメンバーはまるで一つの存在であるかのように手足を動かします。生理的な同時性では、まるで一つの体のように心臓が鼓動し発汗します。つまり、行動および生理的な同時性はどちらも認知の同時性をさらに高めるのです(40)。

さらに、新たに行われている研究では「神経の同時性(41)」の存在も暗示しています。**人が集団で一緒に深く思考するとき、脳の活動のパターンがお互いに似てくる**という興味深い発見です。

私たちはそれぞれ別々の存在だと思っているかもしれませんが、心と体は、その間の溝を埋めるさまざまな方法を備えているのです。

研究室で行われる多くの実験や、実社会での数え切れないほどの儀式の実例からは、行動の同時性と生理的な興奮をうまく使うことによって、集団心を活性化する（いわば、ミツバチスイッチをオンにする）のは可能だということが示されています。

鍵は、特定の集団的な経験[42]を作るところにあります。物理的に近いところでリアルタイムに、一緒に行動したり感じたりするような場です。

しかし最近では、この逆のことをしている学校や企業が増えています。テクノロジーに後押しされ、個別で、非同期的で、細分化された経験を生徒や従業員向けに作り出しています。個人に合わせて作られた学校の授業の「プレイリスト」から、自分のペースで進められるオンライン・トレーニングのモジュールに至るまでさまざまです。

一緒に行動したり、感じたりしていないのに、「なぜ、自分のグループは団結しないのか」「なぜ、共同作業でイライラさせられたりガッカリさせられたりすることが多いのか」「なぜ、集団での思考で知性が拡張されないのか」と訝《いぶか》しんでいるのです。

集団でいる方が注意やモチベーションは高まる

なぜ、私たちの今のアプローチはこれほどまでに間違っているのでしょうか？ 今のアプローチは、どのように入手したものであれ情報は情報であり、どのように行うにせよタスクはタスクだ、と決めつけています。

しかし、**人は結びつきが密接な集団の一員であるとき、個人のときとは考え方が異なり、多くの場合はよりしっかり考えられるようになる**ことが、集団心という新しい科学によってわかっています。「注意」や「モチベーション」に関しては特にそうです。一人ではなく集合的に「注意」や「モチベーション」の状態に入ったとき、その本質はがらりと変わります。

まず、「注意」について見てみましょう。心理学者が「共同注意」[43]と呼ぶ現象は、同じ物体や情報に、他者と同時に注目したときに起こります。ほかの人と一緒に[44]特定の刺激に注目しているのだという気づきによって、脳はその刺激に特別な意味を与え、とりわけ重要だというタグづけをします。そのため知的な余力がそちらに注がれ、しっかりと処理が行われます。科学者が使う言葉でいうと、「認知的な優先度」[45]が与えられるということです。

情報があふれる世の中で、私たちは共同注意を手掛かりに何に注目するかをまず決め、共同注意のスポットライトが照らした目標物に知的なリソースを向けます。[46]

ほぼ自動的に行われるこうしたプロセスの結果、**私たちは他者と一緒に何かに注意を向けたとき、より深く「学ぶ」ことができ、よりしっかりと「覚える」ことができます。[47][48]他者と一緒に注目した情報に対して、「行動を起こす」[49]可能性が高まります。**

人間は、赤ちゃんのころから他者と同じモノを見ていた

共同注意の活用は、幼少期に始まります。[50]生後9カ月までには、赤ちゃん[51]は大人が顔を向けた方向を見るようになります。周りの大人たちが見ていると思われる方向をじっと見つめるようになり、[52]以前一人で注目したことがあるモノよりも、保護者と一緒に注目したことがあるモノを認識する可能性が高くなります。[53]

このように、非常に捉えにくくほぼ無意識な方法を通じ、親は子どもに対して何が重要か、注目に値するのは何か、何なら無視しても大丈夫かを教え続ける[54]のです。

赤ちゃんは1歳になるまでに、大人が頭を動かしてある方向に「顔を向ける」という行為をしなくても、大人が見つめている方向を確実に見る[55]ようになります。こうした視線を追う行為は、人間には白目があるため[56]行いやすくなっています。

人間は霊長類の中で唯一、白目があります。この例外によって、科学者は「協力する目の仮説[57]」を提唱するようになりました。協力的な社会的交流を支援するために、人間の目はこのように進化したのではないか、という仮説です。科学ジャーナリストのケア・タンは、「人間の目は見る[58]と同時に、見られるようにできている」と指摘します。

共有された視点から世界を経験できる能力は、人間が進化によって適応したものであり、このおかげで人間は、ほかのメンバーと考えや行動を連携させる比類ない能力を手にしました。

共同注意や、注意を向けている情報に注がれた認知的リソースは、そのグループのメンバーがある問題に関して持っている「メンタル・モデル」〔訳注：人が物事に対して持っているイメージ〕の重複する部分を増やします。そのため、よりスムーズに協力し合って問題解決に取り組めるようになるのです。

一緒に家具を動かして狭い戸口を通すことから、月面ロケットを一緒に設計し打ち上げることに至るまで、人間がさまざまなことをできるのはすべて[59]、このおかげなのです。そしてそれは、赤ちゃんが大人の視線を追いかけるところから始まります。

共同注意は、大人同士でも大切[60]です。とはいえ、保護者と子どもとの間で果たしたものとは異なる役割となります。大人同士での共同注意の機能は、保護者と子どものときのように「熟練者による新参者の指導」というより、互いに蓄えている情報や印象のメンテナンスです。

私たちは、自分の仲間が何に注意を向けているかを常に観察し、自分も同じものに注目しなくては……という気持ちになります（通りでみんなが空を見上げていたら、自分も見上げてしまうものです）。こうすることで、私たちが世の中に対して持っているメンタル・モデル[61]は、自分の周りにいる人たちと同期した状態を保てるのです。

共同注意によって作られた共通の土台は特に、問題を解決しようと協力しているチームにとって重要となります。共通の課題に取り組む集団[62]（ロボットのプログラムを作っている学生グループから、手術をしている外科医グループに至るまで）について調べた複数の研究では、**効果的に作業をしているチームのメンバーは、同じ部分を同じタイミングで見るというように、視線が同じ動きになっている**ことがわかりました。共同注意の瞬間が多ければ多いほど、共同で行っている作業の結果は良くなりました。

研究では、こうした瞬間を調整する能力は、練習で身につけられることが示唆されています。医療用シミュレーターを相手に手術をしていた外科医のチームを対象にしたある研究では、経験豊かな外科医たちの視線[63]は、約70％の割合で同じところに向いていましたが、新人外科医のグループではわずか30%ほどでした。

とはいえ、効果的に協力できる人が常に同じタイミングで同じ場所に視線を向けているわけではありません。[64] むしろ同じものに視線を向けるときと向けていないときがあるのです。

集団志向が強まれば、チームは大きな成果を出せる

グループのメンバーとして経験する「注意」が一人のときとは異なるように、「モチベーション」も異なります。モチベーションに関して一般的に概念化されたもの[65]（例えばペンシルベニア大学の心理学者アンジェラ・ダックワースが広めた考え「グリット」など）は、何かに一生懸命に取り組むことは、一人ひとりの意志による個人の問題だという思い込みに基づいています。

この考え方に抜けているのは、**忍耐強くやり抜くための意志は、自分が大切に思っているグループのために努力するときに強化される可能性がある**ということです。あるグループに対して、心からの帰属意識を抱き、自分のアイデンティティがそのグループとグループの成功にしっかりと結びついているのであれば、そこの一員であることは、モチベーションの強力な源[66]になり得ます。

こうした条件が満たされるとき、グループの一員であることは、ある種の「内在的な」モチベーション[67]の役割を果たします。つまり、お金や名声といった外から得られる報酬ではなく、集団での取り組みに参加したときに得られる満足感といった、そのタスクに内在する要素によって行動が突き動かされるようになるのです。

心理学者が多くの研究論文にまとめてきたように、内在的なモチベーションは外因性のものより強力で、長続きし、楽に維持できます[68]。そのため、その作業がもっと楽しくなり、もっと実力を発揮できるようになります。

単数の「私」ではなく集合的な「私たち」としての自分を経験することで、焦点の当て方や、エネルギーの配分の仕方が変化します。たいていは、その場により即したものに変わるのです。しかし「自分のことは自分で」という傾向が強い社会の中で、「私たち」というしっかりした感覚が生まれにくくなっています。**個人の実績を重視し、集団の団結を軽視すると、共同注意や共通のモチベーションから得られる豊かな恩恵を受けられません。**

もちろん、名目だけのグループではその絆は弱く希薄です。心理学者たちは、「集団実体性[69]」と呼ばれるもの（もっと覚えやすい呼び方で「集団志向」）によって、集団は大きく変わることを発見しました。個人の才能を伸ばすために費やす時間や労力の一部を生産的に使って、集団志向のあるチームを作ることができます。

一緒にトレーニングを受けると集団志向は高まる

集団志向の感覚を育てるために、意図的に取れる方法がいくつかあります。**一緒に思考する必要がある人たちは、直接顔を合わせて、同じタイミングで、一緒に「学ぶ」べきである、**というこ とです。デジタルデバイスがありとあらゆるところに存在するせいで、たとえ一つの教室に集まった生徒の間であれ、共通の学びを実現させるのは難しいものです。

ケンタッキー州ルイビルにあるファーンクリーク高校の英語教師ポール・バーンウェルは、数年前にあることに気づきました。自分の教え子の多くは授業中、物理的にそこにいるのに、精神的にはいないのです。「生徒たちは机の下でスマートフォンをせっせと打ち、[70]フェイスブックやメールをチェックしていたのです」とバーンウェルは振り返ります。

さらに、生徒の意識をこちらに向けてグループでの課題をやらせたところ、生徒たちが学術的な議論の方法を知らないことにバーンウェルは気づきました。生徒たちは、非同期的なコミュニケーションであるテキストメッセージのリズムに慣れてしまい、リアルタイムでの現実的な会話は慣れていない、あまり経験したことのないアクティビティだったのです（非同期のコミュニケーション[71]は今やティーンエイジャーのみならず社会人の間でも一般的ですが、グループ作業の効率と効果を下げることが研究で明らかになっています）。

バーンウェルはある工夫をして、生徒のテクノロジーの使い方を変えさせました。スマートフォンで互いを録画し、自分や相手の対話パターンを分析するよう指示したのです。生徒たちは間もなく、クラス全体で活発な会話をするようになりました。一つのグループのように考えたり行動したりして、グループのみが生み出せる認知的な恩恵を享受できるようになりました。

集団志向を生み出すための2つ目の原則は、**一緒に考える必要がある人たちは、直接顔を合わせて、同じタイミングで、一緒に「トレーニングを受ける」べきである、**というものです。グループでトレーニングを受けたチーム[72]は、別々に受けた人からなるグループと比べて、より効果的に協力し合い、間違いも少なく、高いレベルでタスクを遂行することが研究によってわかっています。

一緒にトレーニングを受けると、「サイロ・エフェクト[73]」が低下する可能性もあります。サイロ・エフェクトとは、部署や分野が違う同僚とはコミュニケーションしにくかったり協力しにくかったりする、よくある現象です。

「脱出ゲーム」で組織のサイロ化を防ぐ

多くの業界では、ほかの部署や部門が一緒にトレーニングを受けることはあまりありません。[74]医療を例にとると、さまざまな専門性（外科医、看護師、麻酔専門医、薬剤師）を提供する医療機関は、患者の看病に対して密な協力が必要です。しかしトレーニングは一般的に、互いから離れて別々の部門、別々の機関で行われています。

メディカルスクールや病院の中には、専門分野の境界を越えて、グループでのトレーニング[75]の試みを始めているところもあります。

ミネソタ大学は、特に効果的な方法を発見しました。「脱出ゲーム[76]」を行うのです。このアクティビティ（アドベンチャー・ゲームをもとにしています）では、ミネソタ大学で特に看護、薬学、理学療法、ソーシャルワークを学ぶ学生が、病室を模した部屋に招かれました。

そこで架空の患者の症例[77]を与えられます。例えば、「双極性障害と1型糖尿病の病歴を持つ55歳男性が、最近出現した躁病エピソードによって、糖尿病性ケトアシドーシスが引き起こされ、緊急治療室に入ってくる」といったものです。

制限時間1時間というプレッシャーのなか、学生たちは協力していくつもの難題を解決し、治療室にあるモノや情報、参加者が持つさまざまな分野の専門知識を利用して、この患者を退院させる計画を立てなければいけません。

ゲーム終了後、指導者が参加しての反省会が行われます。そこでは、分野を越えて協力することの難しさを振り返ります。この「多職種連携による脱出ゲーム」は今や、ミネソタ大学で健康科学を学ぶ学生向けの正式なカリキュラムに組み込まれています。似たようなアクティビティは、ペンシルベニア州フィラデルフィア、ニューヨーク州バッファロー、アリゾナ州ツーソン、テキサス州ラボックにある病院やメディカルスクールで採用されています。

感情を共有すれば集団のパフォーマンスは上がる

集団志向を生み出す3つ目の原則は、**一緒に考える人たちは、直接顔を合わせて、同じタイミングで、一緒に「感じる」べきだ**というものです。実験室での研究や、紛争や自然災害を生き延びた人を対象に行った研究から、感情的につらかったり身体的に苦痛だったりする出来事は、その経験を一緒にした人たちを結びつける「社会の糊[78]」のような役目を果たすこともあることがわかっています。

グループを一つにまとめる感情は、それほど恐ろしいものである必要はありません。研究では**考えや気持ちを互いに率直に話し合う[79]だけで、グループの団結力やパフォーマンスが向上する**ことも示されています。

ニューヨークを拠点にトレーニングやコンサルティングを提供する企業、ジ・エナジー・プロジェクトは毎週水曜日、全社で「コミュニティ・ミーティング」を開催しています。社員は一人ひとり、「今の気分は?（How are you feeling?）」から始まり、簡単な質問をいくつかされます。「これは、誰もが毎日交わし合う〝元気?〟（How are you?）とはまったく違う質問[80]です」と、同社の創業者でありCEOのトニー・シュワルツは指摘します。「この質問を受けた人が動きを止めて深く考え、自分が本当に何を感じているのかを一つずつ答えると、深い対話のきっかけとなります」。

社員がすぐに答えられなかったりつらそうにしていたりするとき[81]は、悩みごとがあるか家族によくないことがあったかだとシュワルツは説明します。普段通りの答えのときも、結びつきの強い同社の社員たちはこんな質問をして、互いに感情面で経験していることをシェアします。「先週学んだ一番大切なことは[82]?」「今週の目標は?」「今一番感謝しているのは何?」。

集団志向を引き出す4つ目の原則はこうです。**一緒に考える人たちは、直接顔を合わせて、同じタイミングで、一緒に「儀式に取り組む」[83]べきである**というものです。ここでいう儀式とは、グループのメンバーが一緒に行うことのできる、組織としての意義深いアクティビティであれば何でも構いません。この儀式の中に同時性の動きがあったり、同じ生理的な興奮を味わうものであったり[84]すればなお良いでしょう。

ミネソタ州シャーバーン郡にあるクリアビュー小学校で行われるアクティビティでは、この両方のスイッチがオンになります。平日は毎朝、「モーニング・マイル」[85]でスタートします。どの学年も授業前に20分間、通常は屋外をキビキビと歩きます。身体的な疲労が伴うということはつまり、前述したのと同じ生理的な興奮が起きるということです。教師によると、子どもたちは頬を赤らめて教室にやってきます（ミネソタの寒い冬ではなおさら赤くなります）。「モーニング・マイル」はまた、「同時性の行動」も生み出します。**誰かと一緒に歩いたり走ったりすると、無意識のうちに体の動きが一致する**[86]ことが、研究によってわかっています。

辛いものを一緒に食べると結束力が強くなる

食事を一緒にとるといった日常的な儀式でも、集団がどれだけ一緒にうまく思考できるかに違いが生まれます。

マサチューセッツ州にあるバブソン大学でアントレプレナーシップ（起業学）を教える准教授ラクシュミー・バラチャンドラは、MBA課程の学生132人にロールプレイを行うように[87]指示しました。2社でのジョイントベンチャーの複雑な契約を交渉する会社幹部の役です。

バラチャンドラが作った設定では、自社の利益だけを考えるのではなく、相手の要望を見極め、ベンチャー全体としての利益の最大化を目指して協力できた場合に、最大の利益が生み出されるようになっていました。

参加者のうち、交渉中にレストランへ行くか会議室に食べ物を持ち込むかして一緒に食事をとった学生は、食事をせずに交渉した学生と比べ、平均で12％高い利益を生み出しました。

原因はやはり「同時性」かもしれません。バラチャンドラによると、一緒に食事をとると、食べ物を口に運ぶ、噛む、飲み込む、といった互いの動きが合うようになります。「この無意識の動きのまねが、相手や今、話し合っている議題の両方にポジティブな感情を生み出すのかもしれない」とバラチャンドラは述べています。

別の研究では、一緒の食事が協力面にもたらすポジティブな影響は、参加者が「家族スタイル」で食事[88]をとるとき、つまり一つのお皿で提供された食べ物を取り分けて食べる場合に高まるとしています。

メインディッシュがスパイシーなものであれば、さらに効果が高まるかもしれません。辛い食べ物を食べる[89]と体温が上がり、汗が出て、血圧が上がり、心拍数が上がり、アドレナリンの放出を促します。すべて生理的に興奮しているときの特徴です。

オーストラリアの研究チームは、**激辛トウガラシのバードアイチリを一緒に食べた人たちの間で、より大きな経済的協力**[90]**が生まれた**と報告しています。

ほかの人と食事をとるという行為は、「行動の同時性」と「生理的な興奮」の要素を取り入れることになります。加えて、人と食事することにはそれ自体に、類を見ないほどの深い意味があります。人間の生き残りはまさに、資源の共有という基本的な行為にかかっているのです。

「一緒に何かを食べること[91]は、一緒にエクセルシートを調べるよりも親密な行為です。この親密さは仕事にも波及します」と話すのは、コーネル大学の経営学准教授ケビン・ニフィンです。

ニフィンと共著者は消防士を対象に実験を行い、学術誌『ヒューマン・パフォーマンス』に結果を発表しました。ニフィンらは、一緒に食事をとった消防士のチーム[92]の方が、各自で食事をした消防士たちよりも成績が良かったと報告しています。

社会が個人の実績（と個人への報酬）に焦点を当てているために、グループでの儀式がもたらすパフォーマンスを引き上げる効果が見落とされている、とニフィンは考えています。「**一緒に食事をとる同僚同士[93]は、そうでない人たちよりも高いレベルで業務を遂行する傾向にあります**。それなのに、社員食堂を軽視している企業ばかりです」とニフィンは指摘します。福利厚生の一環として、従業員に豪華な社員食堂を提供しているテック企業はどうでしょうか？　大切なのは、新鮮な寿司が食べられるとか、穀物がたっぷり入ったヴィーガン用のサラダがおいしいということではなく、ごちそうを従業員が一緒に食べることなのかもしれません。

テクノロジーを駆使して集団志向を高めていく

集団志向を生み出すためのアプローチはすべて、人間が身体的で社会的な生き物だという本質にしっかりと根づいています。

このアプローチがどれだけ効果を発揮するかは、そこにいる人たちの脳と体がいかに同じリズムを刻むほど親密に一緒に動き、話し、働くかにかかっています。これは、よく知られた「クラウドソーシング」や「ハイブマインド（集合精神）」とは一線を画すものです。

この2つのコンセプトは、理論的にも実際にも非常に脳に縛られています。肉体から切り離されたたくさんの心が、オンラインでアイデアをあれこれと考えるものです。一般的にテクノロジーは多くの場合、個々人をデジタル空間に閉じ込め、人を互いから切り離す働きをします。

とはいえ、必ずしもそうではありません。人間という集団が太古から持つリソースによって拡張されたテクノロジーの中から、有望なモデルが今やいくつか生まれつつあります。

例えば、ドイツのマックス・プランク研究所などの複数の機関で、科学者はグループ内での「ラポール」[94]（心が通い合った状態）を自動で検知する実験を行っています。

会議室やビデオ会議用の機器に埋め込まれたセンサーが、グループのメンバーが見せる非言語の行動（顔の表情、手の動き、視線の方向など）をこっそりと観察するのです。ここで取られたデータは、グループの協力度合いを測定するためにリアルタイムで分析されます。ラポールが危機レベルに下がると[95]、グループの結びつきを強めるために合図を出すこともできます。

グループのリーダーに対して、そろそろみんなでコーヒーを飲んで休憩するといいとシステムが警告を出したり、もっと同僚をミラーリング〔訳注：相手と同じ言動をとること。好意や親近感を促す〕するようポップアップ・メッセージで提案したりするのです。さまざまな機能が備わった「スマート会議室」[96]なら、室温を数度上げたり、心地よいホワイトノイズを流したりすることもできるでしょう。

ゲームの力で同僚との絆を深める

テクノロジーによって集団志向を強める方法は、ほかにもあります。グループのメンバーが一緒にダンスしたり、音楽に合わせて動いたりしながら、互いに動きを合わせるのです。体につけたセンサーが同時性の達成度合いを算出してリアルタイムでフィードバックします。参加者はこれによって、仲間にもっと合わせるように自分の動きを微調整できます。

カリフォルニア大学サンタクルーズ校で計算メディアを教えている教授キャサリン・イスビスターは、「直接顔を合わせた社会的な交流とつながりを強化するようなモバイル・ベースのゲームを目指した」[97]と説明します。「身体的に〝同調している〟こと[98]が人を感情的に一つにし、信頼を構築する」ことを示す研究から、インスピレーションを受けたとしています。

イスビスターによると、このゲーム「Yamove!（ヤムーブ！）[99]」をうまくこなすには、画面ではなく、ほかのプレイヤーを見なければいけません。「プレイヤーが互いを見れば見るほど[100]協調の成績が良くなり、ポジティブな社会的影響も強く長く残る」とイスビスターは説明します。「ヤムーブ！」のようなゲームは初対面の人が打ち解けるきっかけや、チームワーク構築に向けたアクティビティに使われるものですが、恥ずかしいとかバカらしいと感じる人もいるかもしれません。しかし、よくあるそういったものとは違い、同時性へと向かわせてくれるこれらのデジタルツールは、実際に効果があるのではないでしょうか。

人は集団で思考するほど賢くなる

恥ずかしい思いをするかもしれないという可能性はさておき、ここで取り上げたグループでの経験で印象的なのは、いかに「ポジティブ」かということです。

軍事史家のウィリアム・マクニールは、基礎訓練中に仲間の新兵と行進していたときに、「感情が高揚した状態」に入りました。コンサルティング会社ジ・エナジー・プロジェクトの創業者トニー・シュワルツによると、毎週のコミュニティ・ミーティングは「パワフル」で「解放感を得られる」ものであり、「変化を実感できる」と彼自身や従業員は感じています。メディカルスクールで行われている「脱出ゲーム」のアクティビティに参加した人たちは、アンケートで「夢中になる」「モチベーションが上がる」、さらには「楽しい」[101]と述べています。

こうした感想は、グループでのプロジェクトに対して多くの人が抱くものではありません。グループ作業は教育の場でも職場でもたいてい嫌がられ、中には見下している人もいます。非効率で不公平なうえ、ただただイライラするものだと一般的に思われているのです。

研究論文では、この現象に名前がついています。「grouphate」[102]（集団嫌い）と呼ばれ、「集団で作業しなければならない可能性に直面したときに生まれる嫌悪感」と定義されています。生産的で気分爽快、さらには心から楽しめる集団での思考と行動の理想（これまで見てきたように、人間は集団で思考や行動をするために進化してきました）と、ほとんどの人が経験する気の滅入るような現実との違いは、何なのでしょうか？ 答えは、現代の知的労働で求められるものと、知的労働に対して昔から持たれてきたイメージのズレにあるのかもしれません。

アルベルト・アインシュタインに宛てられた1924年6月4日付の手紙の冒頭は、丁寧な書き出しでした。「敬愛なる先生。[103] ぜひ熟読いただいたうえでご意見を賜りたく、思い切って論文を同封します。どのようにお考えになるか、ぜひともお聞かせいただければ幸いです」。差出人は、東ベンガル〔訳注：当時のインド帝国、現バングラデシュ〕にある大学の無名の学者、サティエンドラ・ナート・ボースでした。

ボースが送ってきた論文[104]は、専門誌に提出し、却下されたものでした。そして手紙の受取人であったアインシュタインは、「当時もっとも著名な科学者であり、地上でもっとも名の知られた人物だった」とイェール大学の物理学教授A・ダグラス・ストーンは指摘します。

ボースはアインシュタインに連絡するのに不安はなかった、と手紙に記していました。「私たちはみな、あなたの教え子ですから」。ということで、ストーンの言葉を借りれば「畏敬の念と厚かましさのコンビネーション[105]」から、ボースは驚きの頼みごとをします。「この論文を翻訳できるだけのドイツ語の力が私にはありません。もし先生が、この論文が発表に値するとお考えになったら、『ツァイトシュリフト・フュア・フィジーク』に掲載の手はずを整えていただければ幸甚に存じます」と書いてきたのです。

『ツァイトシュリフト・フュア・フィジーク』とは、ドイツの著名な物理学学術誌です。さらに驚きなのは、アインシュタインがこの懇願に応えたことです。

アインシュタインは論文を読み、これまで自分が研究しつつも解明できなかった問題を、ボースが解決していたことに気づいたのです。[106] このときから24年も前にドイツの物理学者マックス・プランクが見出した放射則は、アインシュタインが1905年に提唱した「光は粒子であると同時に波動でもある」という理論からいかにして推論できるか、という問題です。アインシュタインはボースに対し、「美しき前進」[107] だと書きました。ボースは、ただ好奇心に突き動かされ、自力で一歩前に踏み出しました。単純な話だ、と後にボースは説明しています。「この困難に自分なりにどう取り組むべきか知りたかった」[108] と。

1925年、ボースの論文は本人の希望通り『ツァイトシュリフト・フュア・フィジーク』に掲載され、アインシュタインの解説も添えられました。一人で考えていた男性が科学史の流れ[109] を変えた、と言っても過言ではありません。

それから90年後、別の論文が発表されました。ボースが大きく貢献した発見のプロセスにさらに前進をもたらす、ヒッグス・ボソン（ヒッグス粒子）の質量を正確に測定する新しい方法[110] を報告するものでした（ボースに敬意を表して名づけられたボソン、つまりボース粒子は、物理学で「ボース・アインシュタイン統計」と呼ばれる性質に従う粒子の種類です。その質量は、荷電粒子を超高速に加速させる巨大な機械、粒子加速器を使って測定します）。

この論文の執筆者は、ジョルジュ・アード、ブラッド・アボット、ジャラル・アブダラー、オブサット・アブディノフ、ローズマリー・アベン、マリス・アボリンズ、オッサマ・アブゼイド、ハリナ・アブロモビッチ、ヘンソ・アブレイユ……などなど、合計5154人いました。学術誌『フィジカル・レビュー・レターズ』に掲載されたこの論文は、今やどの業界や職業でも主流になっているトレンドの極端な事例といえます。**現代社会に求められるとてつもなく複雑な作業を行うには、人は集団で思考しなければならない**のです。

学問の世界では、チームで書いた論文が急増している

変化がもっとも目につきやすくわかりやすいのは、社会学と物理学です。この2分野はかつて、単独で論文を書くのが一般的でした。しかし現在は、科学やテクノロジーの分野における学術論文のうち、一人で書いているものは10％もありません。[112]

社会学全体で出版物や学術誌論文を分析すると、「単著による出版物の急激な減少[113]」が見られます。経済学では、かつて単著の論文[114]が主流でしたが、現在はわずか25％程度となっています。法律の分野では、あるロースクールの法学誌が2014年に行った調査によると、「法知

識の著作において、複数の著者によるチームでの執筆が単著を凌ぐ[115]」のが最近の傾向です。

発明家は単独で作業する典型例としてお馴染みですが（トーマス・エジソンやアレクサンダー・グラハム・ベルを思い出してください）、もはやそれも代表的とはいえなくなりました。２０１１年の報告書によると、アメリカの特許申請書1件あたり[116]に記入されている個人名の数は過去40年間で確実に増加しました。申請書の70％近くに、複数の発明者の名前が記載されているのです。

この変化は学問の世界における一時的な流行ではないと話すのは、一連の調査の一部を担ったノースウェスタン大学の経営学教授ブライアン・ウッツィです。「知識創造のプロセスが根本的に変わったことを示唆している[117]」とウッツィは指摘します。もっと広い視点で見ると、**「価値創造という意味で、人間が現在行うことほぼすべてが[118]、個人ではなく、チームによってなされている」**というのです。

変わっていないことといえば、知的な思考がいかにして起きるかについて、人が抱いている原型です。私たちはいまだに、良いアイデアや新しい洞察、独創的な解決法は、一つの脳から来ると思い込んでいます。それは粒子加速器や超大人数での共同作業の時代において、私たちはまるで鉛筆を使っているサティエンドラ・ボースのようです。グループ作業の苦しみの多くは、この根本的なズレにあります。

単独で考えるという原型を捨て去り、実際に暮らしている世界にもっと合ったものに置き換えるべきときがやってきました。グループの思考と単独の思考との違いを特定し、集団心のスムーズな扱いの手助けとなるような新しい習慣を作ることから始めるといいでしょう。

いったんこうした習慣ができてしまえば、**グループは構成メンバーの誰かが単独で考えるよりも効率的かつ効果的に思考できるようになる**ことが、研究から明らかになっています。心理学者はこの現象を「集合知[119]」と呼んでいます。

どうすれば集団の声を最大限聞き出せるのか

グループの思考が個人の思考とどう異なるかは明らかですが、常にほぼ見過ごされてしまっています。両者の違いの一つ目は、まずこうです。

私たちは単独で考えるとき、思考のすべてに耳を傾けます。しかしチームの一員として思考する場合、確実に全員が発言して知識をシェアするには意識的な努力が必要です。ところが集団力学の研究によると、これが起きることはほとんどありません。代わりに、ほんの一握りの人（たった一人のときもあります）が会話を独占します。さらに、グループのメンバーはしばしば

「自分だけが持っている情報[120]」を提供せず、そこにいる全員がすでに知っている情報について話し合う傾向にあります。

その結果、コミュニケーションの最適なパターンより成果が出ずに効率が悪くなり、本来なら出せたかもしれない恩恵を生み出さないまま、グループ作業に嫌悪感を抱くようになります。

ただ、こうした事態は避けられないわけではありません。コミュニケーションのルールを少し変えるだけで、チームを集団心へと向かわせることが可能です。

ノースカロライナ大学シャーロット校で経営学を教える教授スティーヴン・ロゲルバーグは、グループのメンバーが「多くの場合、気難しいとか、よくわかっていないとか、的外れだと思われるのが怖くて、会議中は発言を控え[121]、ほかの人や上司の発言を待っている」と指摘します。さらに**会議の出席者には、何か貢献できることを発言する代わりに文字で書いてもらうことが、「この問題の解決法となり、個性的な知識や新しいアイデアが浮かび上がる空間を作ることができる可能性がある」**と述べています。

出席者は、情報カードに自分の考えをメモし、グループのリーダーがそれを読み上げます。または、会議室の壁に紙を貼り出し、参加者がそこに自分の考えを書きます。その後、今度はみんなで読んでまわり、そこに自分のコメントを書き、あとでグループ全体で議論します。

コミュニケーションのパターンが変化する可能性としてもう一つ考えられるのは、グループのリーダーの行動を軸としたものです。

ハーバード・ロースクールの教授キャス・サンスティーンは、オバマ政権下でホワイトハウス情報・規制問題室の室長を務めていました。この役職に就くとすぐに、サンスティーンは集団のリーダーシップについて大切なことを学びました。もし自分が会議の冒頭に意見を述べてしまったら、「みんなどう思う？[122] 難しい問題だけど」と言ったときと比べ、そこから先の議論がまったく広がらないことに気づいたのです。

リーダーがどうしたいかを知ったとたん、部下の多くは異議を唱えて波風を立てるよりも「自ら沈黙」することを[123]選んでしまう、とサンスティーンは言います。さらに、「沈黙しやすい傾向の人がいる[124]」とも指摘します。女性やマイノリティのグループに属する人たち、立場が弱い人、経験が浅い人、学歴の高くない人などが含まれます。しかし集団心のパワーを活用しようとするのであれば、耳を傾けなければならないのは、まさにこうした層の意見なのです。

一つの解決法としては、リーダーが「自ら沈黙」することだ、とサンスティーンは言います。**「知識欲が旺盛でありつつ自ら沈黙[125]」する姿勢がとれるマネージャーや幹部は、自分以外の意見を耳にできる最大限の機会を手にしている、**とサンスティーンは述べています。

相手の言葉を言い換えて理解を深める

集団での思考が個人での思考と異なるもう一つの点は、こうです。集団の一部として思考するとき、自分の思考プロセスをチームのみんなに見えるようにする必要があります。

自分一人で考えるとき、私たちは思考の「痕跡」を自分のために残すものです。例えば、書類の文字に下線を引いたり、欄外に走り書きでメモしたり、書類の束を「未読」の山と「既読」の山に分けたりといった具合です。しかし、ほかの人に生産的に使ってもらうなら、こうした痕跡はもっと具体的で明確でなければいけません。

哲学者のアンディ・クラークは、人が知的作業をデバイスに任せることが増えてきた様子を観察し、最近は「心が頭の中にあることがますます減ってきた[126]」と指摘しました。それどころか、ほかの人の心を使って自分の心を拡張するのであれば、心は頭の中ではなく、もっと世間からはっきりと見えるように目立たせなければいけません。

ここでも言葉によるコミュニケーションが鍵となります。それは、個人志向の思考モデルに従い、それを強化するための体系化されていないコミュニケーションではありません。研究者らはむしろ、チームメイトが会議で提供してくれる意見に応じ、具体的な行動を順序立てて実行するよう提案しています。[127] **グループのメンバーが言ったことを受け止め、復唱し、別の言葉で言い換え、詳細に述べる**べきだというものです。**このようなコミュニケーションのルールを決めれば、より広い範囲から多くの情報を引き出せる**ことが、研究により示されています。[128]

これにより、当初シェアされた情報にグループ全体が改めて触れることになり、情報へのメンバーの理解と記憶が深まります。さらにシェアされた情報の正確性も上がります。心理学者が「エラー剪定」と呼ぶプロセスです。[129]

面倒だとか不必要なプロセスだと感じるかもしれませんが、このように強化されたコミュニケーションは、エキスパートのチームワークが効果的であるための要因だということが、研究によって示されています。

例えば、航空機のパイロットを対象にした研究[130]では、経験豊かなパイロットは通常、仲間のパイロットが言った言葉を繰り返したり、言い換えたり、詳しく説明したりする一方で、経験の浅いパイロットはこれをしていないことが明らかになりました。その結果、経験の浅いパイロットは、飛行中の記憶が希薄で正確性に欠けるものになってしまいます。

集団認知がうまくいく「共有アーティファクト」

ほかの人に自分の思考を示すもう一つの方法は、ゲイリー・オルソンとジュディス・オルソンが「共有アーティファクト」[131]と呼ぶものを協力して作ることです。

カリフォルニア大学アーバイン校の情報学教授であるオルソン夫妻は、人が一緒に思考し作業する方法をこれまで30年以上かけて研究してきました。集団認知がうまくいくために重要なのは、共有アーティファクトの効果的な活用だと2人は気づきました。共有アーティファクトとは、完成させるべきタスクを目に見える形（理想的には、大きく複雑で持続性があり変更可能な形）で表したものです。

オルソン夫妻は長いキャリアの中で、ビデオ会議ソフトウェアやデジタル・コラボレーション・プラットフォームといった、職場で使うテクノロジーの有効性を多く評価してきました。しかし、こうしたツールを比較するために使う基準値であり、2人が世界で最善[132]だと考える就業環境は、まったくのアナログです。チームのメンバーが集うプロジェクト専用の部屋で、壁には「共有アーティファクト」（例えば、リスト、グラフ、図表、スケッチ）を貼り出すためのスペースがたっぷりある場所なのです。

何よりも大切なのは、こうしたアーティファクトが共有されているという点です。あるデザイン関連のミーティングでは、システムを図式に落とし込んだ紙のコピーが、出席者全員に配られました。オルソンはここで観察した様子を、学術論文に次のように書いています。「議論して合意に至る[133]までの間、各自は配られた図式のコピーに、自分で加筆したり削ったりしていた」。「会議の後、記入した内容が人によって違うことに私たちは気づいた。つまり、合意内容の理解がバラバラだったことを示唆している」。

単一の共有アーティファクトを参照できなければ、このグループのメンバーは「理解がバラバラのまま」だとオルソン夫妻は結論づけています。

共有されていることに加え、アーティファクトは大きくて複雑であると有益です。**大きなアーティファクトがあると、[134]人はそれに向かって身振り手振りをすることが多く、それによって本人やそれを見ている人の思考が強化される**ことに、オルソン夫妻は気づきました。（シンプルなものや概略のみのものではなく）複雑なアーティファクトであれば、集団思考を各人の頭の中にしまったままではなく、全員がはっきりと見える形で表現していることになります。

共有アーティファクトは持続性（同じ形で維持され、常に目に見えるように保たれること）がありつつ、新しい情報や知見が出てきたときに変更可能であると、より効果を発揮します。

オルソン夫妻はまた、前述とは違うチームが作業中だったときの様子を描写しています。このチームのアーティファクトは、「作られた順番で貼り出されることが多かった。[135]メンバーは、いつそれが作られたかわかっているため、どこを見ればいいかわかっていた。また別の人が見ている場所から、その人物が何に注意を向けているのかもわかった」そうです。

オルソン夫妻は、「最近のコンピューターで作られたアーティファクトのほとんどが本質的に不可視[136]」であることを嘆きます。同僚の頭の中を見ることができないように、ノートパソコンの中を見ることはできません。こうしたイメージを目に見えるようなアーティファクトにする際に一番ぴったりな素材は、フェルトペンと模造紙といったシンプルなものです。

誰がその分野に詳しいかがわかっていればいい

集団での思考と個人での思考の違いには、3つ目があります。個人で思考するとき、私たちは自分の知識とスキルをすべて活用できます。しかし集団で思考するときは、そうはいきません。でも、それは良いことなのです。**集団心の大きな利点の一つは、広く多くの分野からスキ**

ルを集めて、究極的には一人の心よりもずっと広い専門知識を網羅できるという点です。

仲間が知っている知識をすべて自分だけで知っておくことはできませんし、したくもないでしょう。人の知的能力はすぐに過負荷になってしまいます。とはいえ、必要になったときにその知識をすぐに要求できるよう、仲間が知っているという事実を把握しておく必要があります。ほかの人が持っている知識を活用するプロセスは、「トランザクティブメモリ（交換記憶）[137]」と呼ばれています。

トランザクティブメモリの研究は、ダニエル・ウェグナーとトニー・ジュリアーノが結婚した日に始まった、と言ってもいいでしょう。ウェグナーは後にこう書いています。「結婚して間もなく、[138]トニーと私は2人で記憶を分担していることに気づいた。私は車や庭のモノがどこにあるかを覚えており、トニーは家のモノがどこにあるかを覚えていた。自分が究める必要のない領域については、相手の知識に頼ることが互いにできたのだ」。

社会心理学者としてウェグナーとジュリアーノはすぐに、この経験が新婚生活だけでなく、科学的な調査を行う対象として有望だと認識しました。1年後、2人（と同僚のポーラ・ハーテル）は、ウェグナーが「集団心を理解する」[139]新しい方法だとする考えを紹介する論文を発表しました。「すべてを覚えられる人などいない。代わりに、カップルやグループにいる人はそれぞれ、何かしらを個人的に覚える。そして、自分が知らない何かをほかの誰が知っているかを認識することで、さらに多く覚えることになる。こうすることで、私たちはトランザクティブメモリ・システムの一部となる」。

トランザクティブメモリがグループを強くする

強固なトランザクティブメモリ・システムは実質的に、グループの各メンバーが持っている情報の量を増加させることになる、というウェグナーの主張の正しさは、ここ数十年で複数の心理学者によって確認[140]されています。

グループのメンバーは作業の際に、自分の専門分野を深掘りしつつ、関連したより幅広い情報にも同僚を通じて触れ続けることができます。入ってくる情報のうち自分に関係のある部分だけに注意を払えばよく、チームメイトも同じことをしていると安心できるため、認知的な負荷が軽くなります。

グループのメンバーは、各タスクを一番の適任者に任せながら、スムーズかつ効率良く協力できます。その結果、**強力なトランザクティブメモリの構造を作り上げたチームは、その構造がはっきりしないチームと比べてパフォーマンスが上がる**ことが、研究によってはっきりしています。

ウェグナーとジュリアーノが結婚して一緒に暮らし始めたら自然とトランザクティブメモリのシステムができたように、いかなる規模のグループも、トランザクティブメモリ・システム[141]は自然と構築されます。しかし通常は、こうしたシステムが意図的に育まれることがなく、システムの持つグループの知力を拡大する潜在力のほとんど[142]は失われてしまいます。

システムを育む目的は、各メンバーがほかのメンバーの専門知識を背負うことなく、誰が何を知っているかをグループ内で認識することです。

「集団心」の初期の概念とは異なることにお気づきでしょうか。当時の概念では、グループのメンバーは同じタイミングで同じことを考えていると解釈されていました。これに反して**トランザクティブメモリ・システムの真価は、メンバーがそれぞれ異なることを考えつつ[143]、同時にチームメイトの心の中に何があるかを知っているところにあります。**

過剰な情報の扱いに悩み、多くの人はテクノロジーによるフィルターに頼るようになりました。スマホの通知やメールのアプリは、注目しなければいけない情報を、無視していい情報の中から選り出してくれます。とはいえ研究では、何よりも感度が高く、選択能力の高いフィルター[144]の役目を人間が果たせることが示唆されています。ただしそれは、その人たちが何を知っているかを自分が知っており、必要なときにその知識にアクセスできるのであれば、です。

お互いのトランザクティブメモリになる

私たちは誰しも、現在自分が持っていない情報を見つけるのに役立つ目印を頭の中に持っています。ある報告書の中身の詳細をすべて思い出すことはできないかもしれませんが、その報告書がしまってあるフォルダ（物理的でもデジタルでも）がどこかはわかっているものです。このような目印は、自分が持っていない情報を持っている人を指し示してくれます。[145]

強固なトランザクティブメモリ・システムを構築する狙いは、こうして指し示してくれる目印を、できる限り明確かつ正確にすることです。目印を設定するプロセスは、チームが一緒に仕事をする早い段階で始まるはずです。誰が何をする担当かだけでなく、何を知っている担当かを最初から定めておくことが大切です。

グループのメンバーには、各人の際立った才能や専門分野が何であるかをはっきりと伝えておくべきでしょう。[146] そして質問やタスクが適切な人物に向けられるよう、明確な手順を確立させておくことです。

研究によると、**各メンバーが特定の専門知識をはっきりと任せられたとき、グループは最高の力を発揮します**。これはまるで各トピックの「知識担当」が割り当てられている状態です。研究ではさらに「メタ知識担当[147]」を任命するのもまた役立つことが示唆されました。チームの誰が何を知っているかを常に把握したり、メンバー各自の頭の中に存在する、誰が何を知っているかを記した「名簿」を常に最新状態に保ったりする担当者です。

単独での思考と集団での思考には、もう一つ違いがあります。一人で考えるとき、自分の関心事をもっと先へと進めるために知的な労力をそちらに向けるのは、難しいことではありません。集団で一緒に考えるとき、各自の関心事は異なる可能性があります。それをどうにかして集団として取り組むゴールへと向ける必要があるのです。

そのため、各自が自分の目的を追い求める代わりに、「共通の運命[148]」(メンバーの一人が達成したことは、チーム全員のためになる)という感覚に突き動かされるようなインセンティブを作り出す工夫をする必要があります。心理学的な研究や、今も有効性が認められる歴史的な出来事からは、そのような工夫は、劇的な効果を生み出すことがわかっています。それがたとえかなり不安定な状況であっても、です。

テキサス州オースティンの公立校[149]は１９７１年、危機に瀕していました。裁判所からの命令により、教育制度は人種差別の廃止を進めており、白人の生徒、アフリカ系アメリカ人の生徒、ラテンアメリカ系の生徒が初めて、同じ教室に集められたのです。

学校は衝突が起きて混乱し、暴力沙汰も発生していました。教育長補佐のマシュー・スナップは、かつて自分の指導教員だったテキサス大学教授の社会心理学者エリオット・アロンソンに助けを求めました。

「最初のステップ[150]は、教室で何が起きているのかを見極めることだった」とアロンソンは当時を振り返ります。アロンソンは、自分の教え子である大学院生たちと一緒に、教室の後ろに座って観察しました。

そこで目にしたものは、当時も今も変わらない、典型的な中学校での教育でした。アロンソンによると「教師は教室の前に立ち[151]、質問を投げかけ、生徒が答えを知っていると表明するのを待つ」というものです。「一番よく見られたのは、6～10人の生徒が席で背筋をピンと伸ばして懸命に手を挙げる姿だった。教師の注意を引こうと、元気に手を振る子もいた。まるで自分の存在を消すかのように、視線を逸らして静かに座っている生徒もいた」。

毎日のこの経験を通じて、「生徒たちは[152]、教室で明確に教えられた内容以上のことを学ぶ。

〝メディアはメッセージである〟という言葉があるように、生徒たちはこのプロセスからも、言葉にされないレッスンを学ぶ」とアロンソンは指摘しています。

そして生徒たちが学んだのは、「仲間に相談しても何も報われない」ということでした。むしろ、「正しい答え、つまり教師の頭の中にあるものと同じものを答えること」でのみ報われるのだ、というものです。

状況が良いときであっても、自分の関心事だけをひたむきに追い求めるという行為は、協力や共同作業とは相容れないものです。当時の不安定な環境においては、緊張を増大させ、既成概念を強化するものでした。

アロンソンの研究チームは、生徒の中にもっと仲間意識を育みたいと考えました。しかし、協力して作業しなさいと促すことが答えでないこともわかっていました。代わりに、生徒が反応しているものにインセンティブを与えることにしました。アロンソンの言葉で言えば、「教材を理解するには、互いに協力し合わなければならない状況[153]」を作るのです。アロンソンらはこの手法を「ジグソー教室」と呼びました。

ジグソー教室の運用法は次の通りです。生徒を5～6人にグループ分けします。授業で新しいテーマを取り上げるとき（例えばエレノア・ルーズベルトの人生としましょう）、グループの生徒はそれぞれ、教材の一部分を割り当てられます。ルーズベルトの子ども時代と青年期、ファーストレディとしての役割、公民権や世界平和のための活動といった具合です。

生徒たちは自分の担当セクションを学び尽くし、その後、グループは再び集まり、自分が学んだことを報告し合います。「各生徒は、[154]情報全体の中で唯一無二かつ重要な部分を手にすることになる。それはまるでジグソーパズルのピースのように、すべてをまとめて初めて、全員が全体像を学ぶことができる」とアロンソンは説明しています。

このような指導法を組むことで、アロンソンは実質的にトランザクティブメモリ・システムをその場で作りました。それぞれの生徒は、今学んでいるテーマのうち特定の部分に関するエキスパートとなったのです。アロンソンはまた、「この状況において、[155]子どもが優れた学習者となる唯一の方法は、優れた聞き手、優れたインタビュアーになることだ」とし、ジグソー法の構造では「生徒は互いをリソースとして活用する必要がある」と加えました。

このアプローチの効果はすぐに明らかになりました。自分の優秀さを認めてもらおうと懸命だった生徒や、気配を消そうとしていた生徒が、今や互いに協力することに集中していました。

アロンソンが教え子の大学院生とともに行った、従来的な指導法とジグソー法を比較する複数の研究では、ジグソー法の長期的な効果も確認されました。**ジグソー方式の学習に参加した**

生徒は教材を速く学び、テストでも良い成績を収めたのです。自分のクラスメイトに対する共感や尊重の念も、大きく育ちました。ジグソー教室が取り入れられたオースティン地域の学校では、人種間の緊張が減少し、常習的な欠席も減り、学校に対する生徒の感情も改善されました。

できるだけ多くの客観的証拠を集めるべく、エリオット・アロンソンは教え子である大学院生の一人に、研究対象となっていた学校の校舎の屋上に上り、休み時間中の校庭の様子を写真に収めてくるよう頼みました。

プログラム開始当初は、がっかりするような現実が写真に写し出されていました。生徒たちは、人種、民族、性別ごとにはっきりと分かれて塊になっていたのです。

しかしジグソー法の実験が進むにつれ、写真は目を見張るような変化を記録していきました。塊が緩まり、分散し始めたのです。生徒たちは自由に交じり合って話し、遊び方も教室での新しい経験を反映していました。オースティンの生徒たちの変化は、校庭よりずっと高い屋上からでも、はっきりと見て取れたのです。

子どもたちはついに、自分の「頭の外」に飛び出したのでした。

まとめ

テキサス州オースティンの落ち着きのない教室にエリオット・アロンソンが足を踏み入れてから15年ほど後、25歳になる息子ジョシュア・アロンソンが、父親の足跡をたどり始めました。1986年、博士号取得に向けてプリンストン大学のキャンパスに足を踏み入れたのです。

しかし、間もなくして社会心理学者になる目標を阻むような予想外の障壁に直面しました。自分の指導教員と顔を合わせるたびに、アロンソンは何も言えなくなってしまったのです。その人物は、高名な学者エドワード・エルズワース・ジョーンズでした。

「先生にすっかり怖気づいていました」[1]とアロンソンは振り返ります。「できる限り準備をして先生の研究室に行くのですが、それでも毎回、扉を通ったとたんにIQが10〜15ポイント下がったものでした。この人の前にいるだけでIQが私の頭から吸い出されてしまうのです」。

ジョーンズ教授の研究室で、鈍そうに口ごもりながらただ突っ立っている屈辱は、これからというアロンソンのキャリアの方向性に大きく影響しました。それから10年も経たないうちに、テキサス大学オースティン校で准教授となっていたアロンソンは、心理学の分野でもっとも影響力のある、「現代の古典」[2]と呼ばれるようになる研究の計画策定に携わることになります。

この研究の論文でアロンソンと共著者のクロード・スティールは、「ステレオタイプ脅威」と名づけた現象を初めて取り上げました。[3]「ステレオタイプ脅威」とは、その影響下にある人の脳の力を一時的に奪い、実質的に知性を低下させてしまう状況のことです。

アロンソンとスティールが行った実験では、学業面で劣るというステレオタイプを持たれているグループ（例えば理系のコースにいる女子学生や、大学で学ぶアフリカ系アメリカ人やラテンアメリカ系の学生など）の人たちは、自分の性別や民族性について強く自覚する状況にあるとき、知能テストの成績が下がることが示されました。

ステレオタイプ脅威は心理学において重要なコンセプトとなりました。例えば、科学・技術・工学・数学（ＳＴＥＭ）の分野になぜ女性が少ないのか、なぜ成績が良かった人種的マイノリティの高校生が大学で苦労するのかといった疑問に、研究者が取り組み始めています。

こうした研究は一般的な真実に根づいており、私たち一人ひとりにも当てはまる、とアロンソンは説明します。**知性とは、「頭の中にある変わることのない塊」ではない**のです。むしろ「トランザクション」だ、とアロンソンは言います。つまり、**人の脳や体、空間、人間関係の間でなされる流動的なやり取り**です。[4]

知的に思考する能力は、内的・外的な要素の巧みな協調の中から生まれます。実際に、このようにして拡張された知的な心は、ステレオタイプ脅威のような難題に直面した際に、効果的に思考できるよう手助けしてくれることが研究でわかっています。

第1章で学んだ通り、体から発せられるシグナル[5]を解釈し直す際に「認知的再評価」を活用することで、不安のせいで能力を発揮できなくなるのを回避できます。第5章で見たような、物理的な環境に「自分がそこに属すると感じさせるシグナル[6]」を加えることで、知的な思考に役立つ心理的な安心感を生み出すことができます。さらに第7章で学んだように、エキスパートによるフィードバック[7]が得られる「認知的徒弟制度」の仕組みを注意深く作ることで、自己不信に打ち勝つのに必要な自信を吹き込むことができます。

心を拡張できれば、知性や才覚を発揮できる

ジョシュア・アロンソン（現在はニューヨーク大学で心理学准教授を務めています）は、ジョーンズ教授に直面したときの自分のおどおどした状態を「条件的愚鈍[8]」と呼んでいます。心を拡張するために何をすべきか、心の拡張はどう作用するかを理解したおかげで、私たちは今や、知性や才覚を発揮できる状態を作り出すことができるようになりました。

本書では、心を拡張する方法を一つひとつ詳しく見てきました。内受容性シグナル、動き、ジェスチャー。自然環境、建物の空間、アイデアの空間。エキスパート、仲間、集団……。研究によると、こうした拡張機能は複数を組み合わせ、脳の外にある手近でさまざまなリ

ソースを利用する知的な活動に組み入れたときに、もっとも強力になると示唆されています。拡張機能を巧みに活用するためのスキルは、学校や職場でほとんど認識されず、放置されています。また心理学や教育学、経営学の研究者らからも長きにわたり無視されてきました。

効果的に心を拡張する方法の一般的な原則のいくつかは現在はっきりと認識されており、ここまでの章で取り上げたように、最近の研究にも含まれています。それでは、**3つのセットからなる9つの原則**を一つひとつ見てみましょう。心の拡張という行為を見るためのレンズです。

原則の一つ目のセットはまず、私たちもうまく取り入れるべきである心が持つ習性を説明しています。**可能な限り、情報を頭の中から外へ、**[9]**世の中に向けて出すべきだ**というものです。

情報を「脳の外」へと降ろす事例は、本書の至るところで何度も出てきましたし、そこから得られる多彩な利点についても詳しく見てきました。情報を降ろすことで、さまざまな細かい点を頭の中で覚えておく負担から解放されます。そのため知的なリソースを解放し、問題解決やアイデアを出すといった、もっと労力を要するタスクに使えるようになるのです。

また脳の外へと情報を降ろすことで「分離による獲得」が生まれ、それまでは頭の中にしか存在しなかったイメージやアイデアを、自分の感性を使い、多くの場合は新たな気づきをもって精査できるようになります。

情報を降ろすとは、わかりやすい形でいうと、考えを紙に書き出すシンプルな行為です。シンプルでありながら、頭の中で物事をこなすことに価値があるとされている世の中では、たいてい無視されています。

チャールズ・ダーウィンと、彼がビーグル号でつけていた日誌の話で見た通り、（日誌や現地調査ノートを活用することで）継続的に情報を外に出す習慣によって、フレッシュな目で観察し、新しいアイデアをまとめる能力を拡張できます。

歴史家ロバート・カロの事例で見た通り、体を使って扱うほど大きな場所（壁ほどの大きさに書き出したあらまし、巨大な「概念地図」、複数のモニターを使った作業空間）に情報を降ろすことにより、空間認識や空間記憶の能力を、その情報に向けられるようになります。

情報を外に出す際に、もっと込み入った形を取る場合もあります。実践するにはタスクを慎重に設計する必要があるかもしれません。タスクの一部は外に出し、残りに注意を向けるのです。これは法学教授モンテ・スミスが採用したやり方でした。スミスは学生が法律文書を作る際に、法律用語の理解と使用に意識を集中できるよう、文書の形式についてはサンプル文書を使ってタスクをそこに降ろさせました。

降ろすという行為は、文字である必要はありません。体を使うこともできるのです。例えばジェスチャーをするとき、頭の中で維持しなければならない思考の一部を、手に「持たせる」

ことができます。同様に、手を使ってモノを動かすとき、新しい形状を視覚化するというタスクを、現実の世界[10]に降ろしていることになります。

こうすることで、視覚化した構造が目の前に現実的な形となって現れるのです（例えばインテリアデザイナーが家具の新しい組み合わせを試すのに、模型をいろいろなところに置いてみる様子をイメージしてみてください。あるいは英単語を作るボードゲーム「スクラブル」をプレイしている人が、アルファベットのタイルを並べ替えて単語を作ってみる様子を想像してください）。

社交的な情報の降ろし方[11]もあります。本書では、提示された案について議論する際、賛成や反対のポイントを一緒に議論する仲間内で分担できることを取り上げました。さらに、トランザクティブメモリ・システムを構築することで、入ってくる情報を観察したり覚えたりするタスクをほかの仲間に降ろせることにも触れました。

対人的な状況で情報を降ろす方法にはまた、自分の思考プロセスの「痕跡」をチームメイトのために外に出す方法もあります。このケースでは、自分の心の負荷を軽くするためではなく、他者との協力を促すために情報を降ろします。

抽象的な思考を具体的に落とし込んで考えよう

2つ目の原則へと進みましょう。**可能な限り、情報をアーティファクト、つまり何か形をもったデータにするよう努力すべきである**、というものです。それと触れ合い、分類し、地図を作り、感じ、微調整し、ほかの人に見せるべきです。

人類は、抽象的なものを内省するのではなく、具体的なものを扱うべく進化してきました。**手で実際につかめる何かに心を向けるとき、人間の知性は拡張されます。**

例えば、自転車の車輪が自分の手の中で回り、物理の概念を経験しているときです。あるいは、外国語のボキャブラリーをジェスチャーにして、目で見て、感じて、ほかの人にも示せるようにするときです。何をもって「すばらしい作品」とするかは曖昧ですが、目指すべき実際のモデルを見せることで具体的に示すこともできます（「オースティンの蝶」を覚えていますか?）。

また体の中から湧いてくるシグナルに注意を向けて、そのシグナルを分類してたどっていくことで、知的な思考は、しっかりとした肉体的な側面を得ることができます。私たちは今や、絶え間なく流れてくるシンボルの処理に日々追われています。ちょっとした工夫で、こうした抽象的なシンボルを現実的な物や知覚できる経験にする方法を見つけ出し、シンボルを新しく捉えることができるようになるのです。

３つ目の原則は、これに関連しています。**可能な限り、知的労働に携わるとき、自分の心理状態を生産的に変えるよう努力すべきである**というものです。

脳のコンピューターとしてのたとえは、これまで何度も限界に直面してきました。そしてここで、もっとも明白な欠陥に遭遇します。情報の塊を入力すると、コンピューターはどの情報であれ常に同じ処理をします。それが起動から5分後であろうが5時間後であろうが、蛍光灯に照らされたオフィスであろうが日当たりのいい窓際であろうが、近くにほかのパソコンがあろうが、部屋唯一のパソコンであろうが変わりません。

コンピューターではこれが普通ですが、人間はそうはいきません。**私たち人間が情報をどう考えるかは、その情報を手にしたときに自分がどのような状態にあるかで大きく異なる**のです。効果的に知的能力を拡張するには、手元にあるタスクに最適な状態を自分の中に誘発すべく注意深く考える必要があります。

新しい何かを学ぶ前にエクササイズで体を動かしておくのもいいでしょう。チームとして一緒に働く必要があるときは、グループでの同時性《シンクロニシティ》や身体的な興奮を一緒に味わう機会を作るのもいいかもしれません（スパイシーな食べ物はいかがですか？）。空間の概念を理解したいときは、デスクから立ち上がって体や手を動かすこともできます。クリエイティブな力を発揮する刺激が必要なときは、2泊3日でキャンプに行く計画を立てるのもいいでしょう。

自分の状態を意図的に変えるためにできることは、ほかにも、消耗した注意力を回復させるために近所の公園を散歩したり、自分のアイデアが妥当かを確認したいときに議論してくれる相手を見つけたりすることなどがあります。**脳を機械のように無理やり酷使する代わりに、状況に敏感な臓器として扱うと、もっと知的に考えられるようになる**でしょう。

原則の2つ目のセットは、脳が何をするために進化したかの理解に従って、知性の拡張法がいかに作用するかを俯瞰的に見ることです。

脳は、自分の体を感じたり動かしたりすること、物理的な空間をうまく動くこと、同じ種の仲間とやり取りすることなどをうまくこなすよう進化しています。人間が持つこうした基本的な能力に加え、文明によって膨大な抽象的概念が構築されたため、脳はシンボルの処理や概念の認識といった、脳にとって自然とはいえない作業も手がけるようになりました。

こうした抽象的な概念は人間の能力を飛躍的に拡張してくれました。しかし逆説的ではありますが、さらに発展できるか否かは、このプロセスを逆に進めるか否かにかかっているかもしれません。現代社会では、複雑な思考がますます必要になっています。これをうまくこなすには、**抽象的な概念を、その概念がもともと生み出された物質的、空間的、社会的な形へ戻す必要がある**からです。これらの形は、今でも脳にとっては一番楽な形なのです。

データより体のシグナルに注目してみよう

この意味するところは、4つ目の原則を取り入れることで理解できるようになります。それは、**考える情報を可能な限り体で表現する手段を講じるべきだ**というものです。

知識を追い求めるとき、洗練されていない動物的な体から、脳の領域へとアイデアを高めようとして、思考が体から切り離されてしまうことが多々あります。しかし拡張された心に関する研究では、この逆のアプローチをアドバイスしています。**思考プロセスの中に、改めて体を取り入れる努力をすべき**なのです。

私たちは、データを根拠に物事を決めようとするあまり、内受容性シグナルという道しるべを無視しがちです。しかし、選択肢を選ぶ際に内受容性シグナルを活用してみるのもいいでしょう。物質的な世界からかけ離れてしまった抽象的な学術的コンセプトを、体の動きを使って実際に表現してみる方法もあります。もしくは、言葉が生まれるずっと前から存在する人類最初の言語に戻り、自分や他者のジェスチャーに注目するという形もあります。

本書で紹介した身体的認知の研究で示された通り、脳は深いところでは、抽象的な概念をいまだに身体的な行動で理解しています。これは、私たちが使う言葉にも映し出されています（「目標に手が届く」「スケジュールが押す」など）。文字通り、体を思考という行為に戻すことによって、脳の取り組みを後押ししてあげることができます。

5つ目の原則は、もう一つの人間の強みを強調しています。**可能な限り、考える情報を空間で扱えるよう手段を講じるべきである、**というものです。アンディ・クラークがいうところの「ひづめに乗った心」を私たち人間は受け継いできました。自宅へ帰れる1本の道筋を地表から見つけ出すべく作られた脳のことです。

神経科学的な研究によると、人間の脳は、地図という形で頭の中で情報（たとえ抽象的であれ――あるいはむしろ抽象的だからこそ）を処理して保存することが示唆されています。

例えば「記憶の宮殿」を作ったり、「概念地図」を作ったりして、情報をはっきりとした空間的な形にすることで、脳が自然に持つ空間的方向性を支援することができます。

教育研究の分野では、専門家は現在、「空間化したカリキュラム」[12]について協議しています。

生徒に空間的な言語やジェスチャーを取り入れさせたり、スケッチや地図を描かせたり、チャート、表、図の作成や解釈を学んだりして、生徒の空間能力の活用と強化を同時に行うのです。

空間化されたカリキュラムが、幾何学といった科目に活用できるのは明らかですが、空間的なモードでの学びは化学、生物学、歴史といった科目について高度な考え方をするのに役立つ可能性があることを、科学者たちは報告しています。空間的な推論も学校教育だけに制限すべきではありません。職場にも、情報を空間的な観点から受け止められる機会が豊富にあります。空間を進むという、人間が生まれ持った才能に再び触れさせてくれる観点です。

社会的な関係性に紐づけると理解しやすくなる

6つ目の原則は、人間が生まれつき持つ能力の一覧の最後を飾るものです。**考える情報は可能な限り、社会的なものにするよう手段を講じるべきである**、というものです。

第8章で、私たちが頭の中で行っている絶え間ないおしゃべりは、内在化された会話のようなものだという話をしました。試験や評価、概要やケーススタディ、評論や提案書といった、学校や職場で出合う文書の多くも、本当のところは社会的なやり取り（質問、物語、議論など）

を紙に落とし込み、それを想像上の聞き手や対話相手に向けて伝えているものなのです。

こうしたやり取りを実際の社会的な状況に戻すのには、かなりの利点があります。自分以外の人が関係する場合、「同じ」情報でも脳は異なる処理をし、多くの場合はより効果的に行うことが、研究で実証されたことを本書でも取り上げました。

その人をまねしているにせよ、その人と議論しているにせよ、物語をやり取りしているにせよ、同時に動いて協力しているにせよ、教えたり教えられたりしているにせよ、です。**私たち人間は、生まれながらにして社会的な生き物であるため、思考の流れの中にほかの人を呼び込むことで、自分の思考も恩恵を受ける**のです。

心を拡張するための原則の最後の1セットは、さらに広い視界を得るために一歩下がり、いささか深遠な疑問を投げかけてきます。私たち人間は、一体どんな生き物なのでしょうか？非常に独特で風変わりな人間の本質を細部まで理解せずに、効果的な拡張法を考案することはできません。

人間のおかしな行動をはっきりと認めることで、新たな心の習慣を作り出すことができます。例えばそれは、次の7つ目の原則に要約されます。**可能な限り、認知的なループを作るように思考すべきだ、**というものです。

アンディ・クラークが指摘した通り、コンピューター科学者が開発する人工知能システムの機械は、「ひとしきり計算し、結果を印刷し、成果物を吟味し、欄外に印を書き込み、コピーを同僚に配り、一連の動作を再び繰り返す」ようなことはしません。[13]

コンピューターはこのような動作はしませんが、私たち人間は、こうした働き方をします。クラークが言うように、人間は「本質的に同じループを繰り返すおかしな生き物」なのです。人間の生物学的な知能はなぜか、認知の内的モードと外的モードを行ったり来たりすることや、脳と体と世の中の間を行ったり来たりすることから、恩恵を受けています。

コンピューターのように適切な直線的な道筋（入力、出力、完了）に沿って思考したい衝動を抑え、代わりにもっと曲がりくねったルートを取るようにした方がいいということです。

私たちは、体を使って思考することができます。内受容感覚に意見を求め、ジェスチャーが伝えてくれるものを見て、体で考えを表現し、エクササイズ中やその後に湧き上がるインスピレーションを観察することができます。思考を空間へと広げ、地図を作って方向を定めたり、調査して探索したりする土地として心のコンテンツを扱うこともできます。知人の脳を使って自分の考えを確認し、一人の脳では生み出せない知見を得ることもできます。

思考をこの3つでループさせましょう。避けるべきは、思考を頭の中にとどまらせ、頭蓋骨の外に広がる世界と触れさせずに、不活性で変わりのない状態にしておくことです。

脳がパフォーマンスを出せる状況を作り出そう

人間とはループを繰り返すおかしな生き物です。しかし同時に、自分の身近な環境や事情に共鳴しやすい、敏感な生き物でもあります。ということで、8つ目の原則はこうです。**可能な限り、思考する際は認知面で心地の良い状況を作るべきだ**、ということです。

私たちは脳を、計り知れないほどのパワーを持つすばらしい臓器だと考えがちです。とはいえ、脳を高圧的かつ横柄に扱いがちでもあります。まるで従順な召使いのように、命令すれば脳は何でもしてくれると期待しているのです。脳に向かって「しっかり注意して」「これ、ちゃんと覚えておいて」「本気出して仕事を終わらせないと」などと言ってしまいます。ところが、悲しいことにたいてい脳は頼りにならない、時に生意気でもある付添人であることに私たちは気づかされます。集中力は不安定で記憶力も穴だらけ、努力も気まぐれ。

問題は私たちの命令の仕方にあります。命令するのではなく、期待した結果を引き出すような状況を作ってアプローチすれば、優れたパフォーマンスを導き出せるようになります。

例えば生徒に対して、学ぶべき情報を書き取らせる代わりに、同級生の前で説明させましょう。生徒のジェスチャーが深い理解を促すはずです。従業員に対して、説明がびっしり書かれた取扱説明書を渡す代わりに、文字では伝えきれない知識にあふれた物語を、同僚同士でシェアできるような場所や機会を作りましょう。チームに対して、協力して作業するよう指示する代わりに、確実に動きがシンクロしたり一緒に生理的に興奮したりするイベントを計画しましょう（食事会、ハイキング、カラオケなど！）。知性を拡張するための状況作りは、どの親も、教師も、そしてマネージャーもマスターすべき技なのです。

心を拡張させるための最後の原則では、自己言及的に観察すべく、原則そのものを振り返ります。私たち人間は、一体どんな生き物なのでしょうか？　機会さえあれば、熱心かつ精力的に拡張するタイプの生き物です。

例えば神経科学や認知心理学の研究では、私たち人間が何かしらのツールを使い始めると、私たちの「身体図式」（体の形、大きさ、位置を感じる感覚）は、そのツールを取り囲むように[14]急速に拡大することがわかっています。手で握りしめているツールが、実質的に腕の延長部分になったような感じです。

知的な拡張でも、似たようなことが起こります。拡張できる方法がそこにある限り（とりわけ、安定的かつ持続的に利用できる限り)、私たち人間は、それを思考に取り込むのです。ということで、9つ目の原則はこうです。**可能な限り、心を拡張させる方法を毎日の環境に組み込むことで、思考をコントロールすべきである**、というものです。

例えば、帰属やアイデンティティのシグナルがあります。勉強や仕事をする場所で示された場合、モチベーションが高まり、パフォーマンスが向上します。同じチームで働く同僚との間に構築されてくるトランザクティブメモリ・システムもあります。これによって、情報に注意を払ったり記憶したりする負担を、複数人で分担することができます。

ほかにも、観葉植物や、草木でできた緑の壁や屋根も、日常的に自然の気配を感じさせてくれることで、私たち人間の注意力の回復を支援してくれます。こうした拡張の手段は、一度しっかりと組み込まれてしまえば、知的に思考する能力をサポートしたり拡大したりして、脳が持つ能力をシームレスに支える役目を果たしてくれます。

ちなみにこの原則にとっては、安定性が特に大切です。「ホットデスキング」と呼ばれる、席が決まっていないタイプのオフィスだと、帰属やアイデンティティのシグナルを維持するのは難しくなります。また離職率が高かったりチーム構成が常に変わったりする職場環境では、トランザクティブメモリ・システムの構築は難しいでしょう。

目新しさやしなやかさが称えられる、ダイナミックで変化の速い社会では、価値ある知的な拡張法を維持することもまた尊敬に値します。こうした拡張法が一体どれだけ知性を高めてくれるものか、失ってしまうまでわからないかもしれません。

●

「拡張した心のためのカリキュラム」とも呼べる原則は現在、学校で教えられていませんし、職場トレーニングで取り上げられてもいません。これを変えなければいけないのです。

心を拡張する学びは、万人の教育であるべきなのです。今現在、心の拡張法を知っているのは自力で見出した人たちです。心を拡張させる能力がどれだけ発達しているかは、人によって異なることも示されています。従来的なＩＱテストに変更を加えたものを使えば、心を拡張する力量は正確かつ詳細に測定できることが科学的にわかっています（変更前のＩＱテストでは、知性を拡張するあらゆる手段は意図的に排除されています。受験者は計算機やインターネットは一切使用できず、体を動かすことも、環境に手を加えることも、周りの人と話すことも許されていません）。

もっとも興味をそそられるのは、**心を拡張する方法を取り入れるスキルをテストで評価したところ、現実の生活でのパフォーマンスの良し悪しと一致する**ことが、複数の研究からわかったという点です。つまり、**心をしっかりと拡張できる人は、日常生活の中で効果的に問題を解**

決できることが、実験による証拠で示されているということです。

2019年2月、オランダの心理学者のグループ（と哲学者のアンディ・クラーク）は、学術誌『ネイチャー・ヒューマン・ビヘイビア』に研究を発表しました。目的は次のようなものでした。「これまでほとんど調べられてこなかった、人間の知性の特徴を定量的に評価する。[15] つまり、複雑な問題を解決するために外部のモノ、小道具、補助道具を使用する人間の能力だ」。

研究者らは従来通りの知能テスト「レーヴン上級漸進的マトリックス」から始めました。「レーヴン」として知られるテストは、1938年に発表されて以来、世界中で数えきれないほど使われてきました。受験者は一部の欠けた幾何学的パズルが提示され、複数の選択肢の中から、パターンを完成させるものを選ぶよう求められます（テストは紙と鉛筆を使うバージョンでも受験可能ですが、現在はほとんどがコンピューターで出題されています）。

「レーヴン」の標準バージョンでは、それぞれの選択肢が合うか合わないかを想像しながら、受験者は必要な作業を頭の中で行います。テストのルールでは、脳の外にあるリソースを使っての心の拡張は許されていません。受験者は、自分の頭にある推論のプロセスだけを頼りにしなければいけないのです。一方でクラークらが設計したバージョンのテストでは、受験者は新しい形状を作るべくパソコン上で操作して、選択肢を動かすことができます。

研究者らは、自分たちが作ったこの新しいバージョンのテストの妥当性を評価するために、オランダのライデン大学とエラスムス大学から学生495人を集めました。そのうち無作為に選ばれた半数は、従来型のレーヴン・テストを受験するように割り当て、残りの半数には、心を拡張させるバージョンが実施されました。後者の学生たちは、図形のレイアウトを画面上でどれだけ積極的に操作するかについても観察されました。

動かせる図形が心を拡張してくれる

暗示的な結果が浮かび上がりました。画面上で動かせる新しい機能を思う存分活用した受験者は、図形を動かし始める前にはわかりにくかったパターンを、たいてい特定することができました。テスト中の受験者の動きを分析すると、積極的に心を拡張させた人の思考プロセスは、連続的なループとして動いているようでした。画面上にある問題解決の空間を動かす「外的な行動」と、それによって作られた形状を頭の中で判断する「内なる評価」を、交互に繰り返していたのです。

この研究の主執筆者であるエラスムス大学の心理学准教授ブルーノ・ボカネグラは、「私たちの研究(16)では、実験参加者が行った操作の量と、どれだけ問題が解決できたかの関係性が非常に明確に示されました」と話します。「受験者が図形を操作し、新しくできた形状をじっくり検討し、自分の戦略を見直し、その後に手を伸ばして再び操作する様子を、私たちは目にしました。彼らが問題を効果的に解決できたのは、こうしたループのおかげなのです」。

最終的な結果では、動かせる図形を使って受験者が心を拡張すればするほど、複雑な視覚的パズルをよりうまく解けることが実証されました。さらに心を拡張させるバージョンのテストは、標準的な「動かない」レーヴン・テストと比べて、今回の実験以外での学生の成績（大学の履修科目で受け取る評価点）を、正確に予測できることを研究者たちは発見しました。

論文の著者らは、学生が知性をどれだけ拡張できるかを測定するテストが、従来的なＩＱテストでは「現在測定されていない、知性の追加的な行動面に入り込んでいるのかもしれない」と論文に書いています。ブルーノ・ボカネグラはこう話します。

「人は、正当に評価されていない豊かな戦略を利用して、問題を解決しています。評価されていない理由の一つには、人は自分の思考プロセスを説明するのが得意ではないためです。人は通常、自分の戦略を意識しているわけではありません。それでも、その戦略を活用しているのです。人は戦略を磨くことができるのか、時間をかけて研究したいと私たちは考えています」

ボカネグラの論文は、単なる始まりにすぎません。類似の取り組みがもっと拡大される様子を思い描くのは、決して難しくないでしょう。

思考するために、人がいかに内受容感覚や動き、ジェスチャーをうまく使えるかを評価するテストを想像してみてください。認知能力を強化するために、その人がどれだけうまく自然の環境に身を浸せるか、建物をうまく設計できるか、アイデアの空間を活用できるか。エキスパートとの思考、同僚との思考、集団での思考をどれだけうまくこなすか。

こうした評価は、新しいタイプの知性を測定する、新しいタイプのIQテストとなるかもしれません（本書でずっと見てきた通り、人類ははるか昔から、心を拡張させてきました。そのため、ここでいう「新しい」とは、単に私たちの社会の「賢い」という定義に新たに取り入れられるという意味です）。

「私たちが普段自覚している以上に、物質的・社会的のいずれにおいても、人間は環境を使って問題を解決しています」とボカネグラは指摘します。「こうして物事を見ると、知性は人の内側にある、その人固有の個人的な資質として測定できるものだと考えるのは非常にこっけいに思えてきます」。

このようなテストは当然ながら、ＩＱテストが多く誤用されてきたのと同様に、誤用される可能性はあります。人の成長に役立たせる代わりに、人のランク付け、分断、排除のために使われるかもしれません。そのような誤用が不可避であるのは当然です。心の拡張が視覚できる形になったとき、新たな気づきを使って何をするかは、私たちの手に委ねられています。

「脳の外」のリソースの不平等にどう向き合う？

私たちの社会にはびこる問題に対して使うこともできます。これまでにないほど正当化も容認もできない状態になっている、アメリカにまん延する不平等に対して使うのです。

現状維持を求める人は、社会的・経済的な不平等は単に、個々人が持って生まれた才能や能力という、自然によって定められた有機的な不平等を反映しているにすぎない、と長い間主張してきました。

拡張された心というレンズを通して見ると、この主張はあまり説得力がありません。もし知的に思考する能力が、脳の外のリソースの有無によって大きく形作られるのであれば、そのリソースが不公平に配分されている現状を、一体どう正当化し続けられるのでしょうか？

ある有名な思考実験で、現代の哲学者ジョン・ロールズは、理想的な社会の設計を想像しました。しかし、自分が作り出している世界を設計者本人はどう生きるのかという点については、「無知のベール」[17]の向こうから想像します。

社会の豊かさやチャンスがどう配分されるかを決めるとき、ロールズはこう書いています。「社会の中での自分の居場所、階級、社会的地位を知る者は誰もおらず、生まれ持った資産や能力、知性、体力などの配分における自分の運を知る者もいない」。

考えると興味深くはありますが、ロールズのシナリオは常に、完全には共感しがたいものです。私たちは、自分の「生まれ持った資産や能力」だと思うものと自分のアイデンティティを重ね合わせており、中でも「知性」はその点で一番抜きん出ています。

心の拡張の理論は、この本能的ともいえる同一視を力ずくで外そうとするときに使えるツールです。生まれ持った知性について私たちは、「自分自身」とは切り離せない部分だと考えています。しかし**知性を拡張する方法は、それがどれだけ自分の周りにあって使えるかについて、運の問題であると理解するのは難しくはない**はずです。

根本的に新しい概念である心を拡張するという理論には、「私はまったく運がよかった」という格言のように、古くからある謙虚で道徳的な感情が存在します。拡張された心《マインド》の現実を認めることが拡張された心《ハート》を受け入れることへとつながるのです。

謝辞

認知心理学者スティーヴン・コスリンは、「拡張された心」の理論のいとことも言えるような概念を提唱しています。「一人の人が、別の人を〝社会的な補綴物〟として活用できる」と。コスリンは（ウェイン・G・ミラーとの共著で）こう書いています。「人とやり取りをしているとき、相手のおかげでもっと能力を発揮できるようになる。あなたの足りないところを相手が補ってくれるのだ。その過程であなたは別人になる。相手とのやり取りであなたは変化する」。

本書の執筆中、2人の人物のおかげで、私自身がまさにこの体験をしました。ティナ・ベネットとエイモン・ドーランです。このプロジェクトを私は成し遂げられるのだろうかと疑い始めた瞬間に、ティナとエイモンは、私の足りないところを補ってくれ、希望と自信、インスピレーションを必要なだけ与えてくれました。ティナ、エイモン、ありがとう。

ほかにも多くの人が、本書を実現するために熱心に取り組んでくれました。

ホートン・ミフリン・ハーコートの編集・制作チーム――デブ・ブロディ、アイビー・ギブンス、ブルース・ニコルズ、ベス・バーレイ・フラー――に感謝します。アマンダ・ヘラーは緻密な校閲作業をしてくれました。マーク・ロビンソンは豪華な表紙をデザインしてくれました。WMEでは、非常に有能なシアン・アシュレイ・エドワーズの補佐とともに、ジェイ・マンデルが足取りの確かなガイド役となってくれました。アウト：シンク・グループのジョセフ・ヒンソンと彼のチームは、すばらしいウェブサイトを作ってくれました。ステファニー・アネスティスは、著者写真を撮ってくれました。イェール大学東アジア言語文学学科のミカ・ヤマグチは、ラジオ体操のセクションで協力してくれました。

本書の調査と執筆をしていた長い期間、ニュー・アメリカから授与されたバーナード・L・シュワルツ・フェローシップ、フューチャー・テンス・フェローシップ、ラーニング・サイエンシズ・エクスチェンジ・フェローシップ（ジェイコブス財団と共同で提供）という3つのフェローシップに支援をいただく幸運に恵まれました。アン・マリー・スローター、リサ・ガーンジー、アンドレ・マルティネス、ピーター・バーゲン、アウィスタ・アユブ、トリー・ボッシュ、エリーゼ・フランチーノに、心からお礼を申し上げます。

本書ではスペンサー財団にも支援いただきました。スペンサー・エデュケーション・ジャーナリズム・フェローシップの受賞者として、スペンサー財団のマイケル・マクファーソン名誉会長、コロンビア大学ジャーナリズム大学院のリンネル・ハンコックとマーガレット・ホロウェイ、フェロー仲間であるジャマール・アブドゥル・アリムとローレン・スミス・カメラに感謝します。イェール大学プアヴー教授学習センターで同僚だったジェニファー・フレデリック、マーク・グレアム、トレイシー・アディ、ベス・ルオマにも感謝します。
本書は研究者、教育者、作家、編集者と交わした数多くの対話によって豊かになりました。研究内容に関する私の問い合わせに時間を割いて返答くださった科学者の方々にもお礼申し上げます。また非公式のアドバイザーとなり、本書で取り上げた問題を熟考する手助けをしてくれたみなさん——ポール・ブルーム、デイヴィッド・ダニエル、デイヴィッド・ドックターマン、ダン・ウィリンガム、カール・ジマーにも深く感謝申し上げます。さらにマーザリン・バナジ、ティナ・バルセニャン、エミリー・バゼロン、アーリック・ボーザー、ビル・ブラウン、アダム・コーヘン、ニッキー・ダウィドフ、ジェイコブ・ハッカー、ジェイク・ハルパーン、カーラ・ホーウィッツ、スコット・バリー・カウフマン、ホリー・コルビー、ダグ・レモフ、スティーブ・レビングストン、ダニエル・マルコヴィッツ、カイル・ペダーセン、ロバート・ポンディッシオ、ジェシカ・セイガー、ジェイソン・スタンリー、ブロール・サックスバーグ、リズ・テイラー、グレッグ・トッポ、リズ・ウィレン、オーブリー・ホワイトとのやり取りからも知見を得られたことに、感謝の念を示したいと思います。

複数の友人が本書のドラフトを読み、意見を聞かせてくれました。キャサリン・バウワース、ベン・ダットナー、マーク・オッペンハイマー、ウェンディ・パリス、グレッチェン・ルービン、エイミー・サドマイヤー。非常にありがたい精神的なサポートを提供してくれた友人がいました。ビクター・アグランとカサンドラ・アルビンソン、スージー・アルダーマン、サラ・ビルストン、ジェニー・ブラウン、ジェイムズ・フィニー、アリソン・バーンズ、アンディ、エマ、ジャック・バウワース、スージー・ケイン、ジュリー・クーパー、リサ・ダムール、レイチェル・ドフト、エミリー・ゴードン、マーラ・ゲハ、マット・ポリー、アリソン・イリック、ジェシカ・カウフマン、クリス・ケニーリー、オズ・カス、ナディア・ラビ、マーガレット・ラム、アリソン・マッキーンとスコット・シャピーロ、ミシェル・オレクリン、パメラ・ポール、エヴァ・ペルコネンとターナー・ブルックス、ダン・パーキンス、エミリー・ルービン、エマ・セッパラ、キャサリン・スチュワート、ボブ・サリバン、シェル・スワンソン、ブロン・タムリス、アビー・タッカー、ジェニー・ワッツとデヴェレル一家（ビル、ジョン、ヘレン、ライナス、ペタル、ビギー）、カレン・ウィン、グレース・ジマー。

私がアリッサ・クォートと立ち上げたライターのグループ「インビジブル・インスティテュート」はこれまで15年以上にわたり、計り知れないほどの助言と和気あいあいとした同志愛を提供してくれました。すでに名前を挙げたメンバーに加え、ゲイリー・ベース、スーザン・バートン、エイダ・カルフーン、KJ・デラントニア、リディア・デンワース、エリザベス・デヴィータ・レイバーン、レベッカ・ドナー、アビー・エリン、ランディ・エプスティーン、シェリ・フィンク、リンジー・ゲルマン、アーニャ・カメネッツ、リーム・カシス、マリア・コニコヴァ、ブレンダン・コーナー、ジェス・ラヘイ、キャサリン・ランファー、ロン・リーバー、ジュディス・マトロフ、ケイティ・オレンスティーン、カヤ・ペリナ、アンドレア・ピーターソン、メアリー・ピロン、ジョシュ・プレーガー、ポール・レイバーン、アレクサンダー・ルッソ、キャサリン・セントルイス、デビー・スティア、マイア・サラヴィッツ、ローレン・サンドラー、デビー・シーゲル、レベッカ・スクルート、ステイシー・サリバン、ハリエット・ワシントン、トム・ゾルナーにもお礼を述べます。

もっと身近な存在としては、ミリアム・ウェルボーンのサポートと洞察、ダーシー・チェイスの落ち着いた存在感と抜群のユーモア、私と共同で親業をしているジョン・ウィットの献身的な育児にも深く感謝します。また、息子たちが通うカルバン・ヒル・デイケア・センター・アンド・キティ・ラストマン・フィンドリング幼稚園、フット・スクール、ホプキンス・スクールの教師たちの仕事も称えたいと思います。

最後に、私の家族に感謝します。母親ナンシー・ポール、亡き父ティム・ポール、妹のサリー・ポール、サリーのパートナー、ビリー・フォークス、サリーとビリーの息子フランキー・フォークス。そして私の愛する息子たち、テディ・ウィットとガス・ウィットへ。誰よりも私を別人にしてくれたのは、あなたたち2人でした。

あなたたちとのやり取りを通じて、私は最高の形で変化できました。

Social Psychology 31 (May 1995): 244–65.
146 Jim Steele, "Structured Reflection on Roles and Tasks Improves Team Performance, UAH Study Finds," article posted on the website of the University of Alabama in Huntsville, April 8, 2013.
147 Julija N. Mell, Daan van Knippenberg, and Wendy P. van Ginkel, "The Catalyst Effect: The Impact of Transactive Memory System Structure on Team Performance," Academy of Management Journal 57 (August 2014): 1154–73. See also Alex Fradera, "Why Your Team Should Appoint a 'Meta-Knowledge' Champion — One Person Who's Aware of Everyone Else's Area of Expertise," British Psychological Society Research Digest, September 8, 2014.
148 Haidt, The Righteous Mind, 90.(邦訳:『社会はなぜ左と右にわかれるのか : 対立を超えるための道徳心理学』ジョナサン・ハイト著)
149 (エリオット・アロンソンと「ジグソー教室」に関する記述の参照資料): Elliot Aronson, Not by Chance Alone: My Life as a Social Psychologist (New York: Basic Books, 2010); Elliot Aronson, The Social Animal, 9th ed. (New York: Worth Publishers, 2004)(邦訳:『ザ・ソーシャル・アニマル : 人と世界を読み解く社会心理学への招待』(本書は原著第11版の翻訳)エリオット・アロンソン著、岡隆訳、サイエンス社2014年); Elliot Aronson, Nobody Left to Hate: Teaching Compassion After Columbine (New York: Henry Holt, 2000); Elliot Aronson, "Reducing Hostility and Building Compassion: Lessons from the Jigsaw Classroom," in The Social Psychology of Good and Evil, ed. Arthur G. Miller (New York: Guilford Press, 2004), 469–88; Elliot Aronson and Diane Bridgeman, "Jigsaw Groups and the Desegregated Classroom: In Pursuit of Common Goals," in Readings About the Social Animal, ed. Elliot Aronson (New York: Macmillan, 2003), 423–33; Elliot Aronson and Neal Osherow, "Cooperation, Prosocial Behavior, and Academic Performance: Experiments in the Desegregated Classroom," Applied Social Psychology Annual 1 (1980): 163–96; Susan Gilbert, "A Conversation with Elliot Aronson," New York Times, March 27, 2001; Ursula Vils, "'Jigsaw Method' Cuts Desegregation Strife," Los Angeles Times, August 10, 1978.
150 Aronson, Not by Chance Alone, 201.
151 Aronson, The Social Animal, 281.(邦訳:『ザ・ソーシャル・アニマル 』エリオット・アロンソン著)
152 Aronson and Osherow, "Cooperation, Prosocial Behavior, and Academic Performance."
153 Aronson, Not by Chance Alone, 203.
154 Aronson, "Reducing Hostility and Building Compassion."
155 Aronson and Osherow, "Cooperation, Prosocial Behavior, and Academic Performance."

まとめ

1 ジョシュア・アロンソンへの著者によるインタビュー。
2 Susan T. Fiske, "The Discomfort Index: How to Spot a Really Good Idea Whose Time Has Come," Psychological Inquiry 14 (2003): 203–8.
3 Claude M. Steele and Joshua Aronson, "Stereotype Threat and the Intellectual Test Performance of African Americans," Journal of Personality and Social Psychology 69 (November 1995): 797–811.
4 Joshua Aronson, quoted in Annie Murphy Paul, "It's Not Me, It's You," New York Times, October 6, 2012.
5 Michael Johns, Michael Inzlicht, and Toni Schmader, "Stereotype Threat and Executive Resource Depletion: Examining the Influence of Emotion Regulation," Journal of Experimental Psychology: General 137 (November 2008): 691–705.
6 Sapna Cheryan et al., "Designing Classrooms to Maximize Student Achievement," Policy Insights from the Behavioral and Brain Sciences 1 (October 2014): 4–12.
7 Geoffrey L. Cohen, Claude M. Steele, and Lee D. Ross, "The Mentor's Dilemma: Providing Critical Feedback Across the Racial Divide," Personality and Social Psychology Bulletin 25 (October 1999): 1302–18.
8 Joshua Aronson, quoted in Paul, "It's Not Me, It's You."
9 Risko and Gilbert, "Cognitive Offloading."
10 Azadeh Jamalian, Valeria Giardino, and Barbara Tversky, "Gestures for Thinking," Proceedings of the Annual Conference of the Cognitive Science Society 35 (2013): 645–50.
11 Sloman and Fernbach, The Knowledge Illusion.
12 Nora S. Newcombe, "Thinking Spatially in the Science Classroom," Current Opinion in Behavioral Sciences 10 (August 2016): 1–6.
13 Andy Clark, "Extended You," talk given at TEDxLambeth, December 16, 2019.
14 Lucilla Cardinali et al., "Tool-Use Induces Morphological Updating of the Body Schema," Current Biology 19 (June 2009): R478–79. See also Angelo Maravita and Atsushi Iriki, "Tools for the Body (Schema)," Trends in Cognitive Sciences 8 (February 2004): 79–86.
15 Bruno R. Bocanegra et al., "Intelligent Problem-Solvers Externalize Cognitive Operations," Nature Human Behaviour 3 (February 2019): 136–42.
16 ブルーノ・ボカネグラへの著者によるインタビュー。
17 John Rawls, A Theory of Justice (Cambridge: Harvard University Press, 1971), 11.(邦訳:『正義論』ジョン・ロールズ著、矢島鈞次監訳、紀伊國屋書店1979年)

※引用文献で既訳があるものについては、本書で新たに訳した文を使用した。

multi-authored-journal-articles-economics.

115 Christopher A. Cotropia and Lee Petherbridge, "The Dominance of Teams in the Production of Legal Knowledge," Yale Law Journal 124 (June 2014): 18–28.

116 Mark Roth, "Groups Produce Collective Intelligence, Study Says," Pittsburgh Post-Gazette, January 10, 2011.

117 Wuchty, Jones, and Uzzi, "The Increasing Dominance of Teams in Production of Knowledge."

118 Brian Uzzi, quoted in Roberta Kwok, "For Teams, What Matters More: Raw Talent or a History of Success Together?," Kellogg Insight, June 3, 2019.

119 Anita Williams Woolley et al., "Evidence for a Collective Intelligence Factor in the Performance of Human Groups," Science 330 (October 2010): 686–88.

120 Garold Stasser and William Titus, "Pooling of Unshared Information in Group Decision Making: Biased Information Sampling During Discussion," Journal of Personality and Social Psychology 48 (June 1985): 1467–78.

121 Steven G. Rogelberg and Liana Kreamer, "The Case for More Silence in Meetings," Harvard Business Review, June 14, 2019.

122 Cass Sunstein, "What Makes Teams Smart (or Dumb)," HBR IdeaCast, Episode 440, December 18, 2014.

123 Cass R. Sunstein and Reid Hastie, Wiser: Getting Beyond Groupthink to Make Groups Smarter (Cambridge: Harvard Business Review Press, 2015), 33.

124 Cass R. Sunstein, "Group Judgments: Deliberation, Statistical Means, and Information Markets," University of Chicago Public Law and Legal Theory Working Paper, number 72, 2004.

125 Sunstein and Hastie, Wiser, 105.

126 Clark, Natural-Born Cyborgs, 5.(邦訳:『生まれながらのサイボーグ』アンディ・クラーク著)

127 Annelies Vredeveldt, Alieke Hildebrandt, and Peter J. van Koppen, "Acknowledge, Repeat, Rephrase, Elaborate: Witnesses Can Help Each Other Remember More," Memory 24 (2016): 669–82.

128 Romain J. G. Clément et al., "Collective Cognition in Humans: Groups Outperform Their Best Members in a Sentence Reconstruction Task," PLoS One 8 (October 2013).

129 Suparna Rajaram and Luciane P. Pereira-Pasarin, "Collaborative Memory: Cognitive Research and Theory," Perspectives on Psychological Science 5 (November 2010): 649–63.

130 Michelle L. Meade, Timothy J. Nokes, and Daniel G. Morrow, "Expertise Promotes Facilitation on a Collaborative Memory Task," Memory 17 (January 2009): 39–48.

131 Gary M. Olson and Judith S. Olson, "Distance Matters," Human-Computer Interaction 15 (September 2000): 139–78.

132 Stephanie Teasley et al., "How Does Radical Collocation Help a Team Succeed?," paper presented at the Conference on Computer Supported Cooperative Work, December 2000. See also Lisa M. Covi et al., "A Room of Your Own: What Do We Learn About Support of Teamwork from Assessing Teams in Dedicated Project Rooms?," paper presented at the International Workshop on Cooperative Buildings, February 1998.

133 Judith S. Olson et al., "The (Currently) Unique Advantages of Collocated Work," in Distributed Work, ed. Pamela Hinds and Sara B. Kiesler (Cambridge: MIT Press, 2002), 113–35.

134 Mathilde M. Bekker, Judith S. Olson, and Gary M. Olson, "Analysis of Gestures in Face-to-Face Design Teams Provides Guidance for How to Use Groupware in Design," Proceedings of the 1st Conference on Designing Interactive Systems: Processes, Practices, Methods, & Techniques (August 1995): 157–66.

135 Olson et al., "The (Currently) Unique Advantages of Collocated Work," 122–23.

136 Covi et al., "A Room of Your Own."

137 Wegner, Giuliano, and Hertel, "Cognitive Interdependence in Close Relationships." See also Wegner, "Transactive Memory."

138 Daniel M. Wegner, "Don't Fear the Cybermind," New York Times, August 4, 2012.

139 Wegner, "Don't Fear the Cybermind."

140 Gün R. Semin, Margarida V. Garrido, and Tomás A. Palma, "Socially Situated Cognition: Recasting Social Cognition as an Emergent Phenomenon," in The SAGE Handbook of Social Cognition, ed. Susan Fiske and Neil Macrae (Thousand Oaks, CA: Sage Publications, 2012), 138–64. See also Zhi-Xue Zhang et al., "Transactive Memory System Links Work Team Characteristics and Performance," Journal of Applied Psychology 92 (2007): 1722–30.

141 John R. Austin, "Transactive Memory in Organizational Groups: The Effects of Content, Consensus, Specialization, and Accuracy on Group Performance," Journal of Applied Psychology 88 (October 2003): 866–78.

142 Kyle J. Emich, "How Expectancy Motivation Influences Information Exchange in Small Groups," Small Group Research 43 (June 2012): 275–94.

143 Babak Hemmatian and Steven A. Sloman, "Two Systems for Thinking with a Community: Outsourcing Versus Collaboration," in Logic and Uncertainty in the Human Mind: A Tribute to David E. Over, ed. Shira Elqayam et al. (New York: Routledge, 2020), 102–15. See also Roy F. Baumeister, Sarah E. Ainsworth, and Kathleen D. Vohs, "Are Groups More or Less Than the Sum of Their Members? The Moderating Role of Individual Identification," Behavioral and Brain Sciences 39 (January 2016).

144 Eoin Whelan and Robin Teigland, "Transactive Memory Systems as a Collective Filter for Mitigating Information Overload in Digitally Enabled Organizational Groups," Information and Organization 23 (July 2013): 177–97.

145 Nathaniel Rabb, Philip M. Fernbach, and Steven A. Sloman, "Individual Representation in a Community of Knowledge," Trends in Cognitive Sciences 23 (October 2019): 891–902. See also Garold Stasser, Dennis D. Stewart, and Gwen M. Wittenbaum, "Expert Roles and Information Exchange During Discussion: The Importance of Knowing Who Knows What," Journal of Experimental

NeuroEngineering and Rehabilitation 4 (August 2008).
87 Lakshmi Balachandra, "Should You Eat While You Negotiate?," Harvard Business Review, January 29, 2013.
88 Kaitlin Woolley and Ayelet Fishbach, "A Recipe for Friendship: Similar Food Consumption Promotes Trust and Cooperation," Journal of Consumer Psychology 27 (January 2017): 1–10.
89 Shinpei Kawakami et al., "The Brain Mechanisms Underlying the Perception of Pungent Taste of Capsaicin and the Subsequent Autonomic Responses," Frontiers of Human Neuroscience 9 (January 2016).
90 Bastian, Jetten, and Ferris, "Pain as Social Glue."
91 Kevin Kniffin, quoted in Susan Kelley, "Groups That Eat Together Perform Better Together," Cornell Chronicle, November 19, 2015.
92 Kevin M. Kniffin et al., "Eating Together at the Firehouse: How Workplace Commensality Relates to the Performance of Firefighters," Human Performance 28 (August 2015): 281–306.
93 Kevin Kniffin, "Upbeat Music Can Make Employees More Cooperative," Harvard Business Review, August 30, 2016.
94 Philipp Müller, Michael Xuelin Huang, and Andreas Bulling, "De-tecting Low Rapport During Natural Interactions in Small Groups from Non-Verbal Behaviour," paper presented at the 23rd International Conference on Intelligent User Interfaces, March 2018.
95 Andrea Stevenson Won, Jeremy N. Bailenson, and Joris H. Janssen, "Automatic Detection of Nonverbal Behavior Predicts Learning in Dyadic Interactions," IEEE Transactions on Affective Computing 5 (April–June 2014): 112–25. See also Juan Lorenzo Hagad et al., "Predicting Levels of Rapport in Dyadic Interactions Through Automatic Detection of Posture and Posture Congruence," paper presented at the IEEE 3rd International Conference on Social Computing, October 2011.
96 Katherine Isbister et al., "Yamove! A Movement Synchrony Game That Choreographs Social Interaction," Human Technology 12 (May 2016): 74–102.
97 Indrani Bhattacharya et al., "A Multimodal-Sensor-Enabled Room for Unobtrusive Group Meeting Analysis," paper presented at the 20th ACM International Conference on Multimodal Interaction, October 2018. See also Prerna Chikersal et al., "Deep Structures of Collaboration: Physiological Correlates of Collective Intelligence and Group Satisfaction," paper presented at the ACM Conference on Computer Supported Cooperative Work and Social Computing, February 2017.
98 Katherine Isbister, quoted in "The Future Is Now: Innovation Square Comes to NYU-Poly," article posted on the website of the NYU Tandon School of Engineering Polytechnic Institute, June 12, 2012, https://engineering.nyu.edu/news/future-now-innovation-square-comes-nyu-poly.
99 Isbister et al., "Yamove!" See also Katherine Isbister, Elena Márquez Segura, and Edward F. Melcer, "Social Affordances at Play: Game Design Toward Socio-Technical Innovation," paper presented at the Conference on Human Factors in Computing Systems, April 2018.
100 Katherine Isbister, How Games Move Us: Emotion by Design (Cambridge: MIT Press, 2016), 96.
101 Jesús Sánchez-Martín, Mario Corrales-Serrano, Amalia Luque-Sendra, and Francisco Zamora-Polo, "Exit for Success. Gamifying Science and Technology for University Students Using Escape-Room. A Preliminary Approach," Heliyon 6 (July 2020).
102 Scott A. Myers and Alan K. Goodboy, "A Study of Grouphate in a Course on Small Group Communication," Psychological Reports 97 (October 2005): 381–86.
103 Satyendra Nath Bose, in a letter written to Albert Einstein, in The Collected Papers of Albert Einstein, vol. 14, The Berlin Years: Writings & Correspondence, April 1923–May 1925, ed. Diana Kormos Buchwald et al., (Princeton: Princeton University Press, 2015), 399.
104 A. Douglas Stone, Einstein and the Quantum: The Quest of the Valiant Swabian (Princeton: Princeton University Press, 2015), 215.
105 Stone, Einstein and the Quantum, 215.
106 John Stachel, "Einstein and Bose," in Satyendra Nath Bose: His Life and Times; Selected Works (with Commentary), ed. Kameshwar C. Wali (Singapore: World Scientific, 2009), 422–41.
107 Albert Einstein, quoted in Stachel, "Einstein and Bose."
108 Satyendra Nath Bose, quoted in Stachel, "Einstein and Bose."
109 Stone, Einstein and the Quantum. See also A. Douglas Stone, "What Is a Boson? Einstein Was the First to Know," HuffPost, October 1, 2012.
110 Georges Aad et al., "Combined Measurement of the Higgs Boson Mass in pp Collisions at $\sqrt{s} = 7$ and 8 TeV with the ATLAS and CMS Experiments," Physical Review Letters 114 (May 2015).
111 Stefan Wuchty, Benjamin F. Jones, and Brian Uzzi, "The Increasing Dominance of Teams in Production of Knowledge," Science 316 (May 2007): 1036–39. See also Brad Wible, "Science as Team Sport," Kellogg Insight, October 10, 2008.
112 National Research Council, Enhancing the Effectiveness of Team Science (Washington, DC: National Academies Press, 2015).
113 Truyken L. B. Ossenblok, Frederik T. Verleysen, and Tim C. E. Engels, "Coauthorship of Journal Articles and Book Chapters in the Social Sciences and Humanities (2000–2010)," Journal of the Association for Information Science and Technology 65 (January 2014): 882–97. See also Dorte Henriksen, "The Rise in Co-Authorship in the Social Sciences (1980–2013)," Scientometrics 107 (May 2016): 455–76.
114 Lukas Kuld and John O'Hagan, "Rise of Multi-Authored Papers in Economics: Demise of the 'Lone Star' and Why?," Scientometrics 114 (March 2018): 1207–25. See also Lukas Kuld and John O'Hagan, "The Trend of Increasing Co-Authorship in Economics: New Evidence," posted on the VOX CEPR Policy Portal, December 16, 2017, https://voxeu.org/article/growth-

: 文化と認知』マイケル・トマセロ著、大堀壽夫・中澤恒子・西村義樹・本多啓訳、勁草書房2006年)

60 Shteynberg, "A Collective Perspective"; Shteynberg and Apfelbaum, "The Power of Shared Experience."

61 Garriy Shteynberg et al., "The Broadcast of Shared Attention and Its Impact on Political Persuasion," Journal of Personality and Social Psychology 111 (November 2016): 665–73.

62 Bertrand Schneider, "Unpacking Collaborative Learning Processes During Hands-On Activities Using Mobile Eye-Trackers," paper presented at the 13th International Conference on Computer Supported Collaborative Learning, June 2019. See also Nasim Hajari et al., "Spatio-Temporal Eye Gaze Data Analysis to Better Understand Team Cognition," paper presented at the 1st International Conference on Smart Multimedia, August 2018.

63 Ross Neitz, "U of A Lab Testing Technologies to Better Train Surgeons," Folio, April 25, 2019.

64 Schneider, "Unpacking Collaborative Learning Processes During Hands-On Activities Using Mobile Eye-Trackers."

65 Duckworth, Grit.(邦訳:『やり抜く力』アンジェラ・ダックワース著)

66 Gregory M. Walton and Geoffrey L. Cohen, "Sharing Motivation," in Social Motivation, ed. David Dunning (New York: Psychology Press, 2011), 79–102. See also Allison Master and Gregory M. Walton, "Minimal Groups Increase Young Children's Motivation and Learning on Group-Relevant Tasks," Child Development 84 (March–April 2013): 737–51.

67 Priyanka B. Carr and Gregory M. Walton, "Cues of Working Together Fuel Intrinsic Motivation," Journal of Experimental Social Psychology 53 (July 2014): 169–84.

68 Edward L. Deci and Richard M. Ryan, Intrinsic Motivation and Self-Determination in Human Behavior (New York: Plenum Press, 1985).

69 Brian Lickel et al., "Varieties of Groups and the Perception of Group Entitativity," Journal of Personality and Social Psychology 78 (February 2000): 223–46. See also Donald T. Campbell, "Common Fate, Similarity, and Other Indices of the Status of Aggregates of Persons as Social Entities," Behavioral Science 3 (January 1958): 14–25.

70 Paul Barnwell, "My Students Don't Know How to Have a Conversation," The Atlantic, April 22, 2014.

71 For an informative take on this topic, see Cal Newport, "Was E-Mail a Mistake?," The New Yorker, August 6, 2019.

72 Richard L. Moreland and Larissa Myaskovsky, "Exploring the Performance Benefits of Group Training: Transactive Memory or Improved Communication?," Organizational Behavior and Human Decision Processes 82 (May 2000): 117–33. See also Diane Wei Liang, Richard Moreland, and Linda Argote, "Group Versus Individual Training and Group Performance: The Mediating Factor of Transactive Memory," Personality and Social Psychology Bulletin 21 (April 1995): 384–93.

73 Gillian Tett, The Silo Effect: The Peril of Expertise and the Promise of Breaking Down Barriers (New York: Simon & Schuster, 2015).

74 For a first-person perspective, see Dhruv Khullar, "Doctors and Nurses, Not Learning Together," New York Times, April 30, 2015.

75 Maja Djukic, "Nurses and Physicians Need to Learn Together in Order to Work Together," post on the website of the Robert Wood Johnson Foundation, May 11, 2015, https://www.rwjf.org/en/blog/2015/05/nurses_and_physician.html. See also Andrew Schwartz, "Training Nurse Practitioners and Physicians for the Next Generation of Primary Care," post on the website of the University of California-San Francisco, January 2013, https://scienceofcaring.ucsf.edu/future-nursing/training-nurse-practitioners-and-physicians-next-generation-primary-care.

76 Cheri Friedrich et al., "Escaping the Professional Silo: An Escape Room Implemented in an Interprofessional Education Curriculum," Journal of Interprofessional Care 33 (September–October 2019): 573–75. See also Cheri Friedrich et al., "Interprofessional Health Care Escape Room for Advanced Learners," Journal of Nursing Education 59 (January 2020): 46–50.

77 Hilary Teaford, "Escaping the Professional Silo: Implementing An Interprofessional Escape Room," post on the blog MinneSOTL, https://wcispe.wordpress.com/2017/12/01/escaping-the-professional-silo-implementing-an-interprofessional-escape-room/.

78 Brock Bastian, Jolanda Jetten, and Laura J. Ferris, "Pain as Social Glue: Shared Pain Increases Cooperation," Psychological Science 25 (November 2014): 2079–85. See also Shawn Achor, "The Right Kind of Stress Can Bond Your Team Together," Harvard Business Review, December 14, 2015.

79 Frederick G. Elias, Mark E. Johnson, and Jay B. Fortman, "Task-Focused Self-Disclosure: Effects on Group Cohesiveness, Commitment to Task, and Productivity," Small Group Research 20 (February 1989): 87–96.

80 Tony Schwartz, "How Are You Feeling?," Harvard Business Review, February 22, 2011.

81 Tony Schwartz, "The Importance of Naming Your Emotions," New York Times, April 3, 2015.

82 Tony Schwartz, "What If You Could Truly Be Yourself at Work?," Harvard Business Review, January 23, 2013.

83 Cristine H. Legare and Nicole Wen, "The Effects of Ritual on the Development of Social Group Cognition," Bulletin of the International Society for the Study of Behavioral Development 2 (2014): 9–12. See also Ronald Fischer et al., "How Do Rituals Affect Cooperation? An Experimental Field Study Comparing Nine Ritual Types," Human Nature 24 (June 2013): 115–25.

84 Kerry L. Marsh, Michael J. Richardson, and R. C. Schmidt, "Social Connection Through Joint Action and Interpersonal Coordination," Topics in Cognitive Science 1 (April 2009): 320–39.

85 Jenny Berg, "Students at Clearview Go the Extra (Morning) Mile Every Day Before School," St. Cloud Times, January 17, 2019. See also Sarah D. Sparks, "Why Lunch, Exercise, Sleep, and Air Quality Matter at School," Education Week, March 12, 2019.

86 Christine E. Webb, Maya Rossignac-Milon, and E. Tory Higgins, "Stepping Forward Together: Could Walking Facilitate Interpersonal Conflict Resolution?," American Psychologist 72 (May–June 2017): 374–85. See also Ari Z. Zivotofsky and Jeffrey M. Hausdorff, "The Sensory Feedback Mechanisms Enabling Couples to Walk Synchronously: An Initial Investigation," Journal of

34 Jonathan Haidt, The Righteous Mind: Why Good People Are Divided by Politics and Religion (New York: Pantheon Books, 2012), 223.(邦訳:『社会はなぜ左と右にわかれるのか : 対立を超えるための道徳心理学』ジョナサン・ハイト著、高橋洋訳、紀伊國屋書店2014年)

35 Mattia Gallotti and Chris D. Frith, "Social Cognition in the We-Mode," Trends in Cognitive Science 17 (April 2013): 160–65.

36 McNeill, Keeping Together in Time, 2.

37 Joshua Conrad Jackson et al., "Synchrony and Physiological Arousal Increase Cohesion and Cooperation in Large Naturalistic Groups," Scientific Reports 8 (January 2018).

38 Dmitry Smirnov et al., "Emotions Amplify Speaker-Listener Neural Alignment," Human Brain Mapping 40 (November 2019): 4777–88. See also Lauri Nummenmaa et al., "Emotional Speech Synchronizes Brains Across Listeners and Engages Large-Scale Dynamic Brain Networks," Neuroimage 102 (November 2014): 498–509.

39 Gün R. Semin, "Grounding Communication: Synchrony," in Social Psychology: Handbook of Basic Principles, ed. Arie W. Kruglanski and E. Tory Higgins (New York: Guilford Press, 2007), 630–49.

40 Yong Ditch, Joseph Reilly, and Betrand Schneider, "Using Physiological Synchrony as an Indicator of Collaboration Quality, Task Performance and Learning," paper presented at the 19th International Conference on Artificial Intelligence in Education, June 2018. See also Dan Mønster et al., "Physiological Evidence of Interpersonal Dynamics in a Cooperative Production Task," Physiology & Behavior 156 (March 2016): 24–34.

41 Frank A. Fishburn et al., "Putting Our Heads Together: Interpersonal Neural Synchronization as a Biological Mechanism for Shared Intentionality," Social Cognitive and Affective Neuroscience 13 (August 2018): 841–49.

42 Kyongsik Yun, "On the Same Wavelength: Face-to-Face Communication Increases Interpersonal Neural Synchronization," Journal of Neuroscience 33 (March 2013): 5081–82. See also Jing Jiang et al., "Neural Synchronization During Face-to-Face Communication," Journal of Neuroscience 32 (November 2012): 16064–69.

43 Garriy Shteynberg, "Shared Attention," Perspectives on Psychological Science 10 (August 2015): 579–90.

44 Garriy Shteynberg, "A Social Host in the Machine? The Case of Group Attention," Journal of Applied Research in Memory and Cognition 3 (December 2014): 307–11. See also Garriy Shteynberg, "A Silent Emergence of Culture: The Social Tuning Effect," Journal of Personality and Social Psychology 99 (October 2010): 683–89.

45 Garriy Shteynberg, "A Collective Perspective: Shared Attention and the Mind," Current Opinion in Psychology 23 (October 2018): 93–97.

46 Garriy Shteynberg and Evan P. Apfelbaum, "The Power of Shared Experience: Simultaneous Observation with Similar Others Facilitates Social Learning," Social Psychological and Personality Science 4 (November 2013): 738–44.

47 Shteynberg and Apfelbaum, "The Power of Shared Experience."

48 Samantha E. A. Gregory and Margaret C. Jackson, "Joint Attention Enhances Visual Working Memory," Journal of Experimental Psychology: Learning, Memory, and Cognition 43 (February 2017): 237–49. See also Ullrich Wagner et al., "The Joint Action Effect on Memory as a Social Phenomenon: The Role of Cued Attention and Psychological Distance," Frontiers in Psychology 8 (October 2017).

49 Garriy Shteynberg et al., "Feeling More Together: Group Attention Intensifies Emotion," Emotion 14 (December 2014): 1102–14. See also Garriy Shteynberg and Adam D. Galinsky, "Implicit Coordination: Sharing Goals with Similar Others Intensifies Goal Pursuit," Journal of Experimental Social Psychology 47 (November 2011): 1291–94.

50 Stefanie Hoehl et al., "What Are You Looking At? Infants' Neural Processing of an Adult's Object-Directed Eye Gaze," Developmental Science 11 (January 2008): 10–16. See also Tricia Striano, Vincent M. Reid, and Stefanie Hoehl, "Neu-ral Mechanisms of Joint Attention in Infancy," European Journal of Neuroscience 23 (May 2006): 2819–23.

51 Rechele Brooks and Andrew N. Meltzoff, "The Development of Gaze Following and Its Relation to Language," Developmental Science 8 (November 2005): 535–43.

52 Catalina Suarez-Rivera, Linda B. Smith, and Chen Yu, "Multimodal Parent Behaviors Within Joint Attention Support Sustained Attention in Infants," Developmental Psychology 55 (January 2019): 96–109. See also Chen Yu and Linda B. Smith, "The Social Origins of Sustained Attention in One-Year-Old Human Infants," Current Biology 26 (May 2016): 1235–40.

53 Sebastian Wahl, Vesna Marinović, and Birgit Träuble, "Gaze Cues of Isolated Eyes Facilitate the Encoding and Further Processing of Objects in 4-Month-Old Infants," Developmental Cognitive Neuroscience 36 (April 2019). See also Vincent M. Reid et al., "Eye Gaze Cueing Facilitates Neural Processing of Objects in 4-Month-Old Infants," NeuroReport 15 (November 2004): 2553–55.

54 Louis J. Moses et al., "Evidence for Referential Understanding in the Emotions Domain at Twelve and Eighteen Months," Child Development 72 (May–June 2001): 718–35.

55 Michael Tomasello et al., "Reliance on Head Versus Eyes in the Gaze Following of Great Apes and Human Infants: The Cooperative Eye Hypothesis," Journal of Human Evolution 52 (March 2007): 314–20.

56 Hiromi Kobayashi and Shiro Kohshima, "Unique Morphology of the Human Eye and Its Adaptive Meaning: Comparative Studies on External Morphology of the Primate Eye," Journal of Human Evolution 40 (May 2001): 419–35.

57 Tomasello et al., "Reliance on Head Versus Eyes in the Gaze Following of Great Apes and Human Infants." See also Hiromi Kobayashi and Kazuhide Hashiya, "The Gaze That Grooms: Contribution of Social Factors to the Evolution of Primate Eye Morphology," Evolution and Human Behavior 32 (May 2011): 157–65.

58 Ker Than, "Why Eyes Are So Alluring," LiveScience, November 7, 2006.

59 Michael Tomasello, The Cultural Origins of Human Cognition (Cambridge: Harvard University Press, 1999).(邦訳:『心とことばの起源を探る

208; Daniel M. Wegner, Toni Giuliano, and Paula T. Hertel, "Cognitive Interdependence in Close Relationships," in Compatible and Incompatible Relationships, ed. William Ickes (New York: Springer, 1985), 253–76.

6 Le Bon, The Crowd, 10–11.(邦訳:『群衆心理』ギュスターヴ・ル・ボン著)

7 McDougall, The Group Mind, 41.

8 Carl Jung, cited in Theiner and O'Connor, "The Emergence of Group Cognition."

9 Wegner, Giuliano, and Hertel, "Cognitive Interdependence in Close Relationships."

10 Theiner, "A Beginner's Guide to Group Minds."

11 Jay J. Van Bavel, Leor M. Hackel, and Y. Jenny Xiao, "The Group Mind: The Pervasive Influence of Social Identity on Cognition," in New Frontiers in Social Neuroscience, ed. Jean Decety and Yves Christen (New York: Springer, 2014), 41–56.

12 For a sense of what the routine looks like, see "Radio Taiso Exercise Routine," video posted on YouTube, January 7, 2017, https://www.youtube.com/watch?v=I6ZRH9Mraqw.

13 Justin McCurry, "Listen, Bend and Stretch: How Japan Fell in Love with Exercise on the Radio," The Guardian, July 20, 2019. See also Agence France-Presse, "Japan Limbers Up with Monkey Bars, Radio Drills for Company Employees," Straits Times, June 15, 2017.

14 Tal-Chen Rabinowitch and Andrew N. Meltzoff, "Synchronized Movement Experience Enhances Peer Cooperation in Preschool Children," Journal of Experimental Child Psychology 160 (August 2017): 21–32.

15 Tal-Chen Rabinowitch and Ariel Knafo-Noam, "Synchronous Rhythmic Interaction Enhances Children's Perceived Similarity and Closeness Towards Each Other," PLoS One 10 (April 2015).

16 Scott S. Wiltermuth and Chip Heath, "Synchrony and Cooperation," Psychological Science 20 (January 2009): 1–5.

17 Günther Knoblich and Natalie Sebanz, "Evolving Intentions for Social Interaction: From Entrainment to Joint Action," Philosophical Transactions of the Royal Society B: Biological Sciences 363 (June 2008): 2021–31.

18 Edward H. Hagen and Gregory A. Bryant, "Music and Dance as a Coalition Signaling System," Human Nature 14 (February 2003): 21–51.

19 Thalia Wheatley et al., "From Mind Perception to Mental Connection: Synchrony as a Mechanism for Social Understanding," Social and Personality Psychology Compass 6 (August 2012): 589–606.

20 Adam Baimel, Susan A. J. Birch, and Ara Norenzayan, "Coordinating Bodies and Minds: Behavioral Synchrony Fosters Mentalizing," Journal of Experimental Social Psychology 74 (January 2018): 281–90. See also Adam Baimel et al., "Enhancing 'Theory of Mind' Through Behavioral Synchrony," Frontiers in Psychology 6 (June 2015).

21 Piercarlo Valdesolo, Jennifer Ouyang, and David DeSteno, "The Rhythm of Joint Action: Synchrony Promotes Cooperative Ability," Journal of Experimental Social Psychology 46 (July 2010): 693–95.

22 Lynden K. Miles et al., "Moving Memories: Behavioral Synchrony and Memory for Self and Others," Journal of Experimental Social Psychology 46 (March 2010): 457–60. See also C. Neil Macrae et al., "A Case of Hand Waving: Action Synchrony and Person Perception," Cognition 109 (October 2008): 152–56.

23 Patricia A. Herrmann et al., "Stick to the Script: The Effect of Witnessing Multiple Actors on Children's Imitation," Cognition 129 (December 2013):536–43.

24 Rabinowitch and Meltzoff, "Synchronized Movement Experience Enhances Peer Cooperation in Preschool Children."

25 Valdesolo, Ouyang, and DeSteno, "The Rhythm of Joint Action." See also Martin Lang et al., "Endorphin-Mediated Synchrony Effects on Cooperation," Biological Psychology 127 (July 2017): 191–97.

26 Bahar Tunçgenç and Emma Cohen, "Movement Synchrony Forges Social Bonds Across Group Divides," Frontiers in Psychology 7 (May 2016). See also Piercarlo Valdesolo and David DeSteno, "Synchrony and the Social Tuning of Compassion," Emotion 11 (April 2011): 262–66.

27 Tanya Vacharkulksemsuk and Barbara L. Fredrickson, "Strangers in Sync: Achieving Embodied Rapport Through Shared Movements," Journal of Experimental Social Psychology 48 (January 2012): 399–402. See also Michael J. Hove and Jane L. Risen, "It's All in the Timing: Interpersonal Synchrony Increases Affiliation," Social Cognition 27 (December 2009): 949–61.

28 Bahar Tunçgenç and Emma Cohen, "Interpersonal Movement Synchrony Facilitates Pro-Social Behavior in Children's Peer-Play," Developmental Science, 21 (January 2018): 1–9. See also Laura K. Cirelli, "How Interpersonal Synchrony Facilitates Early Prosocial Behavior," Current Opinion in Psychology 20 (April 2018): 35–39.

29 Maria-Paola Paladino et al., "Synchronous Multisensory Stimulation Blurs Self-Other Boundaries," Psychological Science 21 (September 2010): 1202–7. See also Elisabeth Pacherie, "How Does It Feel to Act Together?," Phenomenology and the Cognitive Sciences 13 (2014): 25–46.

30 Bronwyn Tarr et al., "Synchrony and Exertion During Dance Independently Raise Pain Threshold and Encourage Social Bonding," Biology Letters 11 (October 2015). See also Emma E. A. Cohen et al., "Rowers' High: Behavioural Synchrony Is Correlated with Elevated Pain Thresholds," Biology Letters 6 (February 2010): 106–8.

31 Kerry L. Marsh, "Coordinating Social Beings in Motion," in People Watching: Social, Perceptual, and Neurophysiological Studies of Body Perception, ed. Kerri Johnson and Maggie Shiffrar (New York: Oxford University Press, 2013), 234–55.

32 Barbara Ehrenreich, Dancing in the Streets: A History of Collective Joy (New York: Metropolitan Books, 2006). See also William Hardy McNeill, Keeping Together in Time: Dance and Drill in Human History (Cambridge: Harvard University Press, 1995).

33 Walter Freeman, "A Neurobiological Role of Music in Social Bonding," in The Origins of Music, ed. Nils Lennart Wallin, Björn Merker, and Steven Brown (Cambridge: MIT Press, 2000), 411–24.

Presented in Arguments," Infancy 23 (January 2018): 124–35. See also Hugo Mercier, Stéphane Bernard, and Fabrice Clément, "Early Sensitivity to Arguments: How Preschoolers Weight Circular Arguments," Journal of Experimental Child Psychology 125 (September 2014): 102–9.

92 Hugo Mercier et al., "Natural-Born Arguers: Teaching How to Make the Best of Our Reasoning Abilities," Educational Psychologist 52 (2017): 1–16.

93 Sutton, Good Boss, Bad Boss, 273, 98.(邦訳:『マル上司、バツ上司』ロバート・I・サットン著)

94 Diana J. Arya and Andrew Maul, "The Role of the Scientific Discovery Narrative in Middle School Science Education: An Experimental Study," Journal of Educational Psychology, 104 (November 2012): 1022–32. See also Diana Jaleh Arya, "Discovery Stories in the Science Classroom" (PhD diss., University of California, Berkeley, 2010).

95 Janet Ahn et al., "Motivating Students' STEM Learning Using Biographical Information," International Journal of Designs for Learning 7 (February 2016): 71–85.

96 Karen D. Larison, "Taking the Scientist's Perspective: The Nonfiction Narrative Engages Episodic Memory to Enhance Students' Understanding of Scientists and Their Practices," Science & Education 27 (March 2018): 133–57.

97 Daniel T. Willingham, Why Don't Students Like School? A Cognitive Scientist Answers Questions About How the Mind Works and What It Means for the Classroom (San Francisco: Jossey-Bass, 2009), 51–58.(邦訳:『教師の勝算 : 勉強嫌いを好きにする9の法則』ダニエル・T・ウィリンガム著、恒川正志訳、東洋館出版社2019年)

98 Daniel T. Willingham, "The Privileged Status of Story," American Educator, Summer 2004.

99 Willingham, "The Privileged Status of Story."

100 Paul J. Zak, "Why Inspiring Stories Make Us React: The Neuroscience of Narrative," Cerebrum 2 (January–February 2015).

101 Nicole K. Speer et al., "Reading Stories Activates Neural Representations of Visual and Motor Experiences," Psychological Science 20 (August 2009): 989–99.

102 Danielle N. Gunraj et al., "Simulating a Story Character's Thoughts: Evidence from the Directed Forgetting Task," Journal of Memory and Language 96 (October 2017): 1–8.

103 Diana I. Tamir et al., "Reading Fiction and Reading Minds: The Role of Simulation in the Default Network," Social Cognitive and Affective Neuroscience 11 (February 2016): 215–24.

104 Christopher G. Myers, "The Stories We Tell: Organizing for Vicarious Learning in Medical Transport Teams," working paper, November 2015. See also Christopher G. Myers, "That Others May Learn: Three Views on Vicarious Learning in Organizations" (PhD diss., University of Michigan, 2015).

105 Transport nurse, quoted in Myers, "That Others May Learn."

106 Transport nurse, quoted in Myers, "The Stories We Tell."

107 Christopher G. Myers, "Performance Benefits of Reciprocal Vicarious Learning in Teams," Academy of Management Journal (in press), published online April 2020.

108 Transport nurse, quoted in Myers, "That Others May Learn."

109 Transport nurse, quoted in Myers, "That Others May Learn."

110 Ben Waber, "How Tracking Worker Productivity Could Actually Make Amazon Warehouses Less Efficient," Quartz, April 26, 2018.

111 Sandy Pentland, quoted in Larry Hardesty, "Social Studies," MIT News, November 1, 2010.

112 Christopher G. Myers, "Is Your Company Encouraging Employees to Share What They Know?," Harvard Business Review, November 6, 2015.

113 Myers, "That Others May Learn."

114 Philippe Baumard, Tacit Knowledge in Organizations, trans. Samantha Wauchope (Thousand Oaks, CA: Sage Publications, 1999).

115 Christopher Myers, "Try Asking the Person at the Next Desk," Medium, January 16, 2017.

116 Tech employee, interviewed by Christopher Myers and quoted in Michael Blanding, "Knowledge Transfer: You Can't Learn Surgery by Watching," Harvard Business School Working Knowledge, September 8, 2015.

第9章　グループで思考する

1 (このときの状況に関する記述の参照資料) Edwin Hutchins, Cognition in the Wild (Cambridge: MIT Press, 1995). 船名および乗組員の名前はハッチンスによる仮名。

2 Eviatar Zerubavel and Eliot R. Smith, "Transcending Cognitive Individualism," Social Psychology Quarterly 73 (December 2010): 321–25. See also Stephen M. Downes, "Socializing Naturalized Philosophy of Science," Philosophy of Science 60 (September 1993): 452–68.

3 Gustave Le Bon, The Crowd: A Study of the Popular Mind (New York: Macmillan, 1896), 51.(邦訳:『群衆心理』ギュスターヴ・ル・ボン著)

4 William McDougall, The Group Mind: A Sketch of the Principles of Collective Psychology, with Some Attempt to Apply Them to the Interpretation of National Life and Character (New York: G. P. Putnam's Sons, 1920), 58.

5 (「集団心」の初期の概念に関する記述の参照資料)Georg Theiner, "A Beginner's Guide to Group Minds," in New Waves in Philosophy of Mind, ed. Mark Sprevak and Jesper Kallestrup (New York: Palgrave Macmillan, 2014), 301–22; Georg Theiner, Colin Allen, and Robert L. Goldstone, "Recognizing Group Cognition," Cognitive Systems Research 11 (December 2010): 378–95; Georg Theiner and Timothy O'Connor, "The Emergence of Group Cognition," in Emergence in Science and Philosophy, ed. Antonella Corradini and Timothy O'Connor (New York: Routledge, 2010): 78–120; Daniel M. Wegner, "Transactive Memory: A Contemporary Analysis of the Group Mind," in Theories of Group Behavior, ed. Brian Mullen and George R. Goethals (Berlin: Springer Verlag, 1987), 185–

Solving Performance," Journal of Educational Psychology 111 (January 2019): 45–56.

66 Marika D. Ginsburg-Block, Cynthia A. Rohrbeck, and John W. Fantuzzo, "A Meta-Analytic Review of Social, Self-Concept, and Behavioral Outcomes of Peer-Assisted Learning," Journal of Educational Psychology 98 (November 2006): 732–49.

67 Formerly named the Coca-Cola Valued Youth Program; see https://www.idra.org/valued-youth/.

68 Nurit Bar-Eli and Amiram Raviv, "Underachievers as Tutors," Journal of Educational Research 75 (1982): 139–43. See also Vernon L. Allen and Robert S. Feldman, "Learning Through Tutoring: Low-Achieving Children as Tutors," Journal of Experimental Education 42 (1973): 1–5.

69 Robert E. Slavin, "Evidence-Based Reform: Advancing the Education of Students at Risk," report prepared by Renewing Our Schools, Securing Our Future: A National Task Force on Public Education, March 2005. See also Olatokunbo S. Fashola and Robert E. Slavin, "Effective Dropout Prevention and College Attendance Programs for Students Placed at Risk," Journal of Education for Students Placed at Risk 3 (1998): 159–83.

70 Sandra Y. Okita and Daniel L. Schwartz, "Learning by Teaching Human Pupils and Teachable Agents: The Importance of Recursive Feedback," Journal of the Learning Sciences 22 (2013): 375–412. See also Daniel L. Schwartz and Sandra Okita, "The Productive Agency in Learning by Teaching," working paper, available at http://citeseerx.ist.psu.edu/viewdoc/download?doi=10.1.1.90.5549&rep=rep1&type=pdf.

71 Behnoosh Afghani et al., "A Novel Enrichment Program Using Cascading Mentorship to Increase Diversity in the Health Care Professions," Academic Medicine 88 (September 2013): 1232–38.

72 Yu-Qian Zhu, Holly Chiu, and Eduardo Jorge Infante Holguin-Veras, "It Is More Blessed to Give Than to Receive: Examining the Impact of Knowledge Sharing on Sharers and Recipients," Journal of Knowledge Management 22 (2018): 76–91.

73 PowerMyLearning, "Engage Families Using Family Playlists," post on the website of PowerMyLearning, https://powermylearning.org/learn/connect/family-playlists/. See also David Bornstein, "When Parents Teach Children (and Vice Versa)," New York Times, March 13, 2018.

74 Emmanuel Trouche et al., "The Selective Laziness of Reasoning," Cognitive Science 40 (November 2016): 2122–36.

75 Fabio Paglieri, "A Plea for Ecological Argument Technologies," Philosophy & Technology 30 (June 2017): 209–38.

76 Shane Frederick, "Cognitive Reflection and Decision Making," Journal of Economic Perspectives 19 (Fall 2005): 25–42.

77 Peter C. Wason, "On the Failure to Eliminate Hypotheses in a Conceptual Task," Quarterly Journal of Experimental Psychology 12 (July 1960): 129–40.

78 Kahneman, Thinking, Fast and Slow, 81.(邦訳:『ファスト&スロー』ダニエル・カーネマン著)

79 Hugo Mercier and Dan Sperber, The Enigma of Reason (Cambridge: Harvard University Press, 2017), 1.

80 Hugo Mercier, "Why So Smart? Why So Dumb?," post on the website of Psychology Today, July 28, 2011, https://www.psychologytoday.com/intl/blog/social-design/201107/why-so-smart-why-so-dumb?

81 Hugo Mercier and Dan Sperber, "Why Do Humans Reason? Arguments for an Argumentative Theory," Behavioral and Brain Sciences 34 (April 2011): 57–74.

82 Hugo Mercier, "The Argumentative Theory: Predictions and Empirical Evidence," Trends in Cognitive Sciences 20 (September 2016): 689–700.

83 Hugo Mercier et al., "Experts and Laymen Grossly Underestimate the Benefits of Argumentation for Reasoning," Thinking & Reasoning 21 (July 2015): 341–55.

84 Emmanuel Trouche, Emmanuel Sander, and Hugo Mercier, "Arguments, More Than Confidence, Explain the Good Performance of Reasoning Groups," Journal of Experimental Psychology: General 143 (October 2014): 1958–71. See also Hugo Mercier, "Making Science Education More Natural — Some Ideas from the Argumentative Theory of Reasoning," Zeitschrift für Pädagogische Psychologie 30 (2016): 151–53.

85 Brad Bird, quoted in Hayagreeva Rao, Robert Sutton, and Allen P. Webb, "Innovation Lessons from Pixar: An Interview with Oscar-Winning Director Brad Bird," McKinsey Quarterly, April 2008.

86 Robert I. Sutton, Good Boss, Bad Boss: How to Be the Best . . .and Learn from the Worst (New York: Hachette Book Group, 2010), 85, 83(邦訳:『マル上司、バツ上司 : なぜ上司になると自分が見えなくなるのか』ロバート・I・サットン著、矢口誠訳、講談社2012年). See also Robert I. Sutton, "It's Up to You to Start a Good Fight," Harvard Business Review, August 3, 2010.

87 David W. Johnson, Roger T. Johnson, and Karl A. Smith, "Constructive Controversy: The Educative Power of Intellectual Conflict," Change: The Magazine of Higher Learning 32 (January–February 2000): 28–37. See also David W. Johnson and Roger T. Johnson, "Energizing Learning: The Instructional Power of Conflict," Educational Researcher 38 (January 2009): 37–51.

88 Philip E. Tetlock, "Accountability and Complexity of Thought," Journal of Personality and Social Psychology 45 (July 1983): 74–83. See also Jennifer S. Lerner and Philip E. Tetlock, "Accounting for the Effects of Accountability," Psychological Bulletin, 125 (March 1999): 255–75.

89 Baruch B. Schwarz, "Argumentation and Learning," in Argumentation and Education: Theoretical Foundations and Practices, ed. Nathalie Muller Mirza and Anne-Nelly Perret-Clermont (New York: Springer, 2009), 91–126.

90 Nancy L. Stein and Elizabeth R. Albro, "The Origins and Nature of Arguments: Studies in Conflict Understanding, Emotion, and Negotiation," Discourse Processes 32 (2001): 113–33. See also Nancy Stein and Ronan S. Bernas, "The Early Emergence of Argumentative Knowledge and Skill," in Foundations of Argumentative Text Processing, ed. Jerry Andriessen and Pierre Courier (Amsterdam: Amsterdam University Press, 1999), 97–116.

91 Thomas Castelain, Stéphane Bernard, and Hugo Mercier, "Evidence That Two-Year-Old Children Are Sensitive to Information

40 Iroise Dumontheil et al., "Developmental Differences in the Control of Action Selection by Social Information," Journal of Cognitive Neuroscience 24 (October 2012): 2080–95.

41 Matthew D. Lieberman, "Education and the Social Brain," Trends in Neuroscience and Education 1 (December 2012): 3–9.

42 Mary Helen Immordino-Yang and Antonio Damasio, "We Feel, Therefore We Learn: The Relevance of Affective and Social Neuroscience to Education," Mind, Brain and Education 1 (March 2007): 3–10.

43 David C. Geary and Daniel B. Berch, "Evolution and Children's Cognitive and Academic Development," in Evolutionary Perspectives on Child Development and Education, ed. David C. Geary and Daniel B. Berch (New York: Springer, 2016), 217–49. See also David C. Geary, "An Evolutionarily Informed Education Science," Educational Psychologist 43 (October 2008): 179–95.

44 Jamshid J. Tehrani and Felix Riede, "Towards an Archaeology of Pedagogy: Learning, Teaching and the Generation of Material Culture Traditions," World Archaeology 40 (September 2008): 316–31.

45 Gergely Csibra and György Gergely, "Natural Pedagogy as Evolutionary Adaptation," Philosophical Transactions of the Royal Society B: Biological Sciences 366 (April 2011): 1149–57. See also Barry S. Hewlett and Casey J. Roulette, "Teaching in Hunter-Gatherer Infancy," Royal Society Open Science 3 (January 2016).

46 Cecilia I. Calero, A. P. Goldin, and M. Sigman, "The Teaching Instinct," Review of Philosophy and Psychology 9 (December 2018): 819–30.

47 György Gergely and Gergely Csibra, "Natural Pedagogy," in Navigating the Social World: What Infants, Children, and Other Species Can Teach Us, ed. Mahzarin R. Banaji and Susan A. Gelman (New York: Oxford University Press, 2013), 127–32. See also György Gergely, Katalin Egyed, and Ildikó Király, "On Pedagogy," Developmental Science 10 (January 2007): 139–46.

48 Anne Fernald and Thomas Simon, "Expanded Intonation Contours in Mothers' Speech to Newborns," Developmental Psychology 20 (January 1984): 104–13.

49 Nairán Ramírez-Esparza, Adrián García-Sierra, and Patricia K. Kuhl, "Look Who's Talking: Speech Style and Social Context in Language Input to Infants Are Linked to Concurrent and Future Speech Development," Developmental Science 17 (November 2014): 880–91.

50 Sidney Strauss, Margalit Ziv, and Adi Stein, "Teaching as a Natural Cognition and Its Relations to Preschoolers' Developing Theory of Mind," Cognitive Development 17 (September–December 2002): 1473–87.

51 Joy Hirsch et al., "A Two-Person Neural Mechanism for Sharing Social Cues During Real Eye Contact," paper presented at the 49th Annual Meeting of the Society for Neuroscience, October 2019.

52 Joy Hirsch, quoted in Sarah Deweerdt, "Looking Directly in the Eyes Engages Region of the Social Brain," Spectrum, October 20, 2019.

53 Patricia K. Kuhl, "Is Speech Learning 'Gated' by the Social Brain?," Developmental Science 10 (January 2007): 110–20.

54 Judy S. DeLoache et al., "Do Babies Learn from Baby Media?," Psychological Science 21 (November 2010): 1570–74. See also Patricia K. Kuhl, Feng- Ming Tsao, and Huei-Mei Liu, "Foreign-Language Experience in Infancy: Effects of Short-Term Exposure and Social Interaction on Phonetic Learning," Proceedings of the National Academy of Sciences 100 (July 2003): 9096–9101.

55 Daniel R. Anderson and Tiffany A. Pempek, "Television and Very Young Children," American Behavioral Scientist 48 (January 2005): 505–22.

56 Petter Kristensen and Tor Bjerkedal, "Explaining the Relation Between Birth Order and Intelligence," Science 316 (June 2007): 1717.

57 Cynthia A. Rohrbeck et al., "Peer-Assisted Learning Interven-tions with Elementary School Students: A Meta-Analytic Review," Journal of Educational Psychology 95 (June 2003): 240–57. See also Peter A. Cohen, James A. Kulik, and Chen-Lin C. Kulik, "Educational Outcomes of Tutoring: A Meta-Analysis of Findings," American Educational Research Journal 19 (January 1982): 237–48.

58 John F. Nestojko et al., "Expecting to Teach Enhances Learning and Organization of Knowledge in Free Recall of Text Passages," Memory & Cognition 42 (October 2014): 1038–48. See also John A. Bargh and Yaacov Schul, "On the Cognitive Benefits of Teaching," Journal of Educational Psychology 72 (1980): 593–604.

59 Logan Fiorella and Richard E. Mayer, "The Relative Benefits of Learning by Teaching and Teaching Expectancy," Contemporary Educational Psychology 38 (October 2013): 281–88. See also Stewart Ehly, Timothy Z. Keith, and Barry Bratton, "The Benefits of Tutoring: An Exploration of Expectancy and Outcomes," Contemporary Educational Psychology 12 (April 1987): 131–34.

60 Jonathan Galbraith and Mark Winterbottom, "Peer-Tutoring: What's in It for the Tutor?," Educational Studies 37 (July 2011): 321–32.

61 Rod D. Roscoe and Michelene T. H. Chi, "Understanding Tutor Learning: Knowledge-Building and Knowledge-Telling in Peer Tutors' Explanations and Questions," Review of Educational Research 77 (December 2007): 534–74.

62 Rod D. Roscoe and Michelene T. H. Chi, "Tutor Learning: The Role of Explaining and Responding to Questions," Instructional Science 36 (July 2008): 321–50.

63 Vincent Hoogerheide, Sofie M. M. Loyens, and Tamara van Gog, "Effects of Creating Video-Based Modeling Examples on Learning and Transfer," Learning and Instruction 33 (October 2014): 108–19. See also Vincent Hoogerheide et al., "Generating an Instructional Video as Homework Activity Is Both Effective and Enjoyable," Learning and Instruction 64 (December 2019).

64 Vincent Hoogerheide et al., "Gaining from Explaining: Learning Improves from Explaining to Fictitious Others on Video, Not from Writing to Them," Contemporary Educational Psychology 44–45 (January–April 2016): 95–106.

65 Vincent Hoogerheide et al., "Enhancing Example-Based Learning: Teaching on Video Increases Arousal and Improves Problem-

Boulder, https://phet.colorado.edu/en/about.

11 Charles Fernyhough, "Dialogic Thinking," in Private Speech, Executive Functioning, and the Development of Verbal Self-Regulation, ed. Adam Winsler, Charles Fernyhough, and Ignacio Montego (New York: Cambridge University Press, 2009), 42–52.

12 Jason P. Mitchell et al., "Thinking About Others: The Neural Substrates of Social Cognition," in Social Neuroscience: People Thinking About Thinking People, ed. Karen T. Litfin (Cambridge: MIT Press, 2006), 63–82.

13 Jason P. Mitchell, C. Neil Macrae, and Mahzarin R. Banaji, "Encoding-Specific Effects of Social Cognition on the Neural Correlates of Subsequent Memory," Journal of Neuroscience 24 (May 2004): 4912–17.

14 Matthew D. Lieberman, Social: Why Our Brains Are Wired to Connect (New York: Crown, 2013), 284.（邦訳：『21世紀の脳科学：人生を豊かにする3つの「脳力」』マシュー・リーバーマン著、江口泰子訳、講談社2015年）

15 Thalia Wheatley et al., "Beyond the Isolated Brain: The Promise and Challenge of Interacting Minds," Neuron 103 (July 2019): 186–88.

16 James McPartland and Joy Hirsch, "Imaging of Social Brain Enters Real World," Spectrum, January 31, 2017.

17 Ezequiel Di Paolo and Hanne De Jaegher, "The Interactive Brain Hypothesis," Frontiers of Human Neuroscience 6 (June 2012).

18 Joy Hirsch et al., "Frontal Temporal and Parietal Systems Synchronize Within and Across Brains During Live Eye-To-Eye Contact," Neuroimage 157 (August 2017): 314–30.

19 Matthew Piva et al., "Distributed Neural Activity Patterns During Human-to-Human Competition," Frontiers in Human Neuroscience 11 (November 2017).

20 For example, Sören Krach et al., "Are Women Better Mindreaders? Sex Differences in Neural Correlates of Mentalizing Detected with Functional MRI," BMC Neuroscience 10 (February 2009).

21 Jari Kätsyri et al., "The Opponent Matters: Elevated fMRI Reward Responses to Winning Against a Human Versus a Computer Opponent During Interactive Video Game Playing," Cerebral Cortex 23 (December 2013): 2829–39.

22 Barbara T. Conboy et al., "Social Interaction in Infants' Learning of Second-Language Phonetics: An Exploration of Brain-Behavior Relations," Developmental Neuropsychology 40 (April 2015): 216–29.

23 Peter C. Wason, "Reasoning," in New Horizons in Psychology, ed. Brian M. Foss (Harmondsworth: Penguin Books, 1966), 135–51.

24 Raymond S. Nickerson, Conditional Reasoning: The Unruly Syntactics, Semantics, Thematics, and Pragmatics of "If" (New York: Oxford University Press, 2015), 33.

25 Philip N. Johnson-Laird and Peter C. Wason, "Insight into a Logical Relation," Quarterly Journal of Experimental Psychology 22 (1970): 49–61.

26 Dan Sperber and Hugo Mercier, "Reasoning as a Social Competence," in Collective Wisdom: Principles and Mechanisms, ed. Hélène Landemore and Jon Elster (New York: Cambridge University Press, 2012), 368–92.

27 Leda Cosmides, "The Logic of Social Exchange: Has Natural Selection Shaped How Humans Reason? Studies with the Wason Selection Task," Cognition 31 (April 1989): 187–276.

28 Leda Cosmides and John Tooby, "Cognitive Adaptations for Social Exchange," in The Adapted Mind: Evolutionary Psychology and the Generation of Culture, ed. Jerome H. Barkow, Leda Cosmides, and John Tooby (New York: Oxford University Press, 1995), 163–228.

29 Richard A. Griggs and James R. Cox, "The Elusive Thematic-Materials Effect in Wason's Selection Task," British Journal of Social Psychology 73 (August 1982): 407–20. See also Ken I. Manktelow and David E. Over, "Social Roles and Utilities in Reasoning with Deontic Conditionals," Cognition 39 (May 1991): 85–105.

30 Christopher Badcock, "Making Sense of Wason," post on the website of Psychology Today, May 5, 2012, https://www.psychologytoday.com/us/blog/the-imprinted-brain/201205/making-sense-wason.

31 Cosmides and Tooby, "Cognitive Adaptations for Social Exchange."

32 Nicola Canessa et al., "The Effect of Social Content on Deductive Reasoning: An fMRI Study," Human Brain Mapping 26 (September 2005): 30–43.

33 Robin I. M. Dunbar, "The Social Brain Hypothesis," Evolutionary Anthropology 6 (December 1998): 178–90.

34 Lieberman, Social, 31.（邦訳：『21世紀の脳科学』マシュー・リーバーマン著）

35 Matthew D. Lieberman, "The Social Brain and Its Superpowers," post on the website of Psychology Today, October 8, 2013, https://www.psychologytoday.com/us/blog/social-brain-social-mind/201310/the-social-brain-and-its-superpowers.

36 Sarah-Jayne Blakemore and Kathryn L. Mills, "Is Adolescence a Sensitive Period for Sociocultural Processing?," Annual Review of Psychology 65 (2014): 187–207.

37 Maya L. Rosen et al., "Salience Network Response to Changes in Emotional Expressions of Others Is Heightened During Early Adolescence: Relevance for Social Functioning," Developmental Science 21 (May 2018); William E. Moore III et al., "Facing Puberty: Associations Between Pubertal Development and Neural Responses to Affective Facial Displays," Social Cognitive and Affective Neuroscience 7 (January 2012): 35–43; Jennifer H. Pfeifer et al., "Entering Adolescence: Resistance to Peer Influence, Risky Behavior, and Neural Changes in Emotion Reactivity," Neuron 69 (March 2011): 1029–36.

38 Linda Van Leijenhorst et al., "What Motivates the Adolescent? Brain Regions Mediating Reward Sensitivity Across Adolescence," Cerebral Cortex 20 (January 2010): 61–69. See also Monique Ernst et al., "Amygdala and Nucleus Accumbens in Responses to Receipt and Omission of Gains in Adults and Adolescents," NeuroImage 25 (May 2005): 1279–91.

39 Jason Chein et al., "Peers Increase Adolescent Risk Taking by Enhancing Activity in the Brain's Reward Circuitry," Developmental Science 14 (March 2011): F1–10.

85 Ting Zhang, "Back to the Beginning: Rediscovering Inexperience Helps Experts Give Advice," Academy of Management Proceedings 2015 (November 2017). See also Carmen Nobel, "How to Break the Expert's Curse," Harvard Business School Working Knowledge, February 23, 2015.

86 Fernand Gobet, "Chunking Models of Exper-tise: Implications for Education," Applied Cognitive Psychology 19 (March 2005): 183–204.

87 (ジョン・マイトンとJUMPに関する記述の参照資料): John Mighton, "If You Want to Make Math Appealing to Children, Think Like a Child," New York Times, December 10, 2013; John Mighton, interviewed by Ingrid Wickelgren, "Kids JUMP for Math," Scientific American podcast, August 7, 2013; John Mighton, The End of Ignorance: Multiplying Our Human Potential (Toronto: Alfred A. Knopf Canada, 2007); John Mighton, The Myth of Ability: Nurturing Mathematical Talent in Every Child (New York: Walker & Company, 2003); Jenny Anderson, "A Mathematician Has Created a Teaching Method That's Proving There's No Such Thing as a Bad Math Student," Quartz, February 15, 2017; David Bornstein, "A Better Way to Teach Math," New York Times, April 18, 2011; Sue Ferguson, "The Math Motivator," Maclean's, September 22, 2003.

88 Tracy Solomon et al., "A Cluster-Randomized Controlled Trial of the Effectiveness of the JUMP Math Program of Math Instruction for Improving Elementary Math Achievement," PLoS One 14 (October 2019).

89 Itiel E. Dror, Sarah V. Stevenage, and Alan R. S. Ashworth, "Helping the Cognitive System Learn: Exaggerating Distinctiveness and Uniqueness," Applied Cognitive Psychology 22 (May 2008): 573–84.

90 Gillian Rhodes, Susan Brennan, and Susan Carey, "Identification and Ratings of Caricatures: Implications for Mental Representations of Faces," Cognitive Psychology 19 (October 1987): 473–97.

91 Michelene T. H. Chi, Paul J. Feltovich, and Robert Glaser, "Categorization and Representation of Physics Problems by Experts and Novices," Cognitive Science 5 (April 1981): 121–52.

92 Joshua Wesson, quoted by Adam Fiore in "Wine Talk: The Taste and Flavor Guru," Jerusalem Post, May 9, 2012.

93 Andreas Gegenfurtner, Erno Lehtinen, and Roger Säljö, "Expertise Differences in the Comprehension of Visualizations: A Meta-Analysis of Eye-Tracking Research in Professional Domains," Educational Psychology Review 23 (December 2011): 523–52.

94 Charlotte E. Wolff et al., "Teacher Vision: Expert and Novice Teachers' Perception of Problematic Classroom Management Scenes," Instructional Science 44 (June 2016): 243–65.

95 Ellen M. Kok and Halszka Jarodzka, "Before Your Very Eyes: The Value and Limitations of Eye Tracking in Medical Education," Medical Education 51 (January 2017): 114–22.

96 Reynold J. Bailey et al., "Subtle Gaze Direction," ACM Transactions on Graphics 28 (September 2009): 1–22. See also Brett Roads, Michael C. Mozer, and Thomas A. Busey, "Using Highlighting to Train Attentional Expertise," PLoS One 11 (January 2016).

97 Samuel J. Vine et al., "Cheating Experience: Guiding Novices to Adopt the Gaze Strategies of Experts Expedites the Learning of Technical Laparoscopic Skills," Surgery 152 (July 2012): 32–40.

98 Janet van der Linden et al., "Buzzing to Play: Lessons Learned from an In the Wild Study of Real-Time Vibrotactile Feed-back," paper presented at the SIGCHI Conference on Human Factors in Computing Systems, May 2011. See also Jeff Lieberman and Cynthia Breazeal, "TIKL: Development of a Wearable Vibrotactile Feedback Suit for Improved Human Motor Learning," IEEE Transactions on Robotics 23 (October 2007): 919–26.

99 United States Bureau of Apprenticeship and Training, Apprenticeship: Past and Present (Washington, DC: United States Department of Labor, 1969).

第8章　仲間と思考する

1 (ワイマンの物理教授法改善への取り組みに関する記述の参照資料): Wieman, "The 'Curse of Knowledge'"; Carl E. Wieman, "Expertise in University Teaching & the Implications for Teaching Effectiveness, Evaluation & Training," Dædalus 148 (Fall 2019): 47–78; Carl Wieman, Improving How Universities Teach Science: Lessons from the Science Education Initiative (Cambridge: Harvard University Press, 2017)(邦訳『科学立国のための大学教育改革：エビデンスに基づく科学教育の実践』カール・ワイマン著、大森不二雄・杉本和弘・渡邉由美子監訳、玉川大学出版部2021年); Susanne Dambeck, "Carl Wieman: Teaching Science More Effectively," post on the website of the Lindau Nobel Laureate Meetings, July 7, 2016, https://www.lindau-nobel.org/carl-wieman-teaching-science-more-effectively/; Carl E. Wieman, "Ideas for Improving Science Education," New York Times, September 2, 2013; Carl Wieman, "Why Not Try a Scientific Approach to Science Education?," Change: The Magazine of Higher Learning 39 (September–October 2007): 9–15.

2 M. Mitchell Waldrop, "Why We Are Teaching Science Wrong, and How to Make It Right," Nature 523 (July 2015)

3 Carl E. Wieman, Collected Papers of Carl Wieman (Singapore: World Scientific, 2008).

4 The Royal Swedish Academy of Sciences, "New State of Matter Revealed: Bose-Einstein Condensate," post on website of the Nobel Prize, October 9, 2001, https://www.nobelprize.org/prizes/physics/2001/press-release/.

5 Wieman, Collected Papers, 4.

6 David F. Feldon et al., "Postdocs' Lab Engagement Predicts Trajectories of PhD Students' Skill Development," Proceedings of the National Academy of Sciences 116 (October 2019): 20910–16.

7 Wieman, Improving How Universities Teach Science.(邦訳『科学立国のための大学教育改革』カール・ワイマン著)

8 Scott Freeman et al., "Active Learning Increases Student Performance in Science, Engineering, and Mathematics," Proceedings of the National Academy of Sciences 111 (June 2014): 8410–15.

9 Louis Deslauriers, Ellen Schelew, and Carl Wieman, "Improved Learning in a Large-Enrollment Physics Class," Science 332 (May 2011): 862–64.

10 Carl Wieman, "Why I Donated to PhET," video posted on the website of PhET Interactive Simulations/University of Colorado

to Bonobos," Child Development 89 (September–October 2018): 1535–44.

57 Emily R. R. Burdett et al., "Do Children Copy an Expert or a Majority? Examining Selective Learning in Instrumental and Normative Contexts," PLoS One 11 (October 2016). See also Diane Poulin-Dubois, Ivy Brooker, and Alexandra Polonia, "Infants Prefer to Imitate a Reliable Person," Infant Behavior and Development 34 (April 2011): 303–9.

58 Amanda J. Lucas, Emily R. R. Burdett et al., "The Development of Selective Copying: Children's Learning from an Expert Versus Their Mother," Child Development 88 (November 2017): 2026–42.

59 Francys Subiaul, "What's Special About Human Imitation? A Comparison with Enculturated Apes," Behavioral Sciences 6 (September 2016). See also Mark Nielsen and Cornelia Blank, "Imitation in Young Children: When Who Gets Copied Is More Important Than What Gets Copied," Developmental Psychology 47 (July 2011): 1050–53.

60 Francys Subiaul et al., "Becoming a High-Fidelity-Super-Imita-tor: What Are the Contributions of Social and Individual Learning?," Developmental Science 18 (November 2015): 1025–35.

61 Andrew Whiten et al., "Emulation, Imitation, Over-Imitation and the Scope of Culture for Child and Chimpanzee," Philosophical Transactions of the Royal Society B: Biological Sciences 364 (August 2009): 2417–28.

62 Clay and Tenie, "Is Overimitation a Uniquely Human Phenomenon?"

63 Derek E. Lyons et al., "The Scope and Limits of Overimitation in the Transmission of Artefact Culture," Philosophical Transactions of the Royal Society B: Biological Sciences 366 (Aparil 2011): 1158–67.

64 Joseph Henrich, "A Cultural Species: How Culture Drove Human Evolution," Psychological Science Agenda, November 2011. See also Mark Nielsen and Keyan Tomaselli, "Overimitation in Kalahari Bushman Children and the Origins of Human Cultural Cognition," Psychological Science 21 (May 2010): 729–36.

65 Yue Yu and Tamar Kushnir, "Social Context Effects in 2-and 4-Year-Olds' Selective Versus Faithful Imitation," Developmental Psychology 50 (March 2014): 922–33.

66 Nicola McGuigan, Jenny Makinson, and Andrew Whiten, "From Over-Imitation to Super-Copying: Adults Imitate Causally Irrelevant Aspects of Tool Use with Higher Fidelity Than Young Children," British Journal of Psychology 102 (February 2011): 1–18. See also Andrew Whiten et al., "Social Learning in the Real-World: 'Over-Imitation' Occurs in Both Children and Adults Unaware of Participation in an Experiment and Independently of Social Interaction," PLoS One 11 (July 2016).

67 Andrew N. Meltzoff and M. Keith Moore, "Newborn Infants Imitate Adult Facial Gestures," Child Development 54 (June 1983): 702–09.

68 Maricela Correa-Chávez and Barbara Rogoff, "Children's Attention to Interactions Directed to Others: Guatemalan Mayan and European American Patterns," Developmental Psychology 45 (May 2009): 630–41.

69 Alison Gopnik, "What's Wrong with the Teenage Mind?," Wall Street Journal, January 28, 2012.

70 Ron Berger, "Deeper Learning: Highlighting Student Work," Edutopia, January 3, 2013. See also Ron Berger, "Models of Excellence: What Do Standards Really Look Like?," post on the website of Education Week, April 20, 2015, http://blogs.edweek.org/edweek/learning_deeply/2015/04/models_of_excellence_what_do_standards_really_look_like.html.

71 Ron Berger, featured in the video "Austin's Butterfly: Building Excellence in Student Work," posted on the website of EL Education, https://modelsofexcellence.eleducation.org/resources/austins-butterfly.

72 Paul Butler, "Imitation as Freedom: (Re)Forming Student Writing," The Quarterly 24 (Spring 2002): 25–32. See also Donna Gorrell, "Freedom to Write — Through Imitation," Journal of Basic Writing 6 (Fall 1987): 53–59.

73 Tom Pace, "Style and the Renaissance of Composition Studies," in Refiguring Prose Style: Possibilities for Writing Pedagogy, ed. T. R. Johnson and Tom Pace (Logan: Utah State University Press, 2005), 3–22.

74 Corbett, "The Theory and Practice of Imitation in Classical Rhetoric."

75 Davida H. Charney and Richard A. Carlson, "Learning to Write in a Genre: What Student Writers Take from Model Texts," Research in the Teaching of English 29 (February 1995): 88–125.

76 Fredricka L. Stoller et al., "Demystifying Disciplinary Writing: A Case Study in the Writing of Chemistry," Across the Disciplines 2 (2005).

77 Stoller et al., "Demystifying Disciplinary Writing."

78 Terrill Pollman, "The Sincerest Form of Flattery: Examples and Model-Based Learning in the Classroom," Journal of Legal Education 64 (November 2014): 298–333.

79 Terri L. Enns and Monte Smith, "Take a (Cognitive) Load Off: Creating Space to Allow First-Year Legal Writing Students to Focus on Analytical and Writing Processes," Legal Writing: The Journal of the Legal Writing Institute 20 (2015): 109–40.

80 David F. Feldon, "The Implications of Research on Expertise for Curriculum and Pedagogy," Educational Psychology Review 19 (June 2006): 91–110.

81 Richard E. Clark et al., "The Use of Cognitive Task Analysis to Improve Instructional Descriptions of Procedures," Journal of Surgical Research 173 (March 2012): e37–42.

82 David F. Feldon, "Do Psychology Researchers Tell It Like It Is? A Microgenetic Analysis of Research Strategies and Self-Report Accuracy," Instructional Science 38 (July 2010): 395–415.

83 Chin-Jung Chao and Gavriel Salvendy, "Percentage of Procedural Knowledge Acquired as a Function of the Number of Experts from Whom Knowledge Is Acquired for Diagnosis, Debugging, and Interpretation Tasks," International Journal of Human-Computer Interaction 6 (July 1994): 221–33.

84 Karsten Stueber, Rediscovering Empathy: Agency, Folk Psychology, and the Human Sciences (Cambridge: MIT Press, 2006), 21.

2012): 88–96.

25 Gerald S. Martin and John Puthenpurackal, "Imitation Is the Sincerest Form of Flattery: Warren Buffett and Berkshire Hathaway," paper posted on the Social Science Research Network, September 2005.

26 Enrique Badía, Zara and Her Sisters: The Story of the World's Largest Clothing Retailer (New York: Palgrave Macmillan, 2009), 23.

27 Patricia Kowsmann, "Fast Fashion: How a Zara Coat Went from Design to Fifth Avenue in 25 Days," Wall Street Journal, December 6, 2016.

28 Kasra Ferdows, Michael A. Lewis, and José A. D. Machuca, "Rapid-Fire Fulfillment," Harvard Business Review, November 2004.

29 Gerard J. Tellis and Peter N. Golder, "First to Market, First to Fail? Real Causes of Enduring Market Leadership," MIT Sloan Management Review, January 15, 1996.

30 Alex (Sandy) Pentland, Honest Signals: How They Shape Our World (Cambridge: MIT Press, 2008).(邦訳:『正直シグナル : 非言語コミュニケーションの科学 』アレックス(サンディ)・ペントランド著、柴田裕之訳、安西祐一郎監訳、みすず書房2013年、新装版2020年)

31 Jan-Michael Ross and Dmitry Sharapov, "When the Leader Follows: Avoiding Dethronement Through Imitation," Academy of Management Journal 58 (2015): 658–79.

32 Jan-Michael Ross, "The Highest Form of Flattery? What Imitation in the America's Cup Can Teach Business," posted on the website of Imperial College Business School, May 25, 2017, https://www.imperial.ac.uk/business-school/blogs/ib-knowledge/highest-form-flattery-what-imitation-americas-cup-can-teach-business/.

33 Oded Shenkar, Copycats: How Smart Companies Use Imitation to Gain a Strategic Edge (Cambridge: Harvard Business Press, 2010), 9.(邦訳:『コピーキャット : 模倣者こそがイノベーションを起こす』オーデッド・シェンカー著、井上達彦監訳、遠藤真美訳、東洋経済新報社2013年)

34 Chrystopher L. Nehaniv and Kerstin Dautenhahn, "The Correspondence Problem," in Imitation in Animals and Artifacts, ed. Kerstin Dautenhahn and Chrystopher L. Nehaniv (Cambridge: MIT Press, 2002), 41–62.

35 Institute of Medicine, To Err Is Human: Building a Safer Health System, ed. Linda T. Kohn, Janet M. Corrigan, and Molla S. Donaldson (Washington, DC: National Academies Press, 2000).

36 Valerie E. Barnes and William P. Monan, "Cockpit Distractions: Precursors to Emergencies," Proceedings of the Human Factors and Ergonomics Society Annual Meeting 34 (October 1990): 1142–44.

37 Magdalena Z. Raban and Johanna I. Westbrook, "Are Interventions to Reduce Interruptions and Errors During Medication Administration Effective? A Systematic Review," BMJ Quality & Safety 23 (May 2014): 414–21.

38 William P. Monan, "Distraction — A Human Factor in Air Carrier Hazard Events," Technical Memorandum 78608 (Washington, DC: National Aeronautics and Space Administration, 1979).

39 Kyle Anthony et al., "No Interruptions Please: Impact of a No Interruption Zone on Medication Safety in Intensive Care Units," Critical Care Nurse 30 (June 2010): 21–29.

40 Lew McCreary, "Kaiser Permanente's Innovation on the Front Lines," Harvard Business Review, September 2010.

41 Robert L. Sumwalt, "Accident and Incident Reports Show Importance of 'Sterile Cockpit' Compliance," Flight Safety Digest 13 (July 1994): 1–8.

42 Theresa M. Pape, "The Effect of Nurses' Use of a Focused Protocol to Reduce Distractions During Medication Administration" (PhD diss., Texas Woman's University, 2002).

43 Theresa M. Pape, "Applying Airline Safety Practices to Medication Administration," MEDSURG Nursing 12 (April 2003): 77–93.

44 Agency for Healthcare Research and Quality, "AHRQ Health Care Innovations Exchange: Checklists with Medication Vest or Sash Reduce Distractions During Medication Administration" (2009).

45 Shenkar, Copycats, 41.(邦訳:『コピーキャット』オーデッド・シェンカー著)

46 Oded Shenkar, "The Challenge of Imovation," Ivey Business Journal, March–April 2011.

47 Paul F. Nunes, Narendra P. Mulani, and Trevor J. Gruzin, "Leading by Imitation," Accenture Outlook, 2007, 1–9.

48 Ellen Barlow, "A Simple Checklist That Saves Lives," Harvard Public Health Magazine, Fall 2008.

49 Alex B. Haynes et al., "A Surgical Safety Checklist to Reduce Morbidity and Mortality in a Global Population," New England Journal of Medicine 360 (January 2009): 491–99.

50 Elizabeth Mort et al., "Improving Health Care Quality and Patient Safety Through Peer-to-Peer Assessment: Demonstration Project in Two Academic Medical Centers," American Journal of Medical Quality 32 (September 2017): 472–79. See also Peter J. Pronovost and Daniel W. Hudson, "Improving Healthcare Quality Through Organisational Peer-to-Peer Assessment: Lessons from the Nuclear Power Industry," BMJ Quality & Safety 21 (October 2012): 872–75.

51 (スティーブ・ジョブズがゼロックス・パークで見たイノベーションを模倣したエピソードに関する記述の参照資料)Walter Isaacson, Steve Jobs (New York: Simon & Schuster, 2011), 92–101.(邦訳:『スティーブ・ジョブズ1&2』(講談社+α文庫)ウォルター・アイザックソン著、井口耕二訳、講談社2015年)

52 Oded Shenkar, "Just Imitate It! A Copycat Path to Strategic Agility," Ivey Business Journal, May–June 2012.

53 Andrew N. Meltzoff and Peter J. Marshall, "Human Infant Imitation as a Social Survival Circuit," Current Opinion in Behavioral Sciences 24 (December 2018): 130–36.

54 Hyacinth Mascarenhas, "Elon Musk's OpenAI Is Teaching Robots How to Imitate Humans After Seeing Them Do a Task Once," International Business Times, May 17, 2017.

55 Alison Gopnik, "AIs Versus Four-Year-Olds," in Possible Minds: Twenty-Five Ways of Looking at AI, ed. John Brockman (New York: Penguin Press, 2019), 219–30.

56 Zanna Clay and Claudio Tenie, "Is Overimitation a Uniquely Human Phenomenon? Insights from Human Children as Compared

83 Frédéric Vallée-Tourangeau, Lisa Guthrie, and Gaëlle Villejoubert, "Moves in the World Are Faster Than Moves in the Head: Interactivity in the River Crossing Problem," paper presented at the 35th Annual Conference of the Cognitive Science Society, July–August 2013.

84 (リチャード・ファインマンとチャールズ・ウィーナーとの会話に関する記述の参照資料): James Gleick, Genius: The Life and Science of Richard Feynman (New York: Pantheon Books, 1992), 409.(邦訳:『ファインマンさんの愉快な人生1&2』ジェームズ・グリック著、大貫昌子訳、岩波書店1995年)

85 Clark, Supersizing the Mind, xxv.

86 Clark, Natural-Born Cyborgs, 5.(邦訳:『生まれながらのサイボーグ』アンディ・クラーク著)

87 Clark, Supersizing the Mind, 23.

第7章　専門家と思考する

1 John Ydstie, "Robust Apprenticeship Program Key to Germany's Manufacturing Might," Morning Edition, NPR, January 4, 2018.

2 Maria Knobelsdorf, Christoph Kreitz, and Sebastian Böhne, "Teaching Theoretical Computer Science Using a Cognitive Apprenticeship Approach," paper presented at the 45th ACM Technical Symposium on Computer Science Education, March 2014.

3 Allan Collins, John Seely Brown, and Ann Holum, "Cognitive Apprenticeship: Making Thinking Visible," American Educator, Winter 1991.

4 "Les Étudiants Miment les Maladies Neurologiques pour Mieux les Appréhender [Students Mimic Neurological Diseases to Better Understand Them]," video posted on the website of Assistance Hôpitaux Publique de Paris, https://www.aphp.fr/contenu/avec-allodocteurs-les-etudiants-miment-les-maladies-neurologiques-pour-mieux-les-apprehender.

5 Emmanuel Roze et al., "Miming Neurological Syndromes Improves Medical Students' Long-Term Retention and Delayed Recall of Neurology," Journal of the Neurological Sciences 391 (August 2018): 143–48. See also Emmanuel Roze et al., "'The Move,' an Innovative Simulation-Based Medical Education Program Using Roleplay to Teach Neurological Semiology: Students' and Teachers' Perceptions," Revue Neurologique 172 (April–May 2016): 289–94.

6 Emmanuel Roze, interviewed in "'The Move' Program Presented in Dublin," video posted on the website of the Institut du Cerveau, December 19, 2016, https://icm-institute.org/en/actualite/the-move-program-presented-in-dublin/.

7 Roze et al., "Miming Neurological Syndromes Improves Medical Students' Long-Term Retention and Delayed Recall of Neurology."

8 Joshua A. Cuoco, "Medical Student Neurophobia: A Review of the Current Pandemic and Proposed Educational Solutions," European Journal of Educational Sciences 3 (September 2016): 41–46.

9 Patti Adank, Peter Hagoort, and Harold Bekkering, "Imitation Improves Language Comprehension," Psychological Science 21 (December 2010): 1903–09.

10 Patti Adank et al., "Accent Imitation Positively Affects Language Attitudes," Frontiers in Psychology 4 (May 2013).

11 Edward P. J. Corbett, "The Theory and Practice of Imitation in Classical Rhetoric," College Composition and Communication 22 (October 1971): 243–50. See also James J. Murphy, "Roman Writing as Described by Quintilian," in A Short History of Writing Instruction: From Ancient Greece to Contemporary America, ed. James J. Murphy (New York: Routledge, 2012), 36–76.

12 James J. Murphy, "The Modern Value of Ancient Roman Methods of Teaching Writing, with Answers to Twelve Current Fallacies," Writing on the Edge 1 (Fall 1989): 28–37. See also J. Scott Shields, "The Art of Imitation," The English Journal 96 (July 2007): 56–60.

13 The Institutio Oratoria of Quintilian, trans. H. E. Butler (New York: G. P. Putnam's Sons, 1922), 75.

14 Juan Luis Vives, cited in Don Paul Abbott, "Reading, Writing, and Rhetoric in the Renaissance," in A Short History of Writing Instruction: From Ancient Greece to Contemporary America, ed. James J. Murphy (New York: Routledge, 2012), 148–71.

15 Jessica Millen, "Romantic Creativity and the Ideal of Originality: A Contextual Analysis," Cross-Sections 6 (2010): 91–104. See also Elaine K. Gazda, The Ancient Art of Emulation: Studies in Artistic Originality and Tradition from the Present to Classical Antiquity (Ann Arbor: University of Michigan Press, 2002).

16 Walter Jackson Bate, The Burden of the Past and the English Poet (Cambridge: Harvard University Press, 2013).

17 Robert N. Essick and Joseph Viscomi, "An Inquiry into William Blake's Method of Color Printing," Blake: An Illustrated Quarterly 35 (Winter 2002): 74–103.

18 William Blake, Jerusalem: The Emanation of the Giant Albion (Princeton: Princeton University Press, 1991), 144.

19 Bennett Galef, "Breathing New Life into the Study of Imitation by Animals: What and When Do Chimpanzees Imitate?," in Perspectives on Imitation: Mechanisms of Imitation and Imitation in Animals, ed. Susan L. Hurley and Nick Chater (Cambridge: MIT Press, 2005), 295–96.

20 The commercial from Apple can be viewed at https://www.youtube.com/watch?v=tjgtLSHhTPg.

21 Kevin N. Laland, Darwin's Unfinished Symphony: How Culture Made the Human Mind (Princeton: Princeton University Press, 2017), 50.

22 Luke Rendell, quoted in Sarah Boesveld, "Post-Grad Copycats Prove That Innovation Is Highly Overrated," Globe and Mail, April 16, 2010.

23 Luke Rendell et al., "Cognitive Culture: Theoretical and Empirical Insights into Social Learning Strategies," Trends in Cognitive Sciences 15 (February 2011): 68–76. See also R. Alexander Bentley, Mark Earls, and Michael J. O'Brien, I'll Have What She's Having: Mapping Social Behavior (Cambridge: MIT Press, 2011).

24 Peter Duersch, Jörn Oechssler, and Burkhard C. Schipper, "Unbeatable Imitation," Games and Economic Behavior 76 (September

Regrouping Parts Encourages New Interpretations," in Visual and Spatial Reasoning in Design II, ed. John S. Gero, Barbara Tversky, and Terry Purcell (Sydney: Key Centre of Design Computing and Cognition, 2001), 207–19.

57 Gabriela Goldschmidt, "On Visual Design Thinking: The Vis Kids of Architecture," Design Studies 15 (April 1994): 158–74.

58 Barbara Tversky, "Multiple Models: In the Mind and in the World," Historical Social Research 31 (2018): 59–65.

59 Gabriela Goldschmidt, "The Backtalk of Self- Generated Sketches," Design Issues 19 (Winter 2003): 72–88.

60 Barbara Tversky and Masaki Suwa, "Thinking with Sketches," in Tools for Innovation: The Science Behind the Practical Methods That Drive New Ideas, ed. Arthur B. Markman and Kristin L. Wood (New York: Oxford University Press, 2009), 75–84. See also Barbara Tversky, "The Cognitive Design of Tools of Thought," Review of Philosophy and Psychology 6 (2015): 99–116.

61 Andrea Kantrowitz, Michelle Fava, and Angela Brew, "Drawing Together Research and Pedagogy," Art Education 70 (May 2017): 50–60.

62 David Kirsh and Paul Maglio, "On Distinguishing Epistemic from Pragmatic Action," Cognitive Science 18 (October 1994): 513–49. See also Paul P. Maglio, Michael J. Wenger, and Angelina M. Copeland, "Evidence for the Role of Self-Priming in Epistemic Action: Expertise and the Effective Use of Memory," Acta Psychologica 127 (January 2008): 72–88.

63 Paul P. Maglio and David Kirsh, "Epistemic Action Increases with Skill," paper presented at the 18th Annual Conference of the Cognitive Science Society, July 1996.

64 Daniel Smithwick and David Kirsh, "Let's Get Physical: Thinking with Things in Architectural Design," paper presented at the 37th Annual Conference of the Cognitive Science Society, July 2015. See also Daniel Smithwick, Larry Sass, and David Kirsh, "Creative Interaction with Blocks and Robots," paper presented at the 38th Annual Conference of the Cognitive Science Society, August 2016.

65 Smithwick and Kirsh, "Let's Get Physical."

66 (ジェームズ・ワトソンとDNA構造の解明に関する記述の参照資料): James D. Watson, The Double Helix: A Personal Account of the Discovery of the Structure of DNA (New York: Scribner, 1996)(邦訳:『二重らせん : DNAの構造を発見した科学者の記録(ブルーバックス)』ジェームス・D・ワトソン著、江上不二夫、中村桂子訳、講談社2012年); James Watson, "Discovering the Double Helix Structure of DNA," interview transcript posted on the website of Cold Spring Harbor Laboratory, https://www.cshl.edu/dnalcmedia/discovering-the-double-helix-structure-of-dna-james-watson-video-with-3d-animation-and-narration/#transcript; Cavendish Laboratory Educational Outreach, "The Structure of DNA: Crick and Watson, 1953," post on CambridgePhysics.org, http://www.cambridgephysics.org/dna/dna_index.htm; US National Library of Medicine, "The Discovery of the Double Helix, 1951–1953," post on the website of the US National Library of Medicine, https://profiles.nlm.nih.gov/spotlight/sc/feature/doublehelix.

67 Watson, The Double Helix, 192.(邦訳:『二重らせん』ジェームス・D・ワトソン著)

68 Watson, "Discovering the Double Helix Structure of DNA."

69 Watson, The Double Helix, 194–96.(邦訳:『二重らせん』ジェームス・D・ワトソン著)

70 Gaëlle Vallée-Tourangeau and Frédéric Vallée-Tourangeau, "Why the Best Problem-Solvers Think with Their Hands, as Well as Their Heads," The Conversation, November 10, 2016.

71 Frédéric Vallée-Tourangeau and Gaëlle Vallée-Tourangeau, "Diagrams, Jars, and Matchsticks: A Systemicist's Toolkit," in Diagrammatic Reasoning, ed. Riccardo Fusaroli and Kristian Tylén (Philadelphia: John Benjamins Publishing, 2014), 187–205.

72 Vallée-Tourangeau and Vallée-Tourangeau, "Why the Best Problem-Solvers Think with Their Hands, as Well as Their Heads."

73 Lisa G. Guthrie and Frédéric Vallée-Tourangeau, "Interactivity and Mental Arithmetic: Coupling Mind and World Transforms and Enhances Performance," Studies in Logic, Grammar and Rhetoric 41 (2015): 41–59. See also Wendy Ross, Frédéric Vallée-Tourangeau, and Jo Van Herwegen, "Mental Arithmetic and Interactivity: The Effect of Manipulating External Number Representations on Older Children's Mental Arithmetic Success," International Journal of Science and Mathematics Education (June 2019).

74 Gaëlle Vallée-Tourangeau, Marlène Abadie, and Frédéric Vallée-Tourangeau, "Interactivity Fosters Bayesian Reasoning Without Instruction," Journal of Experimental Psychology: General 144 (June 2015): 581–603.

75 Emma Henderson, Gaëlle Vallée-Tourangeau, and Frédéric Vallée-Tourangeau, "Planning in Action: Interactivity Improves Planning Performance," paper presented at the 39th Annual Conference of the Cognitive Science Society, July 2017.

76 Anna Weller, Gaëlle Villejoubert, and Frédéric Vallée-Tourangeau, "Interactive Insight Problem Solving," Thinking & Reasoning 17 (2011): 424–39. See also Lisa G. Guthrie et al., "Learning and Interactivity in Solving a Transformation Problem," Memory & Cognition 43 (July 2015): 723–35.

77 Frédéric Vallée-Tourangeau, Miroslav Sirota, and Gaëlle Vallée-Tourangeau, "Interactivity Mitigates the Impact of Working Memory Depletion on Mental Arithmetic Performance," Cognitive Research: Principles and Implications 1 (December 2016).

78 Mariana Lozada and Natalia Carro, "Embodied Action Improves Cognition in Children: Evidence from a Study Based on Piagetian Conservation Tasks," Frontiers in Psychology 7 (March 2016).

79 Guthrie et al., "Learning and Interactivity in Solving a Transformation Problem."

80 Daniel L. Schwartz, Jessica M. Tsang, and Kristen P. Blair, The ABCs of How We Learn: 26 Scientifically Proven Approaches, How They Work, and When to Use Them (New York: W. W. Norton, 2016), 86–101.

81 Guthrie and Vallée-Tourangeau, "Interactivity and Mental Arithmetic: Coupling Mind and World Transforms and Enhances Performance."

82 Michael Allen and Frédéric Vallée-Tourangeau, "Interactivity Defuses the Impact of Mathematics Anxiety in Primary School Children," International Journal of Science and Mathematics Education 14 (July 2015): 1553–66.

29 Robert Ball and Chris North, "Realizing Embodied Interaction for Visual Analytics Through Large Displays," Computers & Graphics 31 (June 2007): 380–400.

30 Robert Ball and Chris North, "The Effects of Peripheral Vision and Physical Navigation on Large Scale Visualization," paper presented at the 34th Annual Graphics Interface Conference, May 2008. See also Khairi Reda et al., "Effects of Display Size and Resolution on User Behavior and Insight Acquisition in Visual Exploration," Proceedings of the 33rd Annual ACM Conference on Human Factors in Computing Systems (April 2015): 2759–68.

31 Robert Ball, "Three Ways Larger Monitors Can Improve Productivity," Graziadio Business Review 13 (January 2010): 1–5.

32 Ball and North, "Realizing Embodied Interaction for Visual Analytics Through Large Displays." See also Alex Endert et al., "Visual Encodings That Support Physical Navigation on Large Displays," Proceedings of Graphics Interface 2011 (May 2011): 103–10.

33 Ball and North, "The Effects of Peripheral Vision and Physical Navigation on Large Scale Visualization." See also Reda et al., "Effects of Display Size and Resolution on User Behavior and Insight Acquisition in Visual Exploration."

34 Ball and North, "Realizing Embodied Interaction for Visual Analytics Through Large Displays."

35 Ball and North, "The Effects of Peripheral Vision and Physical Navigation on Large Scale Visualization."

36 Yvonne Jansen, Jonas Schjerlund, and Kasper Hornbæk, "Effects of Locomotion and Visual Overview on Spatial Memory When Interacting with Wall Displays," Proceedings of the 2019 CHI Conference on Human Factors in Computing Systems (May 2019): 1–12. See also Joey Scarr, Andy Cockburn, and Carl Gutwin, "Supporting and Exploiting Spatial Memory in User Interfaces," Foundations and Trends in Human-Computer Interaction, December 2013.

37 Desney S. Tan et al., "The Infocockpit: Providing Location and Place to Aid Human Memory," Proceedings of the 2001 Workshop on Perceptive User Interfaces (November 2001): 1–4.

38 Ball and North, "Realizing Embodied Interaction for Visual Analytics Through Large Displays." See also Endert et al., "Visual Encodings That Support Physical Navigation on Large Displays."

39 Carl Gutwin and Andy Cockburn, "A Field Experiment of Spatially-Stable Overviews for Document Navigation," Proceedings of the 2017 CHI Conference on Human Factors in Computing Systems (May 2017): 5905–16.

40 Mikkel R. Jakobsen and Kasper Hornbæk, "Is Moving Improving? Some Effects of Locomotion in Wall-Display Interaction," Proceedings of the 33rd Annual ACM Conference on Human Factors in Computing Systems (April 2015): 4169–78. See also Roman Rädle et al., "The Effect of Egocentric Body Movements on Users' Navigation Performance and Spatial Memory in Zoomable User Interfaces," Proceedings of the 2013 ACM International Conference on Interactive Tabletops and Surfaces (October 2013): 23–32.

41 Ball and North, "Realizing Embodied Interaction for Visual Analytics Through Large Displays."

42 Ball, "Three Ways Larger Monitors Can Improve Productivity."

43 Ball, "Three Ways Larger Monitors Can Improve Productivity."

44 (チャールズ・ダーウィンと現地調査ノートに関する記述の参照資料)Charles Darwin, The Beagle Record: Selections from the Original Pictorial Records and Written Accounts of the Voyage of HMS Beagle, ed. Richard Darwin Keynes (New York: Cambridge University Press, 1979); Charles Darwin, The Complete Work of Charles Darwin Online, ed. John van Wyhe, http://darwin-online.org.uk; E. Janet Browne, Charles Darwin: Voyaging (Princeton: Princeton University Press, 1995); John Gribbin and Mary Gribbin, FitzRoy: The Remarkable Story of Darwin's Captain and the Invention of the Weather Forecast (New Haven: Yale University Press, 2004); National Archives, Tales from the Captain's Log (London: Bloomsbury, 2017).

45 Browne, Charles Darwin, 194.

46 Charles Darwin, quoted in Gordon Chancellor, "Darwin's Geological Diary from the Voyage of the Beagle," post on Darwin Online, http://darwin-online.org.uk/EditorialIntroductions/Chancellor_GeologicalDiary .html.

47 Chancellor, "Darwin's Geological Diary from the Voyage of the Beagle."

48 Erick Greene, "Why Keep a Field Notebook?," in Field Notes on Science and Nature, ed. Michael Canfield (Cambridge: Harvard University Press, 2011), 251–76.

49 James J. Gibson, The Senses Considered as Perceptual Systems (New York: Houghton Mifflin, 1966), 285.(邦訳:『生態学的知覚システム:感性をとらえなおす』J・J・ギブソン著、佐々木正人・古山宣洋・三嶋博之監訳、東京大学出版会2011年)

50 Daniel C. Dennett, Content and Consciousness (London: Routledge, 1969), 154.

51 Daniel Reisberg, "External Representations and the Advantages of Externalizing One's Thoughts," paper presented at the 9th Annual Conference of the Cognitive Science Society, July 1987.

52 Daniel Reisberg, "The Detachment Gain: The Advantage of Thinking Out Loud," in Perception, Cognition, and Language: Essays in Honor of Henry and Lila Gleitman, ed. Barbara Landau et al. (Cambridge: MIT Press, 2000), 139–56.

53 Eliza Bobek and Barbara Tversky, "Creating Visual Explanations Improves Learning," Cognitive Research: Principles and Implications 1 (December 2016).

54 Bobek and Tversky, "Creating Visual Explanations Improves Learning." See also Barbara Tversky, "Some Ways of Thinking," in Model-Based Reasoning in Science and Technology: Theoretical and Cognitive Issues, ed. Lorenzo Magnani (New York: Springer, 2014), 3–8.

55 Reisberg, "External Representations and the Advantages of Externalizing One's Thoughts."

56 Masaki Suwa, John Gero, and Terry Purcell, "Unexpected Discoveries and S-Invention of Design Requirements: Important Vehicles for a Design Process," Design Studies 21 (November 2000): 539–67. See also Masaki Suwa et al., "Seeing into Sketches:

第6章　アイデアの空間を使う

1 Joshua Foer, Moonwalking with Einstein: The Art and Science of Remembering Everything (New York: Penguin Press, 2011).（邦訳：『ごく平凡な記憶力の私が1年で全米記憶力チャンピオンになれた理由(わけ)』ジョシュア・フォア著、梶浦真美訳、エクスナレッジ2011年）

2 Sarah Chalmers, "Mindboggling — Meet the Forgetful Memory Champ Who's Battling for Britain," Daily Mail, August 30, 2007.

3 Ben Pridmore, quoted in Adam Lusher, "World Memory Champion Reveals His Secrets," Sunday Telegraph, August 5, 2007.

4 Stephen Robb, "How a Memory Champ's Brain Works," BBC News, April 7, 2009.

5 Kurt Danziger, Marking the Mind: A History of Memory (New York: Cambridge University Press, 2008).

6 Eleanor A. Maguire et al., "Routes to Remembering: The Brains Behind Superior Memory," Nature Neuroscience 6 (January 2003): 90–95.

7 Russell A. Epstein et al., "The Cognitive Map in Humans: Spatial Navigation and Beyond," Nature Neuroscience 20 (October 2017): 1504–13. See also Alexandra O. Constantinescu, Jill X. O'Reilly, and Timothy E. J. Behrens, "Organizing Conceptual Knowledge in Humans with a Gridlike Code," Science 352 (June 2016): 1464–68.

8 George Lakoff and Mark Johnson, "Conceptual Metaphor in Everyday Language," Journal of Philosophy 77 (August 1980): 453–86. See also George Lakoff and Mark Johnson, Metaphors We Live By (Chicago: University of Chicago Press, 1980).

9 Barbara Tversky, Mind in Motion: How Action Shapes Thought (New York: Basic Books, 2019), 57.（邦訳：『Mind in Motion：身体動作と空間が思考をつくる』バーバラ・トヴェルスキー著）

10 Arne D. Ekstrom and Charan Ranganath, "Space, Time, and Episodic Memory: The Hippocampus Is All Over the Cognitive Map," Hippocampus 28 (September 2018): 680–87. See also Mona M. Garvert, Raymond J. Dolan, and Timothy E. J. Behrens, "A Map of Abstract Relational Knowledge in the Human Hippocampal-Entorhinal Cortex," eLife 6 (April 2017).

11 Branka Milivojevic et al., "Coding of Event Nodes and Narrative Context in the Hippocampus," Journal of Neuroscience 36 (December 2016): 12412–24. See also Vishnu Sreekumar, "Hippocampal Activity Patterns Reflect the Topology of Spaces: Evidence from Narrative Coding," Journal of Neuroscience 37 (June 2017): 5975–77.

12 Arthur M. Glenberg and Justin Hayes, "Contribution of Embodiment to Solving the Riddle of Infantile Amnesia," Frontiers in Psychology 7 (January 2016).

13 Jessica Robin, Jordana Wynn, and Morris Moscovitch, "The Spatial Scaffold: The Effects of Spatial Context on Memory for Events," Journal of Experimental Psychology: Learning, Memory, and Cognition 42 (February 2016): 308–15. See also Jonathan F. Miller et al., "Neural Activity in Human Hippocampal Formation Reveals the Spatial Context of Retrieved Memories," Science 342 (November 2013): 1111–14.

14 Timothy P. McNamara and Christine M. Valiquette, "Remembering Where Things Are," in Human Spatial Memory: Remembering Where, ed. Gary L. Allen (Mahwah, NJ: Lawrence Erlbaum Associates, 2004), 3–24. See also Andrea N. Suarez et al., "Gut Vagal Sensory Signaling Regulates Hippocampus Function Through Multi-Order Pathways," Nature Communications 9 (June 2018): 1–15.

15 Martin Dresler et al., "Mnemonic Training Reshapes Brain Networks to Support Superior Memory," Neuron 93 (March 2017): 1227–35.

16 Charles (Trey) Wilson, "The Chow Hall as Mind Palace," post on Teaching Academic: A CTLL Blog, August 29, 2018, https://blog.ung.edu/ctll/the-chow-hall-as-mind-palace-2/.

17 （ロバート・カロとその作業法に関する記述の参照資料）: James Santel, "Robert Caro, the Art of Biography," Paris Review, Spring 2016; Scott Porch, " 'The Power Broker' Turns 40: How Robert Caro Wrote a Masterpiece," Daily Beast, September 16, 2014; Charles McGrath, "Robert Caro's Big Dig," New York Times Magazine, April 12, 2012; Chris Jones, "The Big Book," Esquire, April 12, 2012; Scott Sherman, "Caro's Way," Columbia Journalism Review, May–June 2002; Stephen Harrigan, "The Man Who Never Stops," Texas Monthly, April 1990; William Goldstein, "Robert Caro Talks About His Art, His Methods and LBJ," Publishers Weekly, November 25, 1983.

18 Robert Caro, quoted in Jones, "The Big Book."

19 Robert Caro, quoted in Santel, "Robert Caro, the Art of Biography."

20 Robert Caro, quoted in Goldstein, "Robert Caro Talks About His Art, His Methods and LBJ."

21 Barbara Tversky and Angela Kessell, "Thinking in Action," Pragmatics & Cognition 22 (January 2014): 206–33.

22 David Kirsh, "Adapting the Environment Instead of Oneself," Adaptive Behavior 4 (1996): 415–52.

23 Evan F. Risko and Sam J. Gilbert, "Cognitive Offloading," Trends in Cognitive Sciences 20 (September 2016): P676–88. See also Andy Clark, "Minds in Space," in The Spatial Foundations of Language and Cognition, ed. Kelly S. Mix, Linda B. Smith, and Michael Gasser (New York: Oxford University Press, 2010), 7–15.

24 Joseph D. Novak, "A Search to Create a Science of Education: The Life of an Ivy League Professor, Business Consultant, and Research Scientist," self-published autobiography, https://www.ihmc.us/files/JNovak-ASearchToCreateAScienceOfEducation.pdf.

25 Joseph D. Novak, Learning, Creating, and Using Knowledge: Concept Maps as Facilitative Tools in Schools and Corporations (Mahwah, NJ: Lawrence Erlbaum Associates, 1998), 177.

26 David A. Kirby, Lab Coats in Hollywood: Science, Scientists, and Cinema (Cambridge: MIT Press, 2010), 200.

27 John Underkoffler, "Pointing to the Future of UI," TED Talk, February 2010, https://www.ted.com/talks/john_underkoffler_pointing _to_the_future_of_ui?language = en.

28 John Underkoffler, quoted in Kirby, Lab Coats in Hollywood, 201.

Prejudice," in Stereotyping and Prejudice (Frontiers of Social Psychology), ed. Charles Stangor and Christian S. Crandall (New York: Psychology Press, 2013), 181–203.

97 Frank Dobbin and Alexandra Kalev, "Why Doesn't Diversity Training Work? The Challenge for Industry and Academia," Anthropology Now 10 (September 2018): 48–55.

98 （サプナ・チェリアンが経験した帰属の感覚に関する記述の参照資料） Sapna Cheryan, "Redesigning Environments Increases Girls' Interest in Computer Science," video presented as part of the STEM for All Video Showcase: Transforming the Educational Landscape, May 2018, https://stemforall2018.videohall.com/presentations/1198; Sapna Cheryan, "Stereotypes as Gatekeepers," talk given at TEDxSeattle, Apr 27, 2010, https://www.youtube.com/watch?v=TYwI-qM20x4; Sapna Cheryan, interviewed by Manola Secaira, "This Gender and Race Researcher Explains Why Techies Don't Have to Be Trekkies," ;May 3, 2019, https://crosscut.com/2019/05/gender-and-race-researcher-explains-why-techies-dont-have-be-trekkies. Lisa Grossman, "Of Geeks and Girls," Science Notes (2009).

99 Cheryan, "Stereotypes as Gatekeepers."

100 Sapna Cheryan et al., "Ambient Belonging: How Stereotypical Cues Impact Gender Participation in Computer Science," Journal of Personality and Social Psychology 97 (December 2009): 1045–60.

101 Sapna Cheryan, Andrew N. Meltzoff, and Saenam Kim, "Classrooms Matter: The Design of Virtual Classrooms Influences Gender Disparities in Computer Science Classes," Computers & Education 57 (September 2011): 1825–35.

102 Cheryan, "Stereotypes as Gatekeepers."

103 Sapna Cheryan, Allison Master, and Andrew N. Meltzoff, "Cultural Stereotypes as Gatekeepers: Increasing Girls' Interest in Computer Science and Engineering by Diversifying Stereotypes," Frontiers in Psychology 6 (February 2015).

104 Sapna Cheryan, "A New Study Shows How Star Trek Jokes and Geek Culture Make Women Feel Unwelcome in Computer Science," Quartz, October 31, 2016.

105 Rene F. Kizilcec et al., "Welcome to the Course: Early Social Cues Influence Women's Persistence in Computer Science," paper presented at the ACM Conference on Human Factors in Computing Systems, April 2020.

106 Cheryan, Meltzoff, and Kim, "Classrooms Matter." See also Danaë Metaxa-Kakavouli et al., "Gender-Inclusive Design: Sense of Belonging and Bias in Web Interfaces," paper presented at the CHI Conference on Human Factors in Computing Systems, April 2018.

107 Christopher Brooks, Josh Gardner, and Kaifeng Chen, "How Gender Cues in Educational Video Impact Participation and Retention," paper presented at the 13th International Conference of the Learning Sciences, June 2018.

108 René F. Kizilcec and Andrew J. Saltarelli, "Psychologically Inclusive Design: Cues Impact Women's Participation in STEM Education," paper presented at the CHI Conference on Human Factors in Computing Systems, May 2019.

109 René F. Kizilcec and Andrew J. Saltarelli, "Can a Diversity Statement Increase Diversity in MOOCs?," paper presented at the 6th ACM Conference on Learning at Scale, June 2019.

110 Kizilcec and Saltarelli, "Psychologically Inclusive Design."

111 Louis Kahn, quoted in Lesser, You Say to Brick, 5.

112 Jonas Salk, quoted in Lesser, You Say to Brick, 33.

113 Amber Dance, "Science and Culture: The Brain Within Buildings," Proceedings of the National Academy of Sciences 114 (January 2017): 785–87. See also Heeyoung Choo et al., "Neural Codes of Seeing Architectural Styles," Scientific Reports 7 (January 2017).

114 Joan Meyers-Levy and Rui (Juliet) Zhu, "The Influence of Ceiling Height: The Effect of Priming on the Type of Processing That People Use," Journal of Consumer Research 34 (August 2007): 174–86.

115 Sarah Williams Goldhagen, Welcome to Your World: How the Built Environment Shapes Our Lives (New York: HarperCollins, 2017). See also Ann Sussman and Justin B. Hollander, Cognitive Architecture: Designing for How We Respond to the Built Environment (New York: Routledge, 2015).

116 Sussman and Hollander, Cognitive Architecture. See also Ann Sussman, "Why Brain Architecture Matters for Built Architecture," Metropolis, August 19, 2015.

117 Oshin Vartanian et al., "Impact of Contour on Aesthetic Judgments and Approach-Avoidance Decisions in Architecture," Proceedings of the National Academy of Sciences 110 (June 2013): 10446–53. See also Letizia Palumbo, Nicole Ruta, and Marco Bertamini, "Comparing Angular and Curved Shapes in Terms of Implicit Associations and Approach/Avoidance Responses," PLoS One 10 (October 2015).

118 Robert L. Fantz and Simon B. Miranda, "Newborn Infant Attention to Form of Contour," Child Development 46 (1975): 224–28.

119 Enric Munar et al., "Common Visual Preference for Curved Contours in Humans and Great Apes," PLoS One 10 (November 2015).

120 Research cited in Michael Anft, "This Is Your Brain on Art," Johns Hopkins Magazine, March 6, 2010.

121 Matt Tyrnauer, "Architecture in the Age of Gehry," Vanity Fair, August 2010.

122 Richard Coyne, "Thinking Through Virtual Reality: Place, Non-Place and Situated Cognition," Technè: Research in Philosophy and Technology 10 (Spring 2007): 26–38. See also Marc Augé, Non-Places: Introduction to an Anthropology of Supermodernity, trans. John Howe (London: Verso, 1995).

123 Coyne, "Thinking Through Virtual Reality."

124 Louis Kahn, quoted in "Marin City Redevelopment," Progressive Architecture 41 (November 1960).

69 David C. Glass and Jerome E. Singer, "Experimental Studies of Uncontrollable and Unpredictable Noise," Representative Research in Social Psychology 4 (1973): 165–83. See also David C. Glass, Jerome E. Singer, and Lucy N. Friedman, "Psychic Cost of Adaptation to an Environmental Stressor," Journal of Personality and Social Psychology 12 (1969): 200–210.

70 So Young Lee and Jay L. Brand, "Can Personal Control over the Physical Environment Ease Distractions in Office Workplaces?," Ergonomics 53 (March 2010): 324–35. See also So Young Lee and Jay L. Brand, "Effects of Control over Office Workspace on Perceptions of the Work Environment and Work Outcomes," Journal of Environmental Psychology 25 (September 2005): 323–33.

71 Graham Brown, "Setting (and Choosing) the Table: The Influence of the Physical Environment in Negotiation," in Negotiation Excellence: Successful Deal Making, ed. Michael Benoliel (Singapore: World Scientific Publishing, 2015), 23–37.

72 Graham Brown and Markus Baer, "Location in Negotiation: Is There a Home Field Advantage?," Organizational Behavior and Human Decision Processes 114 (March 2011): 190–200.

73 Meagher, "Ecologizing Social Psychology."

74 Benjamin R. Meagher, "The Emergence of Home Advantage from Differential Perceptual Activity" (PhD diss., University of Connecticut, July 2014).

75 Craig Knight and S. Alexander Haslam, "The Relative Merits of Lean, Enriched, and Empowered Offices: An Experimental Examination of the Impact of Workspace Management Strategies on Well-Being and Productivity," Journal of Experimental Psychology: Applied 16 (2010): 158–72.

76 Study participant, quoted in Tim Harford, Messy: The Power of Disorder to Transform Our Lives (New York: Riverhead Books 2016), 66.(邦訳:『ひらめきを生み出すカオスの法則』ティム・ハーフォード著、児島修訳、TAC株式会社出版事業部2017年)

77 Ethan Bernstein, Jesse Shore, and David Lazer, "How Intermittent Breaks in Interaction Improve Collective Intelligence," Proceedings of the National Academy of Sciences 115 (August 2018): 8734–39. See also Ethan Bernstein, Jesse Shore, and David Lazer, "Improving the Rhythm of Your Collaboration," MIT Sloan Management Review, September 2019.

78 Richard D. G. Irvine, "The Architecture of Stability: Monasteries and the Importance of Place in a World of Non-Places," Etnofoor 23 (2011): 29–49.

79 Una Roman D'Elia, Raphael's Ostrich (University Park: Pennsylvania State University Press, 2015).

80 Katharine H. Greenaway et al., "Spaces That Signal Identity Improve Workplace Productivity," Journal of Personnel Psychology 15 (2016): 35–43.

81 Kris Byron and Gregory A. Laurence, "Diplomas, Photos, and Tchotchkes as Symbolic Self-Representations: Understanding Employees' Individual Use of Symbols," Academy of Management Journal 58 (February 2015): 298–323.

82 Daphna Oysterman, Kristen Elmore, and George Smith, "Self, Self-Concept, and Identity," in Handbook of Self and Identity, ed. Mark R. Leary and June Price Tangney (New York: Guilford Press, 2012), 69–104.

83 Brandi Pearce et al., "What Happened to My Office? The Role of Place Identity at Work," Academy of Management Annual Meeting Proceedings (November 2017). See also Russell W. Belk, "Possessions and the Extended Self," Journal of Consumer Research 15 (September 1988): 139–68.

84 Mihaly Csikszentmihalyi, "Why We Need Things," in History from Things: Essays on Material Culture, ed. Steven Lubar and W. David Kingery (Washington, DC: Smithsonian Institution, 1993), 20–29. See also Mihaly Csikszentmihalyi, "The Symbolic Function of Possessions: Towards a Psychology of Materialism," paper presented at the 90th Annual Convention of the American Psychological Association, August 1982.

85 Daphna Oyserman and Mesmin Destin, "Identity-Based Motivation: Implications for Intervention," The Counseling Psychologist 38 (October 2010): 1001–43.

86 Nalini Ambady et al., "Stereotype Susceptibility in Children: Effects of Identity Activation on Quantitative Performance," Psychological Science 12 (September 2001): 385–90.

87 Korpela, "Place-Identity as a Product of Environmental Self-Regulation."

88 Gregory A. Laurence, Yitzhak Fried, and Linda H. Slowik, " 'My Space': A Moderated Mediation Model of the Effect of Architectural and Experienced Privacy," Journal of Environmental Psychology 36 (December 2013): 144–52.

89 Ryoko Imai and Masahide Ban, "Disrupting Workspace: Designing an Office That Inspires Collaboration and Innovation," Ethnographic Praxis in Industry Conference, Case Studies 1: Pathmaking with Ethnographic Approaches in and for Organizations (November 2016): 444–64.

90 Krystal D'Costa, "Resisting the Depersonalization of the Work Space," Scientific American, July 18, 2018. See also Alex Haslam and Craig Knight, "Your Place or Mine?," BBC News, November 17, 2006.

91 Knight and Haslam, "The Relative Merits of Lean, Enriched, and Empowered Offices."

92 Alexander Haslam, quoted in Richard Webb, "Sit and Arrange," Ahmedabad Mirror, February 5, 2019.

93 Craig Knight and S. Alexander Haslam, "Your Place or Mine? Organizational Identification and Comfort as Mediators of Relationships Between the Managerial Control of Workspace and Employees' Satisfaction and Well- Being," British Journal of Management 21 (September 2010): 717–35.

94 Valerie Purdie-Vaughns et al., "Social Identity Contingencies: How Diversity Cues Signal Threat or Safety for African Americans in Mainstream Institutions," Journal of Personality and Social Psychology 94 (April 2008): 615–30.

95 Mary C. Murphy, Kathryn M. Kroeper, and Elise M. Ozier, "Prejudiced Places: How Contexts Shape Inequality and How Policy Can Change Them," Policy Insights from the Behavioral and Brain Sciences 5 (March 2018): 66–74.

96 Mary C. Murphy and Gregory M. Walton, "From Prejudiced People to Prejudiced Places: A Social-Contextual Approach to

39 Martin R. Vasilev, Julie A. Kirkby, and Bernhard Angele, “Auditory Distraction During Reading: A Bayesian Meta-Analysis of a Continuing Controversy,” Perspectives on Psychological Science 12 (September 2018): 567–97.

40 Perham and Sykora, “Disliked Music Can Be Better for Performance Than Liked Music.”

41 Romina Palermo and Gillian Rhodes, “Are You Always on My Mind? A Review of How Face Perception and Attention Interact,” Neuropsychologia 45 (2007): 75–92.

42 Takemasa Yokoyama et al., “Attentional Capture by Change in Direct Gaze,” Perception 40 (July 2011): 785–97. See also Atsushi Senju and Mark H. Johnson, “The Eye Contact Effect: Mechanisms and Development,” Trends in Cognitive Sciences 13 (March 2009): 127–34.

43 J. Jessica Wang and Ian A. Apperly, “Just One Look: Direct Gaze Briefly Disrupts Visual Working Memory,” Psychonomic Bulletin & Review 24 (2017): 393–99. See also Laurence Conty et al., “The Cost of Being Watched: Stroop Interference Increases Under Concomitant Eye Contact,” Cognition 115 (April 2010): 133–39.

44 Laurence Conty et al., “The Mere Perception of Eye Contact Increases Arousal During a Word-Spelling Task,” Social Neuroscience 5 (2010): 171–86. See also Terhi M. Helminen, Suvi M. Kaasinen, and Jari K. Hietanen, “Eye Contact and Arousal: The Effects of Stimulus Duration,” Biological Psychology 88 (September 2011): 124–30.

45 Annelies Vredeveldt and Timothy J. Perfect, “Reduction of Environmental Distraction to Facilitate Cognitive Performance,” Frontiers in Psychology 5 (August 2014).

46 Arthur M. Glenberg, Jennifer L. Schroeder, and David A. Robertson, “Averting the Gaze Disengages the Environment and Facilitates Remembering,” Memory & Cognition 26 (July 1998): 651–58.

47 Annelies Vredeveldt, Graham J. Hitch, and Alan D. Baddeley, “Eyeclosure Helps Memory by Reducing Cognitive Load and Enhancing Visualisation,” Memory & Cognition 39 (April 2011): 1253–63.

48 Rémi Radel and Marion Fournier, “The Influence of External Stimulation in Missing Knowledge Retrieval,” Memory 25 (October 2017): 1217–24.

49 Timothy J. Perfect et al., “How Can We Help Witnesses to Remember More? It's an (Eyes) Open and Shut Case,” Law and Human Behavior 32 (August 2008): 314–24.

50 Robert A. Nash et al., “Does Rapport-Building Boost the Eyewitness Eyeclosure Effect in Closed Questioning?,” Legal and Criminological Psychology 21 (September 2016): 305–18.

51 Radel and Fournier, “The Influence of External Stimulation in Missing Knowledge Retrieval.”

52 Robert Frost, “Mending Wall,” in Robert Frost: Collected Poems, Prose, and Plays (New York: Library of America, 1995), 39–40.

53 Kathleen D. Vohs, Roy F. Baumeister, and Natalie J. Ciarocco, “Self-Regulation and Self-Presentation: Regulatory Resource Depletion Impairs Impression Management and Effortful Self-Presentation Depletes Regulatory Resources,” Journal of Personality and Social Psychology 88 (April 2005): 632–57.

54 Alison Hirst and Christina Schwabenland, “Doing Gender in the ‘New Office,’ ” Gender, Work & Organization 25 (March 2018): 159–76.

55 Shira Baror and Moshe Bar, “Associative Activation and Its Relation to Exploration and Exploitation in the Brain,” Psychological Science 27 (June 2016): 776–89.

56 Moshe Bar, “Think Less, Think Better,” New York Times, June 17, 2016.

57 Ethan Bernstein, “The Transparency Trap,” Harvard Business Review, October 2014. See also Julian Birkinshaw and Dan Cable, “The Dark Side of Transparency,” McKinsey Quarterly, February 2017.

58 Ethan S. Bernstein, “The Transparency Paradox: A Role for Privacy in Organizational Learning and Operational Control,” Administrative Science Quarterly 57 (June 2012): 181–216.

59 Darhl M. Pedersen, “Psychological Functions of Privacy,” Journal of Environmental Psychology 17 (June 1997): 147–56.

60 Anne-Laure Fayard and John Weeks, “Who Moved My Cube?,” Harvard Business Review, July–August 2011.

61 Ben Waber, “Do Open Offices Really Increase Collaboration?,” Quartz, April 13, 2018.

62 Rachel L. Morrison and Keith A. Macky, “The Demands and Resources Arising from Shared Office Spaces,” Applied Ergonomics 60 (April 2017): 103–15.

63 Rachel Morrison, “Open-Plan Offices Might Be Making Us Less Social and Productive, Not More,” Quartz, September 19, 2016.

64 Alison Hirst, “Settlers, Vagrants and Mutual Indifference: Unintended Consequences of Hot-Desking,” Journal of Organizational Change 24 (2011): 767–88. See also Alison Hirst, “How Hot-Deskers Are Made to Feel Like the Homeless People of the Office World,” The Conversation, February 13, 2017.

65 Jeremy P. Jamieson, “The Home Field Advantage in Athletics: A Meta-Analysis,” Journal of Applied Social Psychology 40 (July 2010): 1819–48. See also Mark S. Allen and Marc V. Jones, “The ‘Home Advantage’ in Athletic Competitions,” Current Directions in Psychological Science 23 (February 2014): 48–53.

66 Kerry S. Courneya and Albert V. Carron, “The Home Advantage in Sport Competitions: A Literature Review,” Journal of Sport and Exercise Psychology 14 (March 1992): 13–27.

67 Nick Neave and Sandy Wolfson, “Testosterone, Territoriality, and the ‘Home Advantage,’ ” Physiology & Behavior 78 (February 2003): 269–75.

68 Lorraine E. Maxwell and Emily J. Chmielewski, “Environmental Personalization and Elementary School Children's Self-Esteem,” Journal of Environmental Psychology 28 (June 2008): 143–53. See also Clare Ulrich, “A Place of Their Own: Children and the Physical Environment,” Human Ecology 32 (October 2004): 11–14.

Psychology in Context: James Gibson, Roger Barker, and the Legacy of William James (Mahwah, NJ: Lawrence Erlbaum Associates, 2001).

10 Benjamin R. Meagher, "Ecologizing Social Psychology: The Physical Environment as a Necessary Constituent of Social Processes," Personality and Social Psychology Review 24 (February 2020): 3–23.

11 Roger Barker, Ecological Psychology: Concepts and Methods for Studying the Environment of Human Behavior (Palo Alto: Stanford University Press, 1968), 152.

12 Christopher Alexander, The Timeless Way of Building (New York: Oxford University Press, 1979), 106.(邦訳:『時を超えた建設の道』クリストファー・アレグザンダー著、平田翰那訳、鹿島出版会1993年)

13 Colin Ellard, Places of the Heart: The Psychogeography of Everyday Life (New York: Bellevue Literary Press, 2015), 24–25.

14 John L. Locke, Eavesdropping: An Intimate History (Oxford: Oxford University Press, 2010), 5.

15 Joscelyn Godwin, The Pagan Dream of the Renaissance (Boston: Weiser Books, 2005).

16 Philippe Ariès and Georges Duby, eds., A History of Private Life, vol. 2, Revelations of the Medieval World (Cambridge: Belknap Press of Harvard University Press, 1988).

17 Michel de Montaigne, "Of Solitude," in The Essays of Michael Seigneur De Montaigne, trans. Peter Coste (London: S. and E. Ballard, 1759), 277.(邦訳:『エセー』収録「孤独について」ミシェル・ド・モンテーニュ著)

18 Matthew C. Davis, Desmond J. Leach, and Chris W. Clegg, "The Physical Environment of the Office: Contemporary and Emerging Issues," International Review of Industrial and Organizational Psychology 26 (2011): 193–237.

19 Steven Johnson, Where Good Ideas Come From: A Natural History of Invention (New York: Riverhead Books, 2010), 162–63.(邦訳:『イノベーションのアイデアを生み出す七つの法則』スティーブン・ジョンソン著、松浦俊輔訳、日経BP社2013年)

20 Steven Johnson, The Invention of Air: A Story of Science, Faith, Revolution, and the Birth of America (New York: Riverhead, 2008).

21 Steven Johnson, interviewed by Guy Raz, "How Cafe Culture Helped Make Good Ideas Happen," All Things Considered, NPR, October 17, 2010.

22 Thomas J. Allen, Managing the Flow of Technology (Cambridge: MIT Press, 1977). See also Peter Dizikes, "The Office Next Door," MIT Technology Review, October 2011.

23 "Infinite Corridor," post on the Atlas Obscura website, https://www.atlasobscura.com/places/infinite-corridor.

24 Thomas J. Allen and Gunter W. Henn, The Organization and Architecture of Innovation (New York: Routledge, 2007). See also Matthew Claudel et al., "An Exploration of Collaborative Scientific Production at MIT Through Spatial Organization and Institutional Affiliation," PLoS One 12 (June 2017).

25 Fabrice B. R. Parmentier, "Deviant Sounds Yield Distraction Irrespective of the Sounds' Informational Value," Journal of Experimental Psychology: Human Perception and Performance 42 (June 2016): 837–46.

26 Fabrice B. R. Parmentier, Jacqueline Turner, and Laura Perez, "A Dual Contribution to the Involuntary Semantic Processing of Unexpected Spoken Words," Journal of Experimental Psychology: General 143 (February 2014): 38–45.

27 Niina Venetjoki et al., "The Effect of Speech and Speech Intelligibility on Task Performance," Ergonomics 49 (September 2006): 1068–91. See also Valtteri Hongisto, "A Model Predicting the Effect of Speech of Varying Intelligibility on Work Performance," Indoor Air 15 (December 2005): 458–68.

28 Fabrice B. R. Parmentier, Jacqueline Turner, and Laura Perez, "A Dual Contribution to the Involuntary Semantic Processing of Unexpected Spoken Words," Journal of Experimental Psychology: General 143 (February 2014): 38–45. See also Helena Jahncke, "Open-Plan Office Noise: The Susceptibility and Suitability of Different Cognitive Tasks for Work in the Presence of Irrelevant Speech," Noise Health 14 (November–December 2012), 315–20.

29 Marijke Keus van de Poll and Patrik Sörqvist, "Effects of Task Interruption and Background Speech on Word Processed Writing," Applied Cognitive Psychology 30 (May–June 2016): 430–39.

30 Marijke Keus van de Poll et al., "Disruption of Writing by Background Speech: The Role of Speech Transmission Index," Applied Acoustics 81 (July 2014): 15–18.

31 John E. Marsh et al., Why Are Background Telephone Conversations Distracting?," Journal of Experimental Psychology: Applied 24 (June 2018): 222–35. See also Veronica V. Galván, Rosa S. Vessal, and Matthew T. Golley, "The Effects of Cell Phone Conversations on the Attention and Memory of Bystanders," PLoS One 8 (2013).

32 Lauren L. Emberson et al., "Overheard Cell-Phone Conversations: When Less Speech Is More Distracting," Psychological Science 21 (October 2010): 1383–88.

33 Nick Perham and Harriet Currie, "Does Listening to Preferred Music Improve Reading Comprehension Performance?," Applied Cognitive Psychology 28 (March–April 2014): 279–84.

34 Manuel F. Gonzalez and John R. Aiello, "More Than Meets the Ear: Investigating How Music Affects Cognitive Task Performance," Journal of Experimental Psychology: Applied 25 (September 2019): 431–44.

35 Emma Threadgold et al., "Background Music Stints Creativity: Evidence from Compound Remote Associate Tasks," Applied Cognitive Psychology 33 (September–October 2019): 873–88.

36 Peter Tze-Ming Chou, "Attention Drainage Effect: How Background Music Effects [sic] Concentration in Taiwanese College Students," Journal of the Scholarship of Teaching and Learning (January 2010): 36–46.

37 Nick Perham and Martinne Sykora, "Disliked Music Can Be Better for Performance Than Liked Music," Applied Cognitive Psychology 26 (June 2012): 550–55.

38 Chou, "Attention Drainage Effect."

Charles, “Taking Time Seriously: A Theory of Socioemotional Selectivity,” American Psychologist 54 (March 1999): 165–81.

98 Alexander F. Danvers and Michelle N. Shiota, “Going Off Script: Effects of Awe on Memory for Script-Typical and -Irrelevant Narrative Detail,” Emotion 17 (September 2017): 938–52.

99 Jonathan Haidt, The Righteous Mind: Why Good People Are Divided by Politics and Religion (New York: Pantheon Books, 2012), 228.(邦訳:『社会はなぜ左と右にわかれるのか：対立を超えるための道徳心理学』ジョナサン・ハイト著、高橋洋訳、紀伊國屋書店2014年)

100 Jia Wei Zhang et al., “An Occasion for Unselfing: Beautiful Nature Leads to Prosociality,” Journal of Environmental Psychology 37 (March 2014): 61–72. See also John M. Zelenski, Raelyne L. Dopko, and Colin A. Capaldi, “Cooperation Is in Our Nature: Nature Exposure May Promote Cooperative and Environmentally Sustainable Behavior,” Journal of Environmental Psychology 42 (June 2015): 24–31.

101 Nicolas Guéguen and Jordy Stefan, “ ‘Green Altruism’: Short Immersion in Natural Green Environments and Helping Behavior,” Environment and Behavior 48 (February 2016): 324–42. See also Claire Prade and Vassilis Saroglou, “Awe's Effects on Generosity and Helping,” Journal of Positive Psychology 11 (September 2016): 522–30.

102 Dacher Keltner and James J. Gross, “Functional Accounts of Emotions,” Cognition and Emotion 13 (September 1999): 467–80.

103 Bai et al., “Awe, the Diminished Self, and Collective Engagement.” See also Jennifer E. Stellar et al., “Self-Transcendent Emotions and Their Social Functions: Compassion, Gratitude, and Awe Bind Us to Others Through Prosociality,” Emotion 9 (July 2017): 200–207.

104 Frank White, The Overview Effect: Space Exploration and Human Evolution (Reston, VA: American Institute of Aeronautics and Astronautics, 1998), 3–4. See also David B. Yaden et al., “The Overview Effect: Awe and Self-Transcendent Experience in Space Flight,” Psychology of Consciousness: Theory, Research, and Practice 3 (March 2016): 1–11.

105 Alan Shepard, quoted in Don Nardo, The Blue Marble: How a Photograph Revealed Earth's Fragile Beauty (North Mankato, MN: Compass Point Books, 2014), 46.

106 Rusty Schweikart, quoted in White, The Overview Effect, 11.

107 Edgar Mitchell, quoted in White, The Overview Effect, 38.

108 Edgar Mitchell, quoted in Yaden et al., “The Overview Effect.”

109 Clay Morgan, “Long-Duration Psychology: The Real Final Frontier?,” in Shuttle Mir: The United States and Russia Share History's Highest Stage (Houston: Lyndon B. Johnson Space Center), 50–51.

110 Monica Edwards and Laurie Abadie, “Zinnias from Space! NASA Studies the Multiple Benefits of Gardening,” post on the website of the NASA Human Research Program, January 19, 2016.

111 Morgan, “Long-Duration Psychology.”

112 Michael Foale, quoted in “Mir-24 Mission Interviews,” October 29, 1997, posted on the website of NASA History, https:// history.nasa.gov/SP -4225/documentation/mir -summaries/mir24/interviews.htm.

113 David Jagneaux, “Virtual Reality Could Provide Healthy Escape for Homesick Astronauts,” Vice, January 10, 2016.

114 Harry Francis Mallgrave, Architecture and Embodiment: The Implications of the New Sciences and Humanities for Design (New York: Routledge, 2013), 74.

第5章　建物の空間を使う

1 (アッシジの修道院を訪れたジョナス・ソークに関する記述の参照資料): John Paul Eberhard, “Architecture and Neuroscience: A Double Helix,” in Mind in Architecture: Neuroscience, Embodiment, and the Future of Design, ed. Sarah Robinson and Juhani Pallasmaa (Cambridge: MIT Press, 2015), 123–36; Nathaniel Coleman, Utopias and Architecture (New York: Routledge, 2007); Norman L. Koonce, “Stewardship: An Architect's Perspective,” in Historic Cities and Sacred Sites: Cultural Roots for Urban Futures, ed. Ismail Serageldin, Ephim Shluger, and Joan Martin-Brown (Washington, DC: World Bank, 2001), 30–32.

2 Jonas Salk, quoted in Coleman, Utopias and Architecture, 185.

3 (ジョナス・ソークとルイス・カーンとのコラボレーションに関する記述の参照資料): Wendy Lesser, You Say to Brick: The Life of Louis Kahn (New York: Farrar, Straus and Giroux, 2017); Charlotte DeCroes Jacobs, Jonas Salk: A Life (New York: Oxford University Press, 2015); Jonathan Salk, “Reflections on the Relationship Between Lou Kahn and Jonas Salk,” talk given at the DFC Technology and Innovation Summit, 2015, posted on the DesignIntelligence website, https:// www .di .net/ articles/ reflections -on -the -relationship -between -lou -kahn -and -jonas -salk/ ; Stuart W. Leslie, “A Different Kind of Beauty: Scientific and Architectural Style in I. M. Pei's Mesa Laboratory and Louis Kahn's Salk Institute,” Historical Studies in the Natural Sciences 38 (Spring 2008): 173–221; Carter Wiseman, Louis I. Kahn: Beyond Time and Style; A Life in Architecture (New York: W. W. Norton, 2007); David B. Brownlee and David G. De Long, Louis I. Kahn: In the Realm of Architecture (New York: Rizzoli, 1991).(邦訳:『ルイス・カーン：建築の世界』デヴィッド・B・ブラウンリー、デヴィッド・G・デ・ロング編著、東京大学工学部建築学科香山研究室監訳、デルファイ研究所1992年)

4 Carolina A. Miranda, “Louis Kahn's Salk Institute, the Building That Guesses Tomorrow, Is Aging — Very, Very Gracefully,” Los Angeles Times, November 22, 2016.

5 Jonas Salk, quoted in Wiseman, Louis I. Kahn, 135.

6 Christopher Alexander, Sara Ishikawa, and Murray Silverstein, A Pattern Language (New York: Oxford University Press, 1977).

7 Alex Coburn, Oshin Vartanian and Anjan Chatterjee, “Buildings, Beauty, and the Brain: A Neuroscience of Architectural Experience,” Journal of Cognitive Neuroscience 29 (September 2017): 1521–31.

8 Roger N. Goldstein, “Architectural Design and the Collaborative Research Environment,” Cell 127 (October 2006): 243–46.

9 Roger G. Barker, Habitats, Environments, and Human Behavior: Studies in Ecological Psychology and Eco-Behavioral Science from the Midwest Psychological Field Station, 1947–1972 (San Francisco: Jossey-Bass, 1978). See also Harry Heft, Ecological

71 Kevin Nute et al., "The Animation of the Weather as a Means of Sustaining Building Occupants and the Natural Environment," International Journal of Environmental Sustainability 8 (2012): 27–39.

72 Mohamed Boubekri et al., "Impact of Windows and Daylight Exposure on Overall Health and Sleep Quality of Office Workers: A Case-Control Pilot Study," Journal of Clinical Sleep Medicine 10 (June 2014): 603–11.

73 Adele Peters, "Google Is Trying to Improve Its Workplaces with Offices Inspired by Nature," Fast Company, January 12, 2015.

74 Lindsay Baker, A History of School Design and Its Indoor Environmental Standards, 1900 to Today (Washington, DC: National Institute of Building Sciences, 2012).

75 Lisa Sarnicola, quoted in Joann Gonchar, "Schools of the 21st Century: P.S. 62, the Kathleen Grimm School for Leadership and Sustainability at Sandy Ground," Architectural Record, January 2016.

76 Wing Tuen Veronica Leung et al., "How Is Environmental Greenness Related to Students' Academic Performance in English and Mathematics?," Landscape and Urban Planning 181 (January 2019): 118–24.

77 Dongying Li and William C. Sullivan, "Impact of Views to School Landscapes on Recovery from Stress and Mental Fatigue," Landscape and Urban Planning 148 (April 2016): 149–58.

78 Lisa Heschong, "Windows and Office Worker Performance: The SMUD Call Center and Desktop Studies," in Creating the Productive Workplace, ed. Derek Clements-Croome (New York: Taylor & Francis, 2006), 277–309.

79 Kate E. Lee et al., "40-Second Green Roof Views Sustain Attention: The Role of Micro-Breaks in Attention Restoration," Journal of Environmental Psychology 42 (June 2015): 182–89.

80 Rachel Kaplan, "The Nature of the View from Home: Psychological Benefits," Environment and Behavior 33 (July 2001): 507–42.

81 John Muir, My First Summer in the Sierra (Boston: Houghton Mifflin, 1916), 82.(邦訳:『はじめてのシエラの夏』ジョン・ミューア著、岡島成行訳、宝島社1993年)

82 Theodore Roosevelt, "John Muir: An Appreciation," in The Outlook: A Weekly Newspaper, January 16, 1915, 28.

83 Theodore Roosevelt, speech given at the Capitol Building in Sacramento, California, on May 19, 1903, in A Compilation of the Messages and Speeches of Theodore Roosevelt, 1901–1905, vol. 1, ed. Alfred Henry Lewis (Washington, DC: Bureau of National Literature and Art, 1906), 410.

84 Meredith S. Berry et al., "Making Time for Nature: Visual Exposure to Natural Environments Lengthens Subjective Time Perception and Reduces Impulsivity," PLoS One 10 (November 2015).

85 Arianne J. van der Wal et al., "Do Natural Landscapes Reduce Future Discounting in Humans?," Proceedings of the Royal Society B: Biological Sciences 280 (December 2013).

86 Rebecca Jenkin et al., "The Relationship Between Exposure to Natural and Urban Environments and Children's Self-Regulation," Landscape Research 43 (April 2018): 315–28.

87 Berry et al., "Making Time for Nature."

88 Maria Davydenko and Johanna Peetz, "Time Grows on Trees: The Effect of Nature Settings on Time Perception," Journal of Environmental Psychology 54 (December 2017): 20–26.

89 Kellie Dowdell, Tonia Gray, and Karen Malone, "Nature and Its Influence on Children's Outdoor Play," Journal of Outdoor and Environmental Education 15 (December 2011): 24–35. See also Anne-Marie Morrissey, Caroline Scott, and Mark Rahimi, "A Comparison of Sociodramatic Play Processes of Preschoolers in a Naturalized and a Traditional Outdoor Space," International Journal of Play 6 (May 2017): 177–97.

90 Ethan A. McMahan and David Estes, "The Effect of Contact with Natural Environments on Positive and Negative Affect: A Meta-Analysis," Journal of Positive Psychology 10 (November 2015): 507–19. See also George MacKerron and Susana Mourato, "Happiness Is Greater in Natural Environments," Global Environmental Change 23 (October 2013): 992–1000.

91 David Strayer, quoted in Florence Williams, "This Is Your Brain on Nature," National Geographic, January 2016. See also Frank M. Ferraro III, "Enhancement of Convergent Creativity Following a Multiday Wilderness Experience," Ecopsychology 7 (March 2015): 7–11.

92 Ruth Ann Atchley, David L. Strayer, and Paul Atchley, "Creativity in the Wild: Improving Creative Reasoning Through Immersion in Natural Settings," PLoS One 7 (December 2012).

93 Yang Bai et al., "Awe, the Diminished Self, and Collective Engagement: Universals and Cultural Variations in the Small Self," Journal of Personality and Social Psychology 113 (August 2017): 185–209. See also Yannick Joye and Jan Willem Bolderdijk, "An Exploratory Study into the Effects of Extraordinary Nature on Emotions, Mood, and Prosociality," Frontiers in Psychology 5 (January 2015).

94 Dacher Keltner and Jonathan Haidt, "Approaching Awe, a Moral, Spiritual, and Aesthetic Emotion," Cognition & Emotion 17 (March 2003): 297–314.

95 Michelle Shiota et al., "Transcending the Self: Awe, Elevation, and Inspiration," in Handbook of Positive Emotions, ed. Michele M. Tugade, Michelle N. Shiota, and Leslie D. Kirby (New York: Guilford Press, 2016), 362–77.

96 Michelle N. Shiota, Belinda Campos, and Dacher Keltner, "The Faces of Positive Emotion: Prototype Displays of Awe, Amusement, and Pride," Annals of the New York Academy of Science 1000 (December 2003): 296–99. See also Belinda Campos et al., "What Is Shared, What Is Different? Core Relational Themes and Expressive Displays of Eight Positive Emotions," Cognition & Emotion 27 (January 2013): 37–52.

97 Michelle N. Shiota, Dacher Keltner, and Amanda Mossman, "The Nature of Awe: Elicitors, Appraisals, and Effects on Self-Concept," Cognition & Emotion 21 (August 2007): 944–63. See also Laura L. Carstensen, Derek M. Isaacowitz, and Susan Turk

Fluency," paper presented at the 8th Biennial Conference on Environmental Psychology, September 2010.
44 Rolf Reber, Norbert Schwarz, and Piotr Winkielman, "Processing Fluency and Aesthetic Pleasure: Is Beauty in the Perceiver's Processing Experience?," Personality and Social Psychology Review 8 (November 2004): 364–82. See also Piotr Winkelman and John T. Cacioppo, "Mind at Ease Puts a Smile on the Face: Psychophysiological Evidence That Processing Facilitation Elicits Positive Affect," Journal of Personality and Social Psychology 81(December 2001): 989–1000.
45 Yannick Joye et al., "When Complex Is Easy on the Mind: Internal Repetition of Visual Information in Complex Objects Is a Source of Perceptual Fluency," Journal of Experimental Psychology: Human Perception and Performance 42 (January 2016): 103–14.
46 Yannick Joye and Agnes van den Berg, "Is Love for Green in Our Genes? A Critical Analysis of Evolutionary Assumptions in Restorative Environments Research," Urban Forestry & Urban Greening 10 (2011): 261–68.
47 Caroline M. Hägerhäll, Terry Purcell, and Richard Taylor, "Fractal Dimension of Landscape Silhouette Outlines as a Predictor of Landscape Preference," Journal of Environmental Psychology 24 (June 2004), 247–55.
48 Richard P. Taylor et al., "Perceptual and Physiological Responses to the Visual Complexity of Fractal Patterns," Nonlinear Dynamics, Psychology, and Life Sciences 9 (January 2005): 89–114. See also Richard P. Taylor, "Reduction of Physiological Stress Using Fractal Art and Architecture," Leonardo 39 (June 2006): 245–51.
49 Caroline M. Hägerhäll et al., "Human Physiological Benefits of Viewing Nature: EEG Responses to Exact and Statistical Fractal Patterns," Nonlinear Dynamics, Psychology, and Life Sciences 19 (January 2015): 1–12; Caroline M. Hägerhäll et al., "Investigations of Human EEG Response to Viewing Fractal Patterns," Perception 37 (October 2008): 1488–94.
50 Arthur W. Juliani et al., "Navigation Performance in Virtual Environments Varies with Fractal Dimension of Landscape," Journal of Environmental Psychology 47 (September 2016): 155–65.
51 Yannick Joye et al., "When Complex Is Easy on the Mind: Internal Repetition of Visual Information in Complex Objects Is a Source of Perceptual Fluency," Journal of Experimental Psychology: Human Perception and Performance 42 (January 2016): 103–14.
52 Richard P. Taylor and Branka Spehar, "Fractal Fluency: An Intimate Relationship Between the Brain and Processing of Fractal Stimuli," in The Fractal Geometry of the Brain, ed. Antonio Di Ieva (New York: Springer, 2016), 485–98.
53 Richard P. Taylor, Adam P. Micolich, and David Jonas, "Fractal Analysis of Pollock's Drip Paintings," Nature 399 (June 1999): E9–10. See also Jose Alvarez-Ramirez, Carlos Ibarra-Valdez, and Eduardo Rodriguez, "Fractal Analysis of Jackson Pollock's Painting Evolution," Chaos, Solitons & Fractals 83 (February 2016): 97–104.
54 Richard Taylor, quoted in Jennifer Ouellette, "Pollock's Fractals," Discover, October 2001.
55 Roger Ulrich, quoted in Michael Waldholz, "The Leafy Green Road to Good Mental Health," Wall Street Journal, August 2003.
56 Roger S. Ulrich, "View Through a Window May Influence Recovery from Surgery," Science 224 (April 1984): 420–21.
57 Roger Ulrich, quoted in Adam Alter, "Where We Are Shapes Who We Are," New York Times, June 14, 2013.
58 Roger S. Ulrich et al., "A Review of the Research Literature on Evidence-Based Healthcare Design," HERD: Health Environments Research & Design 1 (April 2008): 61–125.
59 Roger S. Ulrich, Robert F. Simons, and Mark Miles, "Effects of Environmental Simulations and Television on Blood Donor Stress," Journal of Architectural and Planning Research 20 (March 2003): 38–47.
60 Roger S. Ulrich, "Natural Versus Urban Scenes: Some Psychophysiological Effects," Environment and Behavior 13 (September 1981): 523–56.
61 Marek Franěk, Jan Petruzalek, and Denis Šefara, "Eye Movements in Viewing Urban Images and Natural Images in Diverse Vegetation Periods," Urban Forestry & Urban Greening 46 (December 2019). See also Deltcho Valtchanov and Colin Ellard, "Cognitive and Affective Responses to Natural Scenes: Effects of Low Level Visual Properties on Preference, Cognitive Load and Eye-Movements," Journal of Environmental Psychology 43 (September 2015): 184–95.
62 Rita Berto et al., "An Exploratory Study of the Effect of High and Low Fascination Environments on Attentional Fatigue," Journal of Environmental Psychology 30 (December 2010): 494–500.
63 Irving Biederman and Edward A. Vessel, "Perceptual Pleasure and the Brain: A Novel Theory Explains Why the Brain Craves Information and Seeks It Through the Senses," American Scientist 94 (May–June 2006): 247–53.
64 Edward O. Wilson, Biophilia: The Human Bond with Other Species (Cambridge: Harvard University Press, 1984), 109–11.
65 Rohan Silva, quoted in Diana Budds, "There Are More Than 2,000 Plants in This Lush Coworking Space," Fast Company, February 12, 2017.
66 Ruth K. Raanaas et al., "Benefits of Indoor Plants on Attention Capacity in an Office Setting," Journal of Environmental Psychology 31 (March 2011): 99–105. See also Tina Bringslimark, Terry Hartig, and Grete Grindal Patil, "Psychological Benefits of Indoor Plants in Workplaces: Putting Experimental Results into Context," HortScience 42 (June 2007): 581–87.
67 Agnes E. van den Berg et al., "Green Walls for a Restorative Classroom Environment: A Controlled Evaluation Study," Environment and Behavior 49 (August 2017): 791–813.
68 William Browning, "Constructing the Biophilic Community," in Constructing Green: The Social Structures of Sustainability, ed. Rebecca L. Henn and Andrew J. Hoffman (Cambridge: MIT Press, 2013), 341–50.
69 ビル・ブラウニングへの著者によるインタビュー。
70 Jie Yin et al., "Physiological and Cognitive Performance of Exposure to Biophilic Indoor Environment," Building and Environment 132 (March 2018): 255–62.

Impacts of Presentation Duration," Frontiers in Psychology 5 (November 2014). See also Thomas R. Herzog and Anna G. Bryce, "Mystery and Preference in Within-Forest Settings," Environment and Behavior 39 (July 2007): 779–96.
17 Matt Ridley, "Why We Love a Bit of Africa in Our Parkland," The Times (London), December 28, 2015.
18 Gordon H. Orians, Snakes, Sunrises, and Shakespeare: How Evolution Shapes Our Loves and Fears (Chicago: University of Chicago Press, 2014), 20.
19 Kalevi Mikael Korpela, "Place-Identity as a Product of Environmental Self-Regulation," Journal of Environmental Psychology 9 (September 1989): 241–56.
20 Roger S. Ulrich et al., "Stress Recovery During Exposure to Natural and Urban Environments," Journal of Environmental Psychology 11 (September 1991): 201–30.
21 Russ Parsons et al., "The View from the Road: Implications for Stress Recovery and Immunization," Journal of Environmental Psychology 18 (June 1998): 113–40.
22 See, e.g., Bin Jiang et al., "A Dose-Response Curve Describing the Relationship Between Urban Tree Cover Density and Self-Reported Stress Recovery," Environment and Behavior 48 (September 2014): 607–29.
23 Tytti Pasanen et al., "Can Nature Walks with Psychological Tasks Improve Mood, Self-Reported Restoration, and Sustained Attention? Results from Two Experimental Field Studies," Frontiers in Psychology 9 (October 2018).
24 Gregory N. Bratman et al., "Nature Experience Reduces Rumination and Subgenual Prefrontal Cortex Activation," Proceedings of the National Academy of Sciences 112 (July 2015): 8567–72.
25 Marc G. Berman et al., "Interacting with Nature Improves Cognition and Affect for Individuals with Depression," Journal of Affective Disorders 140 (November 2012): 300–305.
26 Rita Berto, "Exposure to Restorative Environments Helps Restore Attentional Capacity," Journal of Environmental Psychology 25 (September 2005): 249–59.
27 Gregory N. Bratman, J. Paul Hamilton, and Gretchen C. Daily, "The Impacts of Nature Experience on Human Cognitive Function and Mental Health," Annals of the New York Academy of Sciences 1249 (February 2012): 118–36.
28 Marc G. Berman, John Jonides, and Stephen Kaplan, "The Cognitive Benefits of Interacting with Nature," Psychological Science 19 (December 2008): 1207–12.
29 Andrea Faber Taylor and Frances E. Kuo, "Children with Attention Deficits Concentrate Better After Walk in the Park," Journal of Attention Disorders 12 (March 2009): 402–9. See also Frances E. Kuo and Andrea Faber Taylor, "A Potential Natural Treatment for Attention-Deficit/Hyperactivity Disorder: Evidence from a National Study," American Journal of Public Health 94 (September 2004): 1580–86.
30 Taylor and Kuo, "Children with Attention Deficits Concentrate Better After Walk in the Park."
31 William James, The Principles of Psychology, vol. 1 (New York: Henry Holt and Company, 1890), 416–19.
32 Avik Basu, Jason Duvall, and Rachel Kaplan, "Attention Restoration Theory: Exploring the Role of Soft Fascination and Mental Bandwidth," Environment and Behavior 51 (November 2019): 1055–81.
33 Freddie Lymeus, Per Lindberg, and Terry Hartig, "Building Mindfulness Bottom-Up: Meditation in Natural Settings Supports Open Monitoring and Attention Restoration," Consciousness and Cognition 59 (March 2018): 40–56.
34 Patricia Morgan and Dor Abrahamson, "Contemplative Mathematics Pedagogy: Report from a Pioneering Workshop," paper presented at the Annual Meeting of the American Educational Research Association, April 2019.
35 Freddie Lymeus, Tobias Lundgren, and Terry Hartig, "Attentional Effort of Beginning Mindfulness Training Is Offset with Practice Directed Toward Images of Natural Scenery," Environment and Behavior 49 (June 2017): 536–59. See also Freddie Lymeus, Per Lindberg, and Terry Hartig, "A Natural Meditation Setting Improves Compliance with Mindfulness Training," Journal of Environmental Psychology 64 (August 2019): 98–106.
36 Bin Jiang, Rose Schmillen, and William C. Sullivan, "How to Waste a Break: Using Portable Electronic Devices Substantially Counteracts Attention Enhancement Effects of Green Spaces," Environment and Behavior 51 (November 2019): 1133–60. See also Theresa S. S. Schilhab, Matt P. Stevenson, and Peter Bentsen, "Contrasting Screen-Time and Green-Time: A Case for Using Smart Technology and Nature to Optimize Learning Processes," Frontiers in Psychology 9 (June 2018).
37 Marc Berman and Kathryn Schertz, "ReTUNE (Restoring Through Urban Nature Experience)," post on the website of the University of Chicago, Summer 2017, https://appchallenge.uchicago.edu/retune/ .
38 The first route described here was mapped out using the Waze app, downloaded from https:// www .waze .com/ . The second route was mapped out using the ReTUNE platform, found at https:// retune -56d2e .firebaseapp .com/ .
39 Kathryn E. Schertz, Omid Kardan, and Marc G. Berman, "ReTUNE: Restoring Through Urban Nature Experience," poster presented at the UChicago App Challenge, August 2017.
40 Marc G. Berman et al., "The Perception of Naturalness Correlates with Low-Level Visual Features of Environmental Scenes," PLoS One 9 (December 2014).
41 Hiroki P. Kotabe, Omid Kardan, and Marc G. Berman, "The Nature-Disorder Paradox: A Perceptual Study on How Nature Is Disorderly Yet Aesthetically Preferred," Journal of Experimental Psychology: General 146 (August 2017): 1126–42. See also Agnes van den Berg, Yannick Joye, and Sander L. Koole, "Why Viewing Nature Is More Fascinating and Restorative Than Viewing Buildings: A Closer Look at Perceived Complexity," Urban Forestry & Urban Greening 20 (October 2016): 397–401.
42 Denise Grady, "The Vision Thing: Mainly in the Brain," Discover, June 1, 1993.
43 Yannick Joye and Agnes van den Berg, "Nature Is Easy on the Mind: An Integrative Model for Restoration Based on Perceptual

109 Beilock, How the Body Knows Its Mind, 92.(邦訳:「「首から下」で考えなさい」シアン・バイロック著)
110 Kensy Cooperrider, Elizabeth Wakefield, and Susan Goldin- Meadow, "More Than Meets the Eye: Gesture Changes Thought, Even Without Visual Feedback," paper presented at the 37th Annual Conference of the Cognitive Science Society, July 2015.
111 Kerry Ann Dickson and Bruce Warren Stephens, "It's All in the Mime: Actions Speak Louder Than Words When Teaching the Cranial Nerves," Anatomical Science Education 8 (November–December 2015): 584–92.
112 Manuela Macedonia, "Bringing Back the Body into the Mind: Gestures Enhance Word Learning in Foreign Language," Frontiers in Psychology 5 (December 2014).
113 Manuela Macedonia, "Learning a Second Language Naturally: The Voice Movement Icon Approach," Journal of Educational and Developmental Psychology 3 (September 2013): 102–16.
114 Manuela Macedonia, "Sensorimotor Enhancing of Verbal Memory Through 'Voice Movement Icons' During Encoding of Foreign Language" (PhD diss., University of Salzburg, 2003).
115 Manuela Macedonia et al., "Depth of Encoding Through Observed Gestures in Foreign Language Word Learning," Frontiers in Psychology 10 (January 2019).
116 Brian Mathias et al., "Motor Cortex Causally Contributes to Auditory Word Recognition Following Sensorimotor-Enriched Vocabulary Training," paper posted on ArXiv, May 2020.
117 "Kirsten Bergmann and Manuela Macedonia, "A Virtual Agent as Vocabulary Trainer: Iconic Gestures Help to Improve Learners' Memory Performance," paper presented at the 13th International Conference on Intelligent Virtual Agents, August 2013."
118 Manuela Macedonia, Kirsten Bergmann, and Friedrich Roithmayr, "Imitation of a Pedagogical Agent's Gestures Enhances Memory for Words in Second Language," Science Journal of Education 2 (2014): 162–69.
119 Susan Wagner Cook et al., "Hand Gesture and Mathematics Learning: Lessons from an Avatar," Cognitive Science 41 (March 2017): 518–35.
120 Goldin-Meadow et al., "Explaining Math." See also Raedy Ping and Susan Goldin-Meadow, "Gesturing Saves Cognitive Resources When Talking About Nonpresent Objects," Cognitive Science 34 (May 2010): 602–19.
121 Angela M. Kessell and Barbara Tversky, "Using Diagrams and Gestures to Think and Talk About Insight Problems," Proceedings of the Annual Meeting of the Cognitive Science Society 28 (2006).
122 ブレンダン・ジェフリーズへの著者によるインタビュー。

第4章　自然環境を使う

1 (ジャクソン・ポロックのニューヨーク・シティからロングアイランド島イーストエンドへの移転に関する記述の参照資料): Deborah Solomon, Jackson Pollock: A Biography (New York: Simon & Schuster, 1987); Jeffrey Potter, To a Violent Grave: An Oral Biography of Jackson Pollock (New York: G. P. Putnam, 1985); Lee F. Mindel, "Jackson Pollock and Lee Krasner's Long Island House and Studio," Architectural Digest, November 30, 2013; Ellen Maguire, "At Jackson Pollock's Hamptons House, a Life in Spatters," New York Times, July 14, 2006.
2 Audrey Flack, quoted in Maguire, "At Jackson Pollock's Hamptons House, a Life in Spatters."
3 Potter, To a Violent Grave, 81.
4 Gordon H. Orians and Judith H. Heerwagen, "Evolved Responses to Landscapes," in The Adapted Mind: Evolutionary Psychology and the Generation of Culture, ed. Jerome H. Barkow, Leda Cosmides, and John Tooby (New York: Oxford University Press, 1995), 555–79.
5 Neil E. Klepeis et al., "The National Human Activity Pattern Survey (NHAPS): A Resource for Assessing Exposure to Environmental Pollutants," Journal of Exposure Science & Environmental Epidemiology 11 (July 2001): 231–52.
6 F. Thomas Juster, Frank Stafford, and Hiromi Ono, "Changing Times of American Youth: 1981–2003," report produced by the Institute for Social Research, University of Michigan, January 2004.
7 Stephen R. Kellert et al., "The Nature of Americans: Disconnection and Recommendations for Reconnection," report produced April 2017.
8 Rhonda Clements, "An Investigation of the Status of Outdoor Play," Contemporary Issues in Early Childhood 5 (March 2004): 68–80.
9 United Nations, "2018 Revision of World Urbanization Prospects," report produced by the Population Division of the UN Department of Economic and Social Affairs, May 2018.
10 Central Park Conservancy, "About Us," https://www.centralparknyc.org/about.
11 Frederick Law Olmsted, quoted in Witold Rybczynski, A Clearing in the Distance: Frederick Law Olmsted and America in the 19th Century (New York: Simon & Schuster, 1999), 258.
12 Rybczynski, A Clearing in the Distance. See also John G. Mitchell, "Frederick Law Olmsted's Passion for Parks," National Geographic, March 2005.
13 Rybczynski, A Clearing in the Distance.
14 John D. Balling and John H. Falk, "Development of Visual Preference for Natural Environments," Environment and Behavior 14 (January 1982): 5–28. See also Mary Ann Fischer and Patrick E. Shrout, "Children's Liking of Landscape Paintings as a Function of Their Perceptions of Prospect, Refuge, and Hazard," Environment and Behavior 21 (May 2006): 373–93.
15 Jay Appleton, The Experience of Landscape (New York: John Wiley & Sons, 1977).(邦訳:「風景の経験 : 景観の美について」ジェイ・アップルトン著、菅野弘久訳、法政大学出版局2005年)
16 Andrew M. Szolosi, Jason M. Watson, and Edward J. Ruddell, "The Benefits of Mystery in Nature on Attention: Assessing the

78 Arne Nagels et al., "Hand Gestures Alert Auditory Cortices: Possible Impacts of Learning on Foreign Language Processing," in Positive Learning in the Age of Information, ed. Olga Zlatkin-Troitschanskaia, Gabriel Wittum, and Andreas Dengel (Wiesbaden: Springer VS, 2018), 53–66.

79 スペンサー・ケリーへの著者によるインタビュー。

80 Nicole Dargue and Naomi Sweller, "Two Hands and a Tale: When Gestures Benefit Adult Narrative Comprehension," Learning and Instruction 68 (August 2020).

81 Ruth Breckinridge Church, Philip Garber, and Kathryn Rogalski, "The Role of Gesture in Memory and Social Communication," Gesture 7 (July 2007): 137–58.

82 Ji Y. Son et al., "Exploring the Practicing-Connections Hypothesis: Using Gesture to Support Coordination of Ideas in Understanding a Complex Statistical Concept," Cognitive Research: Principles and Implications 3 (December 2018).

83 Zhongling Pi et al., "Instructors' Pointing Gestures Improve Learning Regardless of Their Use of Directed Gaze in Video Lectures," Computers & Education 128 (January 2019): 345–52.

84 Pi et al., "Instructors' Pointing Gestures Improve Learning Regardless of Their Use of Directed Gaze in Video Lectures."

85 Theodora Koumoutsakis, "Gesture in Instruction: Evidence from Live and Video Lessons," Journal of Nonverbal Behavior 40 (December 2016): 301–15.

86 Zhongling Pi et al., "All Roads Lead to Rome: Instructors' Pointing and Depictive Gestures in Video Lectures Promote Learning Through Different Patterns of Attention Allocation," Journal of Nonverbal Behavior 43 (July 2019): 549–59.

87 Koumoutsakis et al., "Gesture in Instruction."

88 Son et al., "Exploring the Practicing-Connections Hypothesis."

89 Jiumin Yang et al., "Instructors' Gestures Enhance Their Teaching Experience and Performance While Recording Video Lectures," Journal of Computer Assisted Learning 36 (April 2020): 189–98.

90 Susan Wagner Cook and Susan Goldin-Meadow, "The Role of Gesture in Learning: Do Children Use Their Hands to Change Their Minds?," Journal of Cognition and Development 7 (April 2006): 211–32.

91 Susan Goldin-Meadow, interviewed by Jaffe, "Giving Students a Hand."

92 Sara C. Broaders et al., "Making Children Gesture Brings Out Implicit Knowledge and Leads to Learning," Journal of Experimental Psychology: General 136 (November 2007): 539–50.

93 Chu and Kita, "The Nature of Gestures' Beneficial Role in Spatial Problem Solving."

94 Alice Cravotta, M. Grazia Busà, and Pilar Prieto, "Effects of Encouraging the Use of Gestures on Speech," Journal of Speech, Language, and Hearing Research 62 (September 2019): 3204–19.

95 Martha W. Alibali et al., "Students Learn More When Their Teacher Has Learned to Gesture Effectively," Gesture 13 (January 2013): 210–33.

96 Jillian E. Lauer, Eukyung Yhang, and Stella F. Lourenco, "The Development of Gender Differences in Spatial Reasoning: A Meta-Analytic Review," Psychological Bulletin 145 (June 2019): 537–65.

97 Stacy B. Ehrlich, Susan C. Levine, and Susan Goldin-Meadow, "The Importance of Gesture in Children's Spatial Reasoning," Developmental Psychology 42 (November 2006): 1259–68.

98 Raedy Ping et al., "Using Manual Rotation and Gesture to Improve Mental Rotation in Preschoolers," paper presented at the 33rd Annual Conference of the Cognitive Science Society, July 2011. See also Elizabeth M. Wakefield et al., "Breaking Down Gesture and Action in Mental Rotation: Understanding the Components of Movement That Promote Learning," Developmental Psychology 55 (May 2019): 981–93.

99 Carine Lewis, Peter Lovatt, and Elizabeth D. Kirk, "Many Hands Make Light Work: The Facilitative Role of Gesture in Verbal Improvisation," Thinking Skills and Creativity 17 (September 2015): 149–57.

100 Wolff-Michael Roth, "Making Use of Gestures, the Leading Edge in Literacy Development," in Crossing Borders in Literacy and Science Instruction: Perspectives on Theory and Practice, ed. Wendy Saul (Newark, DE: International Reading Association; and Arlington, VA: National Science Teachers Association, 2004), 48–70.

101 Andrew T. Stull et al., "Does Manipulating Molecular Models Promote Representation Translation of Diagrams in Chemistry?," paper presented at the International Conference on Theory and Application of Diagrams, August 2010. See also Lilian Pozzer-Ardenghi and Wolff-Michael Roth, "Photographs in Lectures: Gestures as Meaning-Making Resources," Linguistics and Education 15 (Summer 2004): 275–93.

102 Roth, "Gestures: Their Role in Teaching and Learning."

103 Roth, "Making Use of Gestures, the Leading Edge in Literacy Development."

104 Susan Goldin-Meadow, Debra Wein, and Cecilia Chang, "Assessing Knowledge Through Gesture: Using Children's Hands to Read Their Minds," Cognition and Instruction 9 (1992): 201–19.

105 Martha Wagner Alibali, Lucia M. Flevares, and Susan Goldin- Meadow, "Assessing Knowledge Conveyed in Gesture: Do Teachers Have the Upper Hand?," Journal of Educational Psychology 89 (March 1997): 183–93.

106 Spencer D. Kelly et al., "A Helping Hand in Assessing Children's Knowledge: Instructing Adults to Attend to Gesture," Cognition and Instruction 20 (2002): 1–26.

107 Goldin-Meadow, Hearing Gesture, 128.

108 Shamin Padalkar and Jayashree Ramadas, "Designed and Spontaneous Gestures in Elementary Astronomy Education," International Journal of Science Education 33 (August 2011): 1703–39.

50 Addison Stone, Rebecca Webb, and Shahrzad Mahootian, "The Generality of Gesture-Speech Mismatch as an Index of Transitional Knowledge: Evidence from a Control-of-Variables Task," Cognitive Development 6 (July–September 1991): 301–13.

51 Martha W. Alibali and Susan Goldin-Meadow, "Gesture- Speech Mismatch and Mechanisms of Learning: What the Hands Reveal About a Child's State of Mind," Cognitive Psychology 25 (October 1993): 468–523.

52 Raedy Ping et al., "Gesture-Speech Mismatch Predicts Who Will Learn to Solve an Organic Chemistry Problem," paper presented at the Annual Meeting of the American Educational Research Association, April 2012.

53 Martha W. Alibali et al., "Spontaneous Gestures Influence Strategy Choices in Problem Solving," Psychological Science 22 (September 2011): 1138–44.

54 Susan Goldin-Meadow, quoted in Eric Jaffe, "Giving Students a Hand: William James Lecturer Goldin-Meadow Shows the Importance of Gesture in Teaching," APS Observer, July 2004.

55 Martha W. Alibali, Sotaro Kita, and Amanda J. Young, "Gesture and the Process of Speech Production: We Think, Therefore We Gesture," Language and Cognitive Processes 15 (December 2000): 593–613.

56 Susan Goldin-Meadow, Hearing Gesture: How Our Hands Help Us Think (Cambridge: Belknap Press of Harvard University Press, 2003), 147. See also Autumn B. Hostetter, Martha W. Alibali, and Sotaro Kita, "I See It in My Hands' Eye: Representational Gestures Reflect Conceptual Demands," Language and Cognitive Processes 22 (April 2007): 313–36.

57 Wolff-Michael Roth, "From Gesture to Scientific Language," Journal of Pragmatics 32 (October 2000): 1683–1714.

58 Susan Goldin-Meadow et al., "Explaining Math: Gesturing Lightens the Load," Psychological Science 12 (November 2001): 516–22.

59 Wolff-Michael Roth, "Gestures: Their Role in Teaching and Learning," Review of Educational Research 71 (Fall 2001): 365–92.

60 Barbara Tversky, Mind in Motion: How Action Shapes Thought (New York: Basic Books, 2019), 125.（邦訳：『Mind in Motion：身体動作と空間が思考をつくる』バーバラ・トヴェルスキー著、渡会圭子訳、森北出版2020年）

61 Wolff-Michael Roth and Daniel Lawless, "Science, Culture, and the Emergence of Language," Science Education 86 (May 2002): 368–85.

62 Mingyuan Chu and Sotaro Kita, "The Nature of Gestures' Beneficial Role in Spatial Problem Solving," Journal of Experimental Psychology: General 140 (February 2011): 102–16.

63 Crowder, "Gestures at Work in Sense-Making Science Talk."

64 David DeLiema and Francis Steen, "Thinking with the Body: Conceptual Integration Through Gesture in Multiviewpoint Model Construction," in Language and the Creative Mind, ed. Michael Borkent, Barbara Dancygier, and Jennifer Hinnell (Stanford: CSLI Publications, 2013), 275–94.

65 Candace Walkington et al., "Being Mathematical Relations: Dynamic Gestures Support Mathematical Reasoning," paper presented at the 11th International Conference of the Learning Sciences, June 2014.

66 Kim A. Kastens, Shruti Agrawal, and Lynn S. Liben, "The Role of Gestures in Geoscience Teaching and Learning," Journal of Geoscience Education 56 (September 2008): 362–68.

67 L. Amaya Becvar, James D. Hollan, and Edwin Hutchins, "Hands as Molecules: Representational Gestures Used for Developing Theory in a Scientific Laboratory," Semiotica 156 (January 2005): 89–112.

68 Kinnari Atit et al., "Spatial Gestures Point the Way: A Broader Understanding of the Gestural Referent," paper presented at the 35th Annual Conference of the Cognitive Science Society, July–August 2013. See also Kinnari Atit, Thomas F. Shipley, and Basil Tipoff, "What Do a Geologist's Hands Tell You? A Framework for Classifying Spatial Gestures in Science Education," in Space in Mind: Concepts for Spatial Learning and Education, ed. Daniel R. Montello, Karl Grossner, and Donald G. Janelle (Cambridge: MIT Press, 2014), 173–94.

69 Kastens, Agrawal, and Liben, "The Role of Gestures in Geoscience Teaching and Learning."

70 Kinnari Atit, Kristin Gagnier, and Thomas F. Shipley, "Student Gestures Aid Penetrative Thinking," Journal of Geoscience Education 63 (February 2015): 66–72.

71 Lynn S. Liben, Adam E. Christensen, and Kim A. Kastens, "Gestures in Geology: The Roles of Spatial Skills, Expertise, and Communicative Context," paper presented at the 7th International Conference on Spatial Cognition, July 2010, referring to another study by the same authors: Lynn S. Liben, Kim A. Kastens, and Adam E. Christensen, "Spatial Foundations of Science Education: The Illustrative Case of Instruction on Introductory Geological Concepts," Cognition and Instruction 29 (January–March 2011): 45–87.

72 Liben, Christensen, and Kastens, "Gestures in Geology."

73 ミシェル・クックへの著者によるインタビュー。

74 Evguenia Malaia and Ronnie Wilbur, "Enhancement of Spatial Processing in Sign Language Users," in Space in Mind: Concepts for Spatial Learning and Education, ed. Daniel R. Montello, Karl Grossner, and Donald G. Janelle (Cambridge: MIT Press, 2014), 99–118. See also Karen Emmorey, Edward Klima, and Gregory Hickok, "Mental Rotation Within Linguistic and Non-Linguistic Domains in Users of American Sign Language," Cognition 68 (September 1998): 221–46.

75 Madeleine Keehner and Susan E. Gathercole, "Cognitive Adaptations Arising from Nonnative Experience of Sign Language in Hearing Adults," Memory & Cognition 35 (June 2007): 752–61.

76 Anthony Steven Dick et al., "Co-Speech Gestures Influence Neural Activity in Brain Regions Associated with Processing Semantic Information," Human Brain Mapping 30 (April 2009): 3509–26.

77 Spencer Kelly et al., "The Brain Distinguishes Between Gesture and Action in the Context of Processing Speech," paper presented at the 163rd Acoustical Society of America Meeting, May 2012.

in The Contextualization of Language, ed. Peter Auer and Aldo Di Luzio (Philadelphia: John Benjamins, 1992), 101–28.
19 Elaine M. Crowder, "Gestures at Work in Sense-Making Science Talk," Journal of the Learning Sciences 5 (1996), 173–208.
20 Mandana Seyfeddinipur and Sotaro Kita, "Gesture as an Indicator of Early Error Detection in Self-Monitoring of Speech," paper presented at the Disfluency in Spontaneous Speech Workshop, August 2001.
21 Frances H. Rauscher, Robert M. Krauss, and Yihsiu Chen, "Gesture, Speech, and Lexical Access: The Role of Lexical Movements in Speech Production," Psychological Science 7 (July 1996): 226–31.
22 Karen J. Pine, Hannah Bird, and Elizabeth Kirk, "The Effects of Prohibiting Gestures on Children's Lexical Retrieval Ability," Developmental Science 10 (November 2007): 747–54. See also Sheena Finlayson et al., "Effects of the Restriction of Hand Gestures on Disfluency," paper presented at the Disfluency in Spontaneous Speech Workshop, September 2003.
23 Donna Frick-Horbury and Robert E. Guttentag, "The Effects of Restricting Hand Gesture Production on Lexical Retrieval and Free Recall," American Journal of Psychology 111 (Spring 1998): 43–62.
24 Monica Bucciarelli et al., "Children's Creation of Algorithms: Simulations and Gestures," Journal of Cognitive Psychology 28 (2016): 297–318.
25 Martha W. Alibali and Sotaro Kita, "Gesture Highlights Perceptually Present Information for Speakers," Gesture 10 (January 2010): 3–28.
26 Núria Esteve-Gibert and Pilar Prietoba, "Infants Temporally Coordinate Gesture-Speech Combinations Before They Produce Their First Words," Speech Communication 57 (February 2014): 301–16.
27 Elizabeth Bates et al., "Vocal and Gestural Symbols at 13 Months," Merrill-Palmer Quarterly of Behavior and Development 26 (October 1980): 407–23.
28 Bari Walsh, "The Power of Babble," Harvard Gazette, July 2016.
29 Susan Goldin-Meadow et al., "Young Children Use Their Hands to Tell Their Mothers What to Say," Developmental Science 10 (November 2007): 778–85.
30 Jana M. Iverson and Susan Goldin-Meadow, "Gesture Paves the Way for Language Development," Psychological Science 16 (May 2005): 367–71. See also Seyda Ozçalişkan and Susan Goldin-Meadow, "Gesture Is at the Cutting Edge of Early Language Development," Cognition 96 (July 2005): B101–13.
31 Meredith L. Rowe and Susan Goldin-Meadow, "Early Gesture Selectively Predicts Later Language Learning," Developmental Science 12 (January 2009): 182–87.
32 Betty Hart and Todd R. Risley, Meaningful Differences in the Everyday Experience of Young American Children (Baltimore: Paul H. Brookes Publishing, 1995).
33 Roberta Michnick Golinkoff et al., "Language Matters: Denying the Existence of the 30-Million-Word Gap Has Serious Consequences," Child Development 90 (May 2019): 985–92.
34 Janellen Huttenlocher et al., "Sources of Variability in Children's Language Growth," Cognitive Psychology 61 (December 2010): 343–65.
35 Erika Hoff, "The Specificity of Environmental Influence: Socioeconomic Status Affects Early Vocabulary Development via Maternal Speech," Child Development 74 (October 2003): 1368–78.
36 Huttenlocher et al., "Sources of Variability in Children's Language Growth"; Hoff, "The Specificity of Environmental Influence."
37 Huttenlocher et al., "Sources of Variability in Children's Language Growth"; Hoff, "The Specificity of Environmental Influence." See also Meredith L. Rowe, "Child-Directed Speech: Relation to Socioeconomic Status, Knowledge of Child Development and Child Vocabulary Skill," Journal of Child Language 35 (February 2008): 185–205.
38 Meredith L. Rowe and Susan Goldin-Meadow, "Differences in Early Gesture Explain SES Disparities in Child Vocabulary Size at School Entry," Science 323 (February 2009): 951–53.
39 Betty Hart and Todd Risley, "The Early Catastrophe: The 30 Million Word Gap by Age 3," American Educator, Spring 2003.
40 Dorthe Bleses et al., "Early Productive Vocabulary Predicts Academic Achievement 10 Years Later," Applied Psycholinguistics 37 (November 2016): 1461–76.
41 Meredith L. Rowe and Kathryn A. Leech, "A Parent Intervention with a Growth Mindset Approach Improves Children's Early Gesture and Vocabulary Development," Developmental Science 22 (July 2019).
42 Eve Sauer LeBarton, Susan Goldin-Meadow, and Stephen Raudenbush, "Experimentally Induced Increases in Early Gesture Lead to Increases in Spoken Vocabulary," Journal of Cognitive Development 16 (2015): 199–220.
43 Susan W. Goodwyn, Linda P. Acredolo, and Catherine A. Brown, "Impact of Symbolic Gesturing on Early Language Development," Journal of Nonverbal Behavior 24 (June 2000): 81–103.
44 Rowe and Leech, "A Parent Intervention with a Growth Mindset Approach Improves Children's Early Gesture and Vocabulary Development."
45 Susan Goldin-Meadow, Martha W. Alibali, and Ruth Breckinridge Church, "Transitions in Concept Acquisition: Using the Hand to Read the Mind," Psychological Review 100 (April 1993): 279–97.
46 Jean Piaget, The Child's Conception of Number (New York: W. W. Norton and Company, 1965).
47 Church and Goldin-Meadow, "The Mismatch Between Gesture and Speech as an Index of Transitional Knowledge."
48 Church and Goldin-Meadow, "The Mismatch Between Gesture and Speech as an Index of Transitional Knowledge."
49 Michelle Perry, Ruth Breckinridge Church, and Susan Goldin-Meadow, "Transitional Knowledge in the Acquisition of Concepts," Cognitive Development 3 (October 1988): 359–400.

(November 2012): 625–29. See also Shu Imaizumi, Ubuka Tagami, and Yi Yang, "Fluid Movements Enhance Creative Fluency: A Replication of Slepian and Ambady (2012)," paper posted on PsyArXiv, March 2020.

105 Marily Oppezzo and Daniel L. Schwartz, "Give Your Ideas Some Legs: The Positive Effect of Walking on Creative Thinking," Journal of Experimental Psychology: Learning, Memory, and Cognition 40 (July 2014): 1142–52.

106 Chun-Yu Kuo and Yei-Yu Yeh, "Sensorimotor-Conceptual Integration in Free Walking Enhances Divergent Thinking for Young and Older Adults," Frontiers in Psychology 7 (October 2016).

107 Friedrich Nietzsche, Twilight of the Idols (Oxford: Oxford University Press, 1998), 9.(邦訳:『偶像の黄昏』フリードリヒ・ニーチェ著)

108 Søren Kierkegaard, Søren Kierkegaard's Journals and Papers, vol. 5, ed. and trans. Howard V. Hong and Edna H. Hong (Bloomington: Indiana University Press, 1978), 412.

109 Ralph Waldo Emerson, The Topical Notebooks of Ralph Waldo Emerson, vol. 1, ed. Susan Sutton Smith (Columbia: University of Missouri Press, 1990), 260.

110 Jean-Jacques Rousseau, The Confessions of Jean-Jacques Rousseau (London: Reeves and Turner, 1861), 343.(邦訳:『告白』ジャン・ジャック・ルソー著)

111 Michel de Montaigne, The Essays: A Selection, ed. and trans. M. A. Screech (New York: Penguin Books, 1987), 304.

112 Rebecca Solnit, Wanderlust: A History of Walking (New York: Penguin Books, 2000).(邦訳:『ウォークス : 歩くことの精神史』レベッカ・ソルニット著、東辻賢治郎訳、左右社2017年)

113 Henry David Thoreau, "Walking," Atlantic Monthly 9 (June 1862): 657–74.

114 Henry David Thoreau, A Year in Thoreau's Journal: 1851 (New York: Penguin Books, 1993).

第3章　ジェスチャーを使う

1 Gabriel Hercule, "HUDlog — Demo Day Pitch," video posted on YouTube, January 25, 2018, https://www.youtube.com/watch?v =dbBemSKGPbM.

2 Geoffrey Beattie and Heather Shovelton, "An Experimental Investigation of the Role of Different Types of Iconic Gesture in Communication: A Semantic Feature Approach," Gesture 1 (January 2001): 129–49.

3 Rowena A. E. Viney, Jean Clarke, and Joep Cornelissen, "Making Meaning from Multimodality: Embodied Communication in a Business Pitch Setting," in The SAGE Handbook of Qualitative Business and Management Research Methods, ed. Catherine Cassell, Ann L. Cunliffe, and Gina Grandy (Thousand Oaks, CA: Sage Publications, 2017), 193–214.

4 Nicole Torres, "When You Pitch an Idea, Gestures Matter More Than Words," Harvard Business Review, May–June 2019.

5 Joep P. Cornelissen, Jean S. Clarke, and Alan Cienki, "Sensegiving in Entrepreneurial Contexts: The Use of Metaphors in Speech and Gesture to Gain and Sustain Support for Novel Business," International Small Business Journal: Researching Entrepreneurship 30 (April 2012): 213–41.

6 Alan Cienki, Joep P. Cornelissen, and Jean Clarke, "The Role of Human Scale, Embodied Metaphors/Blends in the Speech and Gestures of Entrepreneurs," paper presented at the 9th Conference on Conceptual Structure, Discourse, and Language, October 2008.

7 Francesco Ianì and Monica Bucciarelli, "Mechanisms Underlying the Beneficial Effect of a Speaker's Gestures on the Listener," Journal of Memory and Language 96 (October 2017): 110–21.

8 Ruben van Werven, Onno Bouwmeester, and Joep P. Cornelissen, "Pitching a Business Idea to Investors: How New Venture Founders Use Micro-Level Rhetoric to Achieve Narrative Plausibility," International Small Business Journal: Researching Entrepreneurship 37 (May 2019): 193–214.

9 Van Werven, Bouwmeester, and Cornelissen, "Pitching a Business Idea to Investors."

10 Jean S. Clarke, Joep P. Cornelissen, and Mark P. Healey, "Actions Speak Louder Than Words: How Figurative Language and Gesturing in Entrepreneurial Pitches Influences Investment Judgments," Academy of Management Journal 62 (April 2019): 335–60.

11 フレデリック・ミシュキンへの著者によるインタビュー。

12 Michael A. Arbib, Katja Liebal, and Simone Pika, "Primate Vocalization, Gesture, and the Evolution of Human Language," Current Anthropology 49 (December 2008): 1053–76. See also Erica A. Cartmill, Sian Beilock, and Susan Goldin-Meadow, "A Word in the Hand: Action, Gesture and Mental Representation in Humans and Non-Human Primates," Philosophical Transactions of the Royal Society B: Biological Sciences 367 (January 2012): 129–43.

13 Spencer D. Kelly et al., "Offering a Hand to Pragmatic Understanding: The Role of Speech and Gesture in Comprehension and Memory," Journal of Memory and Language 40 (May 1999): 577–92.

14 Jean A. Graham and Michael Argyle, "A Cross-Cultural Study of the Communication of Extra-Verbal Meaning by Gestures," International Journal of Psychology 10 (February 1975): 57–67.

15 Susan Goldin-Meadow, "Gesture and Cognitive Development," in Handbook of Child Psychology and Developmental Science: Cognitive Processes, ed. Lynn S. Liben, Ulrich Müller, and Richard M. Lerner (Hoboken, NJ: John Wiley & Sons, 2015), 339–80.

16 Susan Goldin-Meadow and Catherine Momeni Sandhofer, "Gestures Convey Substantive Information About a Child's Thoughts to Ordinary Listeners," Developmental Science 2 (December 1999): 67–74. See also Ruth Breckinridge Church and Susan Goldin-Meadow, "The Mismatch Between Gesture and Speech as an Index of Transitional Knowledge," Cognition 23 (June 1986): 43–71.

17 David McNeill, Justine Cassell, and Karl-Erik Mc-Cullough, "Communicative Effects of Speech-Mismatched Gestures," Research on Language and Social Interaction 27 (1994): 223–37.

18 Christian Heath, "Gesture's Discrete Tasks: Multiple Relevancies in Visual Conduct and in the Contextualization of Language,"

Strategies: Theories, Interventions, and Technologies, ed. Danielle S. McNamara (Mahwah, NJ: Psychology Press, 2007), 221–40.
75 Arthur Glenberg et al., "Improving Reading to Improve Math," Scientific Studies of Reading 16 (July 2012): 316–40.
76 Ayelet Segal, John Black, and Barbara Tversky, "Do Gestural Interfaces Promote Thinking? Congruent Gestures Promote Performance in Math," paper presented at the 51st Annual Meeting of the Psychonomic Society, November 2010. See also John B. Black et al., "Embodied Cognition and Learning Environment Design," in Theoretical Foundations of Learning Environments, ed. Susan Land and David Jonassen (New York: Routledge, 2012), 198–223.
77 Adam K. Dubé and Rhonda N. McEwen, "Do Gestures Matter? The Implications of Using Touchscreen Devices in Mathematics Instruction," Learning and Instruction 40 (December 2015): 89–98.
78 David Hestenes and Malcolm Wells, "Force Concept Inventory," The Physics Teacher 30 (March 1992): 141–58.
79 Carl Wieman, "The 'Curse of Knowledge,' or Why Intuition About Teaching Often Fails," American Physical Society News 16 (November 2017). See also Edward F. Redish, Jeffery M. Saul, and Richard N. Steinberg, "Student Expectations in Introductory Physics," American Journal of Physics 66 (October 1998): 212–24.
80 Daniel L. Schwartz and Tamara Black, "Inferences Through Imagined Actions: Knowing by Simulated Doing," Journal of Experimental Psychology: Learning, Memory, and Cognition 25 (January 1999): 1–21.
81 Carly Kontra et al., "Physical Experience Enhances Science Learning," Psychological Science 26 (June 2015): 737–49.
82 Dor Abrahamson and Raúl Sánchez-García, "Learning Is Moving in New Ways: The Ecological Dynamics of Mathematics Education," Journal of the Learning Sciences 25 (2016): 203–39.
83 Elinor Ochs, Patrick Gonzales, and Sally Jacoby, " 'When I Come Down I'm in the Domain State': Grammar and Graphic Representation in the Interpretive Activity of Physicists," in Interaction and Grammar, ed. Elinor Ochs, Emanuel A. Schegloff, and Sandra A. Thompson (Cambridge: Cambridge University Press, 1996), 328–69.
84 Walter Isaacson, "The Light-Beam Rider," New York Times, October 30, 2015.
85 Albert Einstein, quoted in Leopold Infeld, Albert Einstein. His Work and Its Influence on Our World (New York: Scribner, 1961), 312.(邦訳:『アインシュタインの世界:物理学の革命(ブルーバックス)』L・インフェルト著、武谷三男・篠原正瑛訳、講談社1975年)
86 Albert Einstein, quoted in Jacques Hadamard, The Mathematician's mind: The Psychology of Invention in the Mathematical Field (Princeton: Princeton University Press, 1945), 143.
87 Barbara McClintock, quoted in Euelyn Fox keller, A Feeling for the Organism: The Life and Work of Barbara McClintock (New York: Henry Holt, 1983), 117.(邦訳:『動く遺伝子:トウモロコシとノーベル賞』エブリン・フォックス・ケラー 著、石館三枝子・石館康平訳、晶文社1987年)
88 Jonas Salk, Anatomy of Reality: Merging of Intuition and Reason (New York: Columbia University Press, 1983), 7.
89 Susan Gerofsky, "Approaches to Embodied Learning in Mathematics," in Handbook of International Research in Mathematics Education, ed. Lyn D. English and David Kirshner (New York: Routledge, 2016), 60–97.
90 Jie Sui and Glyn W. Humphreys, "The Integrative Self: How Self-Reference Integrates Perception and Memory," Trends in Cognitive Sciences 19 (December 2015): 719–28.
91 Firat Soylu et al., "Embodied Perspective Taking in Learning About Complex Systems," Journal of Interactive Learning Research 28 (July 2017): 269–03. See also David J. DeLiema et al., "Learning Science by Being You, Being It, Being Both," in Proceedings of the 10th International Conference of the Learning Sciences: Future of Learning, vol. 2, ed. Peter Freebody et al. (Sydney: University of Sydney, 2012), 102–3.
92 Rachel E. Scherr et al., "Negotiating Energy Dynamics Through Embodied Action in a Materially Structured Environment," Physical Review 9 (July 2013).
93 レイチェル・シェアーへの著者によるインタビュー。
94 Joseph P. Chinnici, Joyce W. Yue, and Kieron M. Torres, "Students as 'Human Chromosomes' in Role-Playing Mitosis & Meiosis," The American Biology Teacher 66 (2004): 35–39.
95 Ted Richards, "Using Kinesthetic Activities to Teach Ptolemaic and Copernican Retrograde Motion," Science & Education 21 (2012): 899–910.
96 Pauline M. Ross, Deidre A. Tronson, and Raymond J. Ritchie, "Increasing Conceptual Understanding of Glycolysis & the Krebs Cycle Using Role-Play," The American Biology Teacher 70 (March 2008): 163–68.
97 Diana Sturges, Trent W. Maurer, and Oladipo Cole, "Understanding Protein Synthesis: A Role-Play Approach in Large Undergraduate Human Anatomy and Physiology Classes," Advances in Physiology Education 33 (June 2009): 103–10.
98 Carmen J. Petrick and H. Taylor Martin, "Learning Mathematics: You're It vs. It's It," in Proceedings of the 10th International Conference of the Learning Sciences: Future of Learning, vol. 2, ed. Peter Freebody et al. (Sydney: University of Sydney, 2012), 101–2.
99 Carmen Smith and Candace Walkington, "Four Principles for Designing Embodied Mathematics Activities," Australian Mathematics Education Journal 1 (2019): 16–20.
100 Carmen Petrick Smith, "Body-Based Activities in Secondary Geometry: An Analysis of Learning and Viewpoint," Social Science and Mathematics 118 (May 2018): 179–89.
101 Sian L. Beilock, How the Body Knows Its Mind (New York: Atria Books, 2015), 69–70.(邦訳:『「首から下」で考えなさい』シアン・バイロック著、薩摩美知子訳、サンマーク出版2015年)
102 Angela K.-y. Leung et al., "Embodied Metaphors and Creative 'Acts,' " Psychological Science 23 (May 2012): 502–9.
103 Leung et al., "Embodied Metaphors and Creative 'Acts.' "
104 Michael L. Slepian and Nalini Ambady, "Fluid Movement and Creativity," Journal of Experimental Psychology: General 141

46 Murakami, What I Talk About When I Talk About Running, 16–17.(原書:「走ることについて語るときに僕の語ること」村上春樹著)

47 Arne Dietrich, “Transient Hypofrontality as a Mechanism for the Psychological Effects of Exercise,” Psychiatry Research 145 (November 2006): 79–83. See also Arne Dietrich and Michel Audiffren, “The Reticular-Activating Hypofrontality (RAH) Model of Acute Exercise,” Neuroscience & Biobehavioral Reviews 35 (May 2011): 1305–25.

48 Evangelia G. Chrysikou, “Creativity In and Out of (Cognitive) Control,” Current Opinion in Behavioral Sciences 27 (June 2019): 94–99.

49 Arne Dietrich and Laith Al-Shawaf, “The Transient Hypofrontality Theory of Altered States of Consciousness,” Journal of Consciousness Studies 25 (2018): 226–47. See also Arne Dietrich, “Functional Neuroanatomy of Altered States of Consciousness: The Transient Hypofrontality Hypothesis,” Consciousness and Cognition 12 (June 2003): 231–56.

50 Chun-Chih Wang, “Executive Function During Acute Exercise: The Role of Exercise Intensity,” Journal of Sport and Exercise Psychology 35 (August 2013): 358–67.

51 Jacqueline M. Del Giorno et al., “Cognitive Function During Acute Exercise: A Test of the Transient Hypofrontality Theory,” Journal of Sport and Exercise Psychology 32 (June 2010): 312–23.

52 Kathryn Schulz, “What We Think About When We Run,” The New Yorker, November 3, 2015.

53 For a review, see Lawrence W. Barsalou, “Grounded Cognition,” Annual Review of Psychology 59 (January 2008): 617–45.

54 James Bigelow and Amy Poremba, “Achilles' Ear? Inferior Human Short-Term and Recognition Memory in the Auditory Modality,” PLoS One 9 (2014).

55 Ilaria Cutica, Francesco Ianì, and Monica Bucciarelli, “Learning from Text Benefits from Enactment,” Memory & Cognition 42 (May 2014): 1026–37. See also Christopher R. Madan and Anthony Singhal, “Using Actions to Enhance Memory: Effects of Enactment, Gestures, and Exercise on Human Memory,” Frontiers in Psychology 3 (November 2012).

56 Manuela Macedonia and Karsten Mueller, “Exploring the Neural Representation of Novel Words Learned Through Enactment in a Word Recognition Task,” Frontiers in Psychology 7 (June 2016).

57 Lars-Göran Nilsson, “Remembering Actions and Words,” in The Oxford Handbook of Memory, ed. Endel Tulving and Fergus I. M. Craik (New York: Oxford University Press, 2000), 137–48.

58 Helga Noice and Tony Noice, “What Studies of Actors and Acting Can Tell Us About Memory and Cognitive Functioning,” Current Directions in Psychological Science 15 (February 2006): 14–18.

59 Helga Noice and Tony Noice, “Long-Term Retention of Theatrical Roles,” Memory 7 (May 1999): 357–82.

60 Actor, quoted in Helga Noice, “Elaborative Memory Strategies of Professional Actors,” Applied Cognitive Psychology 6 (September–October 1992): 417–27.

61 Helga Noice, Tony Noice, and Cara Kennedy, “Effects of Enactment by Professional Actors at Encoding and Retrieval,” Memory 8 (November 2000): 353–63.

62 A. R. Gurney, The Dining Room (New York: Dramatist Play Service, 1998), act 1.

63 Helga Noice et al., “Improving Memory in Older Adults by Instructing Them in Professional Actors' Learning Strategies,” Applied Cognitive Psychology 13 (August 1999): 315–28; Helga Noice, Tony Noice, and Graham Staines, “A Short-Term Intervention to Enhance Cognitive and Affective Functioning in Older Adults,” Journal of Aging and Health 16 (August 2004): 562–85; Tony Noice and Helga Noice, “A Theatrical Intervention to Lower the Risk of Alzheimer's and Other Forms of Dementia,” in The Routledge Companion to Theatre, Performance and Cognitive Science, ed. Rick Kemp and Bruce McConchie (New York: Routledge, 2019), 280–90.

64 Helga Noice and Tony Noice, “Learning Dialogue With and Without Movement,” Memory & Cognition 29 (September 2001): 820–27.

65 Helga Noice and Tony Noice, “The Non-Literal Enactment Effect: Filling in the Blanks,” Discourse Processes 44 (August 2007): 73–89.

66 Christopher Kent and Koen Lamberts, “The Encoding-Retrieval Relationship: Retrieval as Mental Simulation,” Trends in Cognitive Sciences 12 (March 2008): 92–98.

67 Elena Daprati, Angela Sirigu, and Daniele Nico, “Remembering Actions Without Proprioception,” Cortex 113 (April 2019): 29–36.

68 Noice and Noice, “The Non-Literal Enactment Effect.”

69 Sian L. Beilock et al., “Sports Experience Changes the Neural Processing of Action Language,” Proceedings of the National Academy of Sciences 105 (September 2008): 13269–73.

70 Tanja Link et al., “Walk the Number Line — An Embodied Training of Numerical Concepts,” Trends in Neuroscience and Education 2 (June 2013): 74–84. See also Margina Ruiter, Sofie Loyens, and Fred Paas, “Watch Your Step Children! Learning Two-Digit Numbers Through Mirror-Based Observation of Self-Initiated Body Movements,” Educational Psychology Review 27 (September 2015): 457–74.

71 Arthur M. Glenberg, “How Reading Comprehension Is Embodied and Why That Matters,” International Electronic Journal of Elementary Education 4 (2011): 5–18.

72 Arthur M. Glenberg et al., “Activity and Imagined Activity Can Enhance Young Children's Reading Comprehension,” Journal of Educational Psychology 96 (September 2004): 424–36.

73 Glenberg et al., “Activity and Imagined Activity Can Enhance Young Children's Reading Comprehension.” See also Arthur Glenberg, “Thinking with the Body,” Scientific American, March 3, 2008.

74 Arthur M. Glenberg et al., “What Brains Are For: Action, Meaning, and Reading Comprehension,” in Reading Comprehension

(December 2015).

24 Marianela Dornhecker et al., "The Effect of Stand-Biased Desks on Academic Engagement: An Exploratory Study," International Journal of Health Promotion and Education 53 (September 2015): 271–80.

25 Gregory Garrett et al., "Call Center Productivity over 6 Months Following a Standing Desk Intervention," IIE Transactions on Occupational Ergonomics and Human Factors 4 (July 2016): 188–95.

26 Dustin E. Sarver et al., "Hyperactivity in Attention-Deficit/Hyperactivity Disorder (ADHD): Impairing Deficit or Compensatory Behavior?," Journal of Abnormal Child Psychology 43 (April 2015): 1219–32.

27 Kerstin Mayer, Sarah Nicole Wyckoff, and Ute Strehl, "Underarousal in Adult ADHD: How Are Peripheral and Cortical Arousal Related?," Clinical EEG and Neuroscience 47 (July 2016): 171–79. See also Julia Geissler et al., "Hyperactivity and Sensation Seeking as Autoregulatory Attempts to Stabilize Brain Arousal in ADHD and Mania?," ADHD Attention Deficit and Hyperactivity Disorders 6 (July 2014): 159–73.

28 Tadeus A. Hartanto et al., "A Trial by Trial Analysis Reveals More Intense Physical Activity Is Associated with Better Cognitive Control Performance in Attention-Deficit/Hyperactivity Disorder," Child Neuropsychology 22 (2016): 618–26.

29 Michael Karlesky and Katherine Isbister, "Understanding Fidget Widgets: Exploring the Design Space of Embodied Self-Regulation," paper presented at the 9th Nordic Conference on Human-Computer Interaction, October 2016.

30 Katherine Isbister and Michael Karlesky, "Embodied Self-Regulation with Tangibles," paper presented at the 8th International Conference on Tangible, Embedded and Embodied Interaction, February 2014.

31 Katherine Isbister, quoted in Melissa Dahl, "Researchers Are Studying the Things People Fiddle With at Their Desks," New York Magazine, March 12, 2015.

32 Michael Karlesky and Katherine Isbister, "Designing for the Physical Margins of Digital Workspaces: Fidget Widgets in Support of Productivity and Creativity," paper presented at the 8th International Conference on Tangible, Embedded and Embodied Interaction, February 2014.

33 Alice M. Isen, "Positive Affect as a Source of Human Strength," in A Psychology of Human Strengths: Fundamental Questions and Future Directions for a Positive Psychology, ed. Lisa G. Aspinwall and Ursula M. Staudinger (Washington, DC: American Psychological Association, 2003), 179–95.

34 Jackie Andrade, "What Does Doodling Do?," Applied Cognitive Psychology 24 (2010): 100–106.

35 Karlesky and Isbister, "Understanding Fidget Widgets."

36 Kahneman, Thinking, Fast and Slow, 39–40.（邦訳：『ファスト&スロー』ダニエル・カーネマン著）

37 Matthew B. Pontifex et al., "A Primer on Investigating the After Effects of Acute Bouts of Physical Activity on Cognition," Psychology of Sport & Exercise 40 (January 2019): 1–22; Annese Jaffery, Meghan K. Edwards, and Paul D. Loprinzi, "The Effects of Acute Exercise on Cognitive Function: Solomon Experimental Design," Journal of Primary Prevention 39 (February 2018): 37–46; Charles H. Hillman, Nicole E. Logan, and Tatsuya T. Shigeta, "A Review of Acute Physical Activity Effects on Brain and Cognition in Children," Translational Journal of the American College of Sports Medicine 4 (September 2019): 132–36; Yu-Kai Chang et al., "The Effects of Acute Exercise on Cognitive Performance: A Meta-Analysis," Brain Research 1453 (May 2012): 87–101; Phillip D. Tomporowski, "Effects of Acute Bouts of Exercise on Cognition," Acta Psychologica 112 (March 2003): 297–324; Eveleen Sng, Emily Frith, and Paul D. Loprinzi, "Temporal Effects of Acute Walking Exercise on Learning and Memory Function," American Journal of Health Promotion 32 (September 2018): 1518–25. Paul D. Loprinzi et al., "The Temporal Effects of Acute Exercise on Episodic Memory Function: Systematic Review with Meta-Analysis," Brain Sciences 9 (April 2019); James T. Haynes 4th et al., "Experimental Effects of Acute Exercise on Episodic Memory Function: Considerations for the Timing of Exercise," Psychological Reports 122 (October 2019): 1744–54; Paul D. Loprinzi and Christy J. Kane, "Exercise and Cognitive Function: A Randomized Controlled Trial Examining Acute Exercise and Free-Living Physical Activity and Sedentary Effects," Mayo Clinic Proceedings 90 (April 2015): 450–60; Ai-Guo Chen et al., "Effects of Acute Aerobic Exercise on Multiple Aspects of Executive Function in Preadolescent Children," Psychology of Sport and Exercise 15 (November 2014): 627–36; and Julia C. Basso and Wendy A. Suzuki, "The Effects of Acute Exercise on Mood, Cognition, Neurophysiology, and Neurochemical Pathways: A Review," Brain Plasticity 2 (March 2017): 127–52.

38 Matthew T. Mahar, "Impact of Short Bouts of Physical Activity on Attention-to-Task in Elementary School Children," Preventive Medicine 52 (June 2011): S60–64.

39 Anneke G. van der Niet et al., "Effects of a Cognitively Demanding Aerobic Intervention During Recess on Children's Physical Fitness and Executive Functioning," Pediatric Exercise Science 28 (February 2018): 64–70.

40 Jennifer McMurrer, "NCLB Year 5: Choices, Changes, and Challenges: Curriculum and Instruction in the NCLB Era," report produced by the Center on Education Policy, December 2007.

41 Wendell C. Taylor, "Transforming Work Breaks to Promote Health," American Journal of Preventive Medicine 29 (December 2005): 461–65.

42 Pontifex et al., "A Primer on Investigating the After Effects of Acute Bouts of Physical Activity on Cognition."

43 Yanyun Zhou et al., "The Impact of Bodily States on Divergent Thinking: Evidence for a Control-Depletion Account," Frontiers in Psychology 8 (September 2017).

44 Haruki Murakami, What I Talk About When I Talk About Running: A Memoir (New York: Alfred A. Knopf, 2008), 48.（原書：『走ることについて語るときに僕の語ること』村上春樹著、文藝春秋2007年）

45 Haruki Murakami, "The Running Novelist," The New Yorker, June 2, 2008.

83 Coates, The Hour Between Dog and Wolf, 120.（邦訳：『トレーダーの生理学』ジョン・コーツ著）

84 Cassandra D. Gould van Praag et al., "HeartRater: Tools for the Evaluation of Interoceptive Dimensions of Experience," Psychosomatic Medicine 79 (May 2017).

85 "How doppel Works," post on feeldoppel.com, May 24, 2017, https://feeldoppel .com/pages/science.

86 Ruben T. Azevedo, "The Calming Effect of a New Wearable Device During the Anticipation of Public Speech," Scientific Reports 7 (May 2017).

87 Manos Tsakiris, "Investigating the Effect of doppel on Alertness," working paper.

88 Manos Tskakiris, quoted in "Wearing a Heart on Your Sleeve: New Research Shows That a Tactile Heartbeat Significantly Reduces Stress," post on the website of Royal Holloway, University of London, October 18, 2018, https://www.royalholloway .ac .uk/research-and-teaching/departments-and-schools/psychology/news/wearing-a-heart-on-your-sleeve/ .

89 Derek Parfit, Reasons and Persons (Oxford: Oxford University Press, 1984), ix.（邦訳：『理由と人格：非人格性の倫理へ』デレク・パーフィット著、森村進訳、勁草書房1998年）

90 A. D. (Bud) Craig, How Do You Feel? An Interoceptive Moment with Your Neurobiological Self (Princeton: Princeton University Press, 2014), xvii, 182.

第2章　動きを使う

1 Jeff Fidler, interviewed by Sanjay Gupta, "Exercising at Work," CNN, July 7, 2007.

2 Jeff L. Fidler et al., "Feasibility of Using a Walking Workstation During CT Image Interpretation," Journal of the American College of Radiology 5 (November 2008): 1130–36.

3 Amee A. Patel et al., "Walking While Working: A Demonstration of a Treadmill-Based Radiologist Workstation," paper presented at the Radiological Society of North America Scientific Assembly and Annual Meeting, February 2008.

4 Cody R. Johnson et al., "Effect of Dynamic Workstation Use on Radiologist Detection of Pulmonary Nodules on CT," Journal of the American College of Radiology 16 (April 2019): 451–57.

5 Liyu Cao and Barbara Händel, "Walking Enhances Peripheral Visual Processing in Humans," PLoS Biology 17 (October 2019). See also Liyu Cao and Barbara Händel, "Increased Influence of Periphery on Central Visual Processing in Humans During Walking," bioRxiv (January 2018).

6 Tom Bullock et al., "Acute Exercise Modulates Feature-Selective Responses in Human Cortex," Journal of Cognitive Neuroscience 29 (April 2017): 605–18. See also Tom Bullock, Hubert Cecotti, and Barry Giesbrecht, "Multiple Stages of Information Processing Are Modulated During Acute Bouts of Exercise," Neuroscience 307 (October 2015): 138–50.

7 Fernando Gomez-Pinilla and Charles Hillman, "The Influence of Exercise on Cognitive Abilities," Comprehensive Physiology 3 (January 2013): 403–28.

8 David A. Raichlen and John D. Polk, "Linking Brains and Brawn: Exercise and the Evolution of Human Neurobiology," Proceedings of the Royal Society of London B: Biological Sciences 280 (January 2013).

9 Raichlen and Polk, "Linking Brains and Brawn."

10 David A. Raichlen and Gene E. Alexander, "Adaptive Capacity: An Evolutionary Neuroscience Model Linking Exercise, Cognition, and Brain Health," Trends in Neurosciences 40 (July 2017): 408–21.

11 Raichlen and Alexander, "Adaptive Capacity."

12 Ian J. Wallace, Clotilde Hainline, and Daniel E. Lieberman, "Sports and the Human Brain: An Evolutionary Perspective," in Handbook of Clinical Neurology, vol. 158, Sports Neurology, ed. Brian Hainline and Robert A. Stern (Amsterdam: Elsevier, 2018), 3–10.

13 David A. Raichlen et al., "Physical Activity Patterns and Biomarkers of Cardiovascular Disease Risk in Hunter-Gatherers," American Journal of Human Biology 29 (March–April 2017).

14 Robert Feld, "Re: 'Walking Workstations: Ambulatory Medicine Redefined,' " Journal of the American College of Radiology 6 (March 2009): 213.

15 Karl E. Minges et al., "Classroom Standing Desks and Sedentary Behavior: A Systematic Review," Pediatrics 137 (February 2016).

16 Stacy A. Clemes et al., "Sitting Time and Step Counts in Office Workers," Occupational Medicine 64 (April 2014): 188–92.

17 Andy Clark, Being There: Putting Brain, Body, and World Together Again (Cambridge: MIT Press, 1998), 35.（邦訳：『現れる存在：脳と身体と世界の再統合』アンディ・クラーク著、池上高志・森本元太郎監訳、早川書房2021年）

18 Mireya Villarreal, "California School Becomes First to Lose Chairs for Standing Desks," CBS News, October 12, 2015.

19 Maureen Zink, quoted in Juliet Starrett, "Eight Reasons Why Kids Should Stand at School," Medium, June 3, 2019.

20 Roy F. Baumeister and Kathleen D. Vohs, "Willpower, Choice, and Self-Control," in Time and Decision: Economic and Psychological Perspectives on Intertemporal Choice, ed. George Loewenstein, Daniel Read, and Roy Baumeister (New York: Russell Sage Foundation, 2003), 201–16. See also Joel S. Warm, Raja Parasuraman, and Gerald Matthews, "Vigilance Requires Hard Mental Work and Is Stressful," Human Factors 50 (June 2008): 433–41.

21 Christine Langhanns and Hermann Müller, "Effects of Trying 'Not to Move' Instruction on Cortical Load and Concurrent Cognitive Performance," Psychological Research 82 (January 2018): 167–76.

22 James A. Levine, Sara J. Schleusner, and Michael D. Jensen, "Energy Expenditure of Nonexercise Activity," American Journal of Clinical Nutrition 72 (December 2000): 1451–54.

23 Ranjana K. Mehta, Ashley E. Shortz, and Mark E. Benden, "Standing Up for Learning: A Pilot Investigation on the Neurocognitive Benefits of Stand-Biased School Desks," International Journal of Environmental Research and Public Health 13

51 Martin P. Paulus et al., "A Neuroscience Approach to Optimizing Brain Resources for Human Performance in Extreme Environments," Neuroscience & Biobehavioral Reviews 33 (July 2009): 1080–88.

52 Haase et al., "When the Brain Does Not Adequately Feel the Body."

53 Amishi P. Jha et al., "Practice Is Protective: Mindfulness Training Promotes Cognitive Resilience in High-Stress Cohorts," Mindfulness (February 2017): 46–58.

54 Elizabeth A. Stanley, Widen the Window: Training Your Brain and Body to Thrive During Stress and Recover from Trauma (New York: Avery, 2019), 5.

55 Elizabeth A. Stanley, "Mindfulness-Based Mind Fitness Training (MMFT): An Approach for Enhancing Performance and Building Resilience in High Stress Contexts," in The Wiley Blackwell Handbook of Mindfulness, ed. Amanda Ie, Christelle T. Ngnoumen, and Ellen J. Langer (Malden, MA: John Wiley & Sons, 2014), 964–85.

56 Amishi P. Jha et al., "Minds 'At Attention': Mindfulness Training Curbs Attentional Lapses in Military Cohorts," PLoS One 10 (February 2015).

57 Amishi P. Jha et al., "Short-Form Mindfulness Training Protects Against Working Memory Degradation over High-Demand Intervals," Journal of Cognitive Enhancement 1 (June 2017): 154–71.

58 Stanley, Widen the Window, 284–91.

59 Stanley, "Mindfulness-Based Mind Fitness Training (MMFT)."

60 Lisa Feldman Barrett et al., "Interoceptive Sensitivity and Self-Reports of Emotional Experience," Journal of Personality and Social Psychology 87 (November 2004): 684–97. See also Beate M. Herbert, Olga Pollatos, and Rainer Schandry, "Interoceptive Sensitivity and Emotion Processing: An EEG Study," International Journal of Psychophysiology 65 (September 2007): 214–27.

61 Anne Kever et al., "Interoceptive Sensitivity Facilitates Both Antecedent- and Response-Focused Emotion Regulation Strategies," Personality and Individual Differences 87 (December 2015): 20–23.

62 William James, "What Is an Emotion?," Mind 9 (April 1884): 188–205.

63 Barrett, How Emotions Are Made. See also Lisa Feldman Barrett, "The Theory of Constructed Emotion: An Active Inference Account of Interoception and Categorization," Social Cognitive and Affective Neuroscience 12 (January 2017): 1–23.

64 Alison Wood Brooks, "Get Excited: Reappraising Pre-Performance Anxiety as Excitement," Journal of Experimental Psychology: General 143 (June 2014): 1144–58.

65 Alia J. Crum, Peter Salovey, and Shawn Achor, "Rethinking Stress: The Role of Mindsets in Determining the Stress Response," Journal of Personality and Social Psychology 104 (April 2013): 716–33.

66 Jeremy P. Jamieson et al., "Turning the Knots in Your Stomach into Bows: Reappraising Arousal Improves Performance on the GRE," Journal of Experimental Social Psychology 46 (January 2010): 208–12.

67 Rachel Pizzie et al., "Neural Evidence for Cognitive Reappraisal as a Strategy to Alleviate the Effects of Math Anxiety," paper posted on PsyArXiv, March 2019.

68 Jürgen Füstös et al., "On the Embodiment of Emotion Regulation: Interoceptive Awareness Facilitates Reappraisal," Social Cognitive and Affective Neuroscience 8 (December 2013): 911–17.

69 Brooks, "Get Excited."

70 Adrienne Wood et al., "Fashioning the Face: Sensorimotor Simulation Contributes to Facial Expression Recognition," Trends in Cognitive Sciences 20 (March 2016): 227–40.

71 David T. Neal and Tanya L. Chartrand, "Embodied Emotion Perception: Amplifying and Dampening Facial Feedback Modulates Emotion Perception Accuracy," Social Psychological and Personality Science 2 (April 2011): 673–78.

72 Vivien Ainley, Marcel Brass, and Manos Tsakiris, "Heartfelt Imitation: High Interoceptive Awareness Is Linked to Greater Automatic Imitation," Neuropsychologia 60 (July 2014): 21–28.

73 Yuri Terasawa et al., "Interoceptive Sensitivity Predicts Sensitivity to the Emotions of Others," Cognition & Emotion 28 (February 2014): 1435–48. See also Punit Shah, Caroline Catmur, and Geoffrey Bird, "From Heart to Mind: Linking Interoception, Emotion, and Theory of Mind," Cortex 93 (August 2017): 220–23.

74 Delphine Grynberg and Olga Pollatos, "Perceiving One's Body Shapes Empathy," Physiology & Behavior 140 (March 2015): 54–60.

75 Irene Messina et al., "Somatic Underpinnings of Perceived Empathy: The Importance of Psychotherapy Training," Psychotherapy Research 23 (March 2013): 169–77.

76 Psychotherapist, quoted in Robert Shaw, "The Embodied Psychotherapist: An Exploration of the Therapists' Somatic Phenomena Within the Therapeutic Encounter," Psychotherapy Research 14 (August 2006): 271–88.

77 Susie Orbach, "The John Bowlby Memorial Lecture: The Body in Clinical Practice, Part One and Part Two," in Touch: Attachment and the Body, ed. Kate White (New York: Routledge, 2019), 17–48.

78 Andrew J. Arnold, Piotr Winkielman, and Karen Dobkins, "Interoception and Social Connection," Frontiers in Psychology 10 (November 2019).

79 Tomoko Isomura and Katsumi Watanabe, "Direct Gaze Enhances Interoceptive Accuracy," Cognition 195 (February 2020). See also Matias Baltazar et al., "Eye Contact Elicits Bodily Self-Awareness in Human Adults," Cognition 133 (October 2014): 120–27.

80 Nesrine Hazem et al., "Social Contact Enhances Bodily Self-Awareness," Scientific Reports 8 (March 2018).

81 Arnold, Winkielman, and Dobkins, "Interoception and Social Connection." See also Caroline Durlik and Manos Tsakiris, "Decreased Interoceptive Accuracy Following Social Exclusion," International Journal of Psychophysiology 96 (April 2015), 57–63.

82 Arnold, Winkielman, and Dobkins, "Interoception and Social Connection."

Bantam Books, 2013), 88, 95–97.(邦訳:「マインドフルネスストレス低減法」J・カバットジン著、春木豊訳、北大路書房2007年)

23 Matthew D. Lieberman et al., “Subjective Responses to Emotional Stimuli During Labeling, Reappraisal, and Distraction,” Emotion 11 (June 2011): 468–80.

24 Andrea N. Niles et al., “Affect Labeling Enhances Exposure Effectiveness for Public Speaking Anxiety,” Behaviour Research and Therapy 68 (May 2015): 27–36.

25 Uwe Herwig et al., “Self-Related Awareness and Emotion Regulation,” Neuroimage 50 (April 2010): 734–41. See also Matthew D. Lieberman et al., “Putting Feelings into Words: Affect Labeling Disrupts Amygdala Activity in Response to Affective Stimuli,” Psychological Science 18 (May 2007): 421–28.

26 Herwig et al., “Self-Related Awareness and Emotion Regulation.”

27 Niles et al., “Affect Labeling Enhances Exposure Effectiveness for Public Speaking Anxiety.”

28 Todd B. Kashdan, Lisa Feldman Barrett, and Patrick E. McKnight, “Unpacking Emotion Differentiation: Transforming Unpleasant Experience by Perceiving Distinctions in Negativity,” Current Directions in Psychological Science 24 (February 2015): 10–16.

29 Jeremy A. Yip et al., “Follow Your Gut? Emotional Intelligence Moderates the Association Between Physiologically Measured Somatic Markers and Risk-Taking,” Emotion 20 (April 2019): 462–72.

30 Aleksandra Herman et al., “Interoceptive Accuracy Predicts Nonplanning Trait Impulsivity,” Psychophysiology 56 (June 2019).

31 Gary E. Bolton and Rami Zwick, “Anonymity Versus Punishment in Ultimatum Bargaining,” Games and Economic Behavior 10 (July 1995): 95–121.

32 Ulrich Kirk, Jonathan Downar, and P. Read Montague, “Interoception Drives Increased Rational Decision-Making in Meditators Playing the Ultimatum Game,” Frontiers in Neuroscience 5 (April 2011).

33 Kirk, Downar, and Montague, “Interoception Drives Increased Rational Decision-Making in Meditators Playing the Ultimatum Game.”

34 Kahneman, Thinking, Fast and Slow.(邦訳:「ファスト&スロー」ダニエル・カーネマン著)

35 Mark Fenton-O’Creevy et al., “Thinking, Feeling and Deciding: The Influence of Emotions on the Decision Making and Performance of Traders,” Journal of Organizational Behavior 32 (November 2011): 1044–61. See also Mark Fenton-O’Creevy, “ ‘The Heart Has Its Reasons’: Emotions and Cognition in the World of Finance,” Financial World, February 2015.

36 Financial trader, quoted in Shalini Vohra and Mark Fenton-O’Creevy, “Intuition, Expertise and Emotion in the Decision Making of Investment Bank Traders,” in Handbook of Research Methods on Intuition, ed. Marta Sinclair (Northampton: Edward Elgar Publishing, 2014), 88–98.

37 Mark Fenton-O’Creevy et al., “Emotion Regulation and Trader Expertise: Heart Rate Variability on the Trading Floor,” Journal of Neuroscience, Psychology, and Economics 5 (November 2012): 227–37.

38 Vohra and Fenton-O’Creevy, “Intuition, Expertise and Emotion in the Decision Making of Investment Bank Traders.”

39 Mark Fenton-O’Creevy et al., “A Learning Design to Support the Emotion Regulation of Investors,” paper presented at the OECD-SEBI International Conference on Investor Education, February 2012.

40 Mark Fenton-O’Creevy et al., “A Game Based Approach to Improve Traders’ Decision Making,” paper presented at the International Gamification for Business Conference, September 2015. See also Gilbert Peffer et al., “xDelia Final Report: Emotion-Centred Financial Decision Making and Learning,” report produced by Open University, January 2012.

41 Sahib S. Khalsa et al., “Interoception and Mental Health: A Roadmap,” Biological Psychiatry: Cognitive Neuroscience and Neuroimaging 3 (June 2018): 501–13.

42 Coates, The Hour Between Dog and Wolf, 53.(邦訳:「トレーダーの生理学」ジョン・コーツ著)

43 For an overview, see Lisa Feldman Barrett, How Emotions Are Made: The Secret Life of the Brain (New York: Houghton Mifflin Harcourt, 2017), 56–83.(邦訳:『情動はこうしてつくられる:脳の隠れた働きと構成主義的情動理論』リサ・フェルドマン・バレット著、高橋洋訳、紀伊國屋書店2019年)

44 Johann D. Kruschwitz et al., “Self-Control Is Linked to Interoceptive Inference: Craving Regulation and the Prediction of Aversive Interoceptive States Induced with Inspiratory Breathing Load,” Cognition 193 (December 2019). See also Hayley A. Young et al., “Interoceptive Accuracy Moderates the Response to a Glucose Load: A Test of the Predictive Coding Framework,” Proceedings of the Royal Society B: Biological Sciences 286 (March 2019).

45 Lori Haase et al., “When the Brain Does Not Adequately Feel the Body: Links Between Low Resilience and Interoception,” Biological Psychology 113 (January 2016): 37–45.

46 Kathryn M. Connor and Jonathan R. T. Davidson, “Development of a New Resilience Scale: The Connor-Davidson Resilience Scale (CD-RISC),” Depression and Anxiety (September 2003): 76–82.

47 Diana Nyad, Find a Way (New York: Alfred A. Knopf, 2015), 223–24(邦訳:「対岸へ。:オーシャンスイム史上最大の挑戦」ダイアナ・ナイアド著、菅しおり訳、三賢社2016年). See also Ariel Levy, “Breaking the Waves,” The New Yorker, February 3, 2014.

48 Nyad, Find a Way, 224.(邦訳:「対岸へ。」ダイアナ・ナイアド著)

49 Nyad, Find a Way, 224.(邦訳:「対岸へ。」ダイアナ・ナイアド著)

50 Martin P. Paulus et al., “Subjecting Elite Athletes to Inspiratory Breathing Load Reveals Behavioral and Neural Signatures of Optimal Performers in Extreme Environments,” PLoS One 7 (January 2012). See also Alan Simmons et al., “Altered Insula Activation in Anticipation of Changing Emotional States: Neural Mechanisms Underlying Cognitive Flexibility in Special Operations Forces Personnel,” NeuroReport 24 (March 2012): 234–39.

原注

はじめに

1 Alexis Madrigal, "Mapping the Most Complex Structure in the Universe: Your Brain," Wired, January 24, 2000.

2 William Butler Yeats, "Emotion of Multitude," in The Collected Works of W. B. Yeats, vol. 4, Early Essays, ed. George Bernstein and Richard J. Finneran (New York: Scribner, 2007), 159.

3 Andy Clark, Natural-Born Cyborgs: Minds, Technologies, and the Future of Human Intelligence (New York: Oxford University Press, 2003), 4–5.(邦訳:『生まれながらのサイボーグ:心・テクノロジー・知能の未来』アンディ・クラーク著、呉羽真・久木田水生・西尾香苗訳、春秋社、2015年)

4 Emo Philips, Emo Philips Live! At the Hasty Pudding Theatre (New York: HBO Video, 1987).

第1章　感覚を使う

1 John Coates, The Hour Between Dog and Wolf: Risk Taking, Gut Feelings, and the Biology of Boom and Bust (New York: Penguin Press, 2012), 119, 98(邦訳:『トレーダーの生理学』ジョン・コーツ著、小野木明恵訳、早川書房2013年).(ジョン・コーツのウォールストリートでの経験に関する記述の参照資料)

2 Narayanan Kandasamy et al., "Interoceptive Ability Predicts Survival on a London Trading Floor," Scientific Reports 6 (September 2016).

3 For an overview, see A. D. (Bud) Craig, "Interoception: The Sense of the Physiological Condition of the Body," Current Opinion in Neurobiology 13 (August 2003): 500–505.

4 Vivien Ainley et al., " 'Bodily Precision': A Predictive Coding Account of Individual Differences in Interoceptive Accuracy," Philosophical Transactions of the Royal Society B: Biological Sciences 371 (November 2016).

5 Sarah N. Garfinkel et al., "Knowing Your Own Heart: Distinguishing Interoceptive Accuracy from Interoceptive Awareness," Biological Psychology 104 (January 2015): 65–74.

6 Vivien Ainley, quoted in Jyoti Madhusoodanan, "Inner Selfie," Science Notes (2014).

7 ビビアン・エインリーへの著者によるインタビュー。

8 Hugo D. Critchley et al., "Neural Systems Supporting Interoceptive Awareness," Nature Neuroscience 7 (January 2004): 189–95. See also A. D. Craig, "Human Feelings: Why Are Some More Aware Than Others?," Trends in Cognitive Science 8 (June 2004): 239–41.

9 Jennifer Murphy et al., "Interoception and Psychopathology: A Developmental Neuroscience Perspective," Developmental Cognitive Neuroscience 23 (February 2017): 45–56.

10 Jennifer Murphy et al., "Estimating the Stability of Heartbeat Counting in Middle Childhood: A Twin Study," Biological Psychology 148 (November 2019). See also Kristina Oldroyd, Monisha Pasupathi, and Cecilia Wainryb, "Social Antecedents to the Development of Interoception: Attachment Related Processes Are Associated with Interoception," Frontiers in Psychology 10 (April 2019).

11 A. D. (Bud) Craig, How Do You Feel?: An Interoceptive Moment with Your Neurobiological Self (Princeton: Princeton University Press, 2014), 7–8.

12 Pawel Lewicki, Maria Czyzewska, and Hunter Hoffman, "Unconscious Acquisition of Complex Procedural Knowledge," Journal of Experimental Psychology: Learning, Memory, and Cognition 13 (1987): 523–30.

13 Pawel Lewicki, Thomas Hill, and Maria Czyzewska, "Nonconscious Acquisition of Information," American Psychologist 47 (June 1992): 796–801.

14 Moshe Bar, "The Proactive Brain: Memory for Predictions," Philosophical Transactions of the Royal Society B: Biological Sciences 364 (May 2009): 1235–43.

15 Lewicki, Hill, and Czyzewska, "Nonconscious Acquisition of Information."

16 Guy Claxton, "Corporal Thinking," Chronicle of Higher Education 62 (September 2015): 19.

17 Antoine Bechara et al., "Deciding Advantageously Before Knowing the Advantageous Strategy," Science 275 (1997): 1293–95. See also Tasha Poppa and Antoine Bechara, "The Somatic Marker Hypothesis: Revisiting the Role of the 'Body-Loop' in Decision-Making," Current Opinion in Behavioral Sciences 19 (February 2018): 61–66.

18 Natalie S. Werner et al., "Enhanced Cardiac Perception Is Associated with Benefits in Decision-Making," Psychophysiology 46 (November 2009): 1123–29. See also Barnaby D. Dunn et al., "Listening to Your Heart: How Interoception Shapes Emotion Experience and Intuitive Decision Making," Psychological Science 21 (December 2010): 1835–44.

19 Antonio R. Damasio, Descartes' Error (New York: G. P. Putnam's Sons, 1994), 165–204.(邦訳:『生存する脳:心と脳と身体の神秘』アントニオ・R・ダマシオ著、田中三彦訳、講談社2000年)

20 Dana Fischer, Matthias Messner, and Olga Pollatos, "Improvement of Interoceptive Processes After an 8-Week Body Scan Intervention," Frontiers in Human Neuroscience 11 (September 2017). See also Bethany E. Kok and Tania Singer, "Phenomenological Fingerprints of Four Meditations: Differential State Changes in Affect, Mind-Wandering, Meta-Cognition, and Interoception Before and After Daily Practice Across 9 Months of Training," Mindfulness 8 (August 2017): 218–31.

21 Paul B. Sharp et al., "Mindfulness Training Induces Structural Connectome Changes in Insula Networks," Scientific Reports 8 (May 2018). See also Norman A. S. Farb, Zindel V. Segal, and Adam K. Anderson, "Mindfulness Meditation Training Alters Cortical Representations of Interoceptive Attention," Social Cognitive and Affective Neuroscience 8 (January 2013): 15–26.

22 Jon Kabat-Zinn, Full Catastrophe Living: Using the Wisdom of Your Body and Mind to Face Stress, Pain, and Illness (New York:

［著者］

アニー・マーフィー・ポール（Annie Murphy Paul）

科学ジャーナリスト。ニューヨーク・タイムズ、ボストン・グローブ、サイエンティフィック・アメリカン、スレート、タイム、ザ・ベスト・アメリカン・サイエンス・ライティングなどに記事を掲載。著書は『Origins』（ニューヨーク・タイムズ・ブックレビューで表紙に取り上げられたほか、注目図書に選出）、『The Cult of Personality Testing』（マルコム・グラッドウェルが雑誌で「魅力的な新刊」と評価）など。米シンクタンク「ニュー・アメリカ」でバーナード・シュワルツ・フェローシップ及びフューチャー・テンス・フェローシップを歴任。現在は同団体ニュー・アメリカが、インターナショナル・コングレス・オブ・インファント・スタディーズ及びジェイコブス財団と共同で運営するプログラム「ラーニング・サイエンス・エクスチェンジ」のフェローを務める。これまでに「スペンサー・エデュケーション・レポーティング・フェローシップ」と「ロザリン・カーター・メンタルヘルス・ジャーナリズム・フェローシップ」を受ける。学習と認知について世界中で講演を行っており、TEDトークは260万人以上が視聴。イェール大学とコロンビア大学ジャーナリズム大学院を卒業後、イェール大学で講師を務め、イェール大学プアヴー教授学習センターの上級顧問を務める。

［訳者］

松丸さとみ（まつまる・さとみ）

翻訳者・ライター。学生や日系企業駐在員としてイギリスで6年強を過ごす。現在は、フリーランスで翻訳・ライティングを行っている。訳書に『LISTEN 知性豊かで創造力がある人になれる』（日経BP）、『FULL POWER 科学が証明した自分を変える最強戦略』（サンマーク出版）、『限界を乗り超える最強の心身』（CCCメディアハウス）などがある。

脳の外で考える
——最新科学でわかった思考力を研ぎ澄ます技法

2022年8月30日　第1刷発行
2024年4月19日　第3刷発行

著　者——アニー・マーフィー・ポール
訳　者——松丸さとみ
発行所——ダイヤモンド社
〒150-8409　東京都渋谷区神宮前6-12-17
https://www.diamond.co.jp/
電話／03･5778･7233（編集）　03･5778･7240（販売）

装丁・本文デザイン——小口翔平＋畑中茜＋後藤司（tobufune）
イラスト——田辺俊輔
DTP——河野真次（SCARECROW）
校正——聚珍社
製作進行——ダイヤモンド・グラフィック社
印刷——加藤文明社
製本——加藤製本
編集担当——日野なおみ

　ISBN 978-4-478-11497-1